Reisebuch Mallorca

»Und was mein Leben betrifft, so lebe ich etwas mehr:
Ich bin in der Nähe dessen, was am schönsten ist.«

Frédéric Chopin (1838)

Reisebuch Mallorca

Lebensart, Land & Leute

Lothar Schmidt
Holger Leue

BRUCKMANN

Lieber Volker,
liebe Barbara,
es sind die Pläne, Ziele und Wünsche, die uns durch unser Leben tragen – Hoffnungen schüren und uns nach vorn blicken lassen.
Mallorca sollte so ein Ziel für Euch sein. Dieser kleine Wegbegleiter zu diesem Ziel soll Euch inspirieren, Euch träumen lassen und vor Allem soll es Ansporn sein, dieses Ziel gesund und munter zu erreichen!
Viel Freude dabei!
Von Herzen H. & A.

Mallorcas Antwort auf die italienische Pizza nennt sich Coca. Den leckeren Gemüsekuchen bekommt man in guten Bäckereien (oben). Unverzichtbar für die klassische Inselküche sind auch die Oliven, die zum Teil an hundertjährigen Bäumen wachsen: Auf einen Rioja oder Bordeaux-Wein kann man auf der Insel gut verzichten (Mitte). Aus Mallorca kommen ausgezeichnete Weine (unten).

Inhalt

Im Frühling verwandeln sich Wiesen und Felder in ein buntes Blütenmeer (oben). Ihnen wird man im Inselinnern ebenso begegnen wie den alten Windmühlen, mit denen meist Grundwasser an die Oberfläche gepumpt wurde. Typisch für die Inseldörfer sind eine große Pfarrkirche und der goldgelbe Marèsstein, wie in Algaida (Mitte). Für Segler bietet die Baleareninsel beste Voraussetzungen (unten).

Wer keine Lust auf das Großhotel an der Küste hat, findet auf Mallorca und Menorca romantische Landhotels und Mietfincas (oben). So schön das Landesinnere auch ist, die Baleareninseln locken vor allem mit ihren Küsten und Stränden (unten). In den Häfen wird man auch auf den typischen Bootstyp der Balearen treffen. *Llaüts* haben einen breiten Holzrumpf und werden noch immer von den Fischern genutzt (Mitte).

Inhalt

Bei den meisten Mallorca-Urlaubern bleibt es nicht bei einem Besuch. Sie kommen immer wieder, begeistert von der schönen Natur, der Küste (oben) und der praktischen Infrastruktur. Im Landesinnern gibt es noch manches zu entdecken, wie etwa das stille Dorf Vilafranca de Bonany (Mitte). In der frühchristlichen Basilika Son Peretó bei Manacor wurden auch römische Mosaiken gefunden (unten).

Ganz weit im Süden der Insel, beim Cap de Ses Salines, haben Küstenwanderer fragile Türme aus Steinen geschichtet (oben). Großartige Natur gibt es auch an der Cala Mesquida (unten rechts) und auf der Serpentinenstrecke Sa Calobra zu erleben (unten Mitte). Der Ton macht die Musik: Straßenmusiker in Port de Sóller (Mitte) und die Kirchenglocken von Campanet (unten).

Lust auf mehr

Mallorca: mit allen Sinnen erleben

Mallorca, die kleine große Insel, entzieht sich erfolgreich jedem gängigen Klischee. Mal geht es auf ihr urban und kosmopolitisch zu, dann wieder ländlich und provinziell. Millionen Badeurlauber, Dauerresidenten und Ferienhausbesitzer, Geschäftemacher, Aussteiger und Glücksritter – und natürlich die Mallorquiner selbst – haben aus der größten Baleareninsel eine ebenso komplexe wie faszinierende Welt geformt.

Alle lieben Mallorca. Nein, natürlich nicht alle, aber sehr viele. Rund 10 Millionen Urlauber reisen jedes Jahr an, knapp 23 Millionen Passagiere wurden 2013 am Flughafen Sant Joan gezählt, und 450 Kreuzfahrtschiffe legten im selben Jahr im Hafen von Palma an. Der Erfolg der 3640 Quadratkilometer großen Insel ist geradezu unheimlich. Und er hört nicht auf, er erschöpft sich nicht. Wer einmal da war, kommt gerne wieder. Wer noch nicht da war, will unbedingt einmal hin. Mallorca bleibt, was es ist, und doch erfindet sich die Insel von Zeit zu Zeit neu. Vom Geheimtipp für Künstler und Literaten im frühen 20. Jahrhundert wurde sie zum Ziel der Massen, kaum dass die ersten Passagierflugzeuge alltagstauglich wurden. Jahrzehntelang haben der Pauschaltourismus und das zweifelhafte Amüsement rund um die Schinkenstraße an der Platja de Palma das Image der Insel geprägt. Beides gibt es noch immer, aber dabei ist es nicht geblieben. Mallorca ist zu einer Destination der Gourmets, der Golfer, der Wanderer, der Segler und Radsportler geworden, der Spekulanten, der Aussteiger und Investoren, der sogenannten A-, B- und C-Prominenz, der Aufschneider, der Künstler, der Unternehmer, der City-Breaker und der Senioren, die milde Wintermonate in einem günstigen Apartmenthotel verbringen – eine Insel für alle.

Mallorca ist eine Insel mit vielen Gesichtern – und eine Insel der kurzen Distanzen. Die Welt der Reichen und des Luxus liegt nur wenige Kilometer neben der des Massentourismus, die an die Ferienhaussiedlungen reicher Privatiers stößt, die wiederum nur wenige Kilometer fahren müssen, um in einer rustikalen Dorfkneipe in gebrochenem Spanisch oder vielleicht sogar im katalanischen Dialekt, dem Mallorquinisch, den Kontakt zu den Einheimischen zu suchen.

Auf einer Fläche von rund 100 mal 80 Kilometern lassen sich die unterschiedlichsten Urlaubsträume ausleben. Doch neben der Vielfalt und Popularität gibt es auch die Schattenseiten. Der hohe

Ausländeranteil schafft Spannungen, gerade in einer Zeit der hohen Arbeitslosigkeit. Der Wunsch nach einem Häuschen im Süden treibt die Immobilienpreise in Bereiche, die sich ein normal verdienender Mallorquiner kaum leisten kann. Der dichte Verkehr, die dichte Besiedlung und das fragile Wechselspiel aus Ökonomie und Natur – all das sind die negativen Folgen des Erfolgs.

Die Landschaften

Mallorca ist die größte Insel der Baleareninseln. Zu diesen gehören auch die kleinere, nördlich gelegene Insel Menorca sowie die Pityusengruppe mit Ibiza und Formentera. Neben den vier Hauptinseln zählen außerdem noch rund 150 kleinere Inseln wie etwa das Cabrera-Archipel dazu. Mallorca lässt sich grob in drei Zonen unterteilen. Im Nordwesten erhebt sich die Serra Tramuntana parallel zum Meer. Der Gebirgszug, der seit 2011 zum Welterbe der UNESCO zählt, ist etwa 90 km lang und erreicht mit dem Puig

Steckbrief

Lage. 255 km östlich von Valencia, 240 km südöstlich von Barcelona.

Fläche. 3640 qkm

Küste. 554 km

Hauptstadt. Palma de Mallorca

Gemeinden. 53 (*municipios*)

Amtssprache. Katalanisch und Spanisch (Castellano). Auf der Insel wird neben Spanisch der katalanische Dialekt Mallorquí gesprochen.

Einwohner 876 000. Die größten Städte sind Palma de Mallorca (400 000), Manacor (41 000) und Inca (31 000).

Bevölkerungsdichte. 243,1 Einwohner pro km^2

Währung. Euro

Zeitzone. MEZ und MESZ von Frühsommer bis Herbst.

Geografie. Mallorca teilt sich in drei Hauptzonen: Im Nordwesten erhebt sich die Serra Tramuntana parallel zum Meer. Der Gebirgszug ist etwa 80 km lang und erreicht mit dem Puig Major eine Höhe von 1445 m. Parallel dazu verläuft an der Ostküste die Serres de Levant mit bis zu 562 m Höhe. Dazwischen spannt sich die fruchtbare Ebene Es Pla.

Staat und Verwaltung. Mallorca, Menorca, Ibiza und Formentera gehören zum Autonomiegebiet der Balearischen Inseln.

Wirtschaft und Tourismus. Tourismus, Dienstleistung (75%); Landwirtschaft (11%); Bauindustrie (10%) und anderes (Lederindustrie, Keramik etc.).

Mit der Straßenbahn zum Strand. Die alte Trambahn von Sóller nach Port de Sóller ist ebenso praktisch wie beliebt (oben). Traditionell unterwegs sind hingegen die mallorquinischen Bauern (unten rechts). Von der einzigen größeren Hafenbucht der Nordwestküste fahren auch Fischer aufs Meer (oben und oben rechts). Mallorca ist berühmt für seine weiten Strände (unten) und die Mandelblüte ab Ende Januar (Mitte).

Major eine Höhe von 1445 Metern. Parallel dazu verläuft an der Ostküste die Serres de Levant mit maximal 562 Metern Höhe. Zwischen den beiden Gebirgszügen spannt sich die weite und fruchtbare Ebene Es Pla. Dort, in den beschaulichen und hübschen Dörfern spielt sich das ländliche und traditionelle Inselleben ab.

Bilder einer Insel

Wenn auch seltener als noch vor wenigen Jahren, so wird in den deutschen Boulevardmedien gerne ein Mallorca-Bild gezeichnet, das dominiert wird von den Themen Sex, Suff und Skandale. Das Epizentrum dieser Geschichten ist die Partyhochburg an der Platja de Palma, der sogenannte Ballermann. Dieses eher harmlose und anspruchslose Vergnügungsviertel, das ohne Alkoholeinfluss entweder reizlos wäre oder völlig unerträglich, beschränkt sich auf wenige Straßenzüge. Es ist also ein Randphänomen. Parallel zur Ballermann-Schelte bzw. Verherrlichung wurde über Jahre das Mantra vom »anderen Mallorca« wiederholt. Statt Strand, Party und Beton wurden Landschaft, Landleben und Häuser aus Naturstein entdeckt. Das ist alles längst bekannt.

Mittlerweile ist auch das Inselinnere touristisch voll erschlossen. Die vielfältigen Landschaften sind ideal für Radsportler, für Wanderungen im Gebirge, für entspannte Tage in einem rustikalen Agroturismo, einem kleinen Landhotel oder einer Finca. Das Angebot an Unterkünften ist enorm. Wer sich für einen Urlaub

auf dem Land entscheidet, braucht notwendigerweise auch einen Mietwagen.

Auch wenn man von einem authentischen oder ursprünglichen Landleben nicht mehr sprechen mag, gibt es doch so etwas wie ein traditionelles Leben auf dem Land. Dazu gehören die Wochenmärkte, die Dorfkneipen und Landgasthöfe, die kirchlichen Feste und die Freundlichkeit der Bewohner. Von Entdeckungen in Naturparks über Wanderrouten und Trekkingpfade, Radsport, Vogelbeobachtung und Kajaktouren bis hin zu prähistorischen Fundstätten, Besichtigungen von historischen Fincas oder Weingütern – auf dem Land kann man viel erleben.

In Bewegung

Mit seiner abwechslungsreichen Landschaft erfreut sich Mallorca auch und gerade bei den Wanderern großer Beliebtheit. Hauptwandergebiet ist die Serra Tramuntana, die bis auf 1445 Meter ansteigt. Die spektakulärste Route, der GR 221, führt über 170 Kilometer an den höchsten Gipfeln des Gebirgszugs entlang. Schöne Wandermöglichkeiten bietet auch die Halbinsel Victòria. Schon seit vielen Jahren wird die Insel auch von Radsportlern besucht. Radprofis und Hobbysportler aus ganz Europa nutzen das gute Staßennetz und die Infrastruktur jedes Jahr zum Training. Vor allem im Frühjahr ist Radlersaison auf der Insel. Den dritten Schwerpunkt bildet das Angebot für Golfer. Die milden Temperaturen und die angenehme Meeresluft bieten ideale Voraussetzun-

DIE TOP TEN

La Ciutat.
Kunst, Kultur, Einkaufen, Gastronomie: Palma de Mallorca ist ebenso lebendig wie sehenswert.

La Seu.
Die große gotische Kathedrale ist auch ein Kunsterlebnis. Antoni Gaudí und Miquel Barceló haben daran mitgewirkt.

Deià.
Deià hat schon viel erlebt. Dabei geht es in den malerischen Dorfgassen ausgesprochen ruhig zu.

Tal von Sóller.
Bewacht von den höchsten Bergen der Serra Tramuntana öffnet sich das Orangen-Tal. Hier gibt es fast alles: Natursteindörfer, Wanderwege, südliches Flair, eine Bucht zum Baden und Flanieren – und eine museumsreife Bahn.

Kloster Lluc.
Mallorcas bedeutendster Wallfahrtsort liegt in einem abgeschiedenen Winkel des Weltnaturerbes Serra Tramuntana.

Sa Calobra / Torrent de Pareis.
Die schmale Bergstraße führt in wilden Serpentinen durch einen traumhaften Felsengarten. In der Nachbarbucht endet die grandiose Schlucht Torrent de Pareis.

Pollença und Alcúdia.
Umschlossen von einer wehrhaften Mauer bietet Alcúdia viel historischen Charme. Das benachbarte Pollença zieht seit über hundert Jahren Künstler an.

Messen und Märkte.
Das Herz Mallorcas schlägt auf dem Land: auf Wochenmärkten und Landwirtschaftsmessen und während der zahlreichen Patronatsfeste.

Südostküste.
Die fjordähnlichen Buchten der Südostküste sind traumhafte Plätze zum Baden und Entspannen. Vor allem, wenn die nächste Feriensiedlung in sicherer Entfernung liegt.

Nationalpark Cabrera.
Die »Ziegeninsel« an der Südspitze Mallorcas hat eine dunkle Vergangenheit. Heute ist sie ein fast unberührtes Naturparadies mit einer grandiosen Landschaft und einer stillen Bucht zum Baden.

Immer mehr Kreuzfahrtschiffe legen im Hafen von Palma an. Derzeit sind es jährlich rund 450 (oben). Die Insel bietet den Urlaubern (unten) ein spannendes Nebeneinander von alten dörflichen und landwirtschaftlichen Traditionen (Mitte) und modernen kosmopolitischen Lebensstil. Manchmal kommt auch beides zusammen, etwa in rustikalen wie luxuriösen Fincas.

gen für diesen Sport. Entscheidend für den ausgezeichneten Ruf als Golferdestination ist die Qualität der Plätze und entsprechenden Hotels wie die sehr gute Erreichbarkeit.

Da es sich bei Mallorca um eine Insel handelt, die von einem oft türkisfarbenen Meer umgeben ist, sollte man den Wassersport nicht vergessen. Von Mai bis Oktober bietet das Wetter meist ideale Bedingungen. Bootsurlauber haben es gut. Sie können in den schönen und abgelegenen Buchten ankern. Rund 500 Charterboote stehen zur Verfügung.

Wann nach Mallorca?

Die Baleareninsel präsentiert sich gerne als Ganzjahresziel, doch die Wirklichkeit sieht etwas anders aus. Ohne Zweifel kann man auch im Winter schöne Tage auf Mallorca verbringen. Allerdings können die, wie schon George Sand und Frédéric Chopin erleben mussten, regenreich und kühl sein. Schnee ist in der Tramuntana keine Seltenheit. Besonders im Januar kann es schwierig sein, eine Unterkunft zu finden, zumindest auf dem Land. In den Touristenzentren ist bis zur Osterwoche nichts los. Wer im Winter kommt, muss also seinen Standort gut wählen. Nichts falsch machen kann man mit einem Hotel in Palma.

Der Höhepunkt der ruhigen Wintersaison ist die Mandelblüte, die spätestens Anfang Februar beginnt. In dieser Zeit trainieren internationale Radsportteams auf der Insel, während Maler und Fotografen die schönsten Ansichten des weißrosa Blütenmeeres suchen. Spätestens ab der Osterwoche haben wieder alle Hotels, Fincas und Hostels geöffnet. Man findet eine blühende, grüne Insel vor, die sich an sonnigen Tagen von ihrer schönsten Seite zeigt. Mit angenehmen Badetemperaturen ist allerdings erst ab Mai oder Juni zu rechnen. In den Monaten März und April ziehen bisweilen heftige Stürme mit kräftigen Niederschlägen über die Insel. Im Sommer wird es dann richtig voll. Vor allem im August platzt Malorca aus allen Nähten. Bei den mitunter sehr heißen Temperaturen drängt es die Urlauber an die Strände, wo es entsprechend eng wird. Entspannt und fern vom Gedränge Urlaub machen kann man aber selbst im Sommer in einem Finca-Hotel oder einem bewirtschafteten Agroturismo-Landhotel.

Wer nicht auf die Sommerferien angewiesen ist und trotzdem Sonne und sommerliche Temperaturen sucht, sollte sich für den September entscheiden. Das Meer ist noch warm und Baden kein Problem. Zum Wandern und Inselerkunden ist diese Zeit ideal. Das gilt auch noch für den Oktober, in dem es aber zu heftigen Regenfällen kommen kann. Besonderes stimmungsvoll ist eine Reise zur Weihnachtszeit nach Palma. Jahr für Jahr geht es dann darum, wer die schönste Weihnachtskrippe hat. Die Mallorquiner gehen von Kirche zu Kirche, von Kloster zu Kloster, von Geschäft zu Geschäft und begutachten, was die Meister der Miniaturkunst geleistet haben.

Schönes Palma

Die Hauptstadt – »La Ciutat«, wie sie von den Mallorquiner nur genannt wird –, ist einen eigenen Besuch wert. Die Altstadt zählt zu den schönsten des Mittelmeerraums. In den malerischen Gassen rund um die gotische Kathedrale La Seu, den noblen Passeig des Born und im trendigen Ausgehviertel Santa Catalina finden sich kleine Boutiquen, Kunstgalerien, coole Cafés und stilsicher eingerichtete Tapaslokale. Palma mag mit seinen 400000 Einwohnern nicht allzu groß sein, dennoch hat man das Gefühl, in einer kosmopolitischen Metropole zu sein. Es ist schwer, diese Stadt nicht zu mögen, ebenso wie es schwer ist, die Insel nicht zu mögen. Alle lieben Mallorca. Nein natürlich nicht alle, aber es werden immer mehr.

Die ab dem 13. Jh. erbaute Kathedrale La Seu ist das Wahrzeichen der Hauptstadt (oben). Sie erhebt sich über dem malerischen Gassengewirr der Altstadt (Mitte). Während bei den Festen des Sant Antonio im Januar die Dimonis ein höllisches Spektakel veranstalten (unten), geht es am sogenannten Ballermann (unten links) manchmal trotz Trubel ganz brav zu.

PALMA DE MALLORCA

Die Kathedrale von Palma ist am Abend ein besonders schöner Anblick. Im Becken des Fischereihafens spiegelt sich ihre Fassade (oben). Auch so können Gesichter einer Stadt aussehen: Der kleine Hund wacht neugierig an einem Fenster in der Altstadt (links), die Sphinx begrüßt die Flaneure am Eingang zum Passeig des Born (rechts).

Typisch für das Viertel rund um die Kathedrale sind prachtvolle Paläste. Während man häufig einen Blick in den Innenhof werfen kann, bleiben die herrschaftlichen Interieurs neugierigen Blicken verborgen (links). Einfach oder elegant, in der Hauptstadt findet sich jede Art von Restaurants (rechts).

Es gibt sie noch, die Fischer, die am Kai ihre Netze auslegen und flicken (oben). Auch während der arabischen Herrschaft wurde Mallorca vom Almudaina-Palast aus regiert (Mitte). Der Mauerring wurde auch im 18. Jh. noch weiter ausgebaut (rechts). Der Palast des Juan March und die große Stierkampfarena wurden erst im 20. Jh. errichtet (unten/rechts).

Palma de Mallorca

Glanzvolle Hauptstadt

Es soll ja Menschen geben, die nach Mallorca reisen und der Hauptstadt die kalte Schulter zeigen. Selbst schuld – Palma hat eine ebenso lebendige wie malerische Altstadt, bietet Museen, Einkaufsmeilen, nette Cafés und so viel Lebensqualität, dass man fast vergessen könnte, den Rest Mallorcas zu besuchen.

La Ciutat, also einfach »die Stadt« wird Palma de Mallorca genannt. Wie ist das gemeint? Ist es ein bewunderndes »Ah, die Stadt«, oder doch eher ein abfälliges »Ach, die Stadt«. So ganz genau wissen das die Inselbewohner auch nicht, denn außerhalb der Kapitale mit ihren gut 400000 Einwohnern sind die Hauptstädter nicht sehr beliebt. Mallorca ist, sieht man mal von den Residenten ab, eine ländliche, ja bäuerliche Gesellschaft. Zumindest war sie es. Und so ganz verschwunden ist diese Einstellung nicht, auch wenn die Kinder und Enkelkinder der ehemaligen Bauern ihr Geld im Tourismus oder im Dienstleistungssektor verdienen.

La Ciutat meint aber auch: Es gibt nichts Vergleichbares. Palma ist die Stadt der Städte, die einzige, die es verdient, auf Mallorca La Ciutat genannt zu werden. Schließlich werden dort die Belange der Insel verwaltet, wird dort die Politik der Balearen gemacht. In Palma gibt es eine Universität, sogar eine Metrolinie und natürlich den großen Hafen und den Flughafen. Aus dem Hinterland gesehen, ist La Ciutat das Tor zur Welt.

Und wie ist es aus der anderen Perspektive? Wenn man aus der Welt kommt und sich Mallorca nähert? Auch dann ist Palma das Tor zur Insel. Die meisten Besucher kommen mit dem Flugzeug,

und auch die Kreuzfahrer laufen den Hafen von Palma an. Die ideale Art wäre eine Kombination aus beiden, also ein kleines Wasserflugzeug, mit dem man sich vom Meer aus der Stadt nähert. Man würde nicht den Flughafen ansteuern, sondern den Hafen, am besten die alte Mole, etwa auf Höhe der Kathedrale.

Zauberhafte Altstadt

Dann sähe man ein wahrhaft großes, ein großartiges Panorama. In der Mitte hätte man ein verwinkeltes Muster aus goldfarbenen und wie aus sich selbst leuchtenden Gebäuden. Und drum herum ein ausuferndes Meer aus meist weißen Kuben und Blöcken. Hier und da würde einem, reflektiert von einer Fensterscheibe, die Sonne entgegenfunkeln. Links der große Hafen, und rechts ein mehrere Kilometer langer Sandstrand, hinter dem sich ein Riegel aus Hotelblocks auftürmt. Das ist die Platja de Palma, weltbekannt für Rummel und Remmidemmi. Und der goldfarbene Teil, von dem gerade die Rede war, das ist der historische Kern, einer der größten geschlossenen Altstadtkerne am Mittelmeer. Das alte Palma liegt auf einem Sockel aus alten Mauersteinen. Die Kathedrale La Seu, der Königspalast, die Turmspitzen von Santa Eulàlia, Sant Francesc und all der anderen Kirchen sind sichtbar. Und was man nicht sehen kann, weshalb man in die alte und neue Stadt hineingehen muss, das ist die einmalige Atmosphäre, das Lebensgefühl. Kein Wunder, dass der Rest der Insel ein wenig neidisch auf die Hauptstadt schielt.

Tipp des Autors

PALMA IN DER NEBENSAISON

Die Kapitale der Balearen bietet genug, um ihr auch mal ein eigenes langes Wochenende zu widmen, sozusagen Palma ohne Mallorca. So ein Städtetrip wird erst recht zum Vergnügen, wenn man ihn nicht während der Hauptsaison unternimmt. Erstens trifft man dann nicht nur auf seinesgleichen, nämlich Touristen. Und außerdem sind die Flüge und Hotelzimmer deutlich günstiger. Auch im Winter ist Palma schön, zum Beispiel in der Vorweihnachtszeit.

1 *Rund um die Kathedrale*

Das alte Herz der Stadt

Die ältesten Bereiche von Palma, die Viertel Sa Portella, La Seu, Calatrava und Monti-Sion durchziehen malerische Gassen. Hier befinden sich auch die wichtigsten Sehenswürdigkeiten: der Almudaina-Palast, Kirchen und Klöster, Stadtpaläste mit beeindruckenden Patios und natürlich die große Kathedrale La Seu.

Es ist kurz nach neun Uhr am Morgen. Die Sonne blinzelt durch das Grün des S'Hort del Rei und legt sich auf die Schultern eines Parkpflegers. Der Obdachlose, der die Nacht auf einer Parkbank verbracht hat und sein leichtes Gepäck verstaut, grüßt den Gärtner. Vielleicht hofft er, dass er auch in der nächsten Nacht sein Lager ungestört unterhalb des Königspalastes, dem Palau de l'Almudaina, wird aufschlagen können.

Nicht verpassen!

★ **Dalt Murada.** Der Panoramaweg verläuft vom Almudaina-Palast bis zur frisch restaurierten Festung bei der Plaça Llorenç Villalonga.

★ **Banys Àrabs.** Ehemalige arabische Bäder aus dem 10. bis 12. Jh. C/ Serra, 7, Tel. 971 72 15 49.

★ **Museu de Mallorca.** Archäologische Funde, Kunst der Gotik und späterer Jahrhunderte sind in Mallorcas wichtigstem Museum zu sehen. C/ Portella, 5, www.museudemallorca.calb.es

★ **Claustre Sant Francesc.** Der gotische Kreuzgang soll der größte seiner Art sein. In der Basilika des Klosters wurde der Mystiker Ramon Llull beigesetzt. Plaça de Sant Francesc, 7, Tel. 971 71 26 95.

★ **Museu Can Morey de Santmarti.** Im ehemaligen Museumshaus des Malers J. Torrents Lladó (1946–1993) sind u.a. Radierungen von Salvador Dalí zu sehen. C/ Portella, 9, www.museo-santmarti.es

Kirchliche und weltliche Macht waren in früheren Jahrhunderten viel enger miteinander verknüpft als heute. Das zeigt sich auch im Stadtbild. Gleich neben der Kathedrale steht der Königspalast Palau de S'Almudaina (oben). Am Eingang zur Altstadt grüßt Ramon Llull vom Sockel (rechts).

Palma erwacht. In den Gassen von Sa Portella, dem ältesten Teil der 400000-Einwohnerstadt, drängen sich kleine Last- und Lieferwagen, um die wenigen Lokale hier zu beliefern oder die Baustelle eines alten Stadtpalasts mit Material zu versorgen. Zwei Frauen schieben ein grünes, verschlissenes Sofa zur Ecke, an der ein Pritschenwagen steht, der es entsorgen soll. Nachbarn und Passanten bleiben stehen, kommentieren das willkommene Schauspiel.

Das goldene Morgenlicht fließt den warmen Marèsstein hinab, aus dem die meisten Häuser gebaut sind. Nur die Toröffnungen der altehrwürdigen Stadtpaläste sind noch dunkle Höhlen. Wenn man durch die Gittertore lugt, blickt man in herrschaftliche Patios, manchmal mit einem Brunnen in der Mitte oder einer Freitreppe. Würde man von einer dieser diskreten Familien des mallorquinischen Adels eingeladen, woran allerdings kaum zu denken ist, erreichte man über die Treppe die *Planta Noble*, die herrschaftliche Wohnetage.

Patios und Paläste

Die Arabischen Bäder, die *Banys Àrabs*, sind beinahe das einzige Relikt aus der muslimischen Medina Mayurca. Als die Christen ab dem 13. Jahrhundert die Insel übernahmen, tilgten sie nach und nach die Spuren der Vergangenheit, Moscheen wurden zu Kirchen und die Al-Mudaina, die Festung des letzten arabischen Herrschers Abu Yahya, verwandelte man in die königliche Residenz. Den Verlauf der Inselgeschichte spiegeln die interessanten Funde

Hingehen!

ESSEN UND TRINKEN

★ **Sa Bodegueta.** Nette und unkomplizierte Tapasbar ideal für den kleinen Hunger. Kein Telefon. C/ Sant Crist, 2

★ **Gastro Bar Can Cera.** Im Bar-Restaurant des schönen Hotels »Can Cera« wird ein ausgezeichnetes und günstiges Mittagsmenü angeboten. C/ San Francisco, 8, Tel. 971715012, http://cancerahotel.com

ÜBERNACHTEN

★ **Boutique Hotel Calatrava.** Ein kleines edles Hotel am Rand von Sa Calatrava. Von den riesigen Zimmern und Suiten schaut man übers Meer. Plaça Llorenç Villalonga, 8, www.boutiquehotel-calatrava.com

★ **Can Cera.** Wer die alten Stadtpaläste nicht nur anschauen, sondern selbst einmal in einem solchen wohnen möchte, ist in diesem exquisiten Haus richtig. Die bis zu sechs Meter hohen Salons sind mit Kunst und Antiquitäten ausgestattet. C/ San Francisco, 8, www.cancerahotel.com

★ **Santa Clara Urban.** Der gediegene Luxus dieses Altstadthotels wird um einen schönen Spa-Bereich ergänzt. C/ San Alonso, 16, www.santaclarahotel.es

im Museu de Mallorca wider, dem vielleicht wichtigsten Museum der Insel.

Doch wer schon so früh am Morgen unterwegs ist, genießt erst mal das herrliche Licht, bevor er sich in das wiedereröffnete Museum begibt, das viele Jahre wegen Renovierung an dieser Stelle geschlossen war. Man kann sich die Geschichte auch sehr gut erlaufen und sich von den Namen der Gassen und Kirchen mit in die Vergangenheit nehmen lassen. Im Namen der Kirche Monti-Sion etwa klingt das verschollene jüdische Leben von Palma an. Die Kirche des »Bergs von Sion« ließen Jesuiten im 16. Jahrhundert auf den Fundamenten einer Synagoge erbauen. Hier, im Schatten der Kathedrale, war im Mittelalter und in der frühen Neuzeit das jüdische Viertel Call.

Die Kartenmacher von Palma

Nicht nur die Christen und Moslems, auch die Juden haben Mallorca geprägt. Die ersten kamen wahrscheinlich schon zur Zeit der Römer auf die Insel. Anders als heute funktionierte das Zusammenleben mit den Moslems. Der Bau einer Synagoge wird genehmigt. Schwierigkeiten gibt es erst unter der ersten Generation der christlichen Einwanderer.
Während am Hof das Wissen und Können der Juden geschätzt wird, verachtet die einfache Bevölkerung die wohlhabenden, gebildeten Schichten, zu denen auch die Juden gehören. Gern erinnert man auf Mallorca an die großen Gelehrten, die Kartenmacherfamilie Cresques und ihr einzigartiges Werk, den »Katalanischen Weltatlas« von 1375, der heute in der Französischen Nationalbibliothek in Paris aufbewahrt wird.

Wenn die Schüler des Col.legi Sant Francesc de Ramon Llull Sportstunde oder Unterrichtspause haben, hallt der gotische Kreuzgang des Klosters Sant Francesc von ihren Anfeuerungsrufen und ihrem Geschnatter wider. Das stört nicht, ganz im Gegenteil: Die Geräuschkulisse verleiht dem alten Stadtteil neues Leben. Das würde sicher auch dem seligen Ramon Llull (1232 bis 1316) gefallen, der in der Kapelle links neben dem Hauptaltar der Klosterkirche ruht. Der Philosoph, Mystiker und Begründer der katalanischen Literatur richtete auf Mallorca mehrere Schulen für Missionare ein. Auf der Insel wurde er fast wie ein Heiliger verehrt, auch weil sein Grab während eines Brands in der Sant-Francesc-Kirche unbeschadet blieb. Den heiligen Stuhl beeindruckte dies nicht. Ihr galt der Denker jahrhundertelang als Ketzer, erst 1847 wurde er als Märtyrer seliggesprochen.

Hingehen!

EINKAUFEN

- ★ **Fine Books.** In diesem fast höhlenartigen, von einem Engländer geführten Buchantiquariat kann man wahre Entdeckungen machen. Es gibt auch ein Café. C/ Morei 7, Tel. 971 72 37 97.
- ★ **Gaia.** Handgemachte Seifen und Kosmetik aus Mallorca. C/ Corderia, 28, Tel. 971 71 49 83, www.gaia-natural-mallorca.com
- ★ **Mimbrería Vidal.** Handgeflochtene mallorquinische Körbe, Matten und Taschen aus Palmblättern. C/ Corderia, 13, Tel. 971 71 12 43.
- ★ **Sifoneria.** Früher ließen sich die Mallorquiner ihren Wein abfüllen und kauften Sodawasser in Pfandsiphonflaschen. Beides hat ein junger Mallorquiner hier wiederbelebt und einen kultigen Laden geschaffen. C/ Santa Clara, 4, Tel. 971 71 13 80, www.sifoneriapalma.com
- ★ **Típika.** Typische Produkte der Insel wie Feinkost, Kosmetik und Kunsthandwerk. C/ Morei, 1, Tel. 971 728 983, www.tipica.es

Vor der Kathedrale warten die Kutscher auf Kundschaft. Mit ihren treuen Rössern zeigen die den Besuchern die Stadt (oben). Der S'Hort del Rei unterhalb des Königspalasts erinnert an die maurischen Gärten des Generalife von Granada (rechts).

2 *La Seu*

Licht und Stein

Sie macht von außen einen ebenso guten Eindruck wie von innen. Sogar aus der Distanz muss man sie bewundern. La Seu, was auf Deutsch so viel heißt wie »der Sitz« und im übertragenen Sinn den Bischofssitz meint, ist das Wahrzeichen der Stadt und eine der schönsten gotischen Kathedralen überhaupt.

Nicht ganz unbeteiligt am schönen Erscheinungsbild dieses massiven Blocks aus sandfarbenem Marèsstein ist das Licht. Meist wird der Baukörper mit seinen markanten Stütz- und Strebepfeilern von einer gnädigen Sonne bestrahlt, dass man das Gefühl bekommt, der warme Stein, aus dem sie gebaut wurde, würde von innen leuchten. Bevor man dem Besucherstrom ins Innere folgt, um die Nummer eins der mallorquinischen Sehenswürdigkeiten abzuhaken, sollte man sich etwas Zeit lassen und vom Parc de la Mar aus die ganze Schönheit der rund 120 Meter langen Südfassade bewundern. Von der Dalt Murada, der alten Stadtmauer aus kann man sich auch in die Details vertiefen und die Porta del Mirador, das »Aussichtstor«, anschauen. Fünf Propheten und ebenso viele Erzväter sind dort als meisterhafte Steinmetzarbeiten zu sehen. Verantwortlich für diesen Skulpturenschmuck waren ab dem Jahr 1380 Jean de Valenciennes, Pere Morey, Guillem Sagrera und andere. Kathedralen sind Bauwerke, die über Jahrhunderte entstehen. So auch La Seu. Neben der schönen Gotik an der Südfassade überrascht die Hauptfassade mit einem seltsamen, aber doch ansehnlichen Mix der Stile. Im Bereich des Portals überwiegt

Nicht verpassen!

- ★ **Museu de la Catedral.** Zum Domschatz gehört u.a. eine 2,30 Meter hohe Monstranz aus Silber, die Guillem Sagrera zugeschrieben wird (14. Jh.). www.catedraldemallorca.org
- ★ **Porta Miramar.** Gotisches Portal an der Südfassade mit Figurenschmuck des 14. Jh.
- ★ **Capella Reial.** Der Hauptaltar wurde von Antoni Gaudí 1912 gestaltet. Gaudí öffnete das Kirchenschiff und verlegte das Chorgestühl aus dem 15. Jh. an seine jetzige Stelle.
- ★ **Trinitätskapelle.** Ältester Teil der Kathedrale mit den Sarkophagen der Könige Jaume II. und Jaume III.
- ★ **Capella Sant Pere.** Ausgestaltung von Miquel Barceló (2007), *Die Speisung der 5000.*
- ★ **Glasrosette.** Die knapp 100 m² große Buntglasrosette gilt als eine der größten der Welt.
- ★ **Museu Diocesà.** Im Bischofspalast zeigt das Diözesanmuseum Malereien und Skulpturen aus mehreren Jahrhunderten. C/ Mirador, 5, www.bisbatdemallorca.com

Dank ihrer Lage ist die Kathedrale La Seu von weither zu sehen (oben rechts). Die beiden Spitztürme am Hauptportal wurden erst im 19. Jh. angebracht. Immerhin seit dem 15. Jh. rufen die Glocken die Gläubigen zur Messe (unten rechts). Im Lauf der Jahrhunderte sind viele Kunstschätze in den Besitz der Kirche gekommen (oben).

die Renaissance-Baukunst des 16. Jahrhunderts. Die oberen Bereiche zitieren die Gotik früherer Zeiten und wurden erst im ausgehenden 19. und frühen 20. Jahrhundert hinzugefügt.

Zeichen der Macht

Spaniens Geschichte lässt sich gar nicht denken ohne die Jahrhunderte der arabischen Herrschaft und den über Jahrhunderte währenden Versuch, dieses Land im Süden für die christliche Hemisphäre zurückzugewinnen. Nachdem es dem 21-jährigen Jaume aus Aragonien gelungen war, mit seinem Christenheer Mallorca zu erobern, waren Zeichen, besser noch Wunder gefragt. Legenden von Marienfiguren, die wie durch ein Wunder plötzlich auftauchen, gibt es praktisch in ganz Spanien. Auch der Bau einer prachtvollen Kirche ist ein typischer »Siegerreflex«. Der Legende nach soll Jaume, der sich zum ersten König eines neuen Königreichs Mallorca ernennen lässt, während eines Sturms auf See das

Magische Momente

Wie ein kleines Wunder wird in den Zeitungen über das Phänomen gesprochen, das zweimal im Jahr – am 2. Februar und am 11. November – auftritt: Hat die Morgensonne den richtigen Winkel, strahlt sie durch die 1236 bunten Glasteilchen der großen Rosette der Ostfassade und projiziert sie an die gegenüberliegende Wand, direkt unter die Rosette der Westfassade.

Hingehen!

ESSEN UND TRINKEN

- ★ **Café Moderno.** Nostalgiker werden sich in diesem seit 1914 kaum veränderten Café wohlfühlen. Plaça de Santa Eulàlia, 5, Tel. 971 71 32 04.
- ★ **Café Murada.** Pizza, Pasta, Kaffee und anderes gibt es im italienischen Restaurant an der Aussichtsterrasse Dalt Murada. C/ Dalt Murada, 2, Tel. 871 51 33 13, www.cafemurada.com
- ★ **Portic.** In den Vierteln Sa Portella, Sa Calatrava und Monti-Sion haben sich nur wenige Lokale angesiedelt. Im einfachen und sympathischen Bar-Restaurant kann man gut essen und dabei das Portal von Sant Francesc bewundern. Plaça Sant Francesc, 2, Tel. 871 71 52 84.
- ★ **Taberna del Caracol.** Die kleine Restaurantbar ist leicht zu übersehen. Hier warten klassische und leckere spanische *Tapas y Raciones* auf Gäste mit kleinem Hunger. C/ San Alonso, 2, Tel. 971 71 49 08, www.tabernacaracol.com

La Seu

Gelübde abgelegt haben, La Seu zu errichten. Wahrscheinlich war es aber auch erst sein Nachfolger Jaume II., der den Bau der Kathedrale in Auftrag gab.

Spätestens um das Jahr 1300 wird jedenfalls mit den Arbeiten begonnen. Der erste Architekt war Ponç Descoll, der die Dreifaltigkeitskapelle errichtet hat. Sie befindet sich hinter der Königskapelle, der Capella Reial, in der Apsis. Letztere wurde wiederum von Jaume Fabre erbaut, der bereits in Barcelona an der Kathedrale mitgewirkt hatte. Mitte des 14. Jahrhunderts entstehen der dreischiffige Zentralraum sowie Teile der Porta del Mirador. Nach Vollendung des Hauptportals 1601 wird die Kathedrale geweiht. Bis ins frühe 20. Jahrhundert wird aber immer wieder verändert und ausgebessert. 1851 hatte ein Erdbeben Teile des Gotteshauses zum Einsturz gebracht.

Von Antoni Gaudí bis Miquel Barceló

Besucher betreten den Dom durch die Sagristia de Vermells. Dort, wie auch in den angrenzenden Kapitelsälen, ist ein Teil des Domschatzes zu sehen. Dort mögen noch so viele Gold- und Silberwaren funkeln, gegen den Eindruck des Kirchenraums verblassen sie. Die Proportionen, die schlanken Säulen, die die hohen Seitenschiffe von dem nur wenig höheren Mittelschiff trennen, erzeugen eine einmalig lichte Atmosphäre. Fast schwebend erscheint der massive 43 Meter hohe Kirchenraum. Durch die der Fläche nach größte gotische Fensterrosette der Welt, einem Farbrad mit 12,5 Metern Durchmesser, sowie eine gegenüberliegende Rosette wird der Sakralraum in ein verzaubertes Licht getaucht.

Im ältesten Teil, der Trinitätskapelle, befindet sich eine Marienfigur aus dem 14. Jahrhundert. In den Sarkophagen ruhen die Könige Jaume II. und III. Über dem Hauptaltar schwebt ein Baldachin, den Antoni Gaudí, der Baumeister der Sagrada Familia in Barcelona, entworfen hat. 1912 wurden die schwebend wirkenden 35 Lampen montiert. Unter den 18 Seitenkapellen fällt die Capella Sant Pere gleich rechts neben dem Hauptaltar besonders auf. Miquel Barceló, einer der renommiertesten spanischen Gegenwartskünstler und gebürtiger Mallorquiner (*1954 Felanitx), hat darin die alte Bindung von Kunst und Kirche erneuert. 2007 wurde die Capella Sant Pere (auch Capilla del Santísimo), die sieben Jahre hinter schwarzen Plastikplanen versteckt war, der staunenden Öffentlichkeit präsentiert. Thema des Raumkunstwerks ist das »Wunder der Brotvermehrung« oder »die Speisung der 5000«.

Hingehen!

ÜBERNACHTEN

★ **Hotel Sa Galesa.** Es war das erste Fünfsternehotel in einem Altstadtpalast in Palma. Gediegener Luxus hinter der Kathedrale mit kleinem Spa. C/ Miramar, 8, Tel. 971 71 54 00, www.palaciocasagalesa.com

EINKAUFEN

★ **Bazar del Libro.** Menschen mit einem bibliophilen Herz werden das Antiquariat lieben. Seltene, meist spanische Ausgaben und nostalgische Objekte findet man hier, und wer mag, nimmt auf einem der alten Sessel Platz und trinkt einen Kaffee. C/ Sant Crist, 4, 971 71 11 55.

★ **María Isabel Ballester.** Die ursprünglich aus Argentinien stammende und international erfolgreiche Künstlerin zeigt in ihrem Atelier ihre bemerkenswerten Arbeiten aus Ton. C/ Calatrava, 1, Tel. 697 62 07 23, www.mariaisabelballester.com

★ **Literanta.** Charmante Buchhandlung mit kleinem Café. C/ Can Fortuny, 4A, Tel. 971 42 53 35, www.literanta.com

La Seu wacht über die Stadt und ihre Bewohner (oben). Wenn die Sonne durch die bunten Glasfenster bricht, ist die Atmosphäre in der Kathedrale der Heiligen Maria, so der offizielle Name des Gotteshauses, besonders spirituell (rechts).

3 Palau de S'Almudaina

Im Büro des Königs

Der Almudaina-Palast war einst eine arabische Zitadelle, heute nutzt ihn der spanische König für offizielle Anlässe. Da die königliche Familie während des Sommerurlaubs im Marivent-Palast in Cala Major logiert, können Besucher ungestört den Thronsaal, die Kapelle und das königliche Büro inspizieren.

Als die muslimischen Eroberer vom spanischen Festland aus Mallorca einnahmen, errichteten sie ab 903 auf dem Hügel am Meer eine Festung. Wahrscheinlich gab es dort bereits Gebäude, die die Römer, die Westgoten und Byzantiner hinterlassen hatten. Die Mauren, wie sie in Spanien genannt werden, bauten, was auch immer sich auf dem Hügel befand zu einer Festung aus, einer *Al-Mudaina.* So wird der innere Bezirk einer befestigten Siedlung, einer Medina, genannt. In der *Al-Mudaina* befindet sich der Palast des Wesirs oder des jeweiligen Machthabers. Damals reichten die Wellen des Mittelmeers noch bis an die Fundamente der Festungsmauern, und die Schiffe des letzten muslimischen Regenten Abu Yahya konnten einen kleinen Hafen innerhalb der Zitadelle anlaufen. Dazu passierten sie ein großes Tor, den Arc de la Mar an der Südseite des Palastareals. Das einstige Meerestor gehört zu den wenigen Relikten, die aus dem maurischen Mittelalter erhalten geblieben sind. Ebenfalls original, wenn man so will, sind die Mauern, die die Festung zur Meeresseite hin schützen.

Nicht verpassen!

- ★ **Capella de Santa Ana.** Gotische Schlosskapelle aus dem 14. Jh. C/ Palau Reial, Tel. 971 21 41 34, www.patrimonionacional.es
- ★ **Salón Gótico.** Der Thronsaal mit seinen gotischen Bögen ist der beeindruckendste Raum des Palasts.
- ★ **S'Hort del Rei.** Der Garten des Königs lohnt, um sich etwas vom Stadtprogramm zu erholen. Kunstwerke von Calder und Joan Miró, Brunnen und schattiges Grün erwarten den Besucher.
- ★ **Arc de la Mar.** Über einem Teich spannt sich ein weiter Bogen. Durch ihn konnten die Boote des Wesirs bis in den Bereich des Alcázars fahren.
- ★ **Parc de la Mar.** Der Park mit dem künstlichen See und der hohen Wasserfontäne wurde erst 1960 angelegt und somit das Meer auf Distanz gehalten. Mitbeteiligt an der Planung war auch Joan Miró, von dem ein leuchtendes Keramikwandbild zu sehen ist.

Auf der Terrasse des Stadtpalasts, den sich der Magnat Juan March (1880–1962) hat bauen lassen, sind Skulpturen u.a. von Rodin, Chillida und Moore ausgestellt (oben rechts). Von der Loggia aus ist der Königspalast zu sehen (oben), dessen Räume eher an eine Festung erinnern (unten rechts).

Mehr Festung als Palast

Auch der christliche Eroberer Jaume brauchte natürlich seinen Palast. Gleich nach der Reconquista wurde mit dem Umbau begonnen. Vielleicht ging es bereits um 1281 los oder erst 1309. Mitte des 14. Jahrhunderts waren die Arbeiten jedenfalls abgeschlossen. Pere Salvat, der Baumeister des Castell Bellver, war einer der Baumeister. König Jaume II. nutzte den Almudaina-Palast vor allem im Sommer. Ansonsten zog er seine Residenz in Perpignan vor, wo die Könige von Mallorca einen ähnlich prächtigen Palast besaßen.

Seit Spanien eine konstitutionelle Monarchie ist, gehört der Palau de S'Almudaina zu den Liegenschaften des Hofs, die allerdings in staatlichem Besitz sind. König Juan Carlos – und demnächst wohl Thronfolger Felipe – hält hier jeden Sommer eine Audienz ab, dann ist die Besichtigung nicht möglich. Ansonsten darf man sich bis auf den militärischen Bereich alles anschauen: den Waffenhof, die gotische Kapelle Santa Ana mit ihrem romanischen Marmorportal und natürlich die Innenräume mit dem Thronsaal, den Salons der Königin sowie das Arbeitszimmer des Königs. Wertvolle Teppiche, Möbel und ausgesuchtes Kunsthandwerk schmücken die Räume, die dennoch bleiben, was sie sind: die einer mittelalterlichen Burg. Kein Wunder, dass Juan Carlos und Sofia ihre Tage auf Mallorca lieber im Palast Marivent verbringen. Den kann man gut von der Festung San Carlos Cala Major sehen. Mehr geht auch nicht. Beim Marivent-Palast hört die Bürgernähe auf.

Hingehen!

ESSEN UND TRINKEN

- **Café Lírico.** Eines der ältesten Cafés der Stadt und ein charmanter Ort jenseits des Lifestyles. Avinguda d'Antoni Maura, 6, Tel. 971 72 11 25.
- **Cappuccino.** Schickes und vergleichsweise teures Kaffeehaus. C/ Sant Miquel, 53, Tel. 971 71 79 64, www.grupocappuccino.com
- **La Bóveda.** Der stets gut besuchte Klassiker unter den Tapas-Restaurants liegt nicht weit entfernt im La-Llotja-Viertel. C/ Botéria 3, Tel. 971 71 48 63. Ein Ableger befindet sich in der Passeig Sagrera, 3, Tel. 971 72 00 26, www.restaurantelaboveda.com

ÜBERNACHTEN

- **Cort.** Individuell und liebevoll eingerichtet. Mit Minipool auf der Dachterrasse. Plaça de Cort, 11, Tel. 971 21 33 00, www.hotelcort.com

EINKAUFEN

- **Convent de Santa Clara.** Die in Klausur lebenden Franziskanernonnen backen Köstliches. C/ Can Fonollar, 2.
- **Vidrios Gordiola.** Eine einzigartige Auswahl an Glaswaren aus der berühmten Manufaktur bekommt man hier und in einer Filiale in der Carrer Jaume II. C/ Victòria, 2, www.gordiola.com

4 *Vila de Baix*

Das Leben und die Kunst

Rund um die gotische Seehandelsbörse La Llotja wird es abends erst richtig lebendig. Doch abgesehen von den vielen Restaurants und Bars lohnt sich auch am Tag ein Abstecher in die Viertel La Llotja, Sant Pere und Jaume III mit ihren Galerien und dem Es Baluard Museu d'Art Modern i Contemporani de Palma.

Als selbst die Urlauber allmählich mitbekamen, dass es auf Mallorca nicht nur schöne Strände und weniger schöne Touristenzentren gibt, wagten sich auch immer mehr Touristen nach Palma. Nicht nur die Kathedrale, Schloss Bellver oder der Almudaina-Palast wurden besichtigt, Palma hatte am Abend ebenfalls etwas zu bieten. Zum Beispiel gab es da einen Jazzclub im Carrer

Nicht verpassen!

- ★ **La Llotja.** Die prächtige Handelsbörse aus dem 15. Jh.
- ★ **Museu Es Baluard.** Palmas wichtigstes Museum für zeitgenössische Kunst fügt sich kontrastreich in eine ehemalige Bastion. www.esbaluard.org
- ★ **Església Santa Creu.** Die Kirche der Seefahrer im Sant-Pere-Viertel wurde ab dem 14. Jh. erbaut. C/ Sant Llorenç, 4.
- ★ **Passeig des Born.** Die eleganteste Straße Palmas teilt Ober- und Unterstadt.
- ★ **Gran Hotel.** Das 1903 eröffnet Hotel ist ein schönes Beispiel für den katalanischen Jugendstil, den Modernisme. Plaça de Weyler, 3, http://obrasocial.lacaixa.es
- ★ **Centre Cultural.** Sa Nostra. Das Kulturzentrum der Sa-Nostra-Bank nutzt die Räume eines Palasts aus dem 17. Jh. Vorübergehend wird die Sammlung des Museu de Mallorca gezeigt. C/ de la Concepció, 12, www.obrasocialsanostra.com
- ★ **Casal Solleric.** Im prachtvollen Stadtpalast werden Ausstellungen gezeigt. Passeig des Born, 27.

Auf der Esplanade des Museu Es Baluard ragt die tonnenschwere Skulptur *Bou* des Architekten Santiago Calatrava auf (oben). Im ehemaligen Fischerviertel Sant Pere ist am Abend viel los, zum Beispiel auf der Plaça Llonja (oben rechts). Dort steht auch dieses Haus mit der schönen Jugendstilfassade (unten rechts).

d'Apuntadors und eine Bar im Innenhof eines alten Stadtpalasts, die mit ihrer verschwenderischen Dekoration, den livrierten Kellnern und stimmungsvollem Kerzenlicht wie eine Filmkulisse aussah. Beide, die »Bar Abaco« im Carrer Sant Joan und den »Jazz Voyeur Club«, gibt es heute wie vor 20 bzw. 30 Jahren. Diese Klassiker des Nachtlebens befinden sich im Viertel La Llotja am Fuß des Sant-Pere-Hügels gegenüber der Oberstadt. Natürlich haben sie Konkurrenz bekommen. Coole Designbars, einfache Tapaslokale, Weinbars, Cafés und mehrere schicke Restaurants machen das Gebiet zu einer beliebten Ausgehzone.

Eine Handelsbörse mit himmlischem Schutz

Die Vila de Baix, die Unterstadt, das sind jene Stadtgebiete, die jenseits des Passeig des Born und der Rambla liegen. Nicht nur nachts lohnt sich ein Spaziergang durch das Llotja-Viertel. Am Tag, wenn es ruhiger ist, kann man sich in die Details des Gebäudes vertiefen, das dem ehemaligen Fischerviertel seinen Namen gegeben hat, die Llotja. Guillem Sagrera, der große mallorquinische Baumeister, der auch bei der Errichtung der Kathedrale mitgewirkt hat, arbeitete ab 1421 an der Handelsbörse gegenüber des alten Hafens. Der gotische Hallenbau ist von einzigartiger Schönheit und erinnert daran, dass Mallorca beziehungsweise Palma in jener Zeit ein wichtiger Handelshafen war. Der dreischiffige Innenraum wird von in sich gedrehten Säulen gestützt. Zu beachten sind die fein gearbeiteten Maßwerkfenster, kleine Türme und natürlich die wundervolle Engelsfigur über dem

Hingehen!

ESSEN UND TRINKEN

★ **Bar Abaco.** Teure Cocktails in einem reich dekorierten Stadtpalast. C/ San Juan, 1, Tel. 971 71 49 39, www.bar-abaco.es

★ **BLD Es Baluard.** Mediterrane Gerichte genießt man auf der fantastischen Terrasse des Museumscafés. Plaça Porta Santa Catalina, 10, www.esbaluard.org

★ **Celler Sa Premsa.** Seit den 1950er-Jahren ist das rustikale Gasthaus bei Urlaubern wie Einheimischen beliebt. Plaça del Bispe Berenguer de Palou, 8, Tel. 971 72 35 29, cellersaprensa.com

★ **Forn Sant Joan.** Elegant-rustikales Design und eine sehr gute mediterrane Küche. C/ Sant Joan, 4, Tel. 971 72 84 22, www.forndesantjoan.com

★ **Jazz Voyeur.** Ein Jazz-Klassiker im Nachtleben von Sant Pere. Regelmäßig Konzerte. C/ Apuntadors, 5, Tel. 971 72 07 80, www.jazzvoyeurfestival.com

★ **La Bodeguilla.** Umfangreiche Weinkarte und ausgezeichnete Tapas. C/ Sant Jaume, 3, Tel. 971 71 82 74, www.la-bodeguilla.com

★ **Wineing** Der Name ist Programm: In der Tapasbar sind 50 Rotweine zu probieren. C/ Apuntadors, 24, Tel. 971 21 40 11, www.wineing.es

Vila de Baix

Hauptportal, die Handel und Händler beschützen sollte. Heute gewinnt man fast den Eindruck, dass die Stadtverwaltung nicht so recht weiß, was sie mit diesem Schatz der Gotik anfangen soll. Manchmal darf man dort eine Ausstellung sehen, dann wird die Halle für einen Empfang genutzt, oft aber bleibt sie einfach geschlossen und keiner weiß warum. In gewisser Weise war das auch früher schon so. In der Zeit der Napoleonischen Kriege etwa wurden in der gotischen Halle Kanonen gegossen.

Neben der Llotja schließt sich das Consolat de Mar an. Das Gebäude des ehemaligen Seehandelsgerichts wurde 1626 erbaut, das Gericht selbst gab es bereits seit dem 14. Jahrhundert, und es war damit eines der ersten in Spanien. Aktuell ist es der Amtssitz des Ministerpräsidenten der Balearen. Dahinter liegt die Plaça Drassana. In früheren Jahrhunderten wurden hier Schiffe gebaut, was sich noch am Namen des Platzes ablesen lässt: *Drassanes* sind Werften.

In den Gassen zwischen dem Born und der Avenida Jaume III gibt es eine Reihe von Galerien, die meist zeitgenössische Künstler aus Mallorca oder aus anderen Ländern ausstellen. Die beste Adresse hierfür ist allerdings keine Galerie, sondern das Museu Es Baluard. Das liegt versteckt in der gleichnamigen Bastion am westlichen Ende der ehemals ummauerten Altstadt.

Vom Grandhotel zum Kulturzentrum

Noch ein Wort zu den Prachtboulevards Passeig des Born und La Rambla, die wie ein breiter Fluss durch die Altstadt laufen. Glücklicherweise sind sie für Autos weitgehend gesperrt, sodass sie in ihrer Funktion als Flanier- und Shoppingmeile genutzt werden oder, wie auf der Rambla, Marktstände errichtet werden können.

An der Plaça Weyler, zwischen Born und La Rambla, ragt eines der architektonischen Highlights der Stadt auf: Das »Gran Hotel« wurde von dem katalanischen Architekten Lluís Domènech i Montaner entworfen. Als das Hotel 1903 eröffnete, bot es einen bis dahin nicht gekannten Luxus. Ende der 1980er-Jahre wurde es von der Stiftung La Caixa restauriert und als Kulturzentrum eröffnet. In dem Jugendstilgebäude, das zum UNESCO-Weltkulturerbe zählt, gibt es neben einem angenehmen Café und einer Kunstbuchhandlung einige Arbeiten von Hermen Anglada Camarasa zu entdecken. Camarasa war der Kopf der sogenannten »Schule von Pollença«, die in den 1910er- und 1920er-Jahren in und um Pollença impressionistisch beeinflusste Landschaften und Genreszenen malte.

Hingehen!

★ **13 %.** Lecker, einfach und natürlich – so isst der urbane Mensch im sympathischen Souterrain-Bistrot. C/ Sant Feliu, 13a, Tel. 971 42 51 87, www.13porciento.com

ÜBERNACHTEN

★ **Born.** Romantisch und hübsch altmodisch. Die Zimmer des familiären Stadthotels öffnen sich zu einem weiten Patio. C/ Sant Jaume, 3, Tel. 971 71 29 42, www.hotelborn.com

★ **Tres.** Der Klassiker unter den Designhotels der Stadt. Klares, skandinavisch inspiriertes Design in einem zentral gelegenen Stadtpalast. Schöne Dachterrasse mit Pool. C/ Apuntadors, 3, Tel. 971 71 73 33, www.hoteltres.com

★ **Puro.** Das coole Design mit sehr viel Weiß, passt gut zum alten Stadtpalast aus dem 18. Jh. C/ Montenegro, 12, Tel. 971 42 54 50, www.purohotel.com

EINKAUFEN

★ **Rialto Living.** Wahrscheinlich Palmas beste Adresse rund ums Einrichten. C/ Sant Feliu, 3c, www.rialtoliving.com

Das Museu Es Baluard lässt schon mit seiner modernen Außengestaltung (oben und oben rechts) erahnen, welche Juwelen der zeitgenössischen Kunst die Besucher hier erwarten (unten rechts).

5 Die Oberstadt

Lebendiges Zentrum

Genaugenommen zählt zur Dalt Vila, der Oberstadt, auch der Bereich um die Kathedrale. Im Folgenden geht es aber um das Geschäftszentrum rund um die Plaça Major. Interessante und kurzweilige Museums- und Kirchenbesuche können ausgedehnte Einkaufstouren bereichern.

Früher oder später landet jeder – wie in einer typisch kastilischen Stadt – auf einem Platz, der an eine Theaterkulisse erinnert. Die umliegenden Häuser stützen sich auf einen umlaufenden Arkadengang und sind, zumindest was ihre Fassade betrifft, alle gleich. Palmas Plaça Major kann sicherlich nicht mit der von Salamanca oder Madrid mithalten, aber sie erfüllt den Zweck aller spanischen Hauptplätze als Veranstaltungsort und riesiges Wohnzimmer der Stadt. Sie ist Schnittpunkt mehrerer Gassen und Straßen der Oberstadt. Zum Glück wurden größtenteils die Autos verbannt, sodass man sich ganz dem Kommerz etwa im Carrer Sant Miquel, Sindicat oder Colom widmen kann. Neben all den Mode-, Schuh- und Souvenirläden gibt es ab und an noch einige alteingesessene Geschäfte und Cafés.

Treffpunkt Plaça Major

Im Einkaufsgetümmel fällt es nicht leicht, sich auf die kulturellen Sehenswürdigkeiten einzulassen, doch die vereinzelten Jugendstilbauten sieht man sich gern an. Etwas mehr Energie ist gefragt, will man den Bummel mit einem kostenlosen Besuch der Fundació Joan March unterbrechen. Jedenfalls strömen viel mehr Menschen in die umliegenden Geschäfte als in die Kunstsammlung, wo Werke von Picasso, Gris, González und Miró hängen.

Nicht verpassen!

- ★ **Palau March Museu.** Ehemalige Stadtvilla der Familie March. Palau Reial, 18, www.fundabionbmarch.es
- ★ **Plaça de Cort.** Vor dem alten Rathaus im Renaissancestil steht ein etwa 800 Jahre alter Olivenbaum.
- ★ **Església Santa Eulària.** Ab 1236 wurde an der Kirche gebaut, in der Jaume II. 1276 gekrönt wurde. Plaça Santa Eulària
- ★ **Museu Fundación March.** Die Kunststiftung von Juan March zeigt spanische Kunst des 20. Jh. C/ Sant Miquel, 11, www.march.es/arte/palma
- ★ **Plaça Major.** Der umschlossene Platz aus dem 19. Jh. ist das Zentrum der Oberstadt.
- ★ **Mercat Olivar.** In Palmas zentraler Markthalle gibt es, was die Insel und das Meer gerade zu bieten haben. Plaça L'Olivar, 4, Tel. 971 72 03 14, www.mercatolivar.com
- ★ **Plaça Espanya.** Verkehrsknotenpunkt und innerstädtischer Treffpunkt. Neben Bussen und Bahnen fährt von hier auch die nostalgische Sóller-Bahn ab.

Typisch für eine Plaça Major ist die einheitliche Bebauung. Ob Märkte, Stadtfeste oder die Einstimmung auf Weihnachten – alles spielt sich auf dem rechteckigen Platz ab (unten und oben rechts). Die verspielten Stadthäuser des Modernisme, des spanischen Jugendstils, sind mittlerweile fast alle restauriert (oben).

Gut möglich, dass man danach keine Lust mehr aufs Shoppen hat und weiter der Kulturspur folgt. Die Kirche Sant Miquel beispielsweise steht auf den Resten einer alten Moschee. Und in der Església Santa Eulària, die viel älter ist, als es ihre neugotische Fassade vermuten lässt, bestaunt man das Kruzifix, das Jaume I. bei seinem Feldzug gegen die Mauren 1229 bei sich trug. Es wird in der Capella Sant Crist aufbewahrt.

An der Plaça Cort, wo das Rathaus von 1649 im Stil der italienischen Renaissance überrascht, reiht man sich wieder in den Touristenstrom ein, der in Richtung Kathedrale pilgert. Aber auch hier kann Kunst die Rettung sein: Im Museu Palau March hat sich der Sohn des Magnaten Joan March (1879–1962) einen Palast bauen lassen. Auf der Terrasse sind Skulpturen von Moore, Chillida und Rodin, im Innern illuminierte Handschriften, alte Seekarten und eine wunderschöne Weihnachtskrippe zu sehen.

Wer hat die schönste Weihnachtskrippe?

Vorweihnachtliche Kreativität lebt der Mallorquiner nicht am Tannenbaum, sondern in der Gestaltung biblischer Szenen aus. Kirchen, Klöster und Kaufhäuser gehen mit gutem Beispiel voran und zeigen ihren *belén*. Jedes Jahr gibt es eine Art Wettkampf, wer mit der größten, schönsten und spektakulärsten Krippe aufwarten kann. Das wohl schönste Exemplar befindet sich im Palau March – eine neapolitanische Krippe aus dem 18. Jh. mit rund 1000 Figuren.

Hingehen!

ESSEN UND TRINKEN

- ★ **Tast.** Eines der besten Tapasrestaurants der Stadt. C/ Unió, 2, Tel. 971 72 98 78, www.tast.com
- ★ **La Biblioteca de Babel.** Café, Weinbar und Buchhandlung. Dazu läuft meist leise Jazzmusik. C/ Arabí, 3, Tel. 971 72 14 42, www.labibliotecadebabel.es
- ★ **Churrería Rosaleda.** In der kalten Jahreszeit wärmen sich die Hauptstädter hier bei heißer Schokolade und Churros. C/ Costa de la Pols, 12, Tel. 971 71 03 26.
- ★ **Simply Fosh.** Kreative Spitzenküche von Marc Fosh. C/ Missió 7A, Tel. 971 72 01 14, www.simplyfosh.com

ÜBERNACHTEN

- ★ **Hotel Convent de la Missió.** Cooles Design im ehemaligen Kloster. C/ de la Missió, 7A, Tel. 971 22 73 47, www.conventdelamissio.com
- ★ **Palacio Avenida.** Italienisches Design in einem ehemaligen Kino der 1940er-Jahre. Av. Alexander Rossello, 42, Tel. 971 90 81 08, www.hotelpalacioavenida.com
- ★ **Brondo Architect.** Spannendes Hotelkonzept in einem Gebäude aus dem 17. und 20. Jh. C/ Can Brondo, 4, Tel. 971 72 05 07, www.brondoarchitect.com

6 *Am Hafen*

Das Tor zur Stadt

Der Port de Palma ist der größte Hafen der Insel. Neben dem Flughafen ist er die wichtigste Verbindung mit dem Rest der Welt. An den Molen zwischen der alten Mole bei der Kathedrale und dem Porto Pí im Westen liegen klassische Llaüts, Luxusjachten wie riesige Kreuzfahrtdampfer.

Bei den Molen auf Höhe der Seehandelsbörse La Llotja und den Parkplätzen, wo sich Afrikaner ein paar Euro verdienen, indem sie Autofahrer auf freie Parkplätze hinweisen, wurden leuchtend blaue Netze ausgebreitet. So groß der Hafen von Palma ist, den Fischern ist nicht viel Platz geblieben. Tatsächlich wirken die Netze wie romantische Relikte. Auch wenn der Fischfang an sich nie romantisch war, er gehört noch immer zur Insel. Insgesamt soll es heute rund 700 hauptberufliche Fischer geben, und einige haben ihre Boote im Hafen von Palma liegen. Doch man muss sie schon suchen inmitten der zahlreichen Segelschiffe, Motorboote und Riesenjachten der Superreichen.

Große Pläne für den größten Inselhafen

Der Hafen von Palma ist der größte der gut 40 Inselhäfen und schon uralt. Als die Römer im 1. Jahrhundert v. Chr. ihre Gründung Palmaria ansteuerten, legten sie ihre Boote wahrscheinlich in jenem Bereich an, wo sich heute die Plaça de la Reina beziehungsweise der Passeig des Born befindet. Über die Jahrhunderte

Nicht verpassen!

- ★ **Alter Hafen.** Einen schönen Eindruck vom Port de Palma bekommt man bereits im zentrumsnahen Bereich zwischen Kathedrale und Es-Baluard-Museum.
- ★ **Hafenrundfahrt.** An den Muelles Llotja legen die Ausflugsboote von Cruceros Marco Polo zu einer einstündigen Hafenrundfahrt ab. Tel. 647843667, www.crucerosmarcopolo.com
- ★ **Castell de Sant Carles.** Von der alten Festung bietet sich eine tolle Aussicht. Im Innern ist ein Militärmuseum untergebracht. Ctra. Dic de l'Oest, Tel. 971402145, www.museomilitarsancarlos.com
- ★ **Dic de l'Oest.** Eigentlich nur eine Straße zum Hafen. Wegen der grandiosen Aussicht ist sie aber bei Spaziergängern und Joggern sehr beliebt.
- ★ **Segelregatta.** In der Bucht von Palma werden einige Segelregatten ausgetragen. Die renommierteste ist die internationale Copa del Rey, Anfang August. www.regatacopadelrey.com

Seit der Eroberung durch die Römer im 2 Jh. v. Chr. ist der Hafen von Palma Mallorcas wichtigste Verbindung mit dem Rest der Welt. Ein Großteil des Handels wird bis heute über den Hafen abgewickelt. Während Superjachten und Kreuzfahrtschiffe das heutige Bild prägen (oben und unten rechts), gibt es noch immer ein paar Fischer, die mit kleinen *Llaüts* aufs Meer fahren (rechts).

ist der Port de Palma, wie die Stadt auch, immer weiter ins Meer hinaus gewachsen. Schließlich brauchen ein Handels- und ein Sporthafen, die Anleger für mehr als 500 Kreuzfahrtschiffe im Jahr sowie eine Werft auch entsprechend Platz. Und nicht zu vergessen die Anleger für die Fähren, die Mallorca mit Barcelona, Valencia und den übrigen Baleareninseln verbinden. Da so ein Hafen theoretisch immer größer werden kann, gibt es immer wieder neue Ideen, über die die Inselzeitungen regelmäßig berichten. So wollte der ehemalige Ministerpräsident Jaume Matas seine drohende Abwahl mit dem Plan eines Opernhauses von Stararchitekt Santiago Calatrava verhindern. Jüngst hat eine deutsch-amerikanische Investorengruppe vorgeschlagen, den Port de Palma für 1,8 Milliarden Euro umbauen und erweitern zu lassen.

Der Hafen an sich ist so schon groß, und es lohnt sich, ihn auf einem Fahrrad zu erkunden. Die Distanzen sprengen eindeutig den Radius eines entspannten Spaziergangs. In der Avinguda Antoni Maura, unterhalb des Almudaina-Palasts, verleiht zum Beispiel Palma on bike entsprechende Gefährte. So kann man von der alten Mole unterhalb der Kathedrale bis nach Porto Pí radeln, wo die großen Kreuzfahrtschiffe anlegen. Von dort aus, besser gesagt vom Castell Sant Carles auf dem Bergrücken bei Porto Pí, überblickt man die gesamte Hafenbucht. Die ab dem 17. Jahrhundert errichtete Festung beherbergt auch ein etwas angestaubtes Militärmuseum, wo einen neben historischen Waffen, Uniformen und anderen Militaria auch der unselige Francisco de Franco in Öl von der Wand grüßt.

Hingehen!

ESSEN UND TRINKEN

- ★ **Béns d'Avall Club de Mar.** Mit Blick auf den Sporthafen schmecken Fisch und Meeresfrüchte besonders gut. Ausgezeichnete Küche und tolle Lage. Muelle Pelaires, Tel. 971 40 57 68, www.bensdavall.com
- ★ **Café Sant Carles.** Zwischen alten Geschützen stehen Stühle und Tische. Entspanntes Freiluftlokal im Castell Sant Carles. Ctra. Dic de l'Oest, www.museomilitarsancarlos.com
- ★ **Dársena.** Bei Snacks und Salaten genießt man den Blick über den Hafen. Paseo Marítim (etwa auf Höhe von La Llotja), Tel. 971 18 05 04.
- ★ **Nautic.** Das Restaurant des Real Club Nautico. Edel, weiß, mit Hafenblick. Muelle San Pedro, 1–1er piso, Tel. 971 72 63 83.
- ★ **Otto Mare.** Italienisches Restaurant in schöner Lage am kleinen Hafen Can Barbara. Dársena de Ca'n Barbará, Tel. 971 40 23 12.
- ★ **Tito's.** Die berühmteste Diskothek der Stadt, groß und glamourös. Paseo Marítim, Tel. 607 37 41 38, www.titosmallorca.com

7 Santa Catalina und Es Jonquet

Der Geschmack von Palma

Essen und ausgehen oder in kleinen Boutiquen nach ausgefallener Mode und Kleinigkeiten schauen. In Santa Catalina schlägt das junge urbane Herz von Palma. Profi- wie Hobbyköche versorgen sich in der Markthalle des Viertels mit ausgesuchten Zutaten.

Über dem Hafen von Palma und jenseits des Museu Es Baluard ragen einige alte Windmühlen auf. Sie gehören sozusagen zur Skyline der Hauptstadt und sind mittlerweile auch als Kulturgut geschützt. Das ändert aber nichts daran, dass sie langsam vor sich hin bröckeln. Wenn sich die Stadt und die Eigentümer einig werden, wer die Kosten übernimmt, wird sich das ändern. Die Mühlen stehen im Viertel Es Jonquet, das mit seinen kleinen Fischerhäusern und den engen Gassen noch ein wenig die alten, vortouristischen Zeiten beschwört.

Im Gegensatz zum Mühlenviertel, das zu einem Spielball der Interessen geworden ist und nicht zu den sichersten Gegenden der Stadt gehört, tut sich in den Straßen jenseits der Carrer Magí einiges. Das Santa-Catalina-Viertel ist der lebendige Beweis, dass es auch in Palma eine urbane Kultur mit kleinen Läden, Lokalen und Bars jenseits des Mainstream gibt. Santa Catalina könnte man etwas großspurig auch das Epizentrum der neuen mallorquinischen Küche nennen. Da die Gastronomie eine wichtige Rolle im Viertel

Nicht verpassen!

- ★ **Es Jonquet.** Kleine Fischerhäuschen, ein halbes Dutzend Windmühlen und ein paar verwinkelte Gassen. Rund um die Plaça del Vapor auf einer Anhöhe über dem Hafen wird es romantisch – und am Abend nicht ganz ungefährlich.
- ★ **Mercat Santa Catalina.** Die Markthalle ist zwar nicht die größte, gilt aber als die beste der Stadt. Neben normalen Obst-, Fisch-, Fleisch- und Gemüseständen gibt es auch eine Reihe von Feinkost- und Gastro-Angeboten. Plaça Navegació, Tel. 971730710, www.mercatsantacatalina.com
- ★ **Poble Espanyol.** 22 berühmte Gebäude aus ganz Spanien wurden im verkleinerten Maßstab auf-gebaut und zu einem Idealdorf gruppiert. Das »Spanische Dorf« ist ein Spaziergang durch die Architekturgeschichte der Iberischen Halbinsel und wird durch Geschäfte und Veranstaltungen belebt.

Westlich von Sant Pere und der ehemaligen Festung Es Baluard (unten rechts) schließt sich das Viertel Santa Catalina an. Wie vor hundert Jahren prägen einige Windmühlen die Silhouette des Viertels. Santa Catalina hat sich mittlerweile zu einem Szeneviertel mit spannender Gastronomie entwickelt (oben und oben rechts).

spielt, beginnt man folgerichtig seinen Besuch im Mercat de Santa Catalina. Der ist einerseits eine klassische Markthalle, aber mittlerweile ebenso ein Feinkostmarkt mit Stehlokalen für die Nachbarn und Foodies. Das – wenn man so will – offizielle Gesicht dieser neuen Esskultur des Carrer Fàbrica, der schon vor Jahren zur Fußgängerzone umgebaut wurde. Hier reiht sich Lokal an Lokal.

Spanien in einem Dorf

Weiter westlich, in Richtung Castell de Bellver glaubt man zunächst, man wäre in der falschen Stadt. Ist der Turm, der da zwischen den nichtssagenden Häusern auftaucht, nicht die Torre del Oro, und steht der nicht am Guadalquivir in Sevilla? Kommt man näher und geht hinein ins Poble Espanyol, kann man seine Spanienkenntnisse weiter prüfen. Das »Spanische Dorf« besteht aus 22 Bauwerken, etwa dem Haus El Grecos aus Toledo oder dem Innenhof der Alhambra. Bauten aus Valencia, Madrid, Teneriffa, Ciudad Real und Córdoba, Salamanca und dem Baskenland sind auch dabei. Als das Museumsdorf 1967 errichtet wurde, galt es im franquistischen Spanien, die nationale Einheit aller Regionen zu demonstrieren. Zugleich wollte man den Touristen zeigen, dass es in Spanien noch mehr zu sehen gibt als nur die Strände von Mallorca. Seit einigen Jahren hat das Spanische Dorf eine zusätzliche Rolle übernommen. In der Adventszeit findet dort Mallorcas stimmungsvollster Weihnachtsmarkt statt. Zumindest in dieser Zeit wird einem das Spanische Dorf aber ziemlich deutsch vorkommen.

Hingehen!

ESSEN UND TRINKEN

- ★ **La Coqueria.** Coca statt Pizza! Köstlich sind die mallorquinischen Teigfladen, und wer möchte, lässt sie sich zum Mitnehmen hübsch verpacken. Mercat de Santa Catalina, Plaça Navegació, Stand 13, Tel. 971 45 30 98, www.lacoqueria.es
- ★ **Patron Lunares.** Trendiges Restaurant-Bistro hinter alten Türen. C/ Fàbrica, 30, Tel. 971 57 71 54, www.patronlunares.com
- ★ **Ublo.** Zu den Spezialitäten des kleinen Restaurants gehören köstliche Fleischgerichte. Wer mag, kann sie am Tisch auf dem heißen Stein braten. Plaça del Progrés, 23, Tel. 971 90 13 13, www.restauranteublo.com
- ★ **Cuba Colonial.** Populäres Café-Restaurant und am Abend beliebt für den ersten Drink. C/ Sant Magí, 1, Tel. 71 45 22 37, www.cubacolonial.es
- ★ **Viêt nam.** Köstliche asiatische Küche. Plaça del Progrés, 14, Tel. 971 28 50 23, www.vietnamcafe.es
- ★ **Xoriguer.** Der Klassiker unter den Restaurants in der Carrer Fàbrica mit köstlicher baskisch geprägter Küche. C/Fàbrica, 60, Tel. 971 28 83 32, http://m.restaurantexoriguer.com

8 Castell de Bellver

Rund und rätselhaft

Über die Bucht und den Hafen von Palma wacht das Castell de Bellver. Die einzige Rundburg Spaniens wurde ab 1300 als Festung und königliche Residenz erbaut, wurde aber vor allem als Gefängnis genutzt. Vom Dach der harmonischen Anlage bietet sich eine grandiose Aussicht.

Das Castell de Bellver, einst vor den Toren der Hauptstadt, ist eine der bedeutendsten Sehenswürdigkeiten der Insel. Schon für die ersten Reisenden, die im 19. Jahrhundert nach Mallorca kamen, gehörte die Rundburg zum touristischen Pflichtprogramm.

Noch im 13. Jahrhundert wurde mit dem Bau auf einem gut 100 Meter hohen Hügel begonnen. Jaume I. hatte die Araber, die auf der Insel herrschten, besiegt. Bereits um 1311 konnte sein Sohn Jaume II. die als Festung und Sommerresidenz geplante Anlage beziehen. Verantwortlich für den Bau des Castells war unter anderem Pere Selvá, der auch den Umbau des Almudaina-Palastes begleitete. In den darauffolgenden Jahrhunderten trotzte Bellver nicht nur den Angriffen von Piraten, die sich im 16. und 17. Jahrhundert zu einer wahren Plage entwickelt hatten. Sie eignete sich auch bestens, um unliebsame Menschen darin einzusperren. Doch nicht nur als Residenz diente die Burg in ihrer Geschichte, vielmehr war sie ein idealer Kerker. Besonders gefürchtet war die Torre de Homenatge. Im Sockel des »Ehrenturms« war das Loch, *la olla*, ein dunkles Verlies, das man nicht einmal seinem schlimms-

Nicht verpassen!

- ★ **Pati d'armes.** Der Waffenhof beeindruckt mit seiner kreisrunden Anlage und einer doppelstöckigen Bogengalerie. Der herrschaftliche Teil steht im Kontrast mit der wehrhaften Außenfassade der Burg.
- ★ **Museu d'Història de la Ciutat.** Im Erdgeschoss der Anlage ist das Stadthistorische Museum untergebracht mit Exponaten aus dem 1. Jahrtausend v. Chr. bis zur Neuzeit.
- ★ **Col·lecció Despuig d'escultura clàssica.** Teil des Museums ist auch die Sammlung des mallorquinischen Kardinals Antoni Despuig i Dameto mit antiken Skulpturen.
- ★ **Dachterrasse.** Vom Dach der Rundburg bietet sich eine fantastische Aussicht über die Stadt und den Hafen.
- ★ **Torre de Homenatge.** Im Innern des frei stehenden Hauptturms finden sich Wandgraffiti aus mehreren Jahrhunderten. Der Turm kann nur im Rahmen einer Führung besichtigt werden.

Torre de Homenatge – der »Ehrenturm« steht außerhalb der kreisrunden Anlage (oben). Im Innern der Burg, die zugleich königliche Residenz (13. Jh.) ist, öffnet sich ein doppelstöckiger, ebenfalls runder Hof mit Arkaden (unten rechts). In der Burg befindet sich das Stadtmuseum von Palma (oben rechts).

ten Feind wünscht. Der prominenteste Gefangene auf Bellver war der Schriftsteller und Staatsmann Gaspar Melchor de Jovellanos. Wegen seiner Kritik an der Staatsführung Karls III. wurde er 1790 verbannt und zwischen 1802 und 1808 hier eingesperrt. Allerdings hatte er eine etwas angenehmere Zelle. Man findet sie beim Rundgang im ersten Obergeschoss.

Rundburg mit Aussicht

Der kreisrunde Grundriss der Burganlage ist in Spanien einzigartig. Nach einer bislang nicht schlüssig belegten Theorie ist die Formgebung vom Mystiker und Missionar Ramón Llull beeinflusst. Llull hatte ein System von Kreisen entwickelt, das eine Art Mechanik der Logik simulieren sollte und mit dessen Hilfe er sich Antworten auf grundlegende Fragen erhoffte.

Im Zentrum der runden Festung öffnet sich ein repräsentativer Innenhof, der den Residenzcharakter der Anlage unterstreicht. Ein doppelstöckiger und einheitlicher Arkadengang umschließt die freie Mitte mit seiner frühgotischen, rational anmutenden Eleganz. Vier Türme umgeben die Festung, wobei die Torre de Homenatge frei steht und durch eine kleine Brücke mit dem Hauptbau verbunden ist. Ein Museum im Innern informiert über die Stadtgeschichte Palmas. Im Obergeschoss ist neben dem Thronsaal auch die bemerkenswerte Sammlung antiker Figuren zu sehen, die Kardinal Antoni Despuig i Dameto (1745–1813) zusammengetragen hat. Zu seinen Lebzeiten schmückten sie sein Herrenhaus Raixa (s. S. 120 f.) bei Palmanyola.

Hingehen!

ESSEN UND TRINKEN

- ★ **Es Ví.** Das einfachere Restaurant des Hotels »Castillo Son Vida« offeriert köstliche Tapas und Salate. C/ Raixa, 2, Tel. 971 49 34 93, www.restaurant-esvi.com
- ★ **Garito Café.** Angenehmer kleiner Klub für lange Nächte. Musik vom DJ oder live. Dàrsena de Ca'n Barbar, www.garitocafe.com

ÜBERNACHTEN

- ★ **BQ Augusta.** Entspanntes und komfortables Familienhotel in einer ruhigen Wohngegend in der Nähe des Kastells. C/ Corb Marí, 22, Tel. 871 70 08 13, www.bqhoteles.com
- ★ **Ciutat de Palma.** In diesem Marriott-Hotel fühlen sich vor allem Geschäftsreisende wohl. Plaça del Pont, 3, Tel. 971 22 23 00, www.marriott.de
- ★ **Castillo Son Vida.** Das vielleicht exklusivste Hotel der Insel liegt auf einem Hügel und wird von einem parkähnlichen Grün und Golfplatz umgeben. C/ Raixa, 2, Tel. 971 49 34 93, www.castillosonvidamallorca.com
- ★ **Palas Atenea.** Großes modernes Hotel am Paseo mit Pool und großzügigem Spa. Paseo Ingeniero Gabriel Roca, 29, Tel. 971 28 14 00, www.melia.com

9 Cala Major

Im Auge des Betrachters

Der westliche Vorort steht im Ruf royaler Sommerfrische, schließlich erholt sich traditionell die Königsfamilie im Marivent-Palast von ihren repräsentativen Aufgaben. Der Ort ist trotz des schönen Strands keine Augenweide. Ganz im Gegensatz zur Miró-Stiftung, wo man das Atelier und seine Meisterwerke bewundern kann.

Verlässt man Palma und fährt nicht über die Schnellstraße Ma-1, sondern die Küstenstraße in Richtung Westen, kommt man nach Cala Mayor. Über Geschmack lässt sich bekanntlich streiten. Aber ohne die Gefühle der wahrscheinlich glücklichen Urlauber zu verletzen, muss man sagen, dass dieser Vorort nicht schön ist. Die namensgebende Bucht ist von Hotelblöcken umringt. Fast hat man den Eindruck, man befände sich in einem riesigen Amphitheater, in dem Betonblöcke sitzen und gebannt auf das einladende Halbrund aus Sandstrand und Meer schauen. Der Strand für sich ist immerhin 200 Meter weit, doch angesichts der lauernden Häuserfronten mag er einem fast leidtun. Der Rummel, die Pubs und Bratstuben oder was einem sonst ins Auge sticht, steht im Gegensatz zum exklusiven und buchstäblich royalen Flair, was den Vorort Palmas ebenfalls umweht.

Dafür gibt es zwei Gründe, einmal das schöne »Maricel«-Hotel, das sich aus der Gründerzeit des Mallorca-Tourismus zu einer Insel der Seligen entwickelt hat, und der Marivent-Palast. Der Pa-

Nicht verpassen!

- ★ **Platja Cala Mayor.** Gäbe es den schönen Sandstrand nicht, dann wäre der gleichnamige Ort nicht das, was er ist.
- ★ **Fundació Pilar y Joan Miró.** Eines der sehenswertesten Museen zeigt die Kunst Mirós und sein ehemaliges Atelier. C/ Saridakis, 29, http://miro.palmademallorca.es/
- ★ **Coves de Gènova.** Gut 30 Meter unter der Erde liegen die Tropfsteinhöhlen von Gènova. C/ Barranc, 45, Tel. 971 40 23 87
- ★ **Cova de Coloms.** Die spektakuläre »Taubenhöhle« ist nur über geführte Touren und für Taucher zu erreichen. Sie birgt einen unterirdischen Sandstrand.
- ★ **Casino Porto Pí.** Noch befindet sich das Casino von Mallorca im Einkaufszentrum von Porto Pí. Es soll in Zukunft einen anderen Standort in der Innenstadt oder an der Platja de Palma bekommen. http://portopicentro.es

Das Atelier von Joan Miró (unten rechts) sieht aus, als habe der Maler nur für einen Moment den Raum verlassen. Der Katalane zog 1956 nach Mallorca, dessen Licht er für seine Arbeit schätzte. Rafael Moneo entwarf das Museum, das sich unter einer Wasseroberfläche versteckt (oben und rechts).

last ist – wenn man so will – das Ferienhaus der spanischen Royals. Jedes Jahr im Sommer reist sie aus Madrid an. Nicht ausgeschlossen, dass man Königin Sofia mit ihren Enkelinnen durch Palma spazieren sieht, wo sie Eis essen oder einfache Alpargatas-Schuhe kaufen. Trotz der Skandale, die den Ruf des Hauses schwer beschädigt haben, möchten die Mallorquiner mehrheitlich wohl kaum auf den Besuch »ihrer« *Oreyes* verzichten.

Refugium für die Kunst

Man könnte meinen, wer nun nicht gerade in Cala Mayor Urlaub macht, kann sich den Vorort sparen. Aber nein – 1956, als Joan Miró (1893-1983) überall – außer in Spanien – als großer Künstler gefeiert wurde, zog er mit seiner Frau Pilar nach Mallorca. Auf dem Grundstück der Finca Son Abrines im höher gelegenen Teil von Cala Mayor, das es als Urlaubsdestination so noch gar nicht gab, lässt er sich von seinem Freund, dem Architekten Josep Luis Sert, ein Atelierhaus bauen. Das angrenzende Landhaus Son Boter kauft der Künstler später hinzu und nutzt die trutzige Masia als Skulpturenwerkstatt. Aus Sorge um sein kreatives Erbe, das Atelier und das Landgut Son Boter, ruft er 1981 gemeinsam mit seiner Frau Pilar eine Stiftung ins Leben. Neben dem Atelierhaus und der Finca erhält die Stadt Palma gut einhundert Gemälde als Schenkung. Durch den Verkauf/die Versteigerung von knapp vierzig Arbeiten wird der Grundstein für die Finanzierung des Museumsbaus gelegt, der 1993, zehn Jahre nach dem Tod des Künstlers und zu seinem 100. Geburtstag, fertiggestellt wird.

Hingehen!

ESSEN UND TRINKEN

★ **A Popa.** Elegantes Restaurant mit romantischer Terrasse über dem Meer. Im Hotel »Nixe Palace«. Av. Joan Miró, 269, Tel. 971 70 08 88.

★ **Ses Coves.** Familiäres Lokal mit Terrasse bei den Genova-Höhlen. C/ Barranc, 45, Tel. 971 40 23 87.

★ **Beach Club Zhero.** Leichte mediterrane oder asiatische Küche und gepflegte Poolatmosphäre. Av. Joan Miró, 305, Tel. 971 40 43 10, www.hotel-zhero.com/de/hotel_beach_club

★ **Il Paradiso.** Vielleicht der edelste Italiener in Palma und Umgebung, was vermutlich an der Nähe zur königlichen Residenz Marivent liegt. Av. Joan Miró, 243, Tel. 971 10 33 79, www.ilparadiso.es

ÜBERNACHTEN

★ **Bon Sol.** An den Hang gebaut und mit viel Grün umschließt das 1953 eröffnete Hotel die Bucht von Illetes. Passeig Illetes, 30, Tel. 971 40 21 11, www.hotelbonsol.es

★ **Maricel.** Wie ein Fels in der Brandung ragt das Luxushotel über die Bucht. Ctra. Andratx, 11, Tel. 971 70 77 44, www.hospes.com/de/hotel-mallorca-maricel

10 *Platja de Palma*

Jenseits des Mythos

Südöstlich der Hauptstadt schwappt das Meer an kilometerlange Strände. Die Platja de Palma ist einer der Geburtsorte des Massentourismus. Die Partyzone rund um den Ballermann hat sie berühmt gemacht. Daneben gibt es malerische kleine Häfen und eine herrliche Promenade mit einem durchgehenden Radweg bis Palma.

Auf alten Fotografien sieht die Platja de Palma ungefähr so aus wie der Strand von Es Trenc. Das heißt, außer Sand und Meer trübt fast nichts das robinsonhafte Idyll. Wer in einem Reiseband aus den späten 1950er- oder frühen 1960er-Jahren blättert, wird feststellen, dass S'Arenal auch zu jener Zeit kaum mehr war als ein paar Häuser, die sehr nah ans Meer gebaut wurden. Es erübrigt sich fast zu sagen, dass der östliche Teil der Bucht von Palma heute etwas anders aussieht.

Wenn es eine Gegend auf Mallorca gibt, die das Bild des Massentourismus geprägt hat, ist es die Platja de Palma oder Playa de Palma, wie sie auf Kastilisch heißt. S'Arenal musste über Jahrzehnte für das billige und oft vulgäre Urlaubsbild herhalten. Der Teutonengrill, der Bratwurstarchipel, die Putzfraueninsel – diese schon fast nostalgisch klingenden Namen meinen oder meinten immer auch die Platja de Palma.

Kilometerlanger Sandstrand

S'Arenal hat mit dem sogenannten Ballermann eigentlich nicht viel zu tun, und doch wurde und wird noch manchmal das eine mit dem anderen gleichgesetzt. S'Arenal liegt ganz im Osten der Strandbucht, ist eng bebaut und eigentlich recht spannend. Ein multikultureller Ort mit einigen Hotelruinen aus der frühen Zeit

Nicht verpassen!

- ★ **Palma Aquarium.** Das große Meeresaquarium zeigt die Lebensräume und Ökosysteme von insgesamt 700 Arten. www.palmaaquarium.com
- ★ **Portixol.** Der ehemalige Vorort der Fischer ist eine beliebte Ausgehzone geworden: malerischer Hafen und gute Lokale.
- ★ **El Carnatge.** Aus der felsigen Naturküste wurden Marèssteine geschnitten. *Flightspotter* beobachten die Starts und Landungen der Flieger.
- ★ **Ballermann.** In der schon fast mythischen Partyzone rund um die Schinkenstraße schwankt die Stimmung zwischen Oktoberfest und rheinischem Karneval.
- ★ **Strände.** Wohl unumstrittene Königin ist die Platja de Palma: 4,5 km Sand von Can Pastilla bis S'Arenal.
- ★ **Meerespromenade.** Kilometerlang kann man am Meer entlangradeln und die einzelnen Ortsabschnitte kennenlernen. Radverleih gibt es an jeder Ecke.
- ★ **S'Arenal.** Der Hauptort am Ende der Bucht hat beinahe schon städtischen Charakter.

Die Platja de Palma ist zum Symbol des Massentourismus geworden (alle Bilder). Während am Ballermann die Deutschen bei Schlagern und Bier jegliche Hemmungen verlieren (S. 45), hat der Strandabschnitt auch anderes zu bieten: ein großes Meeresaquarium und einen tollen Radweg entlang der Küste (S. 44).

des Massentourismus und natürlich vielen angenehmen, immer wieder renovierten Hotelanlagen und einer schönen Marina. S'Arenal ist, wenn man so will, ein Konzentrat der mallorquinischen Tourismusgeschichte.

Vor den Fassaden der recht hohen Gebäude erstreckt sich ein kilometerlanger Sandstrand bis Can Pastilla. Gesäumt wird dieses Prachtexemplar einer Platja von einer breiten Promenade mit Palmen und Fahrradweg und insgesamt 15 *balnearios.* Theoretisch ist ein *balneario* eine Badeanstalt. Das Wörterbuch bietet noch die Übersetzungen Kurort und Heilbad an. Wenn damit ausgiebige Trinkkuren gemeint sein sollen, kommt es denen, die schön nummeriert die Platja de Palma säumen, schon näher. Die Nummer sechs ist ein wahrhaft legendärer Ort. Die Strandbar auf Höhe von Les Maravelles ist der Geburtsort des berüchtigten Ballermann, indem das Wort *balneario* noch von Ferne zu ahnen ist. Der originale Strandkiosk wurde zwar schon 1993 abgerissen und durch ein seinerzeit modernes Stahlobjekt ersetzt. Dem Durst der teutonischen Besucher nach Bier oder Sangría hat dies aber nicht geschadet.

Um diesem Gral oder auch Schandfleck – ganz nach Sichtweise – beizukommen, mussten schon größere Geschütze aufgefahren werden. Seit Mallorca auch das Image der edlen Golfer- und Gourmetdestination pflegt, möchte man vom Ballermann nichts mehr hören. Fast jedes Jahr gibt es ein neues Verbot: keine Sangría aus Eimern mehr, keine laute Musikbeschallung mehr im

Hingehen!

ESSEN UND TRINKEN

★ **Es Mollet.** Im kleinen Fischlokal am Hafen von Portitxol wird man nicht enttäuscht. Unbedingt reservieren. C/ Sirena, 1, Tel. 971 24 71 09, www.restauranteesmollet.com

★ **Puro Beach Club.** Alles so schön weiß hier! Der erste Beach Club an der Bucht von Palma ist noch immer der schönste. Cala Estancia, Tel. 971 74 47 44, www.purobeach.com

★ **Can Punta.** Kleines sympathisches Café-Restaurant in El Molinar. C/ Vicari Joaquim Fuster, 105, Tel. 971 27 73 64, www.canpunta.com

★ **Cocco.** Bar, Restaurant und Chill-out-Bereich, und das auf drei Etagen. Das Highlight ist die Dachterrasse. C/ Vicari Joaquim Fuster, 53, El Molinar, Tel. 971 71 15 31.

★ **Portixol Restaurant.** Gut wie das Hotel ist auch das Restaurant. Solides Tagesmenü. C/ Sirena, 27, Tel. 971 27 18 00, www.portixol.com

★ **Asadito.** Ein riesiges Steakhaus in der Partyzone. Das Fleisch kommt vom Holzkohlengrill. Av. de Son Rigo, 4, Tel. 971 49 29 29, www.asadito.com

Platja de Palma

Freien, keine Gelage mehr am Strand. Die Partymeile rund um die Schinkenstraße hat es nicht leicht. Schon zieht es die trinkfreudige Jugend eher nach Cala Ratjada oder gleich in die neuen Billigdestinationen am Schwarzen Meer.

Schöne Stunden in Portitxol und El Molinar

Mit einem fast pharaonischen Programm wollte die Inselregierung vor Jahren zeigen, dass das neue Mallorca mit dem Sauftourismus und dem Schmuddelimage der Platja de Palma nichts mehr zu tun hat. Die Zone sollte in eine ökologisch nachhaltige und klimaneutrale Destination mit Vorbildcharakter verwandelt werden. Es gab einen Masterplan vom renommierten Rotterdamer Studio West 8 und milliardenschwere Umbauideen, die bis etwa 2025 realisiert werden sollten. Theoretisch gibt es noch die Absicht, die Platja de Palma umzugestalten, faktisch ist das Vorhaben aber an der Wirtschaftskrise und anderen Faktoren gescheitert.

Vielleicht braucht es auch gar keinen Masterplan, der in einem Schwung der östlichen Bucht von Palma ein Facelift verpasst. Denn schon wandeln sich einzelne Ortsteile. Portitxol, der ehemalige Fischervorort, der am nächsten an Palma liegt, ist zu einem der neuen Trendspots geworden. Auch das dörfliche El Molinar hat seinen Charme, weshalb die Immobilienpreise stetig in die Höhe klettern. Spätestens zwischen Coll de'n Rabassa und Ca'n Pastilla merkt man, dass sich die Platja de Palma nicht auf den Remmidemmi-Tourismus reduzieren lässt. In dem felsigen Gebiet sieht es fast so aus wie auf den frühen Fotografien der Platja de Palma. Dass über dem unbebauten Streifen die Urlaubsflieger zum Landen ansetzen, hört man auf einem Foto ja nicht.

Hingehen!

- ★ **Megapark.** Was wie ein altes Schloss aussieht, ist sozusagen das Festzelt der Partyzone. Das ganze Programm: Schlagermusik, Auf-Tischen-tanzen und ständiger Bierzufluss. C/ Arenal 51, www.megapark.tv
- ★ **Megaarena.** Im Keller der Megapark. Hier treten Comedians und Schlagerstars auf und es kann bis zum Morgen gefeiert werden. C/ Arenal 51, www.megapark.tv
- ★ **Riu Palace.** Die wahrscheinlich bekannteste Disco der Region. Von Techno bis Schlager, je nach Tag und Anlass. C/ Llaüt, Tel. 971 74 53 23, www.riupalace.com

ÜBERNACHTEN

- ★ **Portixol.** Mit der Wiedereröffnung des alten Hotels aus den 1950er-Jahren im skandinavischen Design begann der Aufstieg des Viertels. C/ Sirena, 27, Tel. 971 27 18 00, www.portixol.com
- ★ **Ciutat Jardi.** Wunderbar nostalgisch ist das altehrwürdige Haus aus den 1920er-Jahren. C/ Illa de Malta, 14, Tel. 971 74 60 70, www.hciutatj.com

Der Ballermann, Symbol schlechthin für die Feierwut (ganz oben und rechts). Doch Platja de Palma ist mehr: Im Palma Aquarium sind faszinierende Meerestiere zu bewundern (oben), und der Radweg an der Küste ist ein besonderes Erlebnis (unten rechts).

DER SÜDWESTEN

Abendstimmung an der Punta Negra. Kleine von Felsen gerahmte Buchten und die grüne Berglandschaft sind typisch für den Ponent (oben). Typisch für die ganze Insel sind die alten Wachtürme, die Talaiots, wie hier bei Andratx (links). Den exklusivsten Jachthafen hat Porto Portals (rechts).

An der Südwestspitze neigt sich die Serra de Tramuntana ins Meer. Dort liegt der beschauliche Badeort Sant Elm (links). Anstatt in große Hotels mieten sich die Urlauber dort eher in Apartments oder Ferienwohnungen ein. Wer Ruhe sucht, ist hier richtig (rechts).

Bis auf die weiten Strände von Palma Nova und Magaluf wird die Südwestküste von kleinen Buchten geprägt. Felsig und grün sind die südlichen Ausläufer der Serra de Tramuntana (oben und unten). Zum Charakter des Ponent gehören auch die Luxushäfen Port Adriano und Portals Nous (Mitte). Vom Glanz vergangener Tage kündet das neogotische Castell Bendinat (rechts).

Der Südwesten

Tourismus und beschauliche Dörfer

Dank der Ausläufer des Tramuntana-Gebirges und der windgeschützten Lage ist der Südwesten eine angenehme und landschaftlich schöne Region. Wegen seiner Strände und Buchten ist er auch eines der Tourismuszentren.

Typisch für den Ponent ist die dichte Bebauung seiner Küste. Statt klassischem Badeurlaub sind hier aber inzwischen verstärkt Wandern, Radfahren, Golf und Gourmetfreuden angesagt. Der Wandel Mallorcas oder die vielen Gesichter der Baleareninsel – nirgendwo wird dies so sichtbar wie im Südwesten. Im Ponent treffen auf dichtem Raum unterschiedliche Urlaubs- und Lebenskonzepte aufeinander. Landschaftliche Idyllen werden von urbaner Monotonie oder Hässlichkeit abgelöst. Stille Dörfer und laute Urlaubszentren liegen nur wenige Kilometer voneinander entfernt. Bucht für Bucht öffnet sich eine andere Welt.

In Peguera zum Beispiel hat man den Eindruck, seit den 1970er- und 1980er-Jahren habe sich nichts verändert. Der Pauschaltourismus regiert hier noch – es ist eine überschaubare Welt, die sich einem dort bietet, gutbürgerlich und vorwiegend deutsch. Eine beziehungsweise zwei Buchten weiter spricht man auch Deutsch. Allerdings ist die Klientel eine andere. Allerlei Fernsehprominenz, einige Politiker und Unternehmer bewohnen die exklusiven Immobilien in Santa Ponça, Camp de Mar und Port d'Andratx. Wer dazugehören will, ist Mitglied in einem der Golfclubs und lässt sich ab und an im »Tristán« im Nobelhafen Porto Portals oder an einer der anderen einschlägigen Adressen sehen. Passend zu den Golfplätzen stehen einige der besten Hotels oder auch ausgesuchte Fincas zur Verfügung.

Masse und Klasse

Zur Vielfalt des Südwestens gehören auch Magaluf und Palmanova. Die Hochburgen des britischen Tourismus sind mit ihren Hotel- und Apartmenthochhäusern auf ihre Art sehenswert. Still und ebenso fern vom Luxus wie vom Massenandrang ist Sant Elm, ganz im Westen. Dort liegt gleichsam wie ein schlafender Drache die Insel Sa Dragonera. Die unbewohnte Insel ist eines der verbliebenden Naturparadiese des Ponent. Diese wie auch die anderen Kleininseln, etwa vor Santa Ponça, sind abwechslungsreiche und spannende Tauchreviere. Nicht nur eine artenreiche Unterwasserwelt finden die Taucher vor. Auf dem Meeresboden liegen Schiffswracks aus mehreren Jahrhunderten. Oberhalb der Was-

seroberfläche wechseln sich kleine und größere Sandbuchten mit Felsvorsprüngen und Kaps ab. Sofern sie nicht bebaut sind, finden sich darauf schattige Kiefernwälder.

Ruhige Dörfer und lebendige Küste

Immer wieder überraschend ist der Gegensatz von Küste und Landesinnerem, auch wenn mit Letzterem die Dörfer gemeint sind, die nur wenige Kilometer vom Meer entfernt liegen. Der Kontrast zwischen dem Gemeindeort Calvià und seinen großen Urlaubszentren am Meer wie Magaluf oder Peguera könnte gar nicht größer sein. Aus dem ehemals armen Dorf ist eine der reichsten Gemeinden Spaniens geworden. Dennoch sieht man es Calvià nicht an. Ähnlich ist es in Andratx, wo man mit dem mondänen Trubel des Hafenorts nichts zu tun haben will. Hier zelebriert man wie eh und je den Wochenmarkt und trifft sich in einer der Dorfkneipen zum Café.

Dass gerade der Südwesten für ausländische Residenten und Urlauber so attraktiv wurde hat seine Gründe. Bis zur Hauptstadt Palma, dem Hafen und dem Flughafen ist es nicht weit. Die Serra de Tramuntana, die sich bis zur Südspitze der Insel zieht, bietet nicht nur eine schöne Kulisse. Selbst von den Urlaubsorten an der Küste lassen sich Wanderungen oder Radtouren in das bergige Vorland unternehmen. Auch für das Klima ist der Gebirgszug wichtig. Er hält die kalten Nordwinde ab, sodass man selbst in der kalten Jahreszeit am Ponent milde und angenehme Tage verbringen kann. Ob zum Golfen, Wandern, Radfahren oder einfach nah am Meer zu sein, ist die Nebensaison ideal. Sie hat gegenüber dem Sommer noch einen weiteren Vorteil. Es ist nicht so voll.

Tipp des Autors

AUF DIE DRACHENINSEL

Wenn sie nicht am kleinen Hafen von Sant Elm liegt, kommt sie bestimmt gleich. Mit der *Llaüt*, einem traditionellen Holzboot, bringen Juan und Pep Wanderer und Neugierige auf die unbewohnte Insel Sa Dragonera. Auf mehreren Wegen lässt sich die stille Inselnatur erkunden. Oder man bleibt in der Nähe des Anlegers, sucht sich ein schattiges Plätzchen und genießt den Luxus, einfach Zeit zu haben. Februar bis Oktober, www.cruzerosmargarita.com

11 Portals Nous

Vom Sinn des Habens

Portals Nous, Bendinat und Costa d'en Blanes sind exklusive Adressen im Südwesten von Palma. Ob man es zu etwas gebracht hat, kann man am besten im Sporthafen Port Portals zeigen. Der ist Mallorcas erste Jetset-Adresse mit Luxusboutiquen, edlen Restaurants und der Kulisse sündhaft teurer Yachten.

Noch bevor man von Palma nach Portals Nous kommt, gleich bei der Autobahnabfahrt nach Illetes, fällt ein schlossähnliches Herrenhaus auf. Es ist das Castell Bendinat, das Ende des 19. Jahrhunderts im neogotischen Stil erbaut wurde. Seine Wurzeln reichen aber weiter zurück in der Geschichte, genauer gesagt auf ein Landgut aus dem 13. Jahrhundert. An dieser Stelle soll der Eroberer König Jaume I. nach der ersten siegreichen Schlacht gegen die Mauren 1229 »bé hem dinat!« (»wir haben gut gegessen«) gesagt haben, woher der Ort angeblich seinen Namen erhalten hat. Übrigens bestand dieses erste Festessen auf mallorquinischem Boden der Überlieferung nach lediglich aus Zwiebeln. Das Herrenhaus kann nicht besucht, dafür aber gekauft werden. Eine Makleragentur bietet es derzeit für 25 Millionen Euro an.

Am Umgang mit großen Geldsummen ist die Portals-Nous-Klientel gewohnt. Der Jachthafen Port Portals ist Mallorcas Jetset-Hafen. Es ist ein Stelldichein der High Society, der diskreten Reichen und vor allem der weniger diskreten. Ab und zu zeigt sich

Nicht verpassen!

- ★ **Castell de Bendinat.** Das Herrenhaus im historistischen Stil wurde im 19. Jh. erbaut. An seiner Stelle stand eine Finca; König Jaume I. soll während der Eroberungskämpfe von 1229 hier kampiert haben.
- ★ **Port Portals.** Der in den 1980er-Jahren angelegte Jachthafen ist nach wie vor Mallorcas Jetset-Treffpunkt. Bescheidenheit ist hier keine Tugend.
- ★ **Platja de l'Oratori.** Alle reden vom Jachthafen, dabei hat Portals Nous auch einen schönen Strand – er im Sommer sogar weniger überlaufen ist als die Pendants der Nachbargemeinden.
- ★ **Marineland.** Aquarien und Dressurshows mit Delfinen und Seelöwen. C/ Garcilaso de la Vega 9, Costa d'en Blanes, Tel 971 67 51 25, www.marineland.es
- ★ **Serra de na Burguesa.** Das bergige Hinterland ist bei Mountainbikern und Wanderern beliebt.

Um ehrlich zu sein, idyllisch zeigt sich die Südwestküste selten. Meist verstellen ausufernde Wohnsiedlungen oder Hotels den Blick. Aber es gibt sie, die schöne Natur, wie an der Punta Negra (oben) und an der Cala Portals Vells (oben rechts). Der »typische« Bewohner des Südwestens interessiert sich allerdings mehr für die Jachten und das Klientel von Portals Nous (unten rechts).

auch ein prominentes Gesicht am blitzblanken Kai oder in einem der Restaurants, oder König Juan Carlos schaut vorbei. Selbstverständlich tummeln sich auch viele Normalsterbliche am Hafen. Sie wollen Menschen sehen, die sie aus dem Fernsehen oder der bunten Presse kennen, und wenn nicht, dann wenigstens teure Fahrzeuge und Motorjachten.

Teure Liegeplätze

Historische Wurzeln hat der Hafen im Westen von Palma nicht. Er wurde erst in den 1980er-Jahren angelegt. Eigner ist ein deutscher Unternehmer, dem nicht nur der Hafen Port Portals gehört, sondern auch der malerische Weiler Biniagual und das gleichnamige Weingut bei Binissalem. Trotz der neuen Konkurrenz von Port Adriano gehören die rund 700 Liegeplätze noch immer zu den teuersten der Insel sowie des Mittelmeerraums. Trotz der hohen Preise ist es nicht leicht, überhaupt einen zu bekommen.

Zum Luxus auf dem Wasser gesellt sich der an Land. Parallel zum Hafen findet sich eine Shopping- und Servicezone mit teuren Boutiquen, Jachtbrokern und Restaurants. Hier wurde übrigens Mallorca beigebracht, was große Kochkunst ist. Gerhard Schwaiger, der Chef des »Tristán« etablierte das erste Restaurant auf der Insel, das mit einem beziehungsweise zwei Michelin-Sternen ausgezeichnet wurde – und das bereits Ende der 1980er-Jahre. Es mag also mehrere Gründe geben – unter anderem auch das Marineland mit seiner Delfinshow –, um nach Portals Nous zu kommen, der Ort selbst, bietet allerdings keinen.

Hingehen!

ESSEN UND TRINKEN

- ★ **Tristán.** Eine Institution: das Gourmetrestaurant von Gerhard Schwaiger. Local 1, Port Portals, Tel. 971 67 55 47, www.grupotristan.com
- ★ **Es Fum.** Eines der Toprestaurants der Insel. Ctra. Palma-Andratx 19, Costa d'en Blanes, Tel. 971 62 96 29.
- ★ **Flanigan.** Im Restaurant mit Kajütenlook speist auch König Juan Carlos gern. Local 16, Calvià, Tel. 971 67 91 91, www.flanigan.es
- ★ **Terrazas del Bendinat.** Gut für einen Kaffee oder Snacks bei schöner Aussicht. Im Hotel Bendinat. C/ Andres Ferret Sobral 1, Portals Nous, Tel. 971 67 57 25.

ÜBERNACHTEN

- ★ **Bendinat.** Auf einer Felsklippe und umgeben von Krüppelkiefern liegt das Traditionshotel, das mit seinen 54 Zimmern angenehm überschaubar bleibt. C/ Andres Ferret Sobral 1, Portals Nous, Tel. 971 67 57 25, www.hotelbendinat.es
- ★ **St. Regis Mardavall.** Das Fünfsterne-GL-Haus bietet jeglichen Luxus. Dazu gehört neben einem ausgezeichneten Restaurant eines der besten Spas. Crta. Palma-Andratx 19, Costa d'en Blanes, Tel. 971 62 96 29, www.luxurycollection.com/mardavall

12 *Palmanova und Magaluf*

Britisch-Mallorca

Wo Palmanova aufhört und Magaluf beginnt, lässt sich kaum sagen. Beide Touristenorte verdanken ihre Existenz einer gemeinsamen weiten Bucht mit schönem Sandstrand. Dahinter befinden sich Pubs und Clubs und viele Briten, die im sonnigen Süden fast so etwas wie ein Stück Heimat finden.

Die Landsleute, die in den deutsch dominierten Touristenzentren Urlaub machen, bemerken kaum, dass sie sich in einem fremden Land mit einer eigenen Kultur, eigenen Regeln und einer eigenen Sprache befinden. Das lässt sich von den Briten, die neben den Deutschen am häufigsten auf die Insel kommen oder hier eine Immobilie besitzen, genauso sagen. Ihre Heimat auf Mallorca ist Magaluf. Wenn man auf der Baleareninsel einmal den Wunsch verspürt, aus seiner vertrauten Enklave in ein gefühltes Ausland zu reisen, bietet sich Magaluf an. Nur ist das eben nicht mallorquinisch, sondern britisch. Pubs und Pints, Fish and Chips, Snooker, Karaoke, Darts? – Kein Problem, in der Hochburg des britischen Massentourismus kann man sich vergnügen wie, nehmen wir an, in Brighton by the Sea. Allerdings ist das Wetter auf Mallorca deutlich besser.

Man könnte sagen, Magaluf und Palmanova sind konsequent touristisch. Hier wurde erst gar nicht versucht, irgendein mediterranes Flair zu bewahren oder zu inszenieren. Das sieht man schon von Weitem an den Hotel- und Apartmenthäusern. Warum sollen die nur zwei, drei oder vier Etagen hoch sein? Nach oben ist doch

Nicht verpassen!

- ★ **Platja de Magaluf.** Der Hauptstrand ist etwa einen Kilometer lang. Am Wochenende lockt es auch die Einheimischen hierher.
- ★ **Carrer Punta Ballena.** Magalufs Partyzone, sozusagen der Ballermann auf britisch. Auch sehenswert.
- ★ **House of Katmandu.** Dieser buddhistische Tempel scheint vom Himmel gefallen zu sein – er steht auf dem Kopf. Im Innern gibt es Gruselkammern, eine Begegnung mit einem Yeti und andere Abenteuer. Av. Pere Vaquer Ramis 9, Tel. 971 13 46 60, www.houseofkatmandu.com
- ★ **Wasserpark.** Nicht nur Kinder haben Spaß im Wasserrutschen-Land, dem Western Water Park. Ctra. Cala Figueira a Sa Porrasa, Tel. 971 13 12 03, www.westernpark.com
- ★ **Bootstour.** Mit dem Schiff nach Palma oder zum Tauchen und Schnorcheln: Unterschiedliche Touren bietet Cruceros Costa de Calvià. Passatge Mar 44, Tel. 971 68 36 54 und Tel. 971 13 12 11, www.cruceroscostadecalvia.com

Fans von Magaluf und Palmanova haben nichts dagegen, wenn es mal eng und voll wird. Irgendwo wird jeder schon sein Plätzchen Strand finden, sei es unter dem Strohschirm (oben) oder an einer der schönen Buchten weiter westlich (unten und oben rechts).

noch viel Platz. Im Benidorm Mallorcas mit seinen gut 20000 Hotelbetten ist eben alles eine Nummer größer, auch das Nachtleben: der »BCM Planet Dance« ist die größte Disco der Insel. Auch was das Freizeitangebot betrifft, sei es das Wasserrutschen-Eldorado Western Water Park, die Minigolfbahn oder das Gruselhaus Katmandu, hier ist alles eine Nummer größer und bunter.

Lob der Masse

Nun gut, man könnte jetzt in das beliebte Klagelied von der Zerstörung der Insel einstimmen. Vereinen Zentren wie Magaluf oder die Platja de Palma nicht all die hässlichen und negativen Seiten des Tourismus? Keineswegs. 2007 überraschte der deutsche Prof. Dr. Thomas Schmitt von der Ruhruniversität Bochum mit einer Studie zur Landschaftsentwicklung auf Mallorca. Darin kommt er zu dem überraschenden Schluss: »Ballermann war besser«. Die Studie widersprach der Neuausrichtung des Inseltourismus als Luxusdestination. Durch die Golfanlagen, die Pools der Zweitwohnsitze und die Bewässerung der Gärten steigt der Wasserverbrauch drastisch. Noch schwerwiegender sind die Veränderungen der Landschaft.

So gesehen ist der Urlaub im Bettenbunker nachhaltiger als im Fincahotel. Es ist nur eine Vermutung, aber man darf annehmen, dass die Klientel der Grünen Partei oder Urlauber, die generell auf ökologische Aspekte großen Wert legen, gerade nicht in S'Arenal oder Magaluf anzutreffen sind. Dabei könnten sie an diesen Orten sowohl exotische als auch nachhaltige Erfahrungen sammeln.

Hingehen!

ESSEN UND TRINKEN

- ★ **Ciro's.** Neben all den Fast-Food-Lokalen gibt es auch ein echtes Restaurant. Paseo del Mar, 3, Tel. 971681052, www.restauranteciros.com
- ★ **My Thai.** Großes modernes Thai-Restaurant mit guter Küche. Paseo del Mar 12, Tel. 971680682, http://mythai.es
- ★ **Nikki Beach.** Ein Ableger des aus Marbella und Miami bekannten Beachklubs. Exklusiv wie der Klub sind auch die Preise des Restaurants. Av. Notario Alemany 1, Tel. 971123962, www.nikkibeach.com
- ★ **BCM Planet Dance.** Mallorcas größte Disco mit Platz für 5000 Gäste. Av. S'Olivera, www.bcm-planetdance.com

ÜBERNACHTEN

- ★ **Punta Negra.** Das charmante, hübsch altmodische Hotel liegt auf einer landschaftlich schönen Landzunge. C/ Punta Negra, 12, Costa d'en Blanes, Tel. 971680762, www.hotelh10puntanegra.com
- ★ **ME Mallorca.** Direkt am Strand, viel Weiß und cooles Design. Av. Notario Alemany, 1, Tel. 971123950, www.melia.com

13 *Portals Vells*

Rückzug unter Aleppokiefern

Weite Teile der Halbinsel zwischen Magaluf und Santa Ponça waren lange Zeit ein Militärgebiet. Seit einigen Jahren ist die wunderbare Natur wieder frei zugänglich. Jetzt darf man bis zum Leuchtturm wandern oder sich an den schönen Strandbuchten erholen.

Verlässt man Magaluf oder Santa Ponça und fährt auf die Halbinsel, die sich zwischen diesen fast städtischen Zentren weiter nach Süden ins Meer erstreckt, ist es gut möglich, dass man ein Gefühl von Freiheit verspürt. Magaluf mit seinen Hochhäusern und Santa Ponça mit seinen ausufernden Zweit- und Erstwohnsitzen verdrängen jedes romantische Ideal, das man möglicherweise im Gepäck hatte. Doch wie wunderbar ist es hier, auf dieser schmalen Straße, die ins Grün führt. Und was für ein Grün, so gepflegt und selbst im Sommer satt und tief in der Farbe. Klar, das muss ein Golfplatz sein. Rad- und Cabriofahrer ziehen vorsichtshalber den Kopf ein, denn es geht mittendurch.

Herrlich ist der Pinienhain, der sich kurz darauf anschließt. Doch halt! Das sind keine Pinien, sondern Aleppokiefern. Laut Joan Antoni Adrover i Mascaró und seinen »600 Fragen zu Mallorca« liegen immer wieder Leute falsch: Auf Mallorca soll es gar keine Pinien geben, also ist dies ein Aleppokiefernhain – auch schön. Dann gabelt sich die Straße. Zur Wahl stehen die Strände El Mago und Portals Vells. Und wer sich durch ein halb

Nicht verpassen!

- ★ **Platja El Mago.** Der nur 20 Meter breite Sandstrand verdankt seinen Namen dem im Spanischen gleichnamigen Film mit Anthony Quinn und Michael Caine, der in den 1960er-Jahren hier gedreht wurde. Am Strand ist textilfreies Baden möglich.
- ★ **Platja Portals Vells.** Schöner, familienfreundlicher Sandstrand, der im Sommer von Ausflugsbooten aus Magaluf heimgesucht wird.
- ★ **Cova Mare de Déu.** Wer den Altar vor Jahrhunderten in die Felswand gearbeitet hat, ist nicht sicher. Der Legende nach waren es Genueser Seefahrer, die hier im 15. Jh. in Seenot gerieten.
- ★ **Faro Cala Figuera.** In etwa zwei Stunden erreicht man zu Fuß ab Cala Portals Vells das Kap und den Leuchtturm Cala Figuera.
- ★ **Morro d'en Feliu.** Da die Steilküste bis vor einigen Jahren nur für das Militär zugänglich war, gibt es hier eine artenreiche und unbebaute Natur.

Weit wagt sich die Aleppokiefer über die Felskante. Die starken Wurzeln werden sie schon halten (oben). Malerische Buchten oben rechts) und die geheimnisvolle Höhlenkapelle überraschen im dicht bebauten Ponent (unten rechts).

fertiges Wohnviertel in Magaluf kämpft, hat auch noch die Cala Falco vor sich.

Die Höhle der Muttergottes

Die Bucht von Portals Vells ist nicht irgendeine Bucht mit Sandstrand, seicht plätscherndem und richtig türkisfarbenem Wasser. Sie ist auch ein Ort für Erkundungen. Auf der südlichen Seite gähnen große Löcher in der Felswand. Wie ausgeschnitten oder wie überdimensionierte Garagentore sehen sie aus. Ein wenig unheimlich und mysteriös ist die Cova Mare de Déu. Neben dem üblichen Unrat, den angekokelten Holzstämmen eines Lagerfeuers und anderen Hinterlassenschaften der Zivilisation überrascht die Höhle mit seltsamen Felsreliefs. An einer der Stirnseiten des großen Innenraums wurden zweifellos christliche Motive in den Fels geritzt. Ein Engel ist zu erkennen, aber auch Sonne und Mond. Vor rund 600 Jahren entstanden die Höhlen. Damals wurde aus dem weichen Marèsstein das Material für die großen Kirchenbauten Palmas geschnitten. Doch das erklärt nicht die Wandgestaltung, die aus einem profanen Schacht eine Kapelle macht.

Im 15.Jh. soll ein Schiff aus Genua in einen fürchterlichen Sturm vor der Südwestküste geraten sein. Die Seeleute hatten wohl schon den sicheren Tod vor Augen und gelobten – sollten sie jemals wieder festen Boden unter die Füße bekommen – am Ort ihrer Errettung der Muttergottes eine Kapelle zu errichten. Vielleicht war es so, und jene Seemänner formten aus dem Fels diesen anrührenden Altar des Dankes und der Demut.

Hingehen!

ESSEN UND TRINKEN

- ★ **Es Repos.** Das Strandrestaurant hat eine tolle Lage. Wenn man Glück hat, erwischt man einen Tisch draußen. Einfache, aber solide Küche. Dels Portals Vells, Tel. 971180492.
- ★ **Chiringuito Playa del Mago.** Der Strand ist klein und das Strandlokal auch. Wer mag, genießt gegrillten Fisch oder Paella mit Blick aufs türkisfarbene Meer. Platja El Mago. Tel. 971180766.
- ★ **Coast by East&Sansibar Wine.** Das Kontrastprogramm zur beschaulichen Halbinsel ist der Ableger der Sylter »Sansibar« am modernen Jachthafen Port Adriano. Port Adriano, Local F2.1, Urbanización El Toro, Calvià, Tel. 971576757, www.coast-mallorca.es

ÜBERNACHTEN

- ★ **Port Adriano.** Bis zum neuen Luxushafen von Santa Ponça ist es nicht weit. Fünfsterne-Luxus für Gäste ohne Kinder. Av. Ses Penyes Rotges, Urbanización El Toro, Calvià, Tel. 971237323, www.hotelportadriano.com
- ★ **Cala Viñas.** Das Familienhotel mit Spa liegt direkt am Strand und in sicherer Entfernung vom lauten Zentrum von Magaluf. C/ Coral, 2–4, Cala Viñas, Calvià, Tel. 971131166, www.barcelo.com

14 Santa Ponça

Die Stadt der Residenten

Nicht verpassen!

★ **Platja und Plaça Santa Ponça.** Der Sandstrand und die Zone rund um die dahinterliegende Plaça sind das lebendige Zentrum des Orts.

★ **Creu de Rei.** Das Kreuz des Königs, auch Kreuz der Rückeroberung, erinnert an die Landung von Jaume I. und seiner Truppen im Jahr 1229.

★ **Puig de sa Morisca.** Die archäologische Fundstätte liegt zwischen Golf Santa Ponça und Port Adriano. Auf dem hügeligen Areal wurden Siedlungsreste aus dem 1. Jahrtausend v. Chr. gefunden. Zugang über C/ Puig de sa Morisca.

★ **Port Adriano.** Der derzeit modernste Sporthafen wurde von Philippe Starck gestaltet. Exklusive Shops, Restaurants und Bars locken auf einer 250 Meter langen Mole. Im Ortsteil El Toro.

★ **Islas Malgrats.** Die unbewohnten Inselchen an der Südspitze der Bucht von Santa Ponça sind ein Vogelschutzgebiet.

Nicht nur die Schlagerlegende Costa Cordalis liebt Santa Ponça, wo er schon seit Jahren lebt. Auch viele Deutsche haben sich hier einen Zweit- oder Erstwohnsitz gekauft. Natürlich zieht es auch Touristen an die Strände der ausufernden Urbanisation (oben und oben rechts), die auch zwei sehenswerte Jachthäfen bietet (unten rechts).

Der Küstenort mit seinen 12 000 dauerhaften Einwohnern hat mehrere Gesichter. Rund um die Bucht tummeln sich die Urlauber. Nach Süden hin, in Richtung der Malgrat-Inseln erstreckt sich die wohl größte Villen- und Apartmentsiedlung der Insel.

Als am 12. September 1229 der junge König Jaume I. von Aragón mit 143 Schiffen bei Sa Caleta landete, sollte die Bucht von Santa Ponça weiß von den Segeln der Schiffe gewesen sein. Was dann geschah, ist bekannt. Nach erbitterten Kämpfen siegte das Heer aus Barcelona und Aragonien und die 300-jährige Herrschaft der Araber über Mallorca endete. Auf der Halbinsel Sa Caleta erinnert ein großes Gedenkkreuz an die Invasion, mit der ein neues Kapitel der Inselgeschichte begann. Ein Spaziergang auf der Halbinsel lohnt nicht nur wegen des *creu de rei,* dem Kreuz des Königs. Wer schon mal da ist, kann sich auch den schön gelegenen Jachthafen ansehen und das Panorama der Bucht von Santa Ponça auf sich wirken lassen. Das wirkt mit den großen Hotel- und Apartmentbauten beinahe großstädtisch.

Santa Ponça ist eine Hochburg des günstigen Pauschaltourismus. Hier verbringen Briten, Skandinavier und Deutsche gern ihren Urlaub. Sie schätzen neben dem weiten Hausstrand das große Angebot an Bars, Shops und Restaurants. Seit einiger Zeit haben auch die deutschen Medien den Ort im Südwesten der Insel für

sich entdeckt. Der Grund dafür ist blond, schlagfertig und medienschlau. Daniela Katzenberger, die durch ihren Besuch im »Dschungelcamp« zu TV-Ruhm gekommen ist, führt hier seit 2011 ein Café. Jürgen Drews, der selbst ernannte »König von Mallorca«, ist ebenfalls auf den Zug aufgesprungen und hat ein Bistro in Santa Ponça eröffnet.

Designerhafen

Während manche Menschen sich darüber freuen, neben einem lebensgroßen Pappaufsteller mit dem Bild von »Kultblondine« Katzenberger fotografiert zu werden, lockt es Hobbyskipper, Jachteigner und Menschen, die ein Faible für einen kostenintensiven Lebensstil haben, in den neuen Vorzeigehafen Port Adriano. Der liegt im Südosten, jenseits der Villensiedlung El Toro. Wenn man dort hinfährt oder vielleicht sogar das Glück hat, die Gegend aus einem Helikopter oder Flieger zu sehen, wird erst deutlich, wie groß die Urbanisationen rund um Santa Ponça geworden sind. Sie werden oft als typisches Beispiel der sogenannten Balearisierung genannt: der Entwicklung von Parallelgesellschaften, Zersiedelung, urbaner Monokultur usw. Mallorca ist eben attraktiv, nicht nur für den Rückzug im Süden, sondern auch fürs große Geld. Das hat seit 2012 einen neuen Spielplatz bekommen: Port Adriano stellt selbst den Nobelhafen Portals Nous in den Schatten. Das Kernstück der Anlage ist eine doppelstöckige, 250 Meter lange Shoppingmole mit exklusiven Boutiquen, Restaurants und Bars, die Stardesigner Philippe Starck entworfen hat.

Hingehen!

ESSEN UND TRINKEN

- ★ **Bruno.** Frische mediterrane Küche im modernen Jachthafen. Port Adriano, Urbanización El Toro, Calvià, Tel. 971 23 24 98, www.restaurantebruno.com
- ★ **El Chiringuito.** Felsterrassen mit Sonnenliegen, Sprungbrett und Holzbrücke. Schöne Beach-Bar an der Cala Blanca. C/ Palmera, www.elchiringuito.com
- ★ **Las Olas.** Nette Restaurant- und Kneipenterrasse direkt am Meer. Ramon de Moncada, 18 bajos, Santa Ponça, Tel. 971 69 40 95.
- ★ **La Parada del Mar.** Roher Fisch und Meeresfrüchte sind wie bei einem Marktstand ausgebreitet. Man wählt aus und lässt sie sich frisch zubereiten. Via Puig des Teix, 6, Local 3, Santa Ponça, Tel. 971 59 27 15, www.laparadadelmarsantaponsa.com

VERANSTALTUNGEN

- ★ **Festa del Rei en Jaume.** Die Landung von König Jaume I. im Jahr 1229 wird mit einem Kostümfest begangen. Dazu gehören auch ein Feuerlauf »Correfoc« und ein Mittelaltermarkt. Erste Septemberwoche.

15 Peguera und Cala Fornells

Man spricht Deutsch

Nicht verpassen!

★ **Bulevar de Peguera.** Die Ausgeh- und Einkaufsmeile ist das lebendige Herz des Orts.

★ **Torá, La Romana, Palmira.** So heißen die Strände von Peguera. Die Platja Palmira ist der größte der Gemeinde. An der Platja Romana landete 1343 König Pedro IV. aus Aragón mit seinen Truppen.

★ **Cala Fornells.** Malerisch liegen einige Ruderboote an der kleinen Bucht von Fornells, in der Nebensaison ein kleines Paradies.

★ **Wanderungen.** Vor allem im Winter, wenn die Senioren Peguera gebucht haben, wird gewandert. Vom Ort aus z. B. zur wunderschönen Caló d'en Monjo oder in Richtung Es Capdellà.

★ **Bootsausflug.** In Richtung Cala Fornells und Cap Andritxol legt in der Hauptsaison ein Ausflugsboot ab. www.cruceroscormoran.com

Schmale Gassen und Bögen, dazu mediterrane Farben – das muss Cala Fornells sein. Die Apartmentsiedlung ahmt die gewachsene Struktur eines Dorfes nach (oben). Rund um Peguera ist die Küste dicht bebaut (oben und unten rechts).

Peguera verdankt seinen Aufstieg dem Ansturm von Touristen ab den 1960er-Jahren, die es an die schönen Strände im Südwesten zog. Einen alten Ortskern gibt es nicht, was die meist deutschen Urlauber aber nicht stört. Romantisch, aber verbaut ist die weiter westlich liegende Bucht Cala Fornells.

Der Tourist ist ein schwieriges Wesen. Zum Beispiel der Pauschalurlauber: Einerseits hat er es gern praktisch und problemlos. Der Strand gehört vor die Tür, die eigene Liege an den Pool, und am Buffet wünscht er sich landestypische Speisen, obwohl er dann doch zu Schnitzel und Pommes frites greift oder zu Roastbeef mit Bohnen und Kartoffelecken. Er sehnt sich nach der Fremde und will es am liebsten wie zu Hause, nur eben mit mehr Sonne. Im Ort seiner Wahl soll was los sein, es soll Kneipen geben und Geschäfte, aber zu viel Rummel und Betrunkene, die in der Nacht seine Ruhe stören könnten, das mag er nicht, es sei denn, er hat selbst mal einen lustigen Abend gehabt. Dass er im sonnigen Süden die gleichen Gesichter sieht wie daheim, bietet ihm Anlass, seine Mitmenschen einem kritischen Blick zu unterwerfen. Das Ergebnis dieser Analysen fällt selten positiv aus. Aber man ist ja selbst so, zumindest manchmal – und deswegen darf das hier auch stehen.

Und was hat das mit Peguera und der Nachbarsiedlung Cala Fornells zu tun? Viel, Peguera ist so etwas wie der massentouristische Mittelweg. Die Hotels sind groß, aber nicht zu hoch gebaut, die Strände sind weit und sandig, einige Palmen wachsen darauf in den blauen Himmel, und wen sollte es stören, dass der Sand aufgeschüttet wurde. Die Flaniermeile ist am Abend autofrei und gut besucht, und wer mit Fremdsprachenkenntnissen am Tresen oder Tisch glänzen will, liegt völlig daneben. Peguera gibt es nur, weil es Touristen beziehungsweise den klassisch-deutschen Mallorca-Pauschalurlauber gibt. Das ist nicht negativ gemeint, denn wer solch einen Ort sucht, wird hier nicht enttäuscht.

Im Schutz des geflügelten Löwen

In der Nachbarbucht Cala Fornells wurde ein anderer Weg gefunden, das Massentaugliche mit dem Individuellen beziehungsweise Landestypischen unter einen Hut zu bringen. Während andernorts grobe Hotelklötze die Landschaft verstellen, wurde hier bereits in den 1970er-Jahren eine Art mediterranes Apartmentdorf gebaut. Eng und verschachtelt, mit vielen Bögen, Terrassen und angenehmen Farben schmiegt sich die Aldea Cala Fornells an den Hang über dem blauen Meer. Leider hat man den Fehler begangen, dass, motiviert vom großen Erfolg dieser Anlage, auch noch eine Aldea II und eine Aldea III gebaut wurden. Es ist also recht eng geworden im Westen von Peguera. Das ändert jedoch nichts daran, dass die eigentliche Cala Fornells eine malerische Bucht ist, mit einem kleinen Strand und ausgewaschenen Felsplatten.

Hingehen!

ESSEN UND TRINKEN

★ **Casa Rustica.** Rustikal, wie der Name schon sagt, mit offenem Grill und Gartenterrasse. C/ Olivera, 5, Tel. 971 68 64 84.

★ **La Hacienda.** Wenn der Peguera-Urlauber sich etwas gönnen will, steuert er »La Hacienda« an. Gegrillter Fisch oder Steaks sind erste Wahl. C/ Pau Casals, 1, Peguera, Tel. 971 68 54 73, www.hacienda-steakhouse.es

★ **La Gran Tortuga.** Was für eine Terrasse! In Sachen Ausblick können nur wenige Restaurants auf der Insel mithalten. Ctra. Cala Fornells, 37, Peguera, Tel. 971 68 60 23 und 669 46 99 81, www.lagrantortuga.net

★ **La Gritta.** Auch auf dieser Restaurantterrasse speist man zwischen Himmel und Meer. C/ Espiga, 9, Tel. 971 68 60 22, Aldea II, Cala Fornells, www.lagrittarestaurant.com

ÜBERNACHTEN

★ **Bahía.** Überschaubar und für ein Touristenhotel erstaunlich viel Atmosphäre. Av. Peguera, 81, Tel. 971 68 61 00, www.hotelbahia.com

★ **Hotel Petit Cala Fornells.** Das beste Hotel des Orts liegt auch im landschaftlich schönsten Bereich, der Cala Fornells. Tel. 971 68 54 05, www.petitcalafornells.com

16 Calvià

Zwischen Bergen und Meer

Unten, an der Küste, kann es noch so voll sein – weiter oben, in der 2500-Seelen-Gemeinde bekommt man davon wenig mit. Auch wenn Calvià eine der reichsten Gemeinden Spaniens ist, bleibt der Hauptort bescheiden und authentisch – das ist den Bewohnern auch ganz recht so.

Calvià hat etwas von einem Bergstädtchen. Nicht, dass man sagen könnte, es wäre mit 143 Metern über dem Meeresspiegel wirklich hoch gelegen. Doch wenn man von der Küste kommt und sich durch eine Landschaft mit Oliven- und Mandelbäumen hinaufgearbeitet hat, erblickt man ein Dorf, das sich auf der Kuppe eines Hügels ausbreitet. Im Hintergrund baut sich die erhebende Kulisse der Serra de Tramuntana auf. Gut zu erkennen sind die Gipfel Mola de s'Esclop (928 m) und Galatzó (1027 m): beides markante Berge, wobei Letzterem im alten Volksglauben etwas Unheimliches und Magisches angedichtet wurde. Heute geistern sie eher in der Fantasie der Wanderer umher. Die Gipfelbesteigungen zählen zu den schönsten, wenn auch anspruchsvollsten Touren der südlichen Tramuntana.

Unscheinbar trotz Monumentalkirche

Der Ort mit seinen rund 2500 Einwohnern ist der Verwaltungssitz der Gemeinde Calvià, eine der reichsten in ganz Spanien. Der Grund dafür liegt nicht in der beschaulichen Landwirtschaft, son-

Nicht verpassen!

★ **Església de Sant Joan Baptista.** Das für die Gemeinde große Gotteshaus wurde im 19. Jh. erbaut. In ihm finden sich neoromanische, neogotische und modernistische Elemente.

★ **Plaça de Església.** Vom kleinen Park mit Springbrunnen bietet sich eine schöne Aussicht bis zur Küste.

★ **Es Capdellà.** Der Name ist Programm. Mit »am Ende von dort hinten« könnte man ihn übersetzen. Der Nachbarort ist noch kleiner als Calvià und ländlich-romantisch.

★ **Finca Galatzó.** Historisches Landgut, das die Gemeinde gekauft hat. Besucher können hier picknicken oder Wanderungen unternehmen. www.galatzo.es

★ **Wanderungen.** Schöne Wanderungen bieten sich an in die Serra de na Burguesa, zum Galatzó oder in Richtung Esclop-Gipfel.

Das große Kachelbild stellt die Geschichte der Gemeinde Calvià als Lebensbaum dar (oben). Mit dem Bau der Pfarrkirche Sant Joan Baptista wurde 1867 begonnen, allerdings war lange nicht genug Geld da zur Fertigstellung (unten rechts). Ganz ohne Geld darf man hingegen die wunderschöne Cala Blanca genießen.

dern im Tourismus. Von dem unscheinbar wirkenden Örtchen werden die Urlaubszentren Peguera, Palmanova, Magaluf, Portals Nous, Santa Ponça und andere verwaltet. Millionen von Urlaubern reisen Jahr für Jahr in den Südwesten. Dem Ort selbst sieht man seinen Wohlstand nicht an. Bis auf eine große Sportanlage leistet man sich keinen Luxus. Und so lebt man bescheiden im Hinterland und ist eigentlich froh darüber, dass die Massen an der Küste gar nicht auf die Idee kommen, Calvià zu besuchen. Auf den schmalen Straßen und wenigen Parkplätzen käme es unweigerlich zum Chaos. Wer sich dennoch hinaufwagt, wird aber freundlich empfangen. Etwa von der älteren Dame, die den Besuchern von Sant Joan Baptista gern über die Geschichte des Gotteshauses aus dem 19. Jahrhundert erzählt. Zum Beispiel, dass der Vorgängerbau zum Teil eingestürzt war und dass es unter dem monumentalen Bauwerk noch Reste eines alten Friedhofs gibt. Tatsächlich sieht die Kirche aus, als hätte man sie einfach aus einer größeren Stadt in die mallorquinische Provinz verpflanzt. Sowohl die Dimensionen als auch ihr vom Jugendstil beeinflusstes Erscheinungsbild passen nicht so recht in die ländliche Szenerie mit ihren einfachen Steinhäusern.

Nach der Besichtigung landet man automatisch auf dem Kirchplatz mit schönem Brunnen, einem Kachelbild zur Geschichte des Orts und Ausblick in den Süden. Dort glitzert das Meer, und wenn man es näher heranzoomen könnte, sähe man auch die Urlauber dort, die vom versteckten Charme von Calvià besser nichts mitbekommen.

Hingehen!

ESSEN UND TRINKEN

- ★ **Mesón Ca'n Torrat.** Lust auf *Lomo con col* (Lende mit Kohl) oder andere mallorquinische Spezialitäten? Hier werden sie köstlich zubereitet. C/ Mayor, 29, Tel. 971 67 06 82, www.cantorratcalvia.com
- ★ **Zaranda.** Fernando Arellano hat seinen Stern aus Llucmajor ins neue Restaurant im Son-Claret-Hotel mitgenommen. Ctra. Capdellà-Galilea, km 1.7, Es Capdellà, Tel. 971 13 86 27 und Tel. 680 60 25 80, www.zaranda.es

ÜBERNACHTEN

- ★ **Castell Son Claret.** Der Luxus der Stille lautet die Philosophie dieses edlen Anwesens. Ein herrschaftlicher Park gehört dazu. Ctra. Capdellà-Galilea, km 1,7, Es Capdellà, Calvià, 971 13 86 29, www.castellsonclaret.com
- ★ **Can Estades.** Schönes Landgut aus dem 16. Jh. unter deutscher Leitung. Camí de Son Pillo, 15, Calvià, Tel. 971 67 05 58 und Tel. 636 89 69 77, www.can-estades.com
- ★ **Son Boronat.** Entspannte Tage auf einer 200 Jahre alten Finca, das fängt mit großen angenehm eingerichteten Zimmern an. Camí de Son Boronat, 33, Calvià, Tel. 620 78 75 57, www.hotelsonboronat.com

17 *Andratx*

In stiller Größe

Nicht verpassen!

- ★ **Esglèsia de Santa Maria de Andratx.** Die Kirche aus dem 18. Jh. thront über der Gemeinde. Vom Vorplatz bietet sich ein schöner Ausblick über den Ort.
- ★ **Palau Son Mas.** Das Rathaus vereint einen Wachturm aus dem 15. und ein Gebäude im neogotischen Stil aus dem 19. Jh.
- ★ **CCA Andratx.** Zeitgenössische Kunst zeigt das Kulturzentrum, das eines der größten privaten seiner Art ist. C/ Estanyera, 2, Tel. 971 137 770, www.ccandratx.com
- ★ **Sa Taronja.** Der Kulturverein stellt ein vielseitiges Programm mit Workshops, Konzerten etc. auf die Beine. C/ Andalucía, 23, Tel. 971 235 268, www.sataronja.net
- ★ **Wochenmarkt.** Jeden Mittwoch, wenn Markttag ist, wird Andratx zum lebendigen Zentrum im Südwesten.

Andratx selbst ist eine bodenständige Kleinstadt mit mehreren Wehrtürmen und Windmühlen (unten rechts). Die Gegend um Andratx gehört zu den teuersten Wohnlagen der Insel mit entsprechend eindrucksvollen Villen (oben rechts). Der nächstgelegene Ort mit guten Bademöglichkeiten ist Camp de Mar (oben).

Unter der Wehrkirche Santa Maria breitet sich das Dächermeer von Andratx aus. Mit seiner engen und dichten Bebauung erinnert der Ort an ein südspanisches »pueblo.« Jeden Mittwoch, wenn Wochenmarkt ist, strömen die Anwohner aus der Umgebung in das Städtchen.

Ein Stück unterhalb der Església Santa Maria de Andratx gibt es eine kleine Bar namens »Cubano«. Man könnte denken, es wäre eine dieser Cocktailbars mit weißen Lounge-Möbeln und Happy Hour. Doch sie verdankt ihren Namen nicht irgendeiner Cocktailkultur, sondern der Geschichte von Andratx. Bis der Tourismus Geld ins abgelegene Tal spülte, verdienten die Einwohner oft mehr schlecht als recht ihr Geld in der Seifenproduktion und der Holzverarbeitung. Andere versuchten ihr Glück in der Ferne und wanderten zum Beispiel nach Kuba aus. Dort konnten sie als Schwammtaucher ihren Lebensunterhalt bestreiten. Die Bar an der kleinen Plaça des Pou erinnert also an die Heimkehrer aus der ehemaligen spanischen Kolonie.

Wochenmarkt und Kulturprogramm

Wandert man noch etwas weiter in der Gemeindegeschichte zurück, erklärt sich auch, weshalb die imposante Kirche Santa Maria, von der aus man die Umgebung gut überblickt, trutzig wie

eine Burg ist und sich auf dem Gemeindegebiet, zu dem auch der mondäne Port d'Andratx gehört, ein Dutzend Wehrtürme befinden. Der natürliche Hafen von Port d'Andratx war den Piraten, die über Jahrhunderte die Mittelmeerinsel heimsuchten, eine willkommene Einladung, hier auf Raubzüge zu gehen. Man musste sich also verteidigen. Heute verlaufen die Raubzüge meist subtiler und sind, wenn auch die Einheimischen kräftig mitmischen, mit keinen Türmen oder Burgen aufzuhalten. Ganz im Gegenteil, in der festungsartigen Anlage, dem Palau Son Mas, mit Wehrturm aus dem 15. und Gebäuden aus dem 19. Jahrhundert, trieb jahrelang ein Bürgermeister sein Unwesen, der sozusagen seine eigene Notenpresse im Haus hatte. Gegen die entsprechenden Zahlungen wurde aus einfachen Ländereien bebaubares Land. Die Folgen sind im Hafenort zu sehen. Der damalige Bürgermeister Eugenio Hidalgo musste 2009 für drei Jahre hinter Gitter.

In Andratx selbst ist von derartigen Eskapaden, die im Spanien der Boomjahre bis 2008 nicht untypisch waren, allerdings nichts zu spüren. Andratx ist eine ruhige ländliche Gemeinde, die nur von wenigen Touristen besucht wird. Die reichen Residenten der Umgebung schauen gern mittwochs vorbei, wenn der lebendige Wochenmarkt stattfindet. Oder sie brauchen mal wieder eine Dosis Kultur. Am Ortsrand hat das dänische Galeristenpaar Asbaek ein gigantisches Kultur- und Ausstellungszentrum hingestellt, das CCA Andratx. Kleiner, aber ebenso ambitioniert sind die Veranstaltungen des Kulturhauses Sa Taronja, das mit seinen Workshops, Konzerten und einem netten Gartenlokal sehr beliebt ist.

Hingehen!

ESSEN UND TRINKEN

★ **Bar Cubano.** Dorfkneipe und Treffpunkt unterhalb der Kirche. Plaça des Pou, 1, Tel. 971136367.

★ **El Patio.** Gourmetrestaurant in einem ländlichen Anwesen mit lauschigem Innenhof. Zwischen Andratx und dem Hafen. Ctra. d'es Port, 26, Tel. 971671703, www.restaurante-elpatio.com

★ **Limón y Chelo.** Restaurant mit netter Gartenterrasse und guter mediterraner Küche. Beim Kulturzentrum Sa Taronja. C/ Andalucía, 23, Tel. 971136368, www.limonychelo.com

★ **Sa Societat.** Gute mediterrane Küche im Ortszentrum. Av. Juan Carlos I 2ª, Tel. 679844449.

ÜBERNACHTEN

★ **Son Esteve.** Rustikale Finca mit komfortablen Zimmern, Pool und Garten. Camí C'as Vidal, 42, Tel. 655572630, www.sonesteve.com

EINKAUFEN

★ **Santa Catarina.** In herrlicher Lage am Hang der Tramuntana liegt das Weingut. Hier bekommt man neben Weinen auch Öle und andere Feinkost. Ctra. Capdellà km 4, Tel. 971235413, www.santacatarina.es

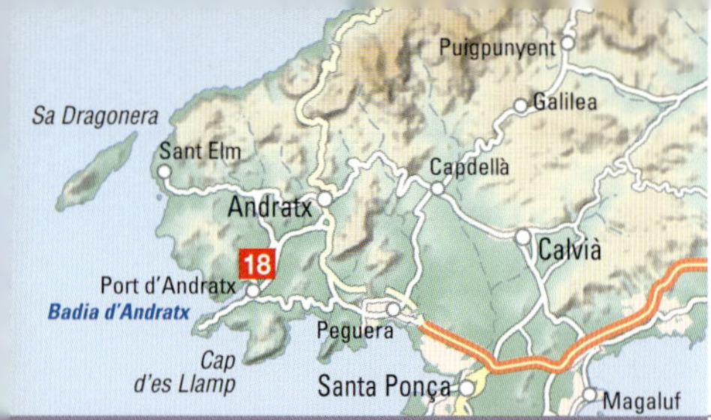

18 Port d'Andratx

Fischerdorf der Prominenten

Nicht verpassen!

★ **Avinguda Mateo Bosch.** Die Straße entlang der südlichen Hafenmole ist das Aushängeschild des Orts, eine Flaniermeile und offenes Wohnzimmer.

★ **Cap de Sa Mola.** Die vorgelagerte Halbinsel ist das wohl begehrteste Wohnviertel des Orts – ein Villenhügel über dem Meer.

★ **Studio Weil.** Nach Voranmeldung gewährt die amerikanische Künstlerin Barbara Weil Einblick in ihr von Daniel Libeskind entworfenes Atelier. Camí de Sant Carles, 20, Tel. 971 67 16 47.

★ **Bergstraße nach Camp de Mar.** Sportliche Menschen nehmen das Rad. Die großartige Bergstraße Ma-1020 führt in den Nachbarort Camp de Mar.

★ **Grotten, Höhlen, Wracks.** Wer gern tauchen geht, schätzt den Südwesten: Mehrere Tauchbasen bieten Material, Transfer und begleitete Tauchgänge an.

Entlang der Hafenpromenade reiht sich ein Lokal ans andere (unten rechts). Architektonisch beeindruckend ist das Galeriehaus, das Daniel Libeskind für die Künstlerin Barbara Weil entworfen hat (oben). Vom Hafen aus kann man einen schönen Sonnenuntergang erleben (oben rechts).

Die Schönheit des natürlichen Hafens müssen die letzten der verbliebenen Fischer schon lange mit den wohlhabenden Residenten an den angrenzenden Hügeln teilen. Mit seiner Mischung aus Luxus und Fischerromantik ist Port d'Andratx ein kosmopolitisches Dorf am Meer.

Port d'Andratx ist ein seltsamer Ort. Unten, in der geschützten Bucht, gibt es einen schönen Naturhafen und ein durchaus nettes Städtchen. Dem sieht man an, dass es vor gar nicht langer Zeit noch von Mallorquinern bewohnt wurde, deren Arbeit irgendwas mit dem Meer zu tun hatte. Ein paar Fischer gibt es tatsächlich noch. Oben, besser gesagt drum herum, ist das Dorado der Immobilienmakler. Wer weiß schon, warum gerade Port d'Andratx zum Lieblingsplatz der Reichen wurde. Jedenfalls hat das mediterrane Hafenidyll jede Menge Zuschauer bekommen. Wie von den Rängen eines Opernhauses schauen die größeren und kleineren Villen von den Bergflanken rechts und links der Hafenbucht auf diese hinab. In Port d'Andratx riecht es quasi nach Geld, und es ist sicher nicht zu viel gesagt, wenn so manche Erschließung neuer Baugrundstücke ein »Geschmäckle« hat. Dem spanischen Küstenschutz zum Trotz wuchern die Prachtvillen auf den Felsrücken von Sa Mola wie die Pockennarben auf einer Miesmuschel. Ob dies nun »Proll-Promis« sind, wie Vito von Eichborn in *Mein Mal-*

lorca sinniert, oder einfach Menschen, die dort sein wollen, wo die anderen sind, wird man auch bei einem längeren Aufenthalt nicht ergründen können. Sein Journalistenkollege Axel Thorer nennt den Ort einen »Stolperstein der Integration« beziehungsweise schlicht »Port Quatsch«. Port d'Andratx ist ein typisches Mallorca-Phänomen und als solches per se sehenswert.

Entspannt am Hafen

Was also tun? Sehenswürdigkeiten im eigentlichen Sinn gibt es nicht. Interessant ist der Hafen, und die Promenade, die Gott sei Dank gar nicht protzig, sondern sympathisch einfach ist, entlangzuspazieren macht gute Laune. Auf einer der vielen Café- oder Restaurantterrassen lässt man den Blick schweifen. Derart entspannt kann man sich nicht nur dem meditativen leichten Schaukeln der Segelmasten hingeben, sondern auch dem Treiben der Menschen, das dann doch vielfältiger ist, als es die bebauten Hänge vermuten lassen. Oder man unternimmt einen etwas weiteren Spaziergang in Richtung Cap de Sa Mola. Auf dem Weg dorthin kommt man an einem kurvigen Gebäude vorbei, das Stararchitekt Daniel Libeskind für die Künstlerin Barbara Weil gebaut hat. Die komplizierte Konstruktion soll von der Philosophie Ramón Llulls inspiriert sein. Für weitere Erklärungen ist an dieser Stelle glücklicherweise kein Platz. Aber wenn an einem Ort wie diesem auch der Geist des mittelalterlichen Denkers und Mystikers zu Ehren kommt, besteht die Hoffnung, dass Port d'Andratx besser ist als sein Ruf.

Hingehen!

ESSEN UND TRINKEN

★ **Galicia.** Spanienreisende wissen, in einem Restaurant, das »Galizien« heißt, gibt es Fisch. Das ist auch hier so. Angenehm unkompliziert und authentisch. C/ Isaac Peral, 37, Tel. 971 67 27 05.

★ **Layn.** Gut und klassisch, eine sichere Adresse an der Hafenpromenade. Av. Almirall Riera Alemany, 20, Tel. 971 67 18 55, www.layn.net

★ **Mar Blau.** Noch ein Restaurant am Hafen mit Außenterrasse direkt am Wasser. Etwas einfacher, aber die Lage entschädigt. Av. Almirall Riera Alemany, 24, Tel. 971 67 39 83.

★ **Trespais.** Köstliche, ausgezeichnet zubereitete Fusionsküche. C/ Antonio Callafat, 24, Tel. 971 67 28 14, www.trespais-mallorca.com

ÜBERNACHTEN

★ **Villa Italia.** Das exklusivste Haus am Platz kommt auch ohne Sterne aus. Besonders schön sind die Zimmer im alten Haupthaus. Camí de Sant Carles, 13, Tel. 971 67 40 11, https://hotelvillaitalia.com/

★ **Mon Port.** Große Hotelanlage auf der Nordwestseite. Mit Spa, Pool usw. C/ Cala d'Egos, Tel. 971 23 86 23, www.hotelmonport.com

19 Sant Elm

Die Ruhe des Drachens

Jenseits von Port d'Andratx und seinem aufgeregten Promigehabe wirkt Sant Elm still und bescheiden. Ganz an der Südwestspitze des Tramuntana-Gebirgszugs erwachte Mallorcas Umweltbewusstsein. Wer hierherkommt, will noch immer die schöne Natur erleben.

Juan und Pep haben ihr Boot am Steg festgemacht. Ehe Juan, der für die Bordmechanik zuständig ist, wieder den Motor anschmeißen wird, bleibt Zeit für einen *cortado*, einen kleinen schwarzen Kaffee mit einem Schuss heißer Milch. Im Sommer haben die beiden viel zu tun. Dann tuckern sie ständig zwischen Sant Elm, dem kleinen Badeort ganz im Westen Mallorcas und der Insel Sa Dragonera hin und her. Das ist ihr Job. Sie haben ihn sozusagen erfunden. Andererseits, wenn sie es nicht gemacht hätten, wäre ein anderer auf die Idee gekommen. Denn wer in Sant Elm ist, möchte auch gern mal einen Ausflug auf die unbewohnte Dracheninsel unternehmen. Vielleicht, um die steilen Berghänge hinaufzuwandern oder vom Leuchtturm Far de Tramuntana ins Weite zu schauen. Um Vögel zu beobachten oder um einfach seine Ruhe zu haben. Warum das schmale, vier Kilometer lange und 350 Meter hohe Eiland Dracheninsel heißt, muss nicht weiter erklärt werden. Man muss ein wenig mit den Augen blinzeln, und schon sieht man ihn, den schlafenden Drachen, der vor Sant Elm im Meer liegt.

Nicht verpassen!

- ★ **Platja des Geperut.** Wenn nicht gerade Juli oder August ist, lockt auch der Hausstrand von Sant Elm mit ruhiger Beschaulichkeit.
- ★ **Castell de Sant Elm.** Die Burg von Sant Elm ist eigentlich nur ein alter Wachturm. Er steht im östlichen Teil der Bucht.
- ★ **Sa Dragonera.** Die unbewohnte Dracheninsel ist ein spannendes Revier zum Wandern und zur Vogelbeobachtung. Vom kleinen Hafen aus legt von Februar bis Oktober das Boot »La Margarita« ab. www.crucerosmargarita.com
- ★ **Sa Trapa.** Anfang des 19. Jhs. flüchteten Trappisten aus Frankreich in die Abgeschiedenheit des Südwestens. Die schöne, ca. 7 km lange Wanderung ab Sant Elm bietet tolle Ausblicke.
- ★ **Torre Cala en Basset.** Erst wandert man in Richtung Sa Trapa, dann hält man sich links. Der ehemalige Wachturm thront auf einer Felszunge über dem Abgrund.

Ruhig und beschaulich ist der Badeort an der Südwestspitze der Insel (oben). Die unbewohnte Dracheninsel Sa Dragonera ist ganz links im Bild zu sehen (oben rechts). Vom kleinen Hafen aus kann man mit einem Boot übersetzen (unten rechts).

Kämpfen für die Inselnatur

Dass Sant Elm so ganz anders ist als das mondäne Port d'Andratx in der Nachbarbucht, liegt vielleicht auch an der jüngeren Geschichte, die wiederum mit der Insel Sa Dragonera zu tun hat. Der schlafende Drache sollte in den 1970er-Jahren zu einem Urlaubsresort mit Jachthafen, Hotels, Casino und sogar einem kleinen Landeplatz ausgebaut werden. Das ging dann selbst den Mallorquinern, die schon einiges an hässlichen und überdimensionierten Hotelanlagen gewohnt waren, zu weit.

Aus dem erfolgreichen Protest gegen die Pläne formierte sich die bis heute sehr aktive Grup Balear d'Ornitologia i Defensa de la Naturalesa. Besser bekannt ist der Umweltschutzverband unter dem Kürzel GOB.

Ihm begegnet man auch bei der zweiten Tour, die man von Sant Elm aus unternehmen kann, ein Fußmarsch zum ehemaligen Trappistenkloster Sa Trapa. Möglich, dass diese etwa sieben Kilometer lange Wanderung die bekannteste der ganzen Insel ist und der Weg entsprechend stark frequentiert wird. Aber wenn schon, hier wird keiner enttäuscht.

Oben erwartet einen das ehrwürdige Kloster, das der GOB zu einem Schulungszentrum umgebaut hat, und Aussichtspunkte, von denen der Blick einfach fantastisch ist. Von dort sieht man den schlafenden Drachen Sa Dragonera ruhig im Meer liegen und vielleicht auch das kleine weiße Holzboot, die »Margarita«, eine typische mallorquinische Llaüt, mit der Juan und Pep wieder unterwegs sind, um Wanderer abzuholen.

Hingehen!

ESSEN UND TRINKEN

★ **El Pescador.** Oberhalb des kleinen Hafens fühlt man sich zu jeder Tageszeit wohl. Av. Jaume I, Tel. 971 23 91 98.

★ **Dragonera.** Ein solides Küchenhandwerk und großartige Aussicht über die Bucht sind dem vergönnt, der vorher reserviert hat. Av. Jaume I, 5, Tel. 971 23 90 86, www.hostaldragonera.es

★ **Na Caragola.** Fischrestaurant mit schöner Aussicht von der Terrasse. Auch die frische mediterrane Küche ist zu empfehlen. Av. Jaume I, 23, Tel. 971 23 90 06.

★ **Cala Conills.** Auf Felsplatten am Meer liegt das Terrassenrestaurant. C/ Cala es Conills, Tel. 971 23 91 86, www.calaconills.com

ÜBERNACHTEN

★ **Hostal Dragonera.** Einfaches und beliebtes Hotel im Ortskern, direkt am Meer. Av. Jaume, 5, Tel. 971 23 90 86, www.hostaldragonera.es

★ **Hotel L'Escaleta.** Romantisches Landhotel im ruhigen Nachbarort S'Arracó. C/ Porvenir, 10, S'Arracó, Tel. 971 67 10 11 und Tel. 609 02 28 03, www.hotelescaleta.com

SERRA DE TRAMUNTANA

Die Magie der Berge ist nirgendwo stärker zu spüren als in der Region des Klosters Lluc. Ganz in der Nähe liegt die dramatisch schöne Sa-Calobra-Schlucht mit ihren markanten Karstfelsen (oben). Ländliche Genüsse und Bergromantik sind in Valldemossa zu finden (links und rechts).

Neben Valldemossa (links) sind auch Deià, Biniaraix und Fornalutx malerische Bergdörfer. Dort ist man gut auf Besucher eingestellt. Ebenfalls begeistert von der Costa Nord, der Tramuntana-Küste war der österreichische Erzherzog Ludwig Salvator, der sich im 19. Jh. in Son Marroig niederließ (rechts).

Das Kartäuserkloster in Valldemossa birgt manch bibliophilen Schatz. Kurz nachdem es säkularisiert wurde, verbrachte das Künstlerpaar Frédéric Chopin und George Sand einige Monate im Kloster (alle Bilder).

Serra de Tramuntana

Die grandiose Küste

Bis über 1400 Meter erhebt sich die Serra de Tramuntana. Der Gebirgszug verläuft entlang der Nordwestküste der Insel und schützt sie vor kräftigen Winden. Die einmalig schönen Landschaften und romantischen Dörfer im Gebirge haben schon lange vor dem Einsetzen des Massentourismus Künstler und Schriftsteller fasziniert.

Mallorca ist nicht nur die größte, sondern auch die einzige Baleareninsel mit einem echten Gebirge. Immerhin elf Gipfel ragen über 1000 Meter auf. Tiefe Schluchten wie der Torrent de Pareis, markante Karstformationen, aber auch die Vielfalt, etwa der Pflanzenwelt, sind einzigartig. 65 der 68 endemischen Pflanzen, die es auf Mallorca gibt, wachsen im Gebirge. Unter den Landschaften der Insel spielt die Serra de Tramuntana unbestritten die Hauptrolle. Nirgendwo ist es romantischer, nirgendwo dramatischer – wer je an der Schönheit und Vielfältigkeit des Gebirgszugs gezweifelt hat, bekam es 2011 von offizieller Seite bestätigt, als die Serra von der UNESCO zum Welterbe erklärt wurde.

Das 800-Einwohner-Dorf Deià ist Idylle pur. Davon hatte auch Gertrude Stein gehört. Sie riet in den 1920er-Jahren einem jungen englischen Dichter, der wegen einer komplizierten Familiengeschichte neu anfangen wollte, nach Mallorca zu gehen. »Es ist ein Paradies, wenn man das aushalten kann«, sollen ihre viel zitierten Worte gewesen sein. Robert Graves ließ sich nicht lange überreden. Bis auf einige Jahre – bedingt durch den Spanischen Bürgerkrieg – lebte er von 1929 bis zu seinem Tod im Jahr 1985 in Deià und begründete dessen Ruf als Künstlerdorf.

Künstler und Exzentriker

Als der katalanische Maler Santiago Rusiñol im frühen 20. Jahrhundert mit seinen Künstlerkollegen in Deià weilte, notierte er, dass »ein Fremder nicht geachtet und nicht respektiert wird, wenn er sich nicht durch eine exotische Besonderheit auszeichnet«. Rusiñol machte da keine Ausnahme. Mit seinen Kollegen pflegte er den Sonnenuntergang in der kleinen Badebucht Cala de Deià wie ein gelungenes Theaterstück zu beklatschen. Selbst am »einsamen Ort, dem wildesten, den man sich vorstellen kann, dem fernsten der Welt, dem selbst die Ziegen entfliehen«, damit meint er die Schlucht des Sturzbachs Torrent de Pareis, trifft er auf einen Kollegen, der wie besessen die Szenerie aus Licht und Fels und tosendem Meer festhalten will.

An der felsigen Westküste machte sich der Massentourismus nicht breit. Port de Sóller und Cala Sant Vicenç sind die einzigen Badeorte. Ansonsten gibt es nur kleine steinige Buchten, die sich Badende mit den Booten von Hobbyfischern teilen müssen. Das schmälert ihren Charme aber in keiner Weise.

Die Serra de Tramuntana war die erste Inselregion, die Touristen anlockte. Dazu gehörten Frédéric Chopin und George Sand, die sich eine Art Kururlaub erhofft hatten. Im Kartäuserkloster des hübschen Bergdorfs Valldemossa verbrachten die beiden den Winter 1838/39. 30 Jahre später kam der Erzherzog von Österreich und Prinz der Toskana Ludwig Salvator (1847–1915) auf die Insel. Der Cousin von Kaiserin Sisi, die ihn auch auf Mallorca besuchte, baute sich zwischen Valldemossa und Deià nach und nach ein kleines Reich auf. Er kaufte die Höfe Son Moragues, Miramar, Marroig, S'Estaca und Son Galceran, ließ Wege und Aussichtspunkte anlegen und verbot das Abholzen von Bäumen.

Banyalbufar mit seiner Terrassenlandschaft und das Orangental von Sóller sind einzigartig, ebenso wie das Kloster Lluc, der wichtigste Wallfahrtsort Mallorcas. Die Serra de Tramuntana macht den Unterschied.

Tipp des Autors

VON VALLDEMOSSA NACH DEIÀ

Der Camí de s'Arxiduc zwischen Valldemossa und Deià ist zweifellos einer der beliebtesten Wanderwege – und das völlig zu Recht. Wie der Name schon sagt, wurde er vom Erzherzog Ludwig Salvator im späten 19. Jahrhundert angelegt. Von Valldemossa aus folgt man dem Fernwanderweg GR221. Das bedeutet, man steigt zunächst zum Coll de Son Gallard hinauf und dann von knapp 1000 Meter hinunter zum Castell des Moro, an der Wanderherberge Can Boi vorbei bis Deià. Für die acht Kilometer sollte man mit Pausen und Fotostopps vier bis fünf Stunden einplanen. Man kann ihn auch als Rundwanderung mit Start- und Zielpunkt in Valldemossa laufen.

20 Estellencs

Das vergessene Dorf

Nicht verpassen!

- ★ **Església Sant Joan.** Die wehrhafte Gemeindekirche geht auf das 15. Jh. zurück. Ihre jetzige Gestalt bekam sie im 17. Jh.
- ★ **Cala Estellencs.** Die kleine Bucht müssen sich Badende mit den wenigen Fischern des Dorfes teilen. Eine enge kurvenreiche Straße führt hinab.
- ★ **Mirador Ricardo Roca.** Sechs Kilometer außerhalb an der Ma-10 in Richtung Andratx lohnt unbedingt ein Stopp. Es bietet sich eine herrliche Aussicht über die Steilküste.
- ★ **Terrassengärten.** Rund um das Dorf wurden vor Jahrhunderten Terrassen angelegt, die bis heute bewirtschaftet werden.
- ★ **Wanderungen.** Die meisten Urlauber kommen zum Wandern und Erholen hierher. Der Fernwanderweg GR 221 führt im Süden bis nach Sant Elm und in nördlicher Richtung nach Banyalbufar.

Es gibt nur wenige und kleine Hotels und Restaurants in Estellencs, was den Reiz des romantischen Bergdorfs nur erhöht (oben). Immer wieder öffnen sich herrliche Aussichten über die Küste der Serra de Tramuntana (oben und unten rechts).

Zwischen Andratx und Esporles führt die Ma-10 in etwa 300 Metern Höhe parallel zur Küste. Kurve für Kurve eröffnen sich grandiose Ausblicke. Malerisch liegt Estellencs in dieser mediterranen Bilderbuchwelt aus Bergen und Meer. Umgeben von Terrassengärten, auf denen Wein und Tomaten wachsen, lebt das Dorf in seiner eigenen Zeit.

Auf der Website der Gemeinde Estellencs findet sich der Unterpunkt »Història«. Anders als erwartet, wird der Neugierige nicht mit einer Zusammenfassung der Dorfgeschichte informiert, sondern einer Liste der Bürgermeister. Sie beginnt mit einem Jaume Palmer im Jahr 1837 und reicht bis zu Bartomeu Jover Sánchez, der 2003 gewählt wurde und seitdem im Amt ist. Hinter den Namen und Jahreszahlen der jeweiligen Bürgermeister ist noch ein Hinweis zur *etapa història*, der historischen Epoche, angegeben. Dort liest man, dass lediglich drei Bürgermeister auf die jüngste, demokratische Epoche fallen. Alle anderen regelten die Belange der Gemeinde, als in Madrid das Königshaus noch ohne Parlament auskam, der Bürgerkrieg wütete oder Francisco Franco das Land mit diktatorischer Strenge regierte. Die Vergangenheit, so könnte man diese Liste lesen, nimmt einen viel größeren Stellenwert ein als die Gegenwart. Den gleichen Eindruck kann man von dem ruhigen Dorf gewinnen, das da an der Nordwestflanke der Tramuntana klebt und über das manchmal wilde, meist blaue Meer schaut. Die 360-Seelen-Gemeinde wirkt, als hätte es auf

Mallorca nie einen Massentourismus gegeben. Selbst das jüngere Phänomen einer mediterran-ruralen Überinszenierung blieb dem Dorf erspart und das, obwohl auch hier längst knapp ein Viertel der Bevölkerung keine Mallorquiner sind.

Zuflucht im Kirchturm

Würde man von Mallorca nur Estellencs kennen, könnte man glauben, auf der Insel wäre die Zeit an der Schwelle zum 20. Jahrhundert stehen geblieben – oder früher. Zwischen den Häusern aus Naturstein drängen sich schmale Gassen. Keine Ferien- oder Wohnsiedlung trübt die Idylle, die von Terrassenfeldern umgeben ist, auf denen die Ramallet-Tomaten wachsen, ohne die kein *Pa amb oli* auskommt. Auch wenn die Gemeinde erst seit 1837 einen Bürgermeister hat, ist sie dennoch viel älter. Das sieht man schon an der wuchtigen Wehrkirche Sant Joan im Dorfzentrum. Die stammt aus dem 17. Jahrhundert und war zugleich der Schutzbunker der Bevölkerung, wenn wieder einmal Piraten die Küste unsicher machten. Der Glockenturm von Sant Joan ist wohl schon älter. Am Ortsausgang in Richtung Banyalbufar zweigt eine schmale Straße zur Cala Estellencs ab, die man entspannter zu Fuß als mit dem Mietwagen erkunden kann. Die Straße ist verflixt schmal und kurvig. Unten wartet eine steinige Badebucht, an der es neben einigen Fischerbooten sogar eine kleine Bar gibt. Die gab es zu Zeiten von Königin Isabella II. sicher noch nicht. Sonst hat sich, seit 1837 der erste Bürgermeister von Estellencs sein Amt antrat, außer der Bademode nicht viel verändert.

Hingehen!

ESSEN UND TRINKEN

★ **Montimar.** Seit Jahren eine sichere Adresse für gute Küche in Estellencs. Plaça Constitució, 7, Tel. 971 61 85 76.

★ **Vall Hermós.** Von der Terrasse der Cafeteria bietet sich eine wunderbare Aussicht bis zum Meer. Es gibt auch lokale Spezialitäten wie Wurst, Käse, Honige usw. zum Mitnehmen. C/ Eusebi Pascual, 6, Tel. 971 61 86 10, www.vallhermos.com

ÜBERNACHTEN

★ **Sa Plana.** Das familiäre und freundliche Landhotel mit Pool passt zu Estellencs. C/ Eusebi Pascual, 3, Tel. 971 61 86 66, www.saplana.com

★ **Maristel.** Dank Spa, Whirl- und Innenpool ist das Hotel auch in der Nebensaison attraktiv. C/ Eusebi Pascual, 10, Tel. 971 61 85 50, www.hotelmaristel.com

★ **Nord.** Mit nur acht Zimmern und viel Charme ein hübsches ruhiges Landhotel im Ort. Plaça d'es Triquet, 4, Tel. 971 14 90 06, www.hotelruralnord.com

EINKAUFEN

★ **Bodega Tomeu Isern.** Hier kann man den lokalen Malvasierwein probieren und kaufen. C/ Patrò Palmer, 15, www.tomeuisern.com

21 Banyalbufar

Die Gärten am Meer

Das Dorf mit dem schwer auszusprechenden Namen ist von der schönsten Terrassenlandschaft Mallorcas umgeben. Die Araber, vielleicht sogar schon die Römer haben an den gestuften Hängen der Tramuntana Wein und Gemüse angebaut.

Außer den arabischen Bädern in Palma gibt es wenig, was greifbar und konkret an die muslimische Zeit Mallorcas erinnern könnte. Banyalbufar ist eine Ausnahme. Schon der Name des Dorfes kommt aus dem Arabischen. Aus dem »kleinen Weingarten am Meer«, *buniola al bahar*, wurde Banyalbufar. Und die Weingärten selbst, auch sie sind erhalten geblieben.

Von der Küste bis zum Dorf und darüber hinaus bis in etwa 200 Meter Höhe wurde das Land gestuft. Wahrscheinlich hatten schon die Römer damit begonnen, Terrassen anzulegen. Die Mauren, die im Mittelalter nicht nur innovative landwirtschaftliche Techniken ersonnen hatten, sondern auch in der Medizin, der Astronomie und anderen Wissenschaften führend waren, perfektionierten das System. In den höher gelegenen Bereichen der Serra de Tramuntana fassten sie Quellen und legten ein System von Kanälen an, mit dem die einzelnen Terrassen bewässert wurden. Weshalb gerade die Araber, denen der Genuss von Wein verboten

Nicht verpassen!

- ★ **Sa Baronia.** Der Palast der Baronie von Banyalbufar wurde im ausgehenden 14. Jh. erbaut. Heute befindet sich ein Hotel in der Anlage.
- ★ **Terrassenlandschaft.** Etwa 2000 Terrassenfelder werden rund um das Dorf bestellt und bilden eine einzigartige Kulturlandschaft.
- ★ **Cala Banyalbufar.** Am kleinen Hafen liegen die Fischerboote. Der Badestrand unterhalb der Steilküste wurde 2013 wegen Steinschlags gesperrt. Am besten vor Ort informieren.
- ★ **Port des Canonge.** Der kleine Fischerhafen liegt nordöstlich der Gemeinde. Man erreicht ihn über eine lange und serpentinenreiche Anfahrt mit dem Auto oder nach einer schönen Wanderung auf dem GR 221.
- ★ **Talaia de Ses Animes.** Der möglicherweise älteste Wachturm der Insel (16. Jh.) wurde von Erzherzog Salvator zu einem Aussichtsturm ausgebaut. Etwa 3 km südlich von Banyalbufar an der Ma-10.

Auf den Terrassen von Banyalbufar wachsen Wein, Tomaten, Paprika und natürlich Olivenbäume. Die 100-jährigen Exemplare stammen aus einer Zeit, als es den Massentourismus noch gar nicht gab (oben und unten rechts). Hübsch verwinkelt schmiegt sich der Ort an den Hang (oben).

war, auf den Feldern Rebstöcke pflanzten, überrascht. Sicherlich wurde ein Teil der Lese getrocknet und zu Rosinen verarbeitet.

Wiederentdeckung des Malvasierweins

Auf den etwa 2000 Terrassen, die rund um das Dorf mit seinen zum Teil herrschaftlichen Palästen angelegt wurden, wachsen auch wieder Trauben. Nachdem die Reblausplage den mallorquinischen Weinbau im ausgehenden 19. Jahrhundert fast gänzlich zerstörte, wurden Tomaten, Paprika, Orangen und anderes angebaut. In den 1980er-Jahren, noch bevor der Weinbau auf Mallorca eine regelrechte Renaissance erlebte, erinnerte man sich in Banyalbufar an die ehemals große Vergangenheit. Die schweren und meist süßen Malvasierweine waren im 16. und 17. Jahrhundert hoch geschätzt und wurden an den Königshöfen Europas getrunken. Doch anders als etwa auf den Kanarischen Inseln, die von der Reblausplage verschont blieben, gab es in Banyalbufar keine alten Rebsorten mehr. Das dachte man zumindest. Doch dann fand ein Landwirt eine alte Rebe auf seinem Grundstück. Aus ihr wurden an der Balearen-Universität resistente Keimlinge der alten Rebsorte gezogen. Und so werden seit der Jahrtausendwende wieder Malvasierweine in Banyalbufar und Estellencs produziert. An diesem Erfolg haben auch die Touristen ihren Anteil. Erst ihr Interesse an ursprünglichen mallorquinischen Weinen und anderen Produkten schafft den Markt, ohne den sich auch die Weinbauern aus Banyalbufar nicht die Mühe machen würden, die schmalen Terrassen oberhalb des Meeres zu bewirtschaften.

Hingehen!

ESSEN UND TRINKEN

- ★ **Bella Vista.** Der Name ist Programm: Von der Terrasse des Lokals schaut man über die Dächer aufs Meer. C/ Conde de Sallent, 15, Tel. 971 61 80 04.
- ★ **Son Tomàs.** Klassische spanische und mallorquinische Küche und ein schöner Ausblick von der Restaurantterrasse aus. C/ Baronia, 17, Tel. 971 61 81 49.
- ★ **Ca'n Toni Moreno.** Beliebtes Fischrestaurant am Minihafen Port des Canonge. Tel. 971 61 04 26.

ÜBERNACHTEN

- ★ **Mar i Vent.** Hübsches, altmodisches Hotel. Von einigen Zimmern bietet sich eine fantastische Aussicht. C/ Major, 49, Tel. 971 61 80 00, www.hotelmarivent.com
- ★ **Sa Baronia.** Hinter dem alten Adelspalast schließt sich ein moderner Anbau mit einfachen und soliden Zimmern an. C/ Baronia, 16, Tel. 971 61 81 46, www.hbaronia.com

EINKAUFEN

- ★ **Celler Son Vives.** Hier begann die Rekultivierung der Malvasiertraube. Gute lokale Weine im Angebot. C/ Font de la Vila, 2, Tel. 609 60 19 04, www.sonvives.com

22 Puigpunyent und Galilea

Um den magischen Berg

Nicht verpassen!

★ **Santa Maria Assumptió.** Die Kirche wird bereits 1248 erwähnt, stammt in der heutigen Gestalt aber aus dem 18. Jh. Sehenswert ist eine Marienfigur aus Alabaster aus dem 14. Jh.

★ **La Reserva Puig de Galatzó.** Naturpark mit Wasserfällen, Bademöglichkeiten, Picknickgelegenheit, Streichelzoo, Spielplatz, Klettergarten und viel schöner Natur. Predio Son Net, Tel. 971 72 87 86, www.lareservamallorca.com

★ **Galilea.** Nicht nur der Name ist biblisch, auch die Lage des kleinen Dorfs in den Bergen.

★ **Aufstieg zum Galatzó.** Geübte Bergwanderer erklimmen gerne das »Matterhorn Mallorcas« vom Parkplatz Sa Font des Pi aus. Abzweig am Ortsrand von Puigpunyent nach Galilea.

★ **Aufstieg auf die Fita del Ram.** Durch Steineichenwälder wandert man auf alten Köhlerwegen in die abgeschiedenen Höhen.

Von Bergen umgeben ist der Ort mit dem schwer auszusprechenden Namen (oben). Schöne Finca-Hotels wie »Son Pont«, wo noch eine alte Ölmühle zu sehen ist (unten rechts) und das noble »Son Net« (oben rechts) tragen ebenfalls bei zum Reiz der Region.

Eigentlich geht es hier gar nicht um die Orte Galilea und Puigpunyent selbst. Vielmehr ist es ihre Lage und die Umgebung, weshalb man sich gern ins gebirgige Hinterland verliert. Beherrscht wird es vom geheimnisumwitterten Berg Galatzó.

Viele Wanderer lieben ihn, so anspruchsvoll und beschwerlich der Aufstieg auch ist. Baumlos und erhaben ragt im Süden des Tramuntana-Gebirgszugs der Puig de Galatzó auf. Er ist der südlichste Gipfel, der über die 1000-Meter-Marke reicht. Und weil er in unmittelbarer Umgebung keine höhere Konkurrenz hat, ist die Aussicht von oben grandios.

Noch nie hat man von Wanderern gehört, dass sie ängstlich den Aufstieg abgebrochen hätten. Nicht etwa, weil das Wetter umgeschlagen wäre, was sicher schon so manchem Wanderer die Tour vermasselte, sondern weil es dort oben spuken soll. In früheren Jahrhunderten sah das anders aus. Beim Galatzó, so weiß der Volksmund, treibt der »böse Graf« sein Unwesen. In stürmischen Nächten, so machte man sich und den Kindern Angst, rast er zu Pferd über die Hänge des Puig de Galatzó, und wer nicht brav ist, den holt der böse Graf. Der Geist, der da durch die Köpfe der Insulaner spukte, war die Erinnerung an den Grafen Ramon Safortesa (1627–1694). Der Feudalherr soll seinen Untergebenen so übel mitgespielt haben, dass er verflucht wurde und seine Seele noch immer auf Rettung wartet.

Am Galatzó vorbei nach Galilea

Der 1026 Meter hohe Gipfel des Galatzó hat auch dem Ort Puigpunyent seinen Namen gegeben. Darin verbirgt sich der »spitze Gipfel«, Puig Punyent. Auch wenn in der Gemeinde eine der ersten Kirchen gebaut wurde, nachdem Mallorca von den Christen erobert wurde, gibt es wenig zu sehen. Genau genommen sucht man vergebens nach einem echten Dorfzentrum. Das größte Highlight thront auf einem kleinen Hügel, heißt »Son Net« und ist ein nobles Hotel in einem Anwesen aus dem 17. Jahrhundert.

Der wahre Schatz der Gegend ist die Landschaft. Die erlebt man, wenn man mit dem Rad oder dem Auto auf der schmalen und malerischen Ma-1101 in Richtung Galilea aufbricht. Bis in den idyllischen Weiler sind es nur fünf Kilometer, die brauchen aber ihre Zeit. Am Ortsausgang von Puigpunyent zweigt rechts eine Piste zur Reserva Puig de Galatzó ab. Das 250 Hektar große Naturreservat liegt am Fuß des markanten Berges. Dort sind Braunbären, Hirsche, Esel, Greifvögel, Pfauen, Gänse, Ziegen und andere Tiere zu sehen. In künstlichen Wasserfällen können sich die Gäste erfrischen und an einem Grillplatz das mitgebrachte Steak brutzeln.

Aber eigentlich sollte es nach Galilea gehen. Dort angekommen bleibt man gern auf dem Kirchplatz, setzt sich in eine der beiden Bars und vergisst Hektik und Stress. Das Panorama vom Bergweiler über das hügelige Umland bis hinunter zur Bucht von Santa Ponça ist so traumhaft, dass man sich gar nicht vorstellen kann, wie hässlich dort unten die Küste verbaut wurde.

Hingehen!

ESSEN UND TRINKEN

★ **Parroquial.** In der einfachen Bar kann man sich bei Tapas stärken. Galilea, Tel. 971 61 43 29.

★ **Galilea.** Seit zehn Jahren versorgt der Deutsche Dirk Reifferscheid hier seine Gäste mit Pizza und Pasta. An der Hauptstraße, Galilea, Tel. 609 60 15 40.

★ **Sa Plaça.** Im einfachen Lokal gegenüber der Kirche gibt es nicht nur Kaffee und Tapas, sondern auch eine tolle Aussicht vom Balkon. Plaça Pius XII, 4, Galilea, Tel. 971 14 72 06.

ÜBERNACHTEN

★ **Gran Hotel Son Net.** Erhöht über dem Ort liegt das exklusive Finca-Hotel. Die Wände schmücken Kunstwerke von Warhol, Chagall und anderen Größen. C/ Castillo de Sonnet, Puigpunyent, Tel. 971 14 70 00, www.sonnet.es

★ **Son Pont.** Auf das 14. Jh. geht die Anlage zurück. Die klassisch rustikalen Gästezimmer befinden sich in einem neueren Nebengebäude mit Außenpool. Ctra. Palma–Puigpunyent, km 12,3, Tel. 971 71 95 27, www.sonpont.com

EINKAUFEN

★ **Son Puig.** Schönes Weingut und gute Weine im Direktverkauf der Finca. Ctra. de Puigpunyent, km 12,8, Tel. 971 61 41 84, www.sonpuig.com

23 La Granja

Die alte Ordnung

Die Eigentümer von La Granja nennen ihr Landgut ein »Sinnbild«. Dessen Ursprünge reichen mindestens bis ins frühe Mittelalter. Nachdem das bedeutende Landgut zu einem Museum wurde, bietet es einen umfassenden Einblick in das alte Mallorca mit seinen Handwerken und Hierarchien und den Lebensstil des Landadels.

Zu den kanonischen Werken der mallorquinischen Literatur zählt der Roman *Das Puppenkabinett des Senyor Bearn*. Darin beschreibt der Autor Llorenç Villalonga (1897–1980) den Niedergang des Hauses Bearn, eines jener mächtigen Landgüter, dessen patriarchalisches Gefüge, dessen Arbeitsabläufe und Zuständigkeiten »eine ganze Weltordnung« darstellten. Als eine »typische Mischung aus Bauernhaus und Palast« wird das Anwesen beschrieben, mit Ölmühle, Heuschobern, Kornkammern und Pfer-

Nicht verpassen!

- ★ **Werkstätten im Außenbereich.** Zu sehen sind u. a. eine Spinnerei, ein Dreschplatz, die Färberei und eine gut ausgestattete Werkstatt.
- ★ **Teesalon.** Im florentinischen Stil mit Trompe-l'œil-Malereien.
- ★ **Hauptsalon.** Der zentrale Raum der herrschaftlichen Wohnetage mit einer Miniaturtheaterbühne.
- ★ **Loggia.** Die offene Bogengalerie erlaubt schöne Einblicke in den Garten und Innenhof.
- ★ **Werkstätten im Erdgeschoss.** Spenglerei, Ölmühle, Weinkeller, Weberei.
- ★ **Gartenanlage.** Das Gut ist von parkähnlich angelegten Gartenbereichen umgeben. Hier steht auch eine jahrhundertealte Eibe.
- ★ **Wasserfall.** Mehrere Quellen entspringen auf dem Gelände. Als wildromantischer Wasserfall speist die Font Major de la Granja.

Das Landgut La Granja ist auch ein Ort gelebter – oder vielleicht sollte man besser sagen, inszenierter – Folklore. Zwei Mal pro Woche treten Handwerker in Aktion und zeigen, wie früher Wolle gefärbt oder geschmiedet wurde. Die Besucher können vor Ort zubereitete Köstlichkeiten wie Krapfen oder Marmeladen probieren (alle Bilder).

chen. Die Gebäude gruppieren sich um eine *clastra*, einen Innenhof, von dem die Räume der Bediensteten und Knechte zu erreichen sind sowie die herrschaftlichen Wohnflügel. »Im Herrschaftsgeschoss befinden sich die Wohn- und Schlafräume. Die Treppe mündet in eine Galerie mit drei großen, mit Säulen eingerahmten und mit klassizistischen Kapitellen geschmückte Türen [...]. Die Einrichtung des Salons ist sehr prunkvoll: Tapeten aus himmelblauer Seide, Spiegel und gutes Porzellan.«

Wenn man einmal in La Granja war oder auch auf Els Calderérs bei Vilafranca de Bonany, bekommt man sozusagen die Realität zum Roman von Villalonga.

Das Museumsgut La Granja liegt an der wasserreichen Südostseite der Tramuntana. Umgeben von den waldreichen Hängen eines hoch gelegenen Tals über Esporles und einem lauschigen Park erinnert das Anwesen an eine Villa in der Toskana. La Granja ist eines der bekanntesten und beliebtesten Ausflugsziele der Insel. Das heißt natürlich auch, dass in der Hauptsaison Busladungen voller Besucher auf das Gut strömen. Der Massenandrang wird an zwei Tagen in der Woche noch weiter befeuert durch Handwerker, die in den authentischen Werkstätten etwa schmieden, Wolle färben, Kerzen ziehen oder köstliche *buñuelos*, Krapfen, backen.

Vom Zisterzienserkloster zur Touristenattraktion

Die Ursprünge von La Granja gehen auf ein arabisches Landgut zurück. Bei der Aufteilung der Insel nach der Rückeroberung durch Jaume I. wurden das Gut und seine Ländereien dem Grafen

Hingehen!

ESSEN UND TRINKEN

★ **Cafeteria La Granja.** Auf dem Gelände des Museumsguts. Ctra. Banyalbufar, km 1,5, Tel. 971 61 00 32, www.lagranja.net

★ **The Rose.** Gute internationale Küche und große Portionen. C/ Ciutat, 3, Puigpunyent, Tel. 971 61 43 60.

★ **Oleum.** Romantisch und elegant. Exquisites Restaurant des Hotels »Son Net«. C/ Castillo de Sonnet, Puigpunyent, Tel. 971 14 70 00, www.sonnet.es

★ **Es Brollador.** Im netten Esporles, eine gute Adresse mit schöner Außenterrasse. Mallorquinische Küche. Passeig del Rei, 10, Esporles, Tel. 971 61 05 39.

★ **El Mesón La Villa.** Deftige kastilische Küche. Das Fleisch wird im Steinofen zubereitet. C/ Nou de Sant Pere, 5, Esporles, Tel. 971 61 09 01, www.mesonlavilladeesporles.com

★ **Sa Bodega.** Beliebte Pizzeria im Ortskern von Esporles. C/ Nou de Sant Pere, 4, Esporles, Tel. 971 61 07 00.

Hingehen!

ÜBERNACHTEN

★ **Es Ratxo.** Luxuriöses und romantisches Landhotel am Fuß des Galatzó. Camí de Son Net, Puigpunyent, Tel. 971 14 71 32, www.esratxohotel.com

★ **Can Torna.** Ruhig gelegen mit Blick über das Tal ist das Landgut aus dem 14. Jh. Ctra. Esporles–S Esglaieta, km 4,3, Esporles, Tel. 971 61 15 00, www.cantorna.com

EINKAUFEN

★ **La Granja.** Leckere hausgemachte Marmeladen, Sobrasada, Käse, Feigenbrot und andere Spezialitäten gibt es im Shop des Landmuseums. Ctra. Banyalbufar, km 1,5, Tel. 971 61 00 32, www.lagranja.net

VERANSTALTUNGEN

★ **Vorführungen.** Alte Handwerke wie Töpfern, Schmieden und eine Pferdedressurshow sind mittwochs und freitags von 15 bis 16.30 Uhr auf La Granja zu sehen. Ctra. Banyalbufar, km 1,5, Tel. 971 61 00 32, www.lagranja.net

Die Natur rund um La Granja lädt zu Spaziergängen und Wanderungen ein (oben). In der Küche des Landguts La Granja wird traditionell gekocht und gebacken (rechts).

von Rosselló zugesprochen, der wiederum dem Zisterzienserorden von Poblet in Katalonien die Pflege des Landes übertrug. Die Mönche blieben allerdings nur kurz in der Alquería Alpic. 1266 bezogen sie das Kloster Santa Maria de la Real in Palma, und Alpic wurde als Landgut weiter genutzt. Im 15. Jahrhundert wurde es an die Familie Vidal verpachtet, die bis ins 20. Jahrhundert den Hof betrieb. Durch einen Rechtsstreit, den die Vidals gegen das Kloster führten, weiß man, wie umfangreich die Landwirtschaft auf La Granja im 15. Jahrhundert war. Es wurden unter anderem Olivenöl und Holzkohle produziert. Und auf dem Weideland tummelten sich bis zu 300 Schweine und ebenso viele Schafe. Im 17. Jahrhundert wechselte der Besitz von den Vidals an die Familie Fortuny, die es zu Beginn des 18. Jahrhunderts in ein Herrenhaus im italienischen Stil umbauen ließ.

Nicht nur Urlauber, auch dauerhaft auf Mallorca lebende Residenten bekommen kaum Gelegenheit, in die privaten Räume einer *possessió* eingeladen zu werden. Die herrschaftlichen Räume der alten Landgüter sind dem engen Familienkreis vorbehalten. Daran hat sich, sofern die Anlagen nicht an reiche Ausländer verkauft wurden, bis heute nichts geändert. Für das »alte Mallorca« mit seinen Hierarchien, Lebens- und Arbeitsbedingungen, waren die *possessiós* mehr als große Landgüter. Sie waren, wie es bei Villalonga heißt, »eine Weltordnung«.

Bauernhof und Palast

Vorbei an Dreschplätzen und Stallungen führt der Rundgang in Werkstätten, die oberhalb des Hauses liegen und in denen zum Beispiel Wolle gesponnen wird. Die günstige Lage des Gutes zeigt sich weiter hinten im Tal, wo ein Wasserfall die Felsen hinabrauscht. Die ganzjährig sprudelnde Quelle begründete den Reichtum und die Bedeutung des Landguts. Das Wasser treibt Mühlen an, mit denen allerlei Gerätschaften im vorindustriellen Zeitalter betrieben wurden. Das Innere der *possessió* begeistert mit antikem mallorquinischen Mobiliar und Wohntextilien. Salon, Speisesaal, Küche, Spielzimmer sind einige Bereiche des Wohnbereichs, die der Rundgang erschließt. Überraschend ist eine große Miniaturopernbühne, die vom Salon aus zu sehen ist.

In dem sich selbst versorgenden Anwesen wurde Wein gekeltert, Schnaps gebrannt, Parfümessenzen destilliert, Ehen geschlossen oder auch Recht gesprochen. Unliebsame Untertanen wurden im gruseligen hauseigenen Kerker eingesperrt oder gar gefoltert.

2,30
2,30

24 Valldemossa

Ein Dorf für alle

Nicht verpassen!

★ **Oberstadt.** Die Reial Cartoixa de Valldemossa und der Palau del Rei Sanç. (s. S. 84) sind die großen Touristenmagneten.

★ **Unterstadt.** Weniger besuchter Teil der Stadt mit malerischen Gassen und der Kirche Sant Bartomeu und dem Geburtshaus der hl. Caterina Tomàs in der C/ Rectoria.

★ **Costa Nord.** Informations- und Kulturzentrum mit Film- und Multivisionsshow zur Geschichte, Kultur und Natur der Tramuntana. Av. de Palma, 6, www.costanord.es

★ **Fundació Cultural Coll Bardolet.** 60 Jahre seines Lebens hat der katalanische Künstler Josep Coll Bardolet in Valldemossa gelebt und gearbeitet. C/ Blanquerna, 4, www.fccollbardolet.org

★ **Port de Valldemossa.** Der 6 km entfernte Hafen war in früheren Zeiten ein Umschlagplatz für Schmuggler. Dort gibt es einen kleinen Kiesstrand, fotogene Bootsschuppen, einen kleinen Jachthafen und einige Lokale.

Millionenfach fotografiert und doch immer wieder schön: das Panorama von Valldemossa (oben rechts). Das meistbesuchte Bergstädtchen hat einiges zu bieten – einen ehemaligen Königspalast, ein Kartäuserkloster, malerische Gassen und eine herrliche Umgebung (oben und unten rechts).

George Sand und Frédéric Chopin haben Valldemossa durch ihren Besuch im Winter 1838/39 berühmt gemacht. Aber sie waren nicht die Einzigen, die den besonderen Ort in den Bergen besucht haben. Nach ihnen kamen Schriftsteller und Maler und bis heute sehr viele Touristen.

Wie kommt es, dass gerade auf Mallorca so viele Urlauber ihr Interesse für den begnadeten Pianisten und Komponisten Frédéric Chopin entdecken? Warum wollen sie wissen und sehen, wie und wo Chopin und die Schriftstellerin George Sand einen verregneten Winter verbracht haben? Zweifellos hat der Besuch der beiden im Jahr 1838/39 Valldemossa berühmt gemacht, und genauso zweifelsfrei ist es, dass Valldemossa ein malerisches Bergdorf ist. Durch seine Gassen zu laufen und die königliche Kartause zu besuchen (s. Kap. 25) gehört zu den Mallorca-Standards.

Zuflucht für Künstler, Heimat einer Heiligen

Als sich das Urlaubsgeschehen noch fast ausschließlich an den Stränden der Insel abspielte, wurde das romantische Dorf in den Bergen zu einer Art Aushängeschild für all das, was einen abseits der Küste erwarten kann: Kunst und Kultur, ergreifende Bergwelten, malerische Dörfer, geschichtsträchtige Orte. Valldemossa ist prädestiniert für diese Rolle. Bereits lange bevor sich die Welle des Massentourismus über Mallorca ergoss, zog es Reisende hierher, die sich von diesem einzigartigen Ort Anregung und Inspiration erhofften. So zum Beispiel die Schriftsteller Miguel de Unamuno und Azorín, Walter Benjamin und Albert Camus, Künstler

wie Josep Coll Bardolet (1912–2007), dessen Werk man in einem kleinen Museum im Ortskern kennenlernen kann, oder der Deutsche Nils Burwitz, der seit 1976 hier lebt und arbeitet.

Relativ unberührt vom Rummel und den Andenkenläden ist die Unterstadt. Stattdessen wird das Andenken an Caterina Tomàs hochgehalten, der einzigen Heiligen Mallorcas. Sie wurde am 1. Mai 1531 in der Carrer de la Rectoria geboren. Dort steht heute eine kleine Kapelle. Bereits als junges Mädchen betete sie an einem selbst gebauten Altar auf einem Feld. Durch die Fürsprache eines Adligen wurde sie als Novizin ins Kloster der Augustiner-Chorfrauen von Palma aufgenommen. Allerlei Anfechtungen und Versuchungen musste Caterina widerstehen. Darin lag wohl das von der Kirche geforderte Wunder, ohne das ein Sterblicher nicht in den Stand der Heiligkeit erhoben wird. Nach ihrem Tod 1574 wurde sie im Kloster Santa Maria Magdalena in Palma beigesetzt.

Kartoffelkuchen und Schokolade

Vor allem, wenn es draußen kalt ist und der Wind durch das Bergdorf pfeift, tut das richtig gut. Die *cocas de patata*, das typische Gebäck von Valldemossa, schmecken frisch einfach traumhaft. Die halbrunden, mit Puderzucker bestäubten Teigkugeln werden aus Kartoffeln, Zucker, Mandelmehl, Eiern und Zitronenschale gemacht. Dazu passt heiße Schokolade – in der dickflüssigen schokogesättigten Version, wie man sie in Spanien kennt.

Hingehen!

ESSEN UND TRINKEN

★ **Can Mario.** In einem nostalgischen Speiseraum wird seit gut 100 Jahren solide mallorquinische Küche serviert. C/ Uetam, 8, Tel. 971 61 21 22.

★ **Son Moragues.** Das Restaurant im urigen Landgut ist am Wochenende bei Einheimischen beliebt. C/ Son Moragues, Tel. 971 61 61 11.

★ **Es Port.** Salat, Fisch und Paella schmecken am kleinen Hafen von Valldemossa besonders gut. C/ Ponent, 5, Port de Valldemossa, Tel. 971 61 61 94, www.restaurantesport.es

ÜBERNACHTEN

★ **Es Petit Hotel de Valldemossa.** Ein kleines modern eingerichtetes Hotel in einem alten Stadthaus. C/ Uetam, 1, Valldemossa, Tel. 971 61 24 79, www.espetithotel-valldemossa.com

EINKAUFEN

★ **Cocas de patata.** Das typische Gebäck aus Valldemossa wird überall im Ort angeboten, wo auch Backwaren verkauft werden.

★ **Forn i Patisseria Ca'n Molinas.** Cocas de patata, Ensaimadas, Mandelkuchen und andere mallorquinische Backwaren werden hier seit 1920 in guter Qualität gebacken. C/ Blanquerna, 15 und C/ Rosa, 4, www.canmolinas.com

25 *Reial Cartoixa*

Ein Kloster für die Kunst

Zu den bekanntesten Sehenswürdigkeiten Mallorcas zählt die königliche Kartause von Valldemossa. Die Klosteranlage mit dem alten Königspalast aus dem 14. und 18. Jahrhundert und einem Gemäldemuseum ist auch ohne die Chopin-Episode ein Kulturhöhepunkt.

»Meine Zelle, die wie ein Sarg aussieht, hat eine gewaltige staubige Wölbung und ein kleines Fenster, von dem man die Orangenbäume, Palmen und Zypressen des Gartens sieht. ... Neben dem Bett ein alter Tisch, eine Art viereckiges Pult, auf dem man sehr schlecht schreiben kann, und auf ihm ein bleierner Leuchter mit – welch ein Luxus für hier! – einer Kerze. Auf dem gleichen Pult die Werke Bachs, mein Geschreibsel und andere Papiere, die nicht mir gehören ... Stille – auch wenn man schreit ... immer noch Stille! Mit einem Wort: ich schreibe Dir von einem sehr merkwürdigen Ort.« Das lässt Frédéric Chopin einen Freund in Paris wissen. Der Pianist und Komponist war am 8. November 1838 zusammen mit George Sand (eigentlich Aurore Dupin, Baronin von Dudevant, 1804–1876) und ihren Kindern Maurice und Solange sowie einer Dienerin am Hafen auf Mallorca angekommen. Der 15-jährige Maurice litt an Asthma und sollte sich mithilfe des milden Mittelmeerklimas stabilisieren. Auch Chopin selbst ging es nicht gut. Er leide unter »Erkältungen, die in Bronchitis ausarteten«, diagnostizierte ein Arzt, tatsächlich war er aber an Tuberkulose erkrankt.

Ungeliebte Ausländer

Die Suche nach einer Unterkunft gestaltete sich ähnlich schwierig wie die nach einem passablen Klavier und nach Lebensmitteln. Nach einer Übergangslösung in Palma konnte sich das Paar mit den Kindern in der Kartause von Valldemossa einrichten. Das Kloster stand, nachdem es 1835 säkularisiert und die Zimmer an Privatpersonen verkauft worden waren, leer. Die Räume waren kalt und ohne jeden Komfort. Die Vorstellungen der beiden, in ein romantisches Fast-Afrika zu reisen, waren ebenso falsch wie die Annahme, man würde offen und gastfreundlich empfangen. Nach nur drei Monaten gab das Künstlerpaar auf und verließ die Insel. Drei Jahre später erscheint Sands Reisebericht *Un Hiver à Majorque. Ein Winter auf Mallorca* liest sich stellenweise wie eine Abrechnung mit der Inselbevölkerung: Die sei, so die Französin, faul, hinterhältig, abergläubisch und ohne jeden Ehrgeiz. Ledig-

Nicht verpassen!

★ **Zelle des Priors.** Zu ihr gehören drei kleine Räume mit einer historischen Bibliothek und einer Privatkapelle mit Reliquien der hl. Caterina.

★ **Zelle 2.** Zu sehen sind u. a. Partituren von Chopin und das Originalmanuskript von *Ein Winter auf Mallorca* von George Sand.

★ **Zelle 4.** In dieser Zelle hatten sich Sand und Chopin höchstwahrscheinlich im Winter 1838/39 eingerichtet.

★ **Klosterkirche.** Die Fresken stammen von Manuel Bayeu, dem Sohn des bekannteren Francisco Bayeu.

★ **Alte Apotheke.** Die Einrichtung der alten Klosterapotheke stammt noch aus dem ausgehenden 17. und frühen 18. Jahrhundert.

★ **Museu Municipal.** Eine Druckpresse von 1662, Exponate zum Leben des Erzherzogs Ludwig Salvator und spanische Malerei lohnen den Besuch.

★ **Palau del Rei Sanç.** Im ältesten Teil der Anlage sind auch die kleinen Zellen zu sehen, in denen die Schriftsteller Miguel de Unamuno, Rubén Darío und Azorín zeitweise wohnten.

Zur Kartause gehören auch Teile eines Königspalast aus dem 14. Jh. (oben). Markant und sozusagen das Wahrzeichen Valldemossas ist der mit türkisfarbenen Kacheln verkleidete Glockenturm. Der wurde allerdings erst im 18. Jh. errichtet (rechts).

lich die Landschaft und die Natur lobt sie in höchsten Tönen. Nun gut, mag man sagen, Mallorca sei damals wie heute kein echtes Winterreiseziel. Trotzdem hat George Sand einen Klassiker der Reiseliteratur verfasst, und Chopin ließ sich weder vom Regen noch von der komfortfreien Kammer unterkriegen. Er komponierte die Préludes op. 28 fertig, unter denen sich auch das melancholische und sogenannte Regentropfen-Prélude befindet.

Wo wohnten Chopin und Sand?

Etwa eine halbe Million Touristen kommen jedes Jahr in das 2000-Einwohner-Städtchen. Sie wollen vor allem die Kartause mit den Zimmern sehen, in denen Sand und Chopin ihren kreativen Katastrophen-Urlaub verbracht haben. Da gibt es nur ein Problem. In der Reial Cartoixa gibt es gleich zwei Zellen, deren Eigentümer behaupten, bei ihnen habe das berühmte Paar gehaust.

Internationales Chopin-Festival

Das erste fand 1930 statt. Bis zum Ausbruch des Spanischen Bürgerkriegs kamen renommierte Künstler und Komponisten zum Chopin-Festival nach Valldemossa, unter anderem Arthur Rubinstein und Pau Casals. 1981 wurde der Musikevent wiederbelebt. Seitdem spielen jedes Jahr im August internationale Solisten im Kreuzgang des Kartäuserklosters. So im August ab 22 Uhr, Reservierungen: Tel. 971 61 23 51, www.festivalchopin.com

Hingehen!

ESSEN UND TRINKEN

- ★ **Casa Sa Miranda.** Innen ist es hübsch gemütlich, und von der Außenterrasse schaut man ins Tal. Leckere Fusionsküche zu akzeptablen Preisen. Plaça Miranda des Lladoners, 3, Tel. 971 62 22 96, www.samiranda.com
- ★ **Valldemossa.** Eine romantische Feinschmecker-Oase. Kreative mediterrane Küche zu gehobenen Preisen. Ctra. Vell de Valldemossa, Tel. 971 61 26 26.
- ★ **Cappuccino.** Die Café-Kette führt auch in Valldemossa ein zentral gelegenes und immer gut besuchtes Lokal. Plaça Ramon Lull, 5, Tel. 971 61 60 59, www.grupocappuccino.com

ÜBERNACHTEN

- ★ **Mirabò.** Das historische Landgut geht auf das 15. Jh. zurück. Neun Zimmer und ein schöner Blick auf das Tal und Valldemossa. Ctra. Valldemossa, km 15,9, Tel. 661 28 52 15, www.mirabo.es
- ★ **Son Escanelles.** Das kleine und geschmackvolle Landhotel mit seinen sieben Zimmern liegt am unteren Ortseingang, unweit der Bergstraße. Camí son Escanelles, 19, Valldemossa, Tel. 680 32 46 37, www.escanelles.com

Reial Cartoixa

Und so befindet sich sowohl in Zelle 2 als auch in Zelle 4 ein Chopin-Museum. Der Streit zog und zieht sich schon seit Jahrzehnten hin. Mittlerweile gilt als gerichtlich geklärt, dass Chopin in der Nummer 4 seine Préludes komponierte. Wie Vito von Eichborn in *Mein Mallorca* nacherzählt, wurden die Eigentümer der Nummer 4, die Familie Quetglas, einhundert Jahre lang von der Familie Ferrá-Capllonch aus der Nummer 2 betrogen. Letztere hatten sich ein falsches altes Klavier aus Paris kommen lassen, haben das renommierte Chopin-Festival ins Leben gerufen und sich im Ort als die wahren Erben des Sand-Chopin-Mythos inszeniert. Eine kuriose Geschichte, bei der es um Eitelkeiten, um eine Nachbarschaftsfehde und um Geld geht.

Die Kartause, zu der auch eine königliche Residenz gehört, ist aber auch ohne die Zellen 2 und 4 sehenswert. Soweit man weiß, wurde 1309 auf den Ruinen einer arabischen Festung zunächst eine Burg errichtet. Der Palau del Rei Sanç ließ König Jaume II. für seinen Sohn erbauen, der von 1311 bis 1324 hier residierte. Die ausgebaute Anlage bekam ab 1399 als Kloster Cartoixa de Jesús Nazareno, als Kartause von Valldemossa, eine neue Funktion. Weitgehend aus dem 18.Jahrhundert stammt das, was der Besucher heute zu sehen bekommt: einen weiträumigen Komplex mit Klosterkirche, zwei Kreuzgänge, Königspalast, Zellenflügel, Apotheke und Gärten. Spannend ist auch das Museu Municipal. Im Gemeindemuseum befindet sich die älteste Druckerpresse der Insel. Sie stammt aus dem Jahr 1662 und gehörte der Druckerei Guasp, die 1579 in Palma gegründet wurde.

Hingehen!

★ **Hotel Valldemossa.** Die edle Herberge mit zwölf luxuriösen Zimmern liegt auf einem Hügel im unteren Bereich des Ortes. Ctra. Vell de Valldemossa, Tel. 971 61 26 26, www.valldemossahotel.com

★ **Cases de Ca's Garriguer.** Gepflegtes Landhotel mit Pool. Außerhalb des Ortes an der Straße nach Banyalbufar. Ma-10, km 72,8, Valldemossa, Tel. 971 61 23 00, www.casesdecasgarriguer.com

Schon von außen beeindruckt das Kloster, wie es über seinem Dorf thront (ganz rechts), doch auch im Inneren gibt es viel zu entdecken: den schön gemusterten Steinboden unter den schlichten Holzbänken in der Klosterkirche (oben), Privataltäre in den Zellen (unten) und das Klavier Chopins (unten rechts).

26 Kloster Miramar

Zwischen Himmel und Meer

Nicht verpassen!

★ **Ausstellung.** In den Räumen von Miramar sind zum Teil die originalen Böden aus dem 13. Jh. erhalten. Eine Klosterzelle, Bücher, Möbel und Erinnerungsstücke von Ludwig Salvator machen den Besuch zu einem interessanten Rundgang. www.sonmarroig.com

★ **Kreuzgang.** Die gotischen Teile des ehemaligen Kreuzgangs wurden im 19. Jh. vom Kloster Santa Margarita aus Palma nach Miramar gebracht.

★ **Garten.** Die Außenanlage besticht mit einem »byzantinischen Garten« und der Aussichtsterrasse Mirador de Miramar.

★ **Kapelle.** Das Oratorium wurde von Ludwig Salvator wieder aufgebaut. Im Innern befindet sich eine Madonna aus Carrara-Marmor.

★ **Ermita de Trinitat.** Nordwestlich von Valldemossa, nach dem Abzweig in Richtung Deià, biegt rechts, gegenüber dem Restaurant »Can Costa«, eine schmale Straße ab. Sie führt zur Einsiedelei der Heiligen Dreifaltigkeit, die noch von einigen Mönchen bewohnt wird.

Miramar war ursprünglich ein Kloster. Davon kann man sich in einer Zelle im Innern überzeugen (rechts). Der Kreuzgang stammt aus dem Kloster Santa Margarita in Palma (oben). Die Kapelle ließ Ludwig Salvator restaurieren, nachdem er Miramar erworben hatte (rechts oben).

Im 13. Jahrhundert gründete der Philosoph und Mystiker Ramon Llull das Kloster, um darin künftige Missionare in orientalischen Sprachen zu unterrichten. Im 19. Jahrhundert bewohnte Erzherzog Ludwig Salvator das Anwesen, von dessen Gärten man einen traumhaften Blick über die Küste hat.

Die Küste zwischen Valldemossa und Deià war das Kerngebiet eines kleinen grünen Reichs. In ihm herrschte Ludwig Salvator (1847–1915), Erzherzog von Österreich und Prinz der Toskana. Der »Arxiduc«, wie er auf Mallorca genannt wurde (s. Kap. 27), hatte sich in die Baleareninsel verliebt. Mallorca und die Nachbarinsel Menorca hat er wie wohl kaum einer nach ihm studiert und in einem umfangreichen wissenschaftlichen Werk beschrieben. Nach und nach hatte er die Höfe und Ländereien Son Moragues, Miramar, Marroig, S'Estaca und Son Galceran aufgekauft. Er ließ Wege und Aussichtspunkte anlegen, eine Herberge einrichten und kaufte den angrenzenden Bauern schon einmal ihr Land ab, wenn er hörte, dass sie einen alten Olivenbaum oder sonst ein Gehölz schlagen wollten. Das Landgut Miramar erwarb der »aristokratische Diogenes«, wie ihn der Schriftsteller Miguel de Unamuno nennt, im Jahr 1872. Für Unamuno war Miramar »das Wundervollste, das Mallorca den Augen der Seele und der Seele der Augen zu bieten hat«.

Ein gotischer Kreuzgang aus Palma

Miramar wurde 1276 von Ramon Llull als Klosterschule gegründet. In der abgeschiedenen Lage wurden 13 Franziskanermönche in Arabisch unterwiesen, um in Nordafrika zu missionieren. Llull, der große Gelehrte Mallorcas, schrieb an diesem Ort den Roman *Blaquerna*. Darin geht es um die Weigerung Blaquernas, Papst zu werden, um stattdessen das Leben eines Eremiten zu führen.

Nachdem das Kloster 1295 von den Lullisten zunächst aufgegeben worden war, zogen Zisterzienser, Dominikaner und andere Orden in die Anlage. Bereits 1485 wurde in den alten Gemäuern eine Druckmaschine aufgestellt. Es war die erste auf Mallorca. Im 16. Jahrhundert wurde das Kloster zu einem Landgut ausgebaut.

Als der Erzherzog Ludwig Salvator das Anwesen erwarb, ließ er es restaurieren und zu seinem Wohnsitz umbauen. Passend zu seiner Funktion ließ Salvator Teile des ehemaligen Kreuzgangs des Klosters Santa Margarita aus Palma ins Gebirge schaffen.

Im Innern des Hauses, das ebenso wie Son Marroig in Privatbesitz ist, sind ein Modell der Jacht »Nixe II«, mit der Salvator seine Forschungsreisen unternommen hat, alte Möbel, Bücher und nautische Instrumente zu sehen. Ein kleinerer Bereich widmet sich Ramon Llull und seiner Ars Magna, einer Logik-Maschine, von der sich der Gelehrte Erkenntnisse über Metaphysik und Religion erhoffte. Die Kapelle neben dem Haupthaus wurde ebenfalls von Salvator restauriert. In ihr befindet sich eine Marienfigur aus Carrara-Marmor. Sisi, Kaiserin Elisabeth von Österreich, hatte sie 1892 ihrem Cousin als Gastgeschenk mitgebracht.

Exkurs

KAISERIN SISI AUF MALLORCA

Dreimal besuchte die österreichische Kaiserin Elisabeth Mallorca. Das erste Mal, am 10. Mai 1861, sah sie Palma und ließ sich Schloss Bellver und La Lonja zeigen. Der zweite Besuch galt Erzherzog Ludwig Salvator, den sie im Dezember 1892 auf Son Marroig besuchte. Der dritte Besuch fand im Januar 1893 statt und galt ebenfalls dem *Arxiduc.* »Jetzt wird mir Korfu weniger gefallen«, soll die Kaiserin gesagt haben, als sie am Anleger beim Felsen Sa Foradada in ihr Schiff stieg. Auf ihrer Lieblingsinsel Korfu besaß Sisi eine Sommerresidenz.

27 *Son Marroig*

Refugium eines adeligen Aussteigers

Mit 20 Jahren verliebte sich Ludwig Salvator, ein Spross des habsburgischen Adelsgeschlechts, in Mallorca. Der Erzherzog kaufte nach und nach Ländereien an der Costa Nord, darunter auch das Landgut Son Marroig, das er zu seinem Wohnsitz ausbauen ließ. Von hier aus erforschte er die Balearen und reiste in ferne Länder.

Ludwig Salvator (1847–1915) gehörte nicht zu den typischen Vertretern der k.u.k.-Monarchie. Das steife Zeremoniell, der Klatsch und Tratsch, das Intrigenspiel am kaiserlich und königlichen Hof von Österreich-Ungarn fand der junge Graf öde. Stattdessen träumte er von fernen Ländern, lernte Sprachen und interessierte sich für naturwissenschaftliche Studien. Ludwig Salvator war der Sohn des Großherzogs Leopold II. von Toskana und der königlichen Erzherzogin Maria Antonietta von Sizilien. In der Thronfolge der Donaumonarchie nahm er immerhin Rang drei ein, aber da er wohl wusste, dass seine Fähigkeiten in Wien nicht wirklich gefragt waren, wählte er den Weg der Neigungen.

Nachdem der Vater 1859 abgedankt und der ältere Sohn Ferdinand die Amtsgeschäfte übernommen hatte, wäre für Ludwig eine militärische Laufbahn infrage gekommen, doch dazu hatte der junge Mann keine Lust. Er studierte weiter Arabisch und andere Sprachen, Naturwissenschaften und legte das »Hochseekapitänspatent Lange Fahrt« ab. Ludwig Salvator will ein Forschungsreisender werden.

Inkognito in Palma

Im Jahr 1867, genauer gesagt am 18. August, kam der junge Erzherzog erstmals nach Mallorca. Unter dem Pseudonym Ludwig Graf Neudorf betritt der erst Zwanzigjährige die Baleareninsel. Er wandert über Mallorca, besucht die Nachbarinseln und studiert ihre Geografie. Er bestimmt die Pflanzen, die in den einzelnen Regionen wachsen und die Tierwelt. Drei Jahre später erscheint der erste Band seines Monumentalwerks *Die Balearen.*

Auch heute noch kommt der, der mehr über alte Bräuche, Lebensgewohnheiten, Kleidung, Landwirtschaft, Religion Mallorcas usw. erfahren möchte, nicht an dem Werk vorbei. Es gibt nichts, was auch nur annähernd so vollständig wäre. Das siebenbändige und in neun Büchern herausgegebene Werk ist das Vermächtnis seiner Leidenschaft für die Inselgruppe. Es wurde zwischen 1870 und 1891 vom Verlag Leo Wöhrl in Prag gedruckt und herausge-

Nicht verpassen!

- ★ **Hauptsaal.** Der große Salon im ersten Obergeschoss besitzt eine schöne Holzdecke. Gemälde von Joaquím Mir und auch von Salvator selbst.
- ★ **Schlafzimmer.** Mit einem Bett aus dem 17. Jh.
- ★ **Ölmühle.** Vom Hof aus erreicht man die Mühle, in der Olivenöl gepresst wurde.
- ★ **Torre.** Der quadratische Turm ist der älteste Teil des Hauses. Er stammt aus dem 16. Jh.
- ★ **Garten.** Rund um das Herrenhaus wurde ein Garten angelegt. Für die Wasserversorgung der gesamten Anlage sorgt ein riesiges Aljibe, ein Wasserbecken, das Regen- und Quellwasser staut.
- ★ **Mirador Des Galliner.** An der Steilküste steht ein kleiner Tempel aus Carrara-Marmor und ionischen Säulen. Von hier aus bietet sich ein schöner Blick übers Meer und die Halbinsel Sa Foradada.
- ★ **Sa Foradada.** Das Meer und die Zeit haben an der Spitze der Halbinsel ein Loch mit 18 Metern Durchmesser aus dem Fels gewaschen. Ludwig Salvator hatte am Felssporn einen Bootsanleger für sein Forschungsschiff »Nixe«.

Ludwig Salvator hat sich als Chronist, Forscher und Bewahrer der Inselnatur um Mallorca verdient gemacht (oben). Er selbst fand in Son Marroig sein ideales Refugium. Fast so beeindruckend wie die Lage seiner Residenz (oben rechts) liegt das Landhotel Sa Pedrissa, mit Blick über die Küste und das Meer (rechts unten).

Hingehen!

ESSEN UND TRINKEN

★ **Sa Foradada.** Entweder zu Fuß oder mit dem Boot kommt man zu diesem traumhaft gelegenen Lokal an der Halbinsel Sa Foradada. Das gibt es schon seit den 1970er-Jahren. Die auf dem offenen Feuer zubereitete Paella ist dort besonders gut. Ctra. Deià, Son Marroig, Deià, Tel. 616087499.

ÜBERNACHTEN

★ **El Encinar.** Ein etwas unsensibler Dreisternehotelklotz oberhalb der Küste. Ma-10, km 68,3, Tel. 971612000, www.hotelencinar.com

★ **Sa Pedrissa.** Zwischen Son Marroig und Deià liegt das alte Landhaus. Vom Pool und der Frühstücksterrasse aus überblickt man die Küste und Deià. Ctra. Valldemossa, km 65,5, Tel. 971639111, www.sapedrissa.com

Auch wenn der österreichische Erzherzog dem Pomp des Hofes nichts abgewinnen konnte – der Pavillon aus weißem Carrara-Marmor strahlt königlichen Glanz aus. Salvator war von der Aussicht seines Anwesens begeistert. Von hier aus unternahm er weite Forschungsreisen. Son Marroig hat er seinem Verwalter vererbt (alle Bilder).

geben, ebenso wie eine zweibändige Zusammenfassung, die 1897 erschienen ist.

1873 kauft Salvator die Finca Miramar (s. Kap. 26). Es ist sein erster Besitz auf Mallorca und er beschließt, auf die Insel überzusiedeln. Die nötige Beweglichkeit hat er. Zwei Jahre zuvor hat er sich in Rijeka ein komfortables Forschungsschiff bauen lassen. Nicht nur die Balearen, auch andere Regionen des Mittelmeers bereist er mit der »Nixe« und verfasst wissenschaftliche und landeskundliche Bücher.

Die Anekdoten über die Eigenarten des Erzherzogs sind ebenso vielfältig wie die Gerüchte über sein Liebesleben. So soll er Bauern Ländereien abgekauft haben, weil sie einen Olivenbaum abholzen wollten. Das wiederum soll manchen Nachbarn ermutigt haben, gut hörbar in ein Gehölz einzuschlagen, damit der Adlige, der am liebsten in einfacher Arbeitskleidung unterwegs war, ihm ein Stück Land abkaufte. Über die amourösen Abenteuer des Habsburgers wurde nicht nur am Hof in Wien gelästert. Auch die Verbindung mit einem einfachen Mädchen vom Land, der Tochter eines Schreiners, wird eifrig diskutiert. Salvator bringt Catalina Homar Lesen und Schreiben bei, unterrichtet sie in Fremdspra-

chen. Später lässt er ihr die Finca S'Estaca bauen. Sie gehört heute dem Filmschauspieler Michael Douglas.

Residenz über dem Meer

»Son Marroix oder Son Mas Roix de sa Foradada, wie es in den Urkunden genannt wird, ist das am schönsten gelegene Haus Mallorcas«, schrieb Salvator. Der Erzherzog ließ sich ein Gutshaus aus dem 16.Jahrhundert zu einem großen, italienisch anmutenden Herrenhaus ausbauen. Es wurde zum Zentrum eines 16 Kilometer langen und etwa 10 Kilometer breiten Minireichs, in das sich Salvator nach seinen Forschungsreisen zurückzog. Das Museumshaus ist ganz dem Andenken an Ludwig Salvator gewidmet. An den Wänden hängen Gemälde von Joaquím Mir, Antoni Ribas Oliver und anderen Künstlern, die auf der Insel gemalt haben. Neben einigen antiken Fundstücken fällt eine Marienfigur aus Alabaster auf, die aus dem 13.Jahrhundert stammt. Mehr noch als die ausgestellten Objekte, die alten Möbel, Keramiken und so weiter, faszinieren die Lage des Hauses und die Ausblicke über Küste und Meer. Heute kann man gut verstehen, weshalb Salvator die Costa Nord dem Wiener Hof vorgezogen hat.

Exkurs

LUDWIG SALVATOR LESEN

Das siebenbändige Werk *Die Balearen* ist ein bibliophiler Schatz und kostet, sofern es überhaupt angeboten wird, ein kleines Vermögen. Immerhin wurde von der zweibändigen Zusammenfassung von 1897 ein Reprint herausgebracht, das im modernen Antiquariat zum Teil günstig zu bekommen ist. Es gibt aber noch eine weitere Möglichkeit, in den Schriften des Erzherzogs zu lesen. Dank des Engagements der in Wien ansässigen Ludwig-Salvator-Gesellschaft wurde die Kurzfassung der *Balearen* digitalisiert. Als kompletter Text sowie in Auszügen sind außerdem seine Hommage an die Lebensgefährtin »Catalina Homar«, das kulturhistorische Werk *Auslug- und Wachttürme Mallorcas* und eine Sammlung mallorquinischer Märchen, den *rondayes*, zu lesen. Man findet sie unter www.ludwig-salvator.com.

28 Deià

Ein kleines Stück vom Paradies

Nicht verpassen!

- ★ **Església Sant Joan Baptista.** Die Kirche mit dem wehrhaften Turm aus dem 18. Jh. beherbergt ein kleines Museum.
- ★ **Friedhof.** Direkt neben der Kirche befindet sich der wohl malerischste Friedhof der Insel. Auch Robert Graves liegt hier begraben.
- ★ **Ca N'Alluny.** Im Haus von Robert Graves präsentiert ein sehenswertes Museum zahlreiche Originaldokumente aus der Hand des Künstlers und ein Film porträtiert den Autor. www.fundaciorobertgraves.com
- ★ **Cala de Deià.** Die kleine, steinige Bucht mit der wildromantischen Bar kann es mit jeder berühmten Strandschönheit aufnehmen. Ein wirklich charmanter Ort, wenn nicht gerade Hochsaison ist.
- ★ **Lluc Alcari.** An der Ma-10 in Richtung Sóller findet man dieses malerische Minidorf in herrlicher Lage.

Wie exklusiv Deià in Wahrheit ist, erkennt man nicht an seinen einfachen Steinhäusern (unten und oben rechts). Es sind vielmehr die ausgezeichneten Restaurants und das renommierte Hotel »La Residencia« (oben), die einem dies vor Augen führen.

Das kleine Natursteindorf hat schon vor mehr als hundert Jahren Kunstschaffende angezogen. Musiker, Maler, Filmstars haben Deià seither besucht, viele tun es bis heute immer und immer wieder. Dem englischen Schriftsteller Robert Graves wurde das Dorf an der Costa Nord zur Heimat.

Es gibt Orte, die lassen einen nicht mehr los. Sie brauchen keine Superlative, um zu überzeugen, ihnen genügt ein lauer Tag oder auch ein einziger Windzug, der nach Sommer und Glück riecht. Und schon hat sich etwas für immer ins Gedächtnis eingegraben. Natürlich sind solche Orte etwas sehr Persönliches und nicht selten wie die große Liebe: Entweder man begegnet ihnen oder nicht.

Dem englischen Dichter und Schriftsteller Robert Graves wurde dieses Glück zuteil. Die Anregung, die Mittelmeerinsel einmal zu besuchen, kam von Gertrude Stein. »Mallorca ist ein Paradies, wenn Du das aushalten kannst«, soll sie dem jungen Engländer in den 1920er-Jahren in Paris gesagt haben. Graves folgte ihrem Rat, reiste nach Mallorca und fand Deià an der Nordwestküste, wo das Tramuntana-Gebirge in ebenso dramatischer wie poetischer Schönheit im Meer versinkt.

»Mallorca – ein Paradies, wenn Du es aushältst«

Graves, im deutschen Sprachraum besser bekannt als Robert von Ranke Graves, lebte von 1929 bis zu seinem Tod im Jahr 1985 fast

durchgängig in Deià. Konnte der Dichter nicht auf der Baleareninsel sein, etwa in der Zeit während des Spanischen Bürgerkriegs, dann tobte die Sehnsucht in seiner Brust und er wünschte sich zurück in die stille Landschaft über dem Meer mit ihren Terrassen, den Orangen- und Zitronenbäumen, den Pinien und den knorrigen Ölbäumen.

Sein Haus baute er sich 1932. Es steht am Ortseingang, von Sóller kommend. Hier schrieb er seine bekanntesten Bücher, *Ich, Claudius, Kaiser und Gott* oder *Die weiße Göttin*. Mittlerweile ist das Haus ein Museum, und wie bei allen Dichterhäusern ist das Arbeitszimmer am interessantesten. Der abgedunkelte Raum mit den häufig geänderten und viel korrigierten Manuskriptseiten und der kleinen Kaffeetasse sieht aus, als wäre Don Roberto – so nannten ihn die Dorfbewohner – nur eben hinunter zur Bucht spaziert, um eine Runde zu schwimmen.

Zu Lebzeiten war Graves nicht nur im Dorf beliebt, auch prominente Persönlichkeiten wie Ava Gardner oder Gabriel García Márquez kamen zu ihm zu Besuch und mehrten so den Ruf von Deià als Ort der Künstler. Noch heute zieht es viele mehr oder minder berühmte Menschen in diese Idylle, in der allerdings kaum noch Mallorquiner leben. Die solventen Gäste steigen im ebenso schönen wie luxuriösen Hotel »La Residencia« ab oder etwas außerhalb im Hotel »Es Moli«, die beide als Drehorte für eine deutsche TV-Serie herhalten mussten. Das aber nur am Rande, denn Deià hat derartige Auftritte gar nicht nötig. Sie sind sozusagen »unter Niveau«.

Hingehen!

ESSEN UND TRINKEN

- **Es Racó d'es Teix.** Das familiäre Restaurant von Josef Sauerschell adelt schon seit Jahren ein Michelin-Stern. Feine saisonale Küche. C/ Sa Vinya Vieja, 6, Tel. 971 63 95 01, www.esracodesteix.es
- **Ca's Patró March.** Beliebtes Strandlokal an der Cala de Deià. Tel. 971 63 91 37
- **Xelini.** Auch im noblen Deià gibt es noch ein bezahlbares und zudem empfehlenswertes Restaurant. An der Hauptstraße, Tel. 971 63 91 39, www.xelini.com

ÜBERNACHTEN

- **D'es Puig.** Das kleine Hotel im Dorfzentrum ist eines der ältesten der Insel. Romantische und behagliche Zimmer. Ein kleiner Garten mit Pool gehört auch dazu. C/ d'es Puig, 4, Tel. 971 63 94 09, www.hoteldespuig.com
- **La Residencia.** Eines der edelsten Hotels der Insel. Son Canals, Tel. 971 63 90 11, www.hotel-laresidencia.com
- **Miramar.** Häuser wie diese werden immer seltener auf Mallorca: charmant, familiär und typisch mallorquinisch. C/ Can Oliver, Tel. 971 63 90 84, www.pensionmiramar.com

29 *Sóller*

Jenseits der Berge

Landeinwärts ragen die höchsten Gipfel der Serra de Tramuntana auf. und zum Meer hin öffnet sich die gebirgige Küste in einer traumhaften, halbmondförmigen Bucht mit Sandstrand. Sóller ist das Zentrum des idyllischen »Orangentals«. Zwischen all den Tischen und Stühlen der lebendigen Plaça rumpelt eine nostalgische Straßenbahn zum Hafen.

Die alte Tram, liebevoll auch »Orangenexpress« genannt, gab es noch nicht, als Erzherzog Ludwig Salvator auf Mallorca seine neue Heimat gefunden hatte. Die Straßenbahn wurde erst 1913 in Betrieb genommen, ein Jahr nachdem die Zugverbindung von Palma in das abgeschiedene Tal feierlich eingeweiht worden war. Den Charme der Kleinstadt haben aber weder die Tram, die zum Teil noch mit den originalen Wagen unterwegs ist, noch der nostalgische Tren de Sóller geschmälert, ganz im Gegenteil. Aber auch vor diesen technischen Errungenschaften muss Sóller ein besonderer Ort gewesen sein.
»Unbestreitbar ist Sóller die schönste Ortschaft der Insel, ja man kann ruhig sagen, eine der schönsten der Welt.« Das sind große Worte, vor allem, wenn man bedenkt, dass Ludwig Salvator viel von der Welt gesehen hatte. »Alles findet sich hier in schönster Vereinigung«, so führt er fort, »landschaftliche Schönheit der

Nicht verpassen!

- ★ **Plaça Constitució.** Lebendiger Hauptplatz mit vielen Lokalen.
- ★ **Església Sant Bartomeu.** Hauptfassade (1904) im Modernisme-Stil vom Gaudí-Schüler Joan Rubió i Bellver. Sonst ausgehendes 17. Jh.
- ★ **Bahnhof und Ausstellungsräume.** Der Jugendstilbahnhof ist ein umgebautes Bauernhaus aus dem 17. Jh. Im Erdgeschoss Dauerausstellung mit Werken von Miró.
- ★ **Can Prunera Museu Modernista.** Das Jugendstilmuseum besitzt eine bedeutende Kunstsammlung der klassischen Moderne. C/ Sa Lluna, 86–90, www.canprunera.com
- ★ **Jugendstil.** Weitere Modernisme-Bauten sind z. B. Banco de Sóller (Plaça Constitució), Can Penya, Can Isabel und Can Fideuer (alle Plaça d'Espanya), Can Ledesma (C/ Joan Marqués Arbona, 1).
- ★ **Museu Balear de Ciències Naturals/Jardí Botànic de Sóller.** Naturkundemuseum und Botanischer Garten. Ctra. Palma–Port de Sóller, km 30,5 www.museucienciesnaturals.org, www.jardibotanicdesoller.org
- ★ **Coll de Sóller.** Seit 2007 ein Tunnel durch die Serra de Alfàbia gebaut wurde, ist die Passstraße wenig befahren. Toll für Radsportler mit guter Kondition und Autofahrer mit viel Zeit.

Das Herz von Sóller ist die Plaça Constitució. Sie wird überragt von der Hauptfassade der Pfarrkirche Sant Bartomeu, die ein Schüler Gaudís entwarf (oben rechts). Orangenbäume findet man in der näheren Umgebung en masse (unten rechts), doch auch Sóller selbst ist sehr idyllisch mit seinen kleinen Altstadtgassen (oben).

Umgebung, Fruchtbarkeit des Bodens, großer Wasserreichtum, balsamische Luft mit dem sonnigen Himmel und gesundes Klima. [...] Ja, es ist einer jener Orte, die man lieb gewinnen muss und die Wanderlust gern aufgibt, nur um daselbst in ungestörter Ruhe verweilen zu können«.

Auch heute noch, gut 140 Jahre nachdem Salvator diese Zeilen geschrieben hat, kann man dem zustimmen. In einem Punkt lag der Erzherzog aber daneben. Viele, die in das Tal kommen, wollen nicht verweilen, sondern im Gegenteil auf Wandertour gehen. Mallorca ist seit Jahren nicht nur ein Ziel der Radsportler, Golfer und Badeurlauber, sondern auch der Wanderer. Rund 150000 pro Jahr sollen es sein. Sóller, oder besser gesagt das Tal einschließlich der Orte Port de Sóller, Biniaratx und Fornalutx ist eines ihrer Basislager.

Im Tal der Orangen und Zitronen

An den Orangen kommt man im Tal von Sóller nicht vorbei. Sie wachsen an den Berghängen, in Gärten und auf Terrassenfeldern. Jedes Jahr im Mai gibt es ein großes Fest, die Festa de la Taronja i la Llimona, dann wird sogar der Brunnen auf der Plaça Constitució mit den saftigen Früchten geschmückt, so, als strömte aus ihm kein Wasser, sondern orangefarbene Kugeln. Der allgegenwärtige Orangenkult ist aber nur die halbe Wahrheit. Fakt ist, dass die Früchte auf den nationalen wie internationalen Märkten

Hingehen!

ESSEN UND TRINKEN

- ★ **Béns d'Avall.** Großartige Lage und ebensolche Küche. Das Restaurant liegt außerhalb der Stadt an der Ma-10 in Richtung Deià. Urb. Costa Deià, Ctra. Sóller–Deià, Tel. 971632381, www.bensdavall.com
- ★ **Cafe Scholl.** Neoromantisches Caféhaus mit leckerem Kuchen. C/ Victoria, 12, Tel. 971632398.
- ★ **Ca'n Boqueta.** Sehr gute mallorquinische Küche zu moderaten Preisen. Gran Via, 43, Tel. 971638398.
- ★ **La Vila.** Gespeist wird im eleganten Jugendstilambiente oder auf der Terrasse. Gute mediterrane Küche und anspruchsvolle Preise. Plaça Constitució, 14, Tel. 971634641.
- ★ **Sa Fàbrica de Gelats.** In der »Eisfabrik« gibt es seit Jahren das vielleicht beste Speiseeis der Insel. Av. de Cristòfol Colom, 13, Tel. 971631708, www.gelatsoller.com

nicht mehr mithalten können. Die Mengen sind zu gering, der Aufwand und damit auch die Preise zu hoch. Das ist schade, denn der Ursprung der spanischen Orangen liegt tatsächlich in jenem idyllischen und geschützten Bergtal. Aber wie die verbleibenden Zitrusbäume belegen, finden sie doch noch Abnehmer. Wer will, kann sich eine 10-Kilogramm-Kiste frischer Navellinas, so nennt sich eine der leckeren lokalen Sorten, frei Haus nach Deutschland schicken lassen – natürlich aus biologischem Anbau.

Sóller ist anders als der Rest Mallorcas. In seinen Gassen und Straßen herrscht eine Atmosphäre, die einen weniger an Spanien als an den Süden Frankreichs erinnert. Auf den Straßen zwischen der Markthalle und der zentralen Plaça ist immer viel los. An den Tischen der Straßencafés wird rege debattiert, man vertieft sich in die Tageszeitung oder lässt den Tag in seinem ihm eigenen Tempo an sich vorbeiziehen. Wer kein schlechtes Gewissen bekommt, weil er so untätig den Tag genießt, kann hier tatsächlich, wie es Salvator sagte, »in ungestörter Ruhe verweilen« – allerdings nicht im Juli oder August, dann ist es erstens zu voll und zweitens zu heiß.

Jugendstil – Zeichen des Wohlstands

Der Handel mit Orangen und Olivenöl hat dem Tal einen gewissen Reichtum eingebracht. Die Handelsschiffe, die Port de Sóller nicht nur anliefen, sondern oft auch dort gebaut wurden, fuhren regelmäßig nach Marseille und überquerten sogar den Atlantik. Den Wohlstand von einst kann man noch heute sehen. Wer im ausgehenden 19. und frühen 20. Jahrhundert etwas auf sich hielt, baute sich ein Haus im damals modernen Jugendstil. Modernisme wird er in Spanien genannt. Zwei Gebäude kann man sich anschauen, ohne den Cafétisch auf der Plaça Constitució zu verlassen: die Banco de Sóller und die Hauptfassade der Església Sant Bartomeu. Für beide war der Gaudí-Schüler Joan Rubió i Bellver verantwortlich.

Um allerdings das Highlight des Jugendstils zu bewundern, muss man dann doch den lieb gewonnenen Platz verlassen. Das außerordentlich sehenswerte Modernisme-Museum Can Prunera ist in ein großartig restauriertes Herrenhaus von 1911 eingezogen. In die Sammlung mit ihren Werken von Edvard Munch, Egon Schiele, René Magritte und anderen Größen des 20. Jahrhunderts vertieft man sich gern, wenn es draußen zu heiß geworden ist, oder wie der Erzherzog wusste, es im Winter im Tal recht feucht wird.

Hingehen!

ÜBERNACHTEN

- ★ **S'Ardeviu.** Familiäres Stadthotel mit nostalgischem Frühstückssalon, Bibliothek und Garten. C/ Vives, 14, Tel. 971 63 83 26, www.sollernet.com/sardeviu
- ★ **L'Avenida.** In der Altstadt gelegenes elegantes Boutique-Hotel mit geschmackvollem Stilmix. Gran Via, 9, Tel. 971 63 40 75, www.avenida-hotel.com

EINKAUFEN

- ★ **Fet a Sóller.** Die Initiative produziert und vertreibt lokale Spezialitäten wie unbehandelte Orangen, Konfitüren, Honige, Wurst und Käse etc. C/ Romaguera, 12, Tel. 971 63 88 39, www.fetasoller.com

Das Museu Can Prunera begeistert mit seinem originalen Interieur und seiner Kunstsammlung (oben). Im Tal von Sóller wachsen Zitrusfrüchte besonders gut. Frisch gepresste Orangensäfte werden in vielen Cafés angeboten (ganz oben). Natürlich gehören sie auch zu einem guten Frühstück (rechts).

30 Fornalutx und Biniaratx

Mallorquinische Idyllen

Am Fuß der Bergflanken der höchsten Gipfel der Serra de Tramuntana liegen die Bilderbuchdörfer Fornalutx und Biniaratx. Umgeben von Zitrus- und Orangenhainen und frischer Bergluft kann man sich dem Zauber der Dorfidyllen kaum entziehen.

In den engen und daher autofreien Gassen stehen Blumenkübel an den natursteinernen Häuserfassaden. Beim kleinen Obstladen lagern die Orangen in patinierten Holzkisten vor einem urigen Portal. Auf einer kleinen schwarzen Tafel steht in schnörkeliger Handschrift, was noch so alles frisch zu haben ist. Wenn am Abend die Wanderer und Dorfbesucher wieder verschwunden sind, wird die kleine Plaça von Fornalutx zum Spiel- und Fußballplatz sowie zum Wohnzimmer. Und man wird das Gefühl nicht los, man würde durch die Szenerie eines mallorquinischen Heimatfilms spazieren.

Fornalutx und Biniaratx liegen im oberen Teil des Sóller-Tals umgeben von Zitronen- und Orangenhainen und den höchsten Bergen der Serra de Tramuntana. Die beiden Dörfer sind zweifellos idyllisch, aber sie sind keine Kulissen, will sagen, sie sind echt und alt. Auch wenn die Bevölkerung international ist und nicht alle dauerhaft in den Bergdörfern leben, gibt es doch ständige Bewohner und so etwas wie ein Dorfleben.

Nicht verpassen!

★ **Die Gassen von Fornalutx.** Teilweise werden die gepflasterten und autofreien Gassen des Dorfes von Blumenkübeln geschmückt, die die Anwohner aufstellen.

★ **Waschhäuser.** An den alten Waschhäusern von Fornalutx und Biniaratx haben einige Dorfbewohner noch bis ins späte 20. Jh. ihre Wäsche gewaschen. Heute sind sie mehr ländlich-romantisches Dekor.

★ **Museu Ca'n Xoroi.** Im Aufbau befindliches Dorfmuseum. Unter anderem sind *teules pintades*, bemalte Tonziegel, zu sehen. C/ de Sa Font, 8, Fornalutx, Tel. 971 631901, www.canxoroi.com

★ **Pobles de la Vall.** Über den Rundweg kann man von Fornalutx über Biniaratx nach Binibassi und wieder nach Fornalutx wandern.

★ **Mirador Xim Quesada.** Über Hunderte von Stufen geht es in der Schlucht von Biniaratx hinauf bis zum Aussichtspunkt in 957 Metern Höhe.

Idylle pur - Fornalutx wurde schon mehrmals zu Mallorcas schönstem Dorf gewählt (oben und unten rechts). Treffpunkt und Informationsbörse ist die Bar am Kirchplatz (oben rechts).

Bemalte Tonziegel

Typisch für das Tal von Sóller und speziell in Fornalutx war es, Tonziegel mit religiösen Motiven, mit Tier- und Dekorornamenten zu bemalen. Diese volkstümliche Kunst wurde im 16. Jahrhundert Mode. Die Zeichnungen sind meist in roter Farbe und sehr einfach ausgeführt und waren nicht nur als Hausschmuck gedacht, sondern auch als eine Art Abwehrzauber. Sie sollten die Bewohner vor Gefahren oder Krankheiten schützen.

Im Museu de Ca'n Xoroi im Carrer de Sa Font 8 sind einige dieser historischen Ziegel und Kacheln zu sehen. Beim historischen Gebäudekomplex, in dem neben dem Museum auch die Gemeindeverwaltung untergebracht ist, findet sich noch ein Waschhaus.

Biniaratx ist noch etwas ländlicher, ruhiger und kleiner als Fornalutx. Wo heute die Häuser Can Det und Can Ribera stehen, befand sich im frühen Mittelalter ein Landgut, das von den muslimischen Eroberern und Entwicklungshelfern für den Gartenbau errichtet wurde. Durch Biniaratx verläuft der alte Pilgerweg zum Kloster Lluc. Der ist für Wanderer ein echtes Highlight, auch wenn man »nur« bis zum Mirador Xim Quesada steigt. Bis zu diesem Aussichtspunkt müssen fast 1000 Höhenmeter bewältigt werden. Dass sich der Aufstieg dennoch einigermaßen entspannt gestaltet, liegt daran, dass er sich auf sieben Kilometer verteilt und diese mit ungezählten Treppenstufen relativ bequem bergan gehen. Nach etwa drei Stunden hat man es geschafft. Wie von der Loge einer riesigen Oper schaut man auf das Tal der Orangen, das sich unter einem ausbreitet, einfach grandios.

Hingehen!

ESSEN UND TRINKEN

- ★ **Ca'n Antuna.** Mallorquinische Küche, rustikal und authentisch. C/ Arbona Colom, 8, Fornalutx, Tel. 971 63 30 68.
- ★ **Ca's Xorc.** Im edlen Landhotel zwischen Sóller und Deià lässt es sich hervorragend speisen. Ctra. Deià, km 56, Sóller, Tel. 971 63 82 80, www.casxorc.com
- ★ **Es Turó.** Die einen gehen ins Ca'n Antuna, die anderen hierher. Mallorquinische Küche. C/ Arbona Colom, 12, Fornalutx, Tel. 971 63 08 08, www.restaurante-esturo-fornalutx.com
- ★ **Sa Plaça.** Zentrum und Wohnzimmer des Dorfes. Kaffee, Eis und Snacks. Plaça d'Espanya, 3, Fornalutx, Tel. 971 63 19 21.

ÜBERNACHTEN

- ★ **Hotel Ca'n Reus.** Ein kleines Dorfhotel mit romantisch-rustikalem Flair. Von der Sonnenterrasse mit kleinem Pool hat man einen schönen Blick ins Tal und ins Gebirge. C/ de l'Auba, 26, Fornalutx, Tel. 971 63 11 74, www.canreushotel.com
- ★ **Petit Hotel Fornalutx.** Von klösterlicher Strenge ist in dem 9-Zimmer-Hotel nichts mehr zu spüren. Mit Pool und Garten. C/ Alba, 22, Tel. 971 63 19 97, www.fornalutxpetithotel.com

31 Port de Sóller

Mit der Straßenbahn zum Strand

Port de Sóller liegt an der einzigen größeren Bucht der Nordwestküste. Die halbmondförmige Bucht müssen sich die Badeurlauber mit den Booten des kleinen Hafens teilen. Der hat dem Ort seinen Namen gegeben, der seit Jahren immer beliebter wird.

Das Tal von Sóller und somit auch sein Hafen haben eine wechselvolle Geschichte hinter sich. Es ging und geht immer auf und ab, so wie die Wellen jenseits der schützenden Hafeneinfahrt auf dem offenen Meer. Mal brachte die Ausfuhr vor allem von Olivenöl und Orangen den Talbewohnern ein gutes Einkommen, sogar Reichtum, dann wieder mussten viele ums Überleben kämpfen, weil etwa ein Schädling die Zitrusbäume befallen hatte. Oder es gab nicht genug Land, das man hätte bewirtschaften können, und wer sein Glück machen wollte, musste raus in die ferne weite Welt.

In den letzten Jahren geht es wieder steil bergauf am Hafen von Sóller. Seit der Tourismus auf Mallorca eine Rolle spielt, ist auch Port de Sóller mit dabei. Aber hier, im Nordwesten, ging es nie so wild zu wie in den Massenzentren etwa an der Bucht von Alcúdia, Cala Millor oder sonstwo. Es wurde auch nicht so drastisch gebaut wie in Port d'Andratx. Aber damit dürfte es wohl vorbei sein.

Nicht verpassen!

- ★ **Hafenpromenade.** Ein Hafen, wo noch ein paar Fischer ihre Netze flicken, ein Sandstrand und eine historische Straßenbahn, die an der Meerespromenade entlangfährt – diese Kombination gibt es nur hier.
- ★ **Museu de la Mar/Oratori de Santa Caterina d'Alexandria.** Hier erfährt man mehr über die Geschichte des Tals und seine Verbindung zum Meer. C/ Sta. Caterina d'Alexandria, 50
- ★ **Torre Picada.** Um drohende Piratenangriffe frühzeitig zu erkennen, wurde der Wachturm im 17. Jh. erbaut. Etwa eine Stunde Fußweg vom Hafen, im Norden der Bucht.
- ★ **Cap Gros.** Kap mit Leuchtturm an der südlichen Hafeneinfahrt. Toller Blick über die Bucht.
- ★ **Moros i Cristians.** 1561 konnten die Bewohner den Angriff der muslimischen Piraten abwehren. Das wird jedes Jahr im Mai mit großem Getöse nachgespielt und gefeiert.

Geschützte Bucht – der Hafen von Sóller ist der einzige, den auch größere Schiffe an der Nordwestküste anlaufen können (oben). Seit 1913 verbindet eine Tram den Hafen mit Sóller (oben rechts). Luxus und eine grandiose Aussicht bieten das Hotel »Jumeirah«. Es liegt auf einem Felsrücken über dem Meer (unten rechts).

Wie ein Symbol des neuen Aufschwungs thront das Hotel »Jumeirah« auf den Klippen und dem alten Ortskern. Dass es überhaupt in dieser exponierten Lage gebaut werden konnte, verdankt es nur einer generösen Auslegung des spanischen Küstenschutzes. Das neue Prunkstück steht an der Stelle eines ehemaligen Hotels, das allerdings viel kleiner war. Auch unten am Hafen und an der Strandpromenade ist schon viel passiert. Der Strand wurde frisch aufgeschüttet und die Promenade komplett renoviert. Nur die alte Tram mit ihren teilweise hundertjährigen Waggons ist und bleibt wie sie war.

Handel mit Frankreich und Mittelamerika

Wegen seiner geschützten und vom Rest der Insel schwer erreichbaren Lage hat sich das Tal bis ins frühe 20. Jahrhundert hinein mit einer gewissen Unabhängigkeit und Eigenständigkeit vom übrigen Mallorca entwickelt. Besonders mit Südfrankreich und der Hafenstadt Marseille gab es enge Verbindungen, aber auch mit Handelspartnern in der neuen Welt, in Mittelamerika. Im ausgehenden 18. Jahrhundert versuchten französische Bauern, Winzer und Handwerker im Tal von Sóller einen Neuanfang. Das schlug sich sogar in der Sprache nieder, in einem französisch beeinflussten Taldialekt.

Die regionale Geschichte, die auch eine der Seefahrt ist – und der Piratenüberfälle –, erzählt das kleine, aber anregende Museu del Mar, von wo man auch einen schönen Blick über die Bucht und die rahmende Felsenlandschaft hat.

Hingehen!

ESSEN UND TRINKEN

★ **Agapanto.** Mediterran-mallorquinische Küche. Unterhalb von Cap Gros. Camino del Faro, 2, Tel. 971 63 38 60, www.agapanto.com

★ **Es Passeig.** Anspruchsvolle Küche im Restaurant oder leckere Tapas. Poligon de sa Platja, 8, Tel. 971 63 02 17, www.espasseig.com

★ **Nautilus.** Große Portionen und ein grandioser Blick in die Tiefe. C/ Llebeig, 1 (kurz vor dem »Jumeirah«-Hotel), Tel. 971 63 81 86, www.nautilus-soller.com

ÜBERNACHTEN

★ **Jumeirah.** Große luxuriöse Zimmer mit grandioser Aussicht. Auch schön: der Infinity-Pool und das Spa mit einem Hot Tub auf dem Hoteldach. C/ Bélgica, Tel. 971 63 78 88, www.jumeirah.com

★ **Aimia.** Zeitgenössisches Design, große und komfortable Zimmer, nicht weit vom Strand. C/ Santa Maria del Camí, 1, Tel. 971 63 12 00, www.aimiahotel.com

★ **Espléndido.** Großes Familienhotel mit allem Drum und Dran. Direkt am Strand. Auch pauschal buchbar. Es Traves, 5, Tel. 971 63 18 50, www.esplendidohotel.com

32 Tren de Sóller

50 Minuten Nostalgie

Nicht verpassen!

- ★ **Puig Major.** Beim Fotostopp der nostalgischen Bahn (www.trendesoller.com) ist der höchste Berg der Insel, der Puig Major (1445 m), zu sehen.
- ★ **Tunnel.** 2856 m lang ist der größte Tunnel, der das letzte Stück unter dem Coll de Sóller verläuft.
- ★ **Viadukt Cinc-Ponts.** Der Viadukt mit seinen fünf Bögen wurde zwischen 1909 und 1910 errichtet und ist 52 Meter lang.
- ★ **Centre d'Art Estació.** Seit fast 30 Jahren schon ist der Bahnhof von Sineu eine sehenswerte Kunstgalerie. www.sineuestacio.com
- ★ **Estació del Ferrocarril de Sóller.** Sóllers Jugendstilbahnhof entstand durch den Umbau des Gutshauses Can Maiol aus dem frühen 17. Jh. Im Untergeschoss sind zwei Ausstellungsräume eingerichtet.

Mallorcas schönstes Verkehrsmittel ist der Tren de Sóller. Seit 1912 fährt er ohne Unterbrechung von Palma nach Sóller und zurück (oben und unten rechts). Eine heißgeliebte Inselinstitution ist auch die *Sobrasada*. Bei »La Luna« in Sóller wird die Wurstspezialität traditionell hergestellt (rechts).

Als die Stecke zwischen Palma und Sóller 1912 eröffnet wurde, war sie eine Sensation. Und seitdem hat sich die Bahn kaum verändert. Anders als vor hundert Jahren befördert sie keine Orangen mehr, sondern vor allem Touristen. Um nach Sóller zu kommen, gibt es kein stimmungsvolleres Verkehrsmittel.

Unermüdlich und ohne Unterbrechung zuckelt die Bahn seit 1912 zwischen Palma und Sóller. Die Dampflokomotive wurde schon bald durch eine elektrische ersetzt. 1929 wurde eine holzverkleidete Siemens-Schuckert auf die Gleise gesetzt. Und dort versieht sie ihren Dienst bis heute.

Die Eisenbahngeschichte Mallorcas beginnt schon einige Jahre früher. 1875 rollte erstmals eine Dampflock von Palma nach Inca. Die Strecke ins Tal von Sóller war aber etwas Besonderes. Von der ersten Planung bis zur Einweihung mussten fast 20 Jahre vergehen. Die Ursache für die komplizierte Planung war die Serra de Tramuntana, die das Tal von Sóller seit Jahrhunderten wirkungsvoll vom Rest der Insel isoliert hatte.

Im fruchtbaren Tal von Sóller wurden große Mengen Orangen und Zitronen angebaut. Doch um sie für den Export nach Palma zu verfrachten, mussten sie in Eselskarren über einen steilen Bergpass gebracht werden. Da war es einfacher, mit eigenen Schiffen ab Port de Sóller direkt die Exportmärkte in Frankreich und auf dem spanischen Festland anzusteuern. Doch die Möglichkeiten waren begrenzt, und so schlossen sich die wohlhabenden Händler von Sóller zusammen und finanzierten das Großprojekt »Tren de Sóller«.

Durch 13 Tunnel und über ein Viadukt

Die 27 Kilometer lange Strecke über Son Sardina, Apeadero de Son Reus, Apeadero de Caubet und Bunyola stellte die Ingenieure vor eine große Herausforderung. Als Spurweite wählte man 914 Millimeter, was einem englischen Yard entspricht. Dieses seltene Maß wird nur in einigen britischen Kolonien verwendet. 13 Tunnel mussten mühsam in das Gestein der Serra de Tramuntana geschlagen werden, ein Viadukt musste gebaut und ein Höhenunterschied von mehr als 300 Metern überwunden werden. Aber es gelang, und als am 12. April 1912 die Lokomotiven »Sóller« und »Palma« mit viel Dampf und Getöse aus dem 2876 Meter langen Tunnel donnerten, begann eine neue Zeitrechnung für das Orangental.

Die Hauptaufgabe der insgesamt 25 Güterwaggons der Eisenbahngesellschaft »Ferrocarril de Sóller« bestand im Transport der Zitrusfrüchte nach Palma. Heute befördern Lkws die Ware durch den 2007 eröffneten Tunnel. Den Erhalt der historischen Bahn sichern heute die Touristen.

Das nostalgische Vergnügen beginnt in der Hauptstadt Palma bei der Plaça Espanya. Ganz egal, ob Groß oder Klein, ob man schon in Seilbahnen, Flugzeugen, Schnellzügen oder sonstigen Gefährten unterwegs war, wer zum ersten Mal in einen der holzvertäfelten Waggons steigt, spürt eine kribbelnde Nervosität und Vorfreude. Auf jeden Fall sollte man eine Kamera mitnehmen. An besonders malerischen Stellen wie beim Viadukt *dels Cinc-Ponts* hält die Bahn für einen Fotostopp.

Hingehen!

ESSEN UND TRINKEN

- ★ **Bar Estació de Tren.** In der nostalgischen Bar kann man sich auf die Fahrt einstimmen. Eusebi Estada, 1, Palma de Mallorca. www.trendesoller.com
- ★ **Urbà.** Santi Taura, der schon seit Jahren in Lloseta bestens kocht, zeigt auch im Restaurant des »Avenida«-Hotels seine Kunst. Av. Alexandre Rosselló, 42, Palma de Mallorca, Tel. 971 71 68 00.
- ★ **Cafe Soller.** Lebendiges Café am Hauptplatz. Plaça Constitució,13, Soller, Tel. 971 63 00 10.
- ★ **+Ntrl.** »Mas Natural« nennt sich die Kette, die mit frischen Salaten und vegetarischen Speisen eine Alternative zum üblichen Fast Food bietet. Plaça Espanya, 8 bajos, Palma de Mallorca, Tel. 971 72 22 32, www.masntrl.com

ÜBERNACHTEN

- ★ **El Guia.** Charmantes familiäres Hotel gleich beim Bahnhof in Sóller. C/ Castanyer, 2, Tel. 971 63 02 27, www.sollernet.com/elguia

33 Sa Calobra und Torrent de Pareis

Landschaften für die Leinwand

Nicht verpassen!

★ **Ma-2141.** Das ist der Name der spektakulärsten Bergstraße der Insel. Auf 12,5 km müssen 800 Höhenmeter bewältigt werden. Schmal und atemberaubend schön.

★ **Nu de sa Corbata.** Beim »Krawattenknoten« windet sich die Straße einmal um sich selbst.

★ **Cala de la Calobra.** Ein kleiner Hafen, einige Bootsgaragen und mehrere Ausflugsrestaurants.

★ **Torrent de Pareis.** Durch zwei Fußgängertunnel gelangt man in die beeindruckende Bucht mit Kiesstrand.

★ **Cala Tuent.** Im unteren Teil der Ma-2141 zweigt ein Sträßchen zur Cala Tuent ab. Hier ist es deutlich ruhiger als in der Nachbarbucht.

★ **Schluchtenwanderung.** Für klettergeübte Bergwanderer ist der Abstieg in den Torrent de Pareis ein Erlebnis. Nur bei gutem Wetter möglich!

★ **Bootstour ab Port de Sóller.** Barcos Azules bietet ab Port de Sóller Bootstouren zur Cala de la Calobra und zur Cala Tuent an. www.barcosazules.com

Von Felswänden gerahmt – der Torrent de Pareis ist die eindrucksvollste Schlucht der Insel (oben). Dasselbe lässt sich von der Straße Sa Calobra behaupten, die in zahllosen Serpentinen durch die Bergwelt führt (oben rechts). Wer nicht mit dem Auto fahren möchte, kann auch von Port de Sóller aus ein Ausflugsboot nehmen (unten rechts).

Mallorcas spektakulärste Straße führt 12 Kilometer mit zahllosen Serpentinen von 800 Metern Höhe bis zur Küste. Unten angekommen, erwarten den Besucher eine beeindruckende Schlucht mit Kiesstrand sowie ein Ort, der aus einem großen Parkplatz und etlichen Ausflugslokalen besteht.

Santiago Rusiñol schreibt über Joaquím Mir (1873–1940), dass man ihn in der Serra de Tramuntana von einer Stelle zur anderen eilen sah, »stets beladen mit einer Fülle von Leinwand. ... [er] rannte in den Bergen wie eine aufgescheuchte Ziege herum.« Rusiñol war Maler und Autor. Im ausgehenden 19. und frühen 20. Jahrhundert reiste er mehrmals nach Mallorca – wie viele andere Maler auch. Das besondere Licht der Insel und vor allem die Berglandschaft der Tramuntana hatten es den impressionistisch und modernistisch arbeitenden Künstlern angetan.

Der bevorzugte Arbeitsplatz von Joaquím Mir war der Torrent de Pareis. Mir war geradezu besessen von dieser dramatischen Felsschlucht, die sich ein Stück nördlich von Port de Sóller zum Meer hin öffnet.

Nirgendwo ist das Gebirge wilder und schroffer. Hohe Felswände, riesige Kieselbrocken und ab und an eine einzelne Pinie – wie ein Einsiedler der Kunst hauste und arbeitete er in dieser Szenerie. Heute erinnert eine Kupfertafel zwischen der Bucht von Sa Calobra und dem Torrent de Pareis an den Maler.

Atemberaubende Abfahrt

Aber wie kommt man in diese grandiose Schlucht? Als Mir und Rusiñol um 1900 auf der Insel waren, ließen sie sich von Port de Sóller aus mit einem Schiff hierherbringen. Auch heute noch fahren Ausflugsboote an den Felswänden vorbei bis zu dem winzigen Hafen in der Cala de la Calobra. Seit 1932 gibt es auch eine Straße. Diese 12,5 Kilometer lange Asphaltstraße ist eine einzige Hymne auf die Serpentine. Um die 800 Meter Höhendifferenz auf steilem Terrain zu bewältigen, ließ der italienische Straßenbauingenieur Antonio Parietti, der übrigens auch für die Panoramastraße der Halbinsel Formentor verantwortlich war, die Straße sogar einmal um sich selbst schlingen. Der sogenannte Krawattenknoten, *Nu de sa Corbata*, ist eines der Wahrzeichen Mallorcas.

Unten angekommen, warten große Ausflugslokale, die erstaunlicherweise alle mit dem deutschen Hinweis »Selbstbedienung« werben. In Spitzenzeiten drängen über 30000 Besucher mit Reisebussen und Mietwagen pro Tag in die Bucht. Einen einsam und heroisch arbeitenden Joaquim Mir kann man sich dann nur schwer vorstellen. Also muss man noch einmal Santiago Rusiñol und seinem Buch *Mallorca – die Insel der Ruhe* lauschen: »Er ist jeden Tag, bei kaltem oder warmem Wetter, bei Sonnenaufgang auf seinem Platz. Er stellt seine Staffelei auf, hängt die Leinwand daran, wischt sich den Schweiß ab, nimmt die Palette heraus, bedeckt sie mit Farben und – das Gesicht dem Berge zugewandt – beginnt er das tägliche Gebet.«

Hingehen!

ESSEN UND TRINKEN

- ★ **Bar Sa Corbata.** Einfache Bar mit schöner Aussicht. Direkt am »Krawattenknoten« an der Ma-2141.
- ★ **Sa Calobra.** Das große Selbstbedienungsrestaurant hat auch in der Nebensaison geöffnet. Ctra. Sa Calobra, Tel. 971517011.
- ★ **Mar Azul.** Einfaches Touristenlokal im Stil der alten Zeit. Ctra. Sa Calobra, Tel. 971517066.
- ★ **Es Port.** Einfaches Lokal, direkt am Anleger an der Cala de la Calobra.
- ★ **Es Vergeret.** Die Bucht zu Füßen, genießt man auf der Terrasse Paella, Fisch und mallorquinische Küche. In der Nachbarbucht Cala Tuent, Tel. 971517105, www.esvergeret.com

VERANSTALTUNGEN

- ★ **Concierto Coral.** Am 2. Juli-Sonntag findet an der Mündung des Torrent ein Open-Air-Konzert statt.

34 Monestir de Lluc

Maria aus dem Eichenhain

Das Monestir de Lluc ist Mallorcas geistiges Herz. Schon seit dem 13. Jahrhundert wird La Moreneta, die schwarze Madonna, in der verwunschenen Bergregion verehrt. Fast schon genauso lange begleitet der Knabenchor Els Blauets die heilige Messe mit seinem Gesang.

Das Kloster Lluc ist das Montserrat von Mallorca. Das haben bereits Miguel de Unamuno und Santiago Rusiñol festgestellt. Aber auch ohne die Textstellen der spanischen Autoren gelesen zu haben, liegt der Vergleich nah. Denn ähnlich wie das Kloster Montserrat in den gleichnamigen Bergen bei Barcelona ist Lluc nicht nur ein religiöses, sondern auch ein nationales Heiligtum. »National« ist natürlich nicht ganz korrekt, denn es meint in beiden Fällen nicht spanisch, sondern katalanisch beziehungsweise mallorquinisch.

Das Kloster Lluc ist der bedeutendste Wallfahrtsort der Mallorquiner. Es ist ihr spirituelles Zentrum. Nun ist die Baleareninsel reich an Einsiedeleien, Heiligtümern oder Klöstern, die in erhabener Lage die Nähe zum Himmlischen suchen. Fast auf jedem Hügel findet sich eine Ermita oder ein Sanktuarium. Lluc hingegen liegt nicht auf einem Berg oder Hügel, sondern versteckt in den Bergen und zwar dort, wo das Weltkulturlandschaftserbe Serra de Tramuntana besonders wild und verwunschen ist.

Nicht verpassen!

- ★ **Basilika.** Die letzte Umgestaltung der Klosterkirche wurde von Antoni Gaudí angeregt.
- ★ **Mare de Déu de Lluc.** Die von den Insulanern sehr verehrte Madonnenfigur stammt aus dem 16. Jh. Der Verbleib der ersten Madonna aus dem 13. Jh. ist nicht bekannt.
- ★ **Els Blauets.** Der Knabenchor ist einer der ältesten Europas. Er singt in der Schulzeit während der Messen um 11 und um 19.30 Uhr.
- ★ **Klostermuseum.** Zu sehen sind Funde der Vor- und Frühgeschichte, Schenkungen an die Muttergottes von Lluc sowie Gemälde des katalanischen Künstlers Coll Bardolet.
- ★ **Kalvarienberg.** Links vom Klostergebäude führt der Kreuzweg Camí dels Misteris zum Kalvarienberg hinauf. Die Bronzereliefs wurden von dem katalanischen Bildhauer Josep Llimona geschaffen.
- ★ **Botanischer Garten.** Der Klostergarten mit seinen rund 200 heimischen Arten ist ein Ort der Stille und des Erhalts seltener Pflanzen.
- ★ **Centro Informació de la Serra Tramuntana.** Informationszentrum zum UNESCO-Welterbe Serra de Tramuntana. Am Parkplatz Kloster Lluc, Tel. 971 51 70 70

Das Kloster Lluc und seine hochverehrte Madonna sind den gläubigen Mallorquinern ein sicherer Halt in allen Lebenslagen (oben rechts). Die Klosterkirche atmet Religiösität pur (unten rechts), doch auch weltliche Freuden gibt es, etwa im Weinkeller des »Can Coll Finca Hotel« im nahen Sóller (oben).

Eine antike Kultstätte?

Es ist zwar nicht bewiesen, aber immerhin möglich, dass in römischer Zeit im abgeschiedenen Hochtal ein Totenkult zelebriert wurde. Dafür spricht unter anderem der Name, der sich vom römischen Wort *lucus* herleiten könnte. So wurde nicht nur eine »Lichtung« genannt, sondern auch ein »heiliger Hain«.

Der Aufstieg des wilden Waldes zum christlich-sakralen Ort begann mit der Reconquista, der Rückeroberung, im 13. Jahrhundert. Wie damals üblich, wurden die, die ihr Leben und Vermögen in das kriegerische Unternehmen investiert hatten, nach der erfolgreichen Übernahme mit Ländereien entlohnt. Die Gebirgsre-

Maria hilft

Nicht nur bei Krankheiten und Not hat die Mare de Déu de Lluc ein offenes Ohr, auch dem, der sich von politischer oder behördlicher Willkür verfolgt sieht, schenkt sie Rückhalt und Mut. So wurde während der Franco-Diktatur, als das Mallorquinische und Katalanische verboten waren, weiterhin im Inselidiom die Messe gelesen. Jedes Jahr in der ersten Augustwoche machen sich Zehntausende in einer Nachtwanderung (Des Güell a Lluc a Peu) auf den Weg von Palma nach Lluc. Vor über 40 Jahren machte sich ein Barbesitzer erstmals auf den Weg und erfüllte ein Gelübde. Er wollte der Muttergottes danken, weil seiner Tochter bei einem Unfall in seinem Lokal nichts passiert war.

Hingehen!

ESSEN UND TRINKEN

- ★ **Sa Fonda.** Im großen Gasthaus innerhalb der Klosteranlage gibt es spanische und mallorquinische Hausmannskost. Tel. 971 51 70 50.
- ★ **Ca S'Amitger.** Die Einheimischen nennen sie »Bar Redó«, die runde Bar, leicht zu erkennen an der runden Architektur aus den 1960er-Jahren. Am Parkplatz. Tel. 971 51 70 46, www.casamitger.es
- ★ **Font Cuberta.** Gut für ein einfaches Tagesmenü oder einen Kaffee, bevor es weitergeht. Am Eingang der Klosteranlage. Tel. 971 51 70 29.
- ★ **Sa Plaça.** Café mit schöner Sonnenterrasse im Innenbereich des Klosters. Tel. 971 51 70 24.
- ★ **Es Guix.** Wer mehr Restaurant möchte als in den Ausflugslokalen beim Kloster findet hier eine Alternative. Oberhalb des Klosters mit schöner Gartenterrasse. Urbanisation Es Guix, Escorca, Tel. 971 51 70 92, www.esguix.com
- ★ **Escorca.** Einsam zwischen dem Kloster Lluc und der Abfahrt zur Bucht von Sa Calobra liegt das rustikale Grillrestaurant. Ma-10, Escorca, Tel. 971 51 70 95.

Monestir de Lluc

gion wurde den Templern zugesprochen. Sie oder die Bauern der Gegend errichteten etwa in der Mitte des 13.Jahrhunderts eine einfache Kapelle zu Ehren Marias. Dank eines Dokuments weiß man, dass sich bereits im Jahr 1273 Pilger auf den Weg zur Kapelle der Nuestra Señora de Lluc machten. Ende des 14.Jahrhunderts begann man, den Pilgerweg ab Caimari auszubauen. Von den ursprünglich sieben Steinstelen, die den Weg säumten, sind zwei bis heute erhalten. Eine davon steht im Klostermuseum.

Die Legende vom Hirten Lukas

Wie es sich für ein ernst zu nehmendes Heiligtum gehört, gibt es auch eine Legende. Die Hauptperson darin ist La Moreneta, die schwarze Madonna, die noch heute verehrt wird, auch wenn sie nicht die sein kann, von der die Legende erzählt. Was also geschah? Um das Jahr 1230 durchstreifte ein Hirtenjunge das einsame Hochtal. Lluc, also Lukas, so heißt der Junge, findet in einer Felsspalte eine Marienfigur aus dunklem Holz. Er nimmt sie mit und trägt sie eilig zur nächsten Pfarrei, das ist San Pere im Weiler Escorca. Allein der Fund war schon ein kleines Wunder, aber es kam noch besser. Als die Dorfbewohner am nächsten Tag zu ihrer neuen Madonna eilen, ist sie verschwunden. Wahrscheinlich rätselte man, ob heidnische Mächte am Werk waren oder ob sie

Hingehen!

ÜBERNACHTEN

★ **Hostatgeria.** In die Klosterherberge kann sich jeder einmieten. Bei Wanderern und Radfahrern sind die günstigen und durchaus komfortablen Zimmer sehr beliebt. Tel. 971 87 15 25, www.lluc.net

EINKAUFEN

★ **Vinyes Mortitx.** Das Weingut liegt in traumhafter Lage zwischen Lluc und Pollença. Ctra. Pollença–Lluc, km 10,9, Tel. 971 53 38 89, www.vinyesmortitx.com

Die Bergwelt rund um das Kloster ist ein herrliches Wanderrevier. Etwas oberhalb der Klosterbauten liegt die Wanderherberge »Son Amer« des Fernwegs GR 221 (oben). Im Monestir de Lluc gibt es zudem ein sehenswertes Museum mit typisch mallorquinischem Interieur (unten rechts) und Gemälden, die auf der Insel entstanden sind.

selbst der Gegenwart der Muttergottes nicht würdig wären. Der kleine Lukas aber ahnte das Geheimnis und ging wieder zu jener Felsspalte, wo er am Tag zuvor die Figur gefunden hatte. Und tatsächlich, da stand sie, als sei nichts geschehen. Erneut trug er sie nach Escorca, und man ahnt es schon: Am nächsten Tag war sie wieder weg. Wie oft die Madonna von hier nach da flog, weiß nur der Himmel. Irgendwann jedoch begriff das schwerfällige Bergvolk, dass nicht die Jungfrau zur Kirche, sondern die Kirche zur Jungfrau kommen soll. Inmitten der Waldeinsamkeit errichtete man ihr eine kleine Kapelle, eben dort, wo heute das Monestir de Lluc steht.

Noch ein wenig Geschichte: 1456 gewährte Papst Calixtus III. den Mönchen den Bau einer *Colegiata*, eines Klosterseminars. Ab 1526 wurde festgelegt, dass täglich eine Morgenmesse zu Ehren Marias gehalten werden soll, die von sechs Jungen gesungen wird. Wegen ihrer blauen Soutanen erhielt dieser Chor später den Namen *Els Blauets*. Bis heute wird die Morgenmesse von dem Knabenchor begleitet. Im 16. Jahrhundert wird eine Pilgerherberge und im 17. Jahrhundert die Kirche im Stil der Renaissance errichtet, die heilige Jungfrau von Lluc, die bislang in einer Seitenkapelle stand, bekommt ihren Platz hinter dem Hauptaltar. Übrigens taucht auch Antoni Gaudí, der Architekt der Sagrada Familia von Barcelona, in der Klostergeschichte auf. Er regt an, die Kirche in ein goldfunkelndes, neobyzantinisches Schmuckkästchen zu verwandeln. So geschah es auch – und so ist es noch heute.

Auch ein historisches mallorquinisches Schlafzimmer sowie Mode der Zeit sind im Klostermuseum zu sehen (oben). Camí dels Misteris, »Weg der Mysterien«, nennt sich der Kreuzweg beim Kloster (unten).

ES RAIGUER

Mallorcas Mandelblüte ist für ihre Schönheit berühmt. Besonders sehenswert ist sie im gebirgigen Vorland der Tramuntana im Es Raiguer (oben). Die wasserreiche Region begeistert zudem mit herrschaftlichen Landsitzen und altem Handwerk, das sich problemlos mit der Gegenwart arrangieren kann (links und rechts).

Rund um Binissalem wachsen die Reben der ältesten D.O., einem Anbaugebiet mit geschützter Herkunft. José Luis Ferrer ist eines der größten Weingüter. Es kann auch besichtigt werden (links). Mallorca ist eine Insel für Radsportler. Viele schöne Strecken führen durch die Region (rechts).

Es Raiguer

Im Zwischenreich

Die Region Es Raiguer ist eine Übergangszone zwischen dem Gebirge und der Ebene Es Plà. Sie erstreckt sich südöstlich, parallel zur Serra de Tramuntana. Das hügelige Vorland reicht von Marratxí über Santa Maria del Camí, Alaró, Inca bis Campanet und ist insgesamt vergleichsweise wasserreich. Romantische Dörfer und alte Landgüter prägen die schöne Landschaft.

Auf der Südostseite fällt die Serra de Tramuntana weniger schroff und steil ab als an der Costa Nord. In der an Quellen reichen Region haben sich im Lauf der Geschichte große Landgüter, die »Possessións«, entwickelt. Für Besucher zugänglich sind die Finca Alfàbia und ihre bereits in arabischer Zeit angelegten Gärten. Nur wenige Kilometer entfernt liegt Raixa, das sich durch einen romantischen Berggarten auszeichnet. Im bergigen Vorland locken zauberhafte Bauerndörfer wie Selva, Campanet oder Alaró. Sie werden umrahmt von einer Landschaft, die zu jeder Jahreszeit ihren eigenen Reiz besitzt. Im Frühling und während der Mandelblüte im Januar und Februar ist das Vorland besonders reizvoll. Dann spielt das grüne Land zwischen Gebirge und Ebene seinen ganzen Charme aus. Wer auf das Meer verzichten kann, findet schmale Nebenstrecken zum Radfahren und Wege zum Wandern.

Wiederentdeckung des Lokalen

Da die Serra de Tramuntana wie ein Wall den böigen Nordwestwind abhält, dem das Gebirge seinen Namen verdankt, eignet sich die Südostflanke gut für den Weinbau. Das Zentrum des Es Rai-

Das Vorgebirge der Serra de Tramuntana ist vergleichsweise wasserreich, weshalb sich gerade hier große und reiche Landgüter wie Raixa (Mitte) entwickeln konnten. Radsportler, die hier zuhauf unterwegs sind, gönnen sich an ihrem Ziel in Orient gerne ein kaltes Getränk (unten). Der Aufstieg zum Castell d'Alaró bleibt den Wanderen vorbehalten (unten rechts).

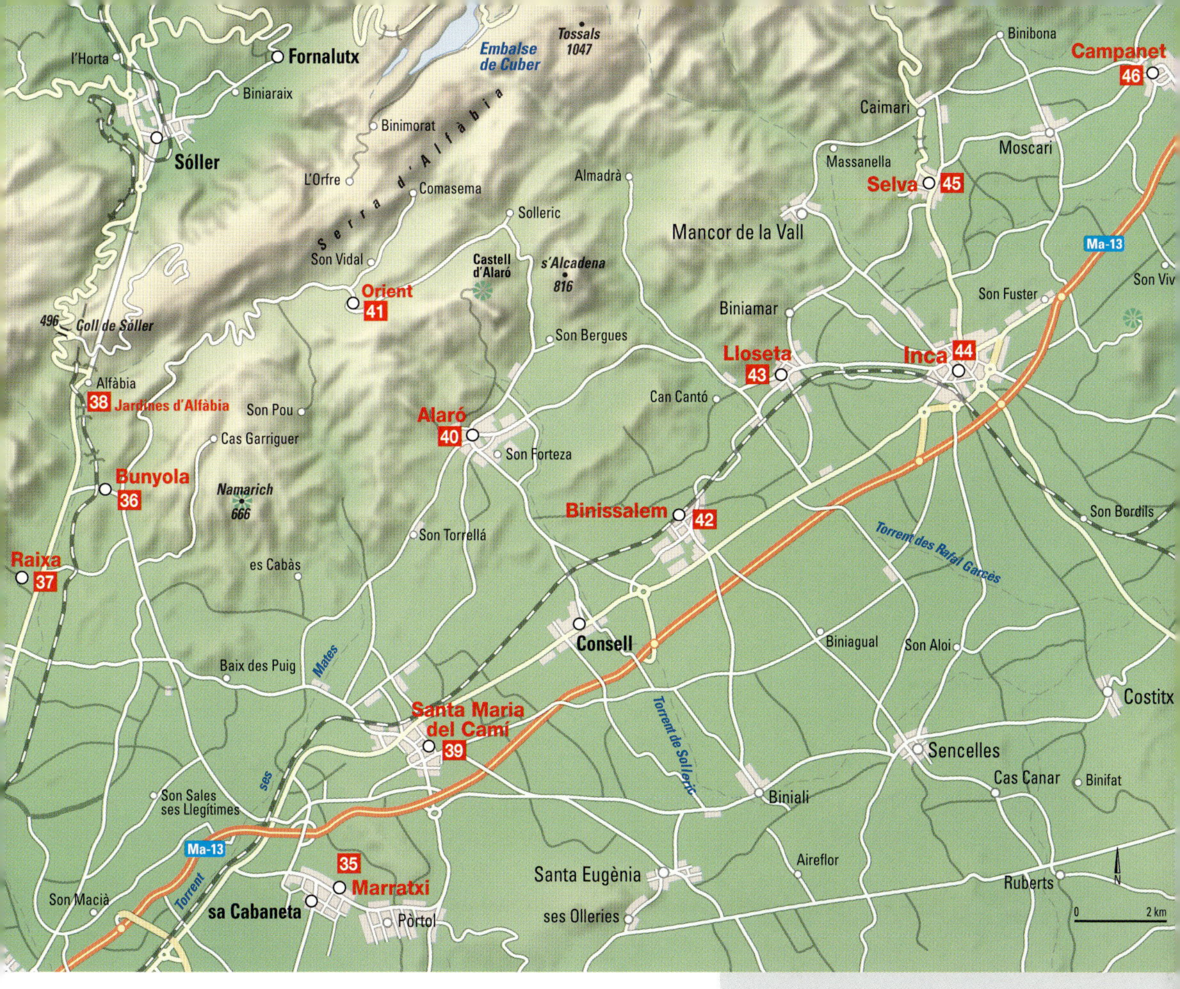

guer ist Inca. In der zweitgrößten Stadt der Insel gab es bis zur Reblausplage im ausgehenden 19. Jahrhundert auch zahlreiche Winzerbetriebe und Weinkeller. Von ihnen sind heute nur noch die *cellers*, rustikale Restaurants in den ehemaligen Weinkellern, geblieben. Während sich Binissalem und Santa Maria del Camí heute als die wichtigsten Weinbauregionen Mallorcas etabliert haben, wurden Inca und die Dörfer in seiner Umgebung zu einem Zentrum der Lederverarbeitung. Der Bau der Eisenbahnlinie von Palma nach Inca im Jahr 1875 bewirkte deren fast industrielle Entwicklung. Trotz der Verlagerung eines Teils der Produktion in Billiglohnländer gibt es noch traditionelle Schuhmanufakturen. Überhaupt ist das Handwerk noch ziemlich stark in der Region, die wegen ihrer vielfältigen Landschaften zu einem beliebten Ziel des Landtourismus geworden ist. In Pòrtol, einem Ortsteil von Marratxí, werden wie eh und je die Öfen befeuert, in denen die typischen Tonwaren Mallorcas gebrannt werden. Traditionelle Textilien und eine Renaissance der lokalen Küche, in deren Zuge auch die Produktion von nativen Olivenölen, Weinen und alten Gemüsesorten neuen Aufschwung erlebt, sind typisch für die Region, wenn auch nicht auf sie beschränkt.

Tipp des Autors

BASISWISSEN ZUM FINCA-URLAUB

Fincas sind eine Spezialität Mallorcas und bei Urlaubern als Unterkunft sehr beliebt. In der Regel sind es alte Gebäude, die zu einfachen Pensionen, Ferienhäusern oder noblen Herbergen ausgebaut wurden. Finca-Hotels haben meist nur wenige Plätze und zeichnen sich durch den Charme rustikaler mediterraner Landhäuser aus. Sie liegen in der überwiegenden Mehrzahl im Inselinnern. Nennt sich ein Hotel Agroturismo, gehört zum Hotelbetrieb auch noch eine Landwirtschaft. *Hoteles de Interior* werden kleine Dorfhotels genannt, die seit einigen Jahren immer mehr in Mode kommen, während das *Hotel rural*, das Landhotel, auch außerhalb einer Ortschaft liegen kann.

Mehr Infos gibt es etwa unter www.topfincas.com

35 *Marratxí*

Auf der Tonspur

Die stetig wachsende Gemeinde ist weit mehr als nur eine Schlafstadt der Hauptstädter. In Pòrtol und Sa Cabaneta, zwei der zahlreichen Ortsteile, schlägt das alte Herz von Marratxí. Hier werden klassische Tonwaren gefertigt.

Marratxí ist ein rätselhafter Ort. Mit seinen Ortsteilen breitet er im Rücken von Palma seine Arme weit aus. Immer wieder wundert man sich, was alles zu Marratxí gehört und fragt sich sogleich, wo man sich befindet und wie man aus dem Gewirr wieder hinausfindet. Hier bauen sich Hauptstädter ihren Traum vom Eigenheim, denn bis in die Ciutat ist es nicht weit, was auch die Attraktivität für Gewerbegebiete und Einkaufszentren entlang der großen Ausfallstraßen erklärt. Warum sollte man also überhaupt in diese fast rein mallorquinische Gemeinde? Die meisten werden sagen, sie wollten in den riesigen Supermarkt Alcampo zum Einkaufen oder im Festival Park mit seinen zahlreichen Outletgeschäften auf Schnäppchensuche gehen. Es gibt aber noch eine andere Antwort und die heißt »Fang«.

Allgegenwärtige Keramik

Was nach deutscher Sprache klingt, ist das katalanische Wort für »Schlamm« oder »Ton«. Sa Cabaneta und Pòrtol sind Mallorcas Keramik-Zentren. Mit den typisch mallorquinischen Tonwaren kommt jeder in Kontakt, der die Insel besucht. Sei es das kleine Tonschälchen, in dem Oliven gereicht werden, oder die größeren Varianten, in denen die Gerichte auf den Tisch kommen, die in selbigen im Ofen gegart wurden – die *greixoneras*. Oder Vasen, Tassen, Teller, große Blumenkübel, Dachpfannen oder Salzspen-

Nicht verpassen!

- ★ **Museu del Fang.** Handwerkliche und künstlerische Keramik sind im kleinen Museum in einer alten Windmühle zu sehen. C/ del Molí, 4, Sa Cabaneta
- ★ **Itinerari del Fang.** Die »Route der Tonerde« führt zu historischen und noch immer aktiven Töpfereien und Werkstätten. Die Route ist beschildert. In Sa Cabaneta und Pòrtol.
- ★ **Fira del Fang.** Jedes Jahr im März dreht sich im Ortsteil Sa Cabaneta alles um Keramik. Zur großen Töpferwarenmesse kommen an die 100 000 Besucher. www.firadelfang.com
- ★ **Església Sant Marçal.** Die imposante barocke Gemeindekirche stammt aus dem 18. Jh. Die Türme kamen später hinzu. Plaça Pere Verí, 1, Sa Cabaneta
- ★ **Archäologische Stätten.** Rund ein Dutzend archäologischer Stätten der Talaiot-Kultur finden sich auf dem Gemeindegebiet etwa die Coves de Son Cós, Sa Cabaneta und der Talaiot-Bau Can Vic.

Das meiste, was auf Mallorca aus Ton gemacht wird, kommt aus Marratxí (unten rechts). In einem Dutzend Werkstätten und Manufakturen werden Greixoneras, Ollas, Siruells und andere landestypische Produkte geformt und gebrannt, wie in der Olleria Ca'n Vent (oben und oben rechts).

der, Ölkännchen oder Wasserkrüge – gebrannter Ton ist allgegenwärtig. Und das meiste davon kommt aus Marratxí.

Dort kann man sich auf die Tonspur begeben und eines der ältesten Handwerke kennenlernen. Der »Itinerari del Fang«, der Weg des Tons, führt mit 16 Stationen durch die genannten Ortsteile. Am besten man beginnt in der Mühle von Sa Cabaneta, in der das Museu del Fang eingerichtet wurde. Wenn man Glück hat, werden in den Nebengebäuden gerade kunstvolle Tonarbeiten gezeigt, die im örtlichen Wettbewerb ausgezeichnet wurden. Die übrigen Stationen des Itinerari sind bis auf eine historische Werkstatt größere und kleinere Töpfereien. Hier kann man sehen, wie die Tonwaren gepresst oder auf der Scheibe gedreht und gebrannt werden. Ob man nun einfache *greixoneras* sucht oder etwas Besonderes – die Chance, hier das Gesuchte zu finden ist ziemlich groß.

Bunte Beschützer

Beliebte Mallorca-Souvenirs sind kleine weiße Tonfiguren, dekoriert mit grünen und roten Pinselstrichen. Diese *siurells* können ein Reiter auf einem Esel sein, ein Mensch mit Hundekopf oder auch ein stilisierter Stier. Mit ihnen kann man einen Pfeifton erzeugen. Möglicherweise gibt es sie bereits seit vorchristlicher Zeit auf der Insel. Ob sie Opfergaben waren, Hirtenpfeifen oder einfach Kinderspielzeug, weiß niemand genau.

Hingehen!

ESSEN UND TRINKEN

★ **Cafè des Cine.** Nettes kleines Café, in dem regionale Künstler ihre Werke ausstellen. Es gibt auch ein günstiges Tagesmenü. C/ Major, 131, Pòrtol, Tel. 971 60 39 17.

★ **Limoncello.** Klingt italienisch und ist es auch: Hier genießt man Pizza und Pasta. C/ de n'Olesa, 48, Sa Cabaneta, Tel. 971 79 70 98, www.pizzalimoncello.com

EINKAUFEN

★ **Festival Park.** Outlet-Dorf mit Modegeschäften, Kinos und Lokalen. Ma-13, Abfahrt 8, www.festivalpark.es

★ **Flohmarkt.** Jeden Sonntagvormittag findet im Industriegebiet (Poligon de Marratxí) ein Trödelmarkt statt. Auch Stände mit Obst und Gemüse sind vertreten.

★ **Siurelleria Ca Madò Bet.** In dieser kleinen Werkstatt werden die kleinen Pfeifenfiguren geformt. C/ Jaume I, 10, Sa Cabaneta, Tel. 971 60 21 56.

★ **Olleria Sa Roca Llisa.** Große Töpferwerkstatt. In der Hausnummer 24 befindet sich eine Werkstatt gleichen Namens. C/ Sa Roca Llisa, 26, Pòrtol, Tel. 971 60 27 04, www.olleriasarocallisa.com

36 *Bunyola*

Letzter Halt

Kurz bevor der Tren de Sóller und die Ma-11 unter der Serra d'Alfàbia verschwinden, lohnt ein Abstecher nach Bunyola. Der malerische Ort liegt inmitten von Oliven- und Mandelbaumplantagen und einigen Weinfeldern. In der näheren Umgebung gibt es einige der schönsten Landgüter Mallorcas.

Die einen fahren hindurch – das sind die Radsportler, die auf der schmalen Bergstraße hinauf nach Orient wollen –, und die anderen fahren vorbei. Letztere sind die Autofahrer, die auf der Ma-11 von Palma nach Sóller oder in der Gegenrichtung unterwegs sind. In Bunyola selbst hält kaum jemand, zumindest kein Tourist. Trotzdem hat man den Eindruck, dass im engen und lang gestreckten Dorf immer viel Verkehr ist, und auch wenn man wollte, könnte man gar nicht anhalten, weil kein Parkplatz zu finden ist.

Aber es gibt ja noch eine andere Möglichkeit, um in den malerischen Ort zu kommen. Mehrmals am Tag ruckelt der Tren de Sóller, die historische Schmalspurbahn, in den hübschen Bahnhof. Wenn man dort am Bahnsteig entlangspaziert, glaubt man, man wäre in der Szenerie einer Modelleisenbahn gelandet. Alles ist klein und idyllisch, die Fenster und Türen des Bahnhofs sind von grünen Holzläden gerahmt, und wenn man auf die Bahnhofsuhr

Nicht verpassen!

- ★ **Església Sant Mateu.** Die Pfarrkirche steht an der Stelle einer Basilika aus dem 13. Jh. Ihr heutiges Aussehen bekam sie im 18. Jh. Sehenswert ist im Innern u. a. eine Madonnenfigur aus Alabaster, die Mare de Déu de la Neu aus dem 15. Jh.
- ★ **Wochenmarkt.** Jeden Samstagvormittag erwacht das Dorf zum Leben. Dann findet auf dem Kirchplatz ein großer Lebensmittel- und Haushaltswarenmarkt statt.
- ★ **Penyal d'Honor.** Eine schöne Wanderung führt von der Ortsmitte über den Camí d'es Grau zum 800 m hohen Berggipfel. In den schattigen Steineichenhainen finden sich noch alte Kalkbrennöfen.

Das schmucke Bunyola bietet authentisches mallorquinisches Flair: kleine Gassen, schmale Häuser mit Balkonen, alles gehalten in Erdtönen (oben und unten rechts). Im nahegelegenen Klettergebiet Sa Gubia kann man sich so richtig austoben – wenn man kann … (oben rechts).

mit ihren römischen Ziffern schaut, könnte man meinen, dass sie die Stunden und Minuten einer anderen, längst vergangenen Zeit misst. Bunyola ist der letzte Halt, bevor der Zug in mehreren Tunneln in Richtung Sóller im Berg verschwindet.

Große Landgüter

Bunyola, das klingt arabisch und zugleich auch nicht. Genauso sicher wie diese Feststellung ist die Herkunft des Namens. Vielleicht leitet er sich vom römischen »kleinen Weingarten« ab, der *vineola*, oder vom »kleinen Bad«, der *balneola*. Oder aber vom arabischen *bunia*, was einen Steinbau bezeichnet. Passen würden alle drei Versionen. Schließlich wurde und wird im Umland ebenfalls Wein angebaut. Aber auch einige Quellen und noch mehr Trockensteinmauern lassen sich finden.

Der Ort selbst mit seinen gut 4000 Einwohnern hat keine echten Sehenswürdigkeiten. Obwohl, immerhin kann die Pfarrkirche Sant Mateu eine schöne Muttergottes aus dem 15. Jahrhundert vorweisen, die Mare de Déu de la Neu. Anders sieht es aus, wenn man sich in der Umgebung von Bunyola umschaut. Die war schon in der Talaiotzeit besiedelt. Die Urbewohner Mallorcas schätzten die Lage an der relativ wasserreichen Südflanke der Tramuntana ebenso wie spätere Generationen. Dank der vorteilhaften Lage entstanden spätestens im Mittelalter große Landgüter. Zu ihnen gehören auch die Fincas Raixa und Alfàbia, beide mit beindruckenden Gärten. In den beiden folgenden Kapiteln werden sie einzeln vorgestellt.

Hingehen!

ESSEN UND TRINKEN

★ **Café Central.** Gegenüber der Kirche. Im einfachen Lokal trifft man eher Einheimische als Urlauber. C/ Església, Tel. 971 61 37 15.

★ **Can Penasso.** Typisch mallorquinisches Ausflugslokal. Groß, mit Pool und am Sonntag sehr voll. Ctra. Sóller, km 14,8, Tel. 971 61 32 12, www.canpenasso.com

ÜBERNACHTEN

★ **Alqueria Blanca.** Großes Herrenhaus mit modernistischen Elementen und schöner Außenanlage. Ctra. Palma–Sóller, km 13,6, Tel. 971 14 84 00, www.alqueria-blanca.com

★ **Honor Vell.** Traumhaft gelegene Finca zwischen Bunyola und Orient. Ma-2100 Bunyola–Orient, km 4,6, Tel. 971 61 36 48, www.honorvell.com

★ **Sa Màniga.** Herrlich ruhig gelegenes Finca-Hotel mit nur vier Zimmern. C/ Afores, Tel. 971 61 34 28, www.fincasamaniga.com

EINKAUFEN

★ **Es Forn de Sa Posada.** Hier gibt's frisches Gebäck, herzhaft gefüllte Teigtaschen und andere Leckereien. Plaça, 5, Tel. 971 61 36 26.

37 *Raixa*

Die Gärten des Kardinals

Im 19. Jahrhundert wurde das aus arabischer Zeit stammende Landgut in eine romantische Finca umgebaut. Nachdem das Haupthaus im toskanischen Stil angepasst wurde, bekamen die Gärten ihr romantisches Gepräge. Von diesem Ambiente ließen sich Künstler und Filmemacher inspirieren.

Mallorca-Fans, die sich in einem fortgeschrittenen Stadium ihrer Leidenschaft für diese ebenso schöne wie manchmal auch seltsame Insel befinden, haben sicherlich Freude an dem Film *Evil Under the Sun.* 1982 wurde die von Agatha Christie geschriebene Kriminalgeschichte verfilmt. Peter Ustinov spielt darin den kauzig-genialen Detektiv Hercule Poirot. In *Das Böse unter der Sonne* gibt es eine Szene, in der das spätere Opfer durch einen verwunschenen Garten irrt und eine beeindruckende Treppe hinaufeilt. Der Garten und die imposante Freitreppe gehören zum Landgut Raixa, das einige Kilometer südlich von Bunyola am Fuß des Gebirges liegt. Die Lage ist typisch für ein *possessió*, ein historisches Landgut mit riesigen Ländereien.

Raixa lässt sich bis in die arabische Zeit zurückverfolgen. Nach der Aufteilung der Ländereien durch König Jaume an diejenigen, die ihn bei der Eroberung Mallorcas im 13. Jahrhundert unterstützt hatten, fiel es an die Grafschaft Rosselló. Als es im 17. Jahrhundert die Familie Despuig kaufte, gehörten laut Grundbucheintrag eine Kapelle, eine Öl- und eine Windmühle dazu sowie

Nicht verpassen!

- ★ **Haupthaus.** Die restaurierten Räume sind nicht möbliert. Sehenswert sind u.a. die Kapelle, die Küche und die Loggia. www.raixa.org
- ★ **Nebengebäude.** Öllager und Ölmühle, Ställe, Sattlerei und andere Wirtschaftsräume schließen dem Haupthaus an und sind teilweise noch nicht restauriert.
- ★ **Clastra.** Umschlossener Innenhof des Landguts.
- ★ **Großer Teich.** Das Wasserreservoir ist als gestalterisches Element in die Gartenanlage integriert.
- ★ **Apollo-Garten.** Rechts und links der monumentalen Freitreppe erstreckt sich der romantische Garten.
- ★ **Trockengarten.** Im oberen, nicht bewässerten Hangbereich schmücken ein Rundtempel und ein Pavillon den aussichtsreichen Garten.
- ★ **Untere Gärten.** Unterhalb des Haupthauses und von der Loggia aus gut zu überblicken sind die Karrees der unteren Gärten.

In Italien wurde der Kardinal Antoni Despuig i Dameto (1745–1813) zum Kunstliebhaber (oben). Er regte an, Raixa im Stil einer italienischen Villa umbauen zu lassen (oben und unten rechts).

eine Sammlung mit religiöser Malerei und historischen Karten. Mitte des 18. Jahrhunderts wurden auf der *possessió* Seidenraupen gezüchtet. Auf den Ländereien wuchsen Eichen und Pinien und in diversen Gärten Zitrusfrüchte, Gemüse und Safran. Im 18. Jahrhundert lässt der kunstsinnige Kardinal Antoni Despuig i Dameto (1745–1813) das Gut im italienischen Stil umbauen. Despuig besaß eine bedeutende Sammlung antiker Statuen und ließ sich einen klassizistischen Garten anlegen. Heute befindet sich die Skulpturensammlung im Castell de Bellver in Palma.

Ein romantischer Berggarten

Den Kern der 52 Hektar großen *possessió* bildet ein zwei- bis dreistöckiges Gebäudekarree, das sich um eine *clastra*, einen Innenhof, gruppiert. Die Innenräume des Herrenhauses wurden vor wenigen Jahren restauriert. Zu sehen sind die Wohn- und Verwaltungsräume, die ehemalige Küche, die Gemächer sowie die Hauskapelle. Das Haupthaus öffnet sich mit einer eleganten Loggia aus zehn Bögen zum unteren Garten. Traumhaft ist die Gartenanlage an der Hangseite. Hier befinden sich auch die große Freitreppe aus dem Agatha-Christie-Film sowie ein riesiges Wasserreservoir. Der höchstgelegene Teil der Anlage, der steile Trockengarten Sa Muntanyeta wird nicht mehr von dem Wassersystem gespeist und besitzt daher einen anderen Charakter. Der taucht im Film *Das Böse unter der Sonne* aber nicht auf. Stattdessen wird einem wahrscheinlich die eine oder andere Ecke der Insel im kniffligen Kriminalfall bekannt vorkommen.

Hingehen!

ESSEN UND TRINKEN

★ **Son Amar.** Zu aufwendigen Shows und Varietés wird ein mehrgängiges Menü gereicht. Ein Inselklassiker mit bis zu 1200 Gästen. Ctra. Palma–Sóller, km 10,8, Palmanyola, Tel. 971 61 75 33, www.sonamar.com

ÜBERNACHTEN

★ **Canet.** Der ehemalige Parc de Canet nennt sich jetzt »Lofthotel«. Geräumige, modern eingerichtete Apartments in ruraler Umgebung. Ctra. S'Esgleieta–Esporles, km 1, Tel. 686 80 46 73, www.parcdecanet.com

★ **Can Torna.** Schönes ländliches Anwesen aus dem 16. Jh. in leicht erhöhter Lage. Ctra. S'Esgleieta–Esporles, km 4,3, Esporles, Tel. 971 61 15 00, www.cantorna.com

★ **Son Galcerán.** Noch ein Agroturismo, etwas näher am Ort, aber nicht ganz so romantisch. Pont de Son Galcerán, Polígono 5 – Parcela 23, Esporles, Tel. 971 61 12 24, www.songalceran.com

EINKAUFEN

★ **Lafiore.** Trinkgläser, Vasen, Schalen oder Kronleuchter werden in der Glasmanufaktur hergestellt. Ctra. Valldemossa, km 11, S'Esgleieta, Tel. 971 61 18 00, www.lafiore.com

38 Jardins d'Alfàbia

Grünes Erbe

Welches sind die schönsten, öffentlichen Gärten auf Mallorca? – Viele würden sagen, es sind die Jardins d'Alfàbia. Das grüne Idyll ist das einzige, wenn auch indirekte Zeugnis maurischer Gartenkunst und verzaubert mit seinen Laubengängen, Wasserspielen und einem sehenswerten Gutshaus.

Als die Mauren die Iberische Halbinsel und im 10. Jahrhundert auch Mallorca überfielen, waren sie in Wissenschaft, Handwerk und Landwirtschaft den Christen um einiges überlegen. So legten sie auf der Baleareninsel, wo es sich anbot, ein System aus Kavernen und Bewässerungskanälen an. Damit ließen sich nicht nur Anbauflächen erweitern, sondern auch kunstvolle Gärten anlegen. Die Jardins d'Alfàbia, kurz vor dem Tunnel nach Sóller, wurden im 12. sowie im 17. und 19. Jahrhundert angelegt und sind in ihrer Art einzigartig auf der Insel.

In arabischer Zeit gehörte das Landgut dem mächtigen Ben Abet, der allerdings den christlichen Eroberer Jaume I. unterstützte, als dieser die Insel 1229 einnahm. Für seine Unterstützung wurde Ben Abet fürstlich mit Landbesitz entlohnt. Ab etwa 1750 heißt der neue Besitzer Gabriel de Berga y Zaforteza, einer der reichsten Männer Mallorcas. Zaforteza lässt die ehemals gotischen Bauten abreißen und im damaligen Stil der Zeit, dem plateresken Barock, umgestalten oder neu errichten. Den Zafortezas gehört der Landsitz bis heute.

Nicht verpassen!

- ★ **Gärtnerhaus.** Auf einer imposanten Freitreppe nähert man sich dem barocken Gebäude.
- ★ **Pergola.** Ein überrankter Laubengang wird auf Knopfdruck zum Wasserspiel.
- ★ **Barocker Garten.** Ein Parterregarten mit Blumenbeeten und Buchsbaumabgrenzungen.
- ★ **Englischer Garten.** Zwischen Teichen mit Seerosen und einer dschungelartigen Bepflanzung führen schmale Pfade hindurch.
- ★ **Rotes Schlösschen.** Kostbare Möbel und Teppiche sowie eine historische Bibliothek sind im Landhaus der Zafortezas zu bewundern.
- ★ **Königsstuhl.** Im roten Schlösschen überrascht ein Holzstuhl mit Holzschnitzereien, die Szenen aus dem Leben Jaumes I. zeigen. Der Stuhl wurde im 16. Jh. gefertigt.
- ★ **Torturm.** Die mit Intarsien geschmückte Holzdecke des Eingangsturms stammt noch aus arabischer Zeit, aus dem ausgehenden 12. Jh.

Für jeden Gartenfreund ist der Besuch der Jardins d'Alfàbia ein Muss. Bis auf arabische Zeiten geht die weitläufige Anlage zurück, in der einst der Wesir residierte (alle Bilder).

Vom Garten ins rote Schlösschen

Eine von Platanen gesäumte Allee führt leicht bergan, direkt auf das barocke Hauptportal zu. Zunächst geht es auf einer mit Palmen gesäumten Treppe zum barocken Gärtnerhaus. Gleich daneben befindet sich die Zisterne, die von einer Quelle in der Serra d'Alfàbia gespeist wird und deren Wasser die Gartenanlage mit ihren Teichen und Wasserspielen versorgt. Eines davon ist in einen Laubengang integriert, der von einer Pergola mit 32 Säulenpaaren beschattet wird. 24 Wasserspeier bilden eine Art Tunnel, der zu einem Balkon führt, wo sich ein idyllischer Blick über die fruchtbare Landschaft und die Ländereien des Gutes mit Orangen- und Zitronenbäumen bietet. Typisch für die barocke Gartengestaltung sind die buchsbaumgesäumten Parterres, die sich nun anschließen. Sie sind mit allerlei Blumen bepflanzt. Durch einen Gang, der von toskanischen Säulen gefasst ist, sind die Gebäude und der englische Garten verbunden. Dieses romantische, fast tropisch wuchernde Idyll wurde im 19. Jahrhundert angelegt.

Neben den Gärten können auch die Gebäude besichtigt werden. Das rote Schlösschen wurde im 17. Jahrhundert erbaut und ist mit historischen Möbeln und einer ebensolchen Bibliothek ausgestattet. Ehe man wieder in die Gegenwart auftaucht, sollte man noch im Torhaus einen Blick zur Decke werfen. Diese sogenannte Artesonado-Decke stammt noch aus der Zeit des Ben Abet. Die mächtigen, mit Eisen beschlagenen Torflügel schützten das ehemalige Inquisitionsgericht, das 1823 abgerissen wurde und an der Stelle der heutigen Plaça Major in Palma stand.

Hingehen!

ESSEN UND TRINKEN

- ★ **Bar Jardins d'Alfàbia.** Im verwunschenen englischen Garten von Alfàbia bietet ein Kiosk Erfrischungen an. Das Angebot ist begrenzt, die Lage aber könnte nicht schöner sein. www.jardinesdealfabia.com
- ★ **Ca'n Topa.** Radsportler lieben das Lokal auf der Passhöhe. Schöne Aussicht zu Snacks und Kaffee. Es gibt sogar einen kleinen Pool zum Abkühlen. Passhöhe Coll de Sóller, Tel. 971 14 84 67, www.cantopa.com
- ★ **Ses Porxeres.** Rustikales und gediegenes Restaurant. Die typisch mallorquinische Küche ist ausgezeichnet, wenn auch nicht günstig. Am Parkplatz der Alfàbia-Gärten. Ctra. Palma–Sóller, km 17, Tel. 971 61 50 78, www.sesporxeres.com

ÜBERNACHTEN

- ★ **Alfàbia Nou.** Ob Ferienwohnung oder Zimmer, hier lässt es sich gut entspannen. Ganz in der Nähe der Alfàbia-Gärten. Ctra. Palma–Sóller, km 17, Bunyola, Tel. 971 14 82 48, www.alfabia-nou.com

39 Santa Maria del Camí

Entdeckungen am Wegesrand

Wie im Nachbarort Binissalem hat auch in Santa Maria del Camí der Weinbau große Bedeutung. Das war bereits in früheren Zeiten so, als der Ort die erste Rast für Händler und Reisende war, die von Palma nach Norden unterwegs waren.

Als die Römer Mallorca 123 v. Chr. erobert hatten, legten sie zwei größere Siedlungen an. Im Norden Pollentia – beim heutigen Alcúdia – und Palma Palmensis, die heutige Hauptstadt. Zwischen beiden wurde in typisch römischer Technik eine Straße angelegt. Ein Blick auf die Landkarte genügt, um zu wissen, dass der alte römische Weg auch die Spur für die neueren gelegt hat, die heute die Orte des Nordens mit der Hauptstadt verbinden.

Die ursprünglich arabische Gründung Santa Maria del Camí lag, wie es der Name schon sagt, also immer »am Weg«. Während man heute auf der Autobahn Ma-13 in etwa 40 Minuten von der einen Seite der Insel zur anderen rauscht und dabei von Santa Maria del Camí kaum mehr sieht als die mit Kacheln geschmückte Haube der Pfarrkirche, kamen in früheren Zeiten Mensch und Tier nicht so schnell vorwärts und brauchten dringend Pausen. Santa Maria del Camí war die erste Raststation nach Palma.

Weinbau, Textilien und versteckte Kunstschätze

Nach der Rückeroberung bekam der Gouverneur Mallorcas, Baron Bernat de Santa Eugènia, den Ort zugesprochen. »Die Heilige Maria am Wege« ist mehr als ein Straßendorf. Das zeigt schon die

Nicht verpassen!

- ★ **Església de Santa Maria del Camí.** Über der Barockkirche aus dem 18. Jh. erhebt sich der Glockenturm mit markantem Kacheldekor.
- ★ **Convent dels Mínims.** Im ausgehenden 17. Jh. wurde ein Minoritenkloster erbaut, dessen schönen Kreuzgang man besuchen kann.
- ★ **Plaça de la Vila.** Neben der Plaça Hostals an der Durchgangsstraße ist dieses das zweite Ortszentrum. Dort steht auch das Rathaus aus dem 17. Jh.
- ★ **Wochenmarkt.** Der Markt am Sonntagvormittag gehört zu den größten und beliebtesten Wochenmärkten der Insel.
- ★ **Weingut-Besichtigung.** Im größten Weingut der Insel kann man auch ohne Voranmeldung die Kelleranlagen besichtigen. Bodegues Macià Batle, Camí Coanegra, Tel. 971 140014, www.maciabatle.com

Nah an der Hauptstadt und doch in einer ruhigen und ländlichen Umgebung – das Hotel »Read's« (unten rechts). Typisch für den Barockstil auf Mallorca ist die Turmspitze der Pfarrkirche (oben rechts). Sonntags trifft man sich hier auf dem sehenswerten Markt (oben).

prächtige Barockkirche mit der blauen Dachhaube. Im Innern ist etwa ein Figurenschmuck des Barockkünstlers Francisco Herrera und ein Gemälde des mallorquinischen Meisters Miquel Bestard (1592–1633) zu sehen. Es gibt noch einen weiteren Schatz im Ort: ein Holzretabel von Joan Massana aus dem 14. Jahrhundert. Der Künstler hatte es für die erste gotische Kirche von Santa Maria del Camí gefertigt. Heute hängt es im Rathaus.

Die meisten Mallorquiner oder auch Mallorca-Besucher denken bei Santa Maria del Camí an Mallorcas größtes Weingut, das von Macià Batle. Wie im Nachbarstädtchen Binissalem wird auch hier viel Wein angebaut. Eine Berühmtheit ist der kleine Laden an der Hauptstraße, Calle Bernat de Santa Eugènia, 53. Dort werden seit Generationen die für die Insel typischen Ikat-Stoffe gewebt.

Flammen und Zungen

Derzeit stehen sie wieder hoch im Kurs und die wenigen Hersteller der echten Ikat-Stoffe, können gar nicht all die Textilien liefern, mit denen sich etwa elegante Land- oder schicke Boutiquehotels ausstatten möchten. Die *telas de lenguas*, die Feuerzungen-Stoffe, sind typisch für Mallorca und werden in mehreren geometrischen Dekors gewebt. Meistens wird eine Mischung aus Leinen und Baumwolle benutzt. Etwa für Tischdecken, Kissen- und Polsterbezüge. Aber auch Seide wird verarbeitet und das nach den traditionellen Methoden.

Hingehen!

ESSEN UND TRINKEN

- ★ **Moli des Torrent.** Köstliche mediterrane Küche im romantischen Mühlenrestaurant. Ma-2020, Tel. 971 14 05 03, www.molidestorrent.de
- ★ **Celler Sa Sini.** Populäres Lokal mit mallorquinischer Küche. Plaça Hostals, 20, Tel. 971 62 02 52.
- ★ **Lindi's.** Kleines gemütliches Restaurant mit mediterraner Küche. C/ Bisbe Perello, 3A, Tel. 971 91 11 01.

ÜBERNACHTEN

- ★ **Read's.** Das kleine und feine Luxushotel hat ein gutes Spa-Angebot und ein ausgezeichnetes Restaurant. Santa Maria, Tel. 971 14 02 61, www.readshotel.com

EINKAUFEN

- ★ **Artesanía Textil Bujósa.** Hier werden die *telas de leguas*, die typisch mallorquinischen Textilien, von Hand gefertigt. C/ Bernat Santa Eugènia, 53, Tel. 971 62 00 54, www.bujosatextil.com
- ★ **Lokale Winzer.** Gute lokale Weine bekommt man direkt bei den Winzern z. B. Bodegues Macià Batle, Camí Coanegram, www.maciabatle.com und Jaume Puntiró, Plaça Nova, 23, www.vinsjaumedepuntiro.com

40 *Alaró*

Auf den Gipfel oder durch die Gassen

Auf Mallorca mangelt es nicht an Aussichtsplätzen. Alle paar Kilometer gibt es einen Hügel, ein Kap oder eine Steilküste, von der man mit den Augen fliegen lernt. Sozusagen der Gipfel aller Aussichtspunkte ist das Castell d'Alaró. Zu seinen Füßen liegt das beschauliche Dorf.

Sie gehören zur Skyline wie der Tafelberg Randa oder der Puig Major mit seiner Antennenanlage. Der 822 Meter hohe Felsklotz, der Puig d'Alaró, und sein Zwillingsbruder, der Berg S'Alcadena, der nur sechs Meter niedriger, aber ähnlich kahl ist, ragen wie zwei riesige Backenzähne aus dem Grün des Gebirgsvorlandes. Kein Wunder, dass die seltsamen Felsgestalten auch in den *rondaies*, den Märchen der Insel, auftauchen. Hexen sollen dort in Vollmondnächten ihr Unwesen treiben. Auch Mallorcas-Urbewohner waren fasziniert. Sie nutzten die Höhen ebenso wie die Römer. Und selbstverständlich machten es die Araber auch nicht anders, die unten im Tal das Gehöft Oloron gründeten. Dieser Name findet sich in einem Dokument von 1241 und ist damit der erste gesicherte Hinweis für das heutige Alaró.

Als die Araber nach mehreren Niederlagen gegen die aragonisch-katalanischen Truppen einen sicheren Ort suchten, zogen sie über die alte römische Straße von Santa Maria del Camí in Richtung Oloron. Allerdings wollten sie nicht in das Gehöft, sondern hoch hinauf auf die Burg, wo sie sich verschanzten. Die Festung von Alaró fiel als letzte maurische Bastion Mallorcas.

Nicht verpassen!

- ★ **Església Sant Bartomeu.** Pfarrkirche aus dem 13. und 18. Jh.
- ★ **Los d'Amunt.** Malerische Oberstadt mit kleinen Natursteinhäusern rund um die Plaça Cabrit i Bassa.
- ★ **Castell d'Alaró.** In 800 m Höhe erhebt sich die Festungsruine von Alaró über Mallorca. Die Aussicht ist grandios.
- ★ **Nostra Senyora del Refugi.** Wallfahrtskirche auf dem Burggelände.
- ★ **Setmana Santa.** Die Osterwoche wird auch auf Mallorca eindrucksvoll begangen. Ergreifend ist die Karfreitagsprozession in Alaró.

Der Wochenmarkt ist auch in Alaró ein wichtiges Ereignis (oben). Die meisten Besucher zieht es aber nicht in den hübschen Ort, sondern hinauf zum Castell d'Alaró (oben rechts) – und ebenso rasant wieder hinunter, zumindest, wenn man mit dem Rd unterwegs ist (unten rechts).

Umkämpfte Höhen

Etwas später ist das Kastell wieder Schauplatz kriegerischer Auseinandersetzungen. Der Sohn von Jaume dem Eroberer, Jaume II., rief Mallorca 1276 zu einem eigenständigen Königreich aus. Sein Bruder Alfons II. von Aragón war mit diesem Schritt nicht einverstanden und schickte Truppen nach Mallorca. Palma fiel schnell, doch im Hinterland der Insel stießen die Aragonesen auf erbitterten Widerstand. 1286 belagerten die Truppen von Alfons II. noch immer das wehrhafte Castell d'Alaró, auf dem Guillem Cabrit und Guillem Bassa das Kommando führten. Nachdem es den Aragonesen schließlich gelang, das Kastell einzunehmen, ließ Alfons die Verteidiger von Alaró bei lebendigem Leib rösten. 1298 erhielt Jaume II. auf päpstliches Geheiß sein Königreich zurück, Alfons soll wegen seiner grausamen Tat exkommuniziert worden sein. 1343 fiel Mallorca dennoch an das Königreich Aragón. Die beiden Guillems liegen als Volkshelden in der Kathedrale La Seu begraben. In der Kapelle Ermita de Nostra Senyora del Refugi finden sich ihre Bildnisse rechts und links der Marienfigur Verge de Refugi.

Fast wäre der Ort Alaró wieder vergessen worden. Das soll nicht sein, schließlich sind die schmalen Gassen, der Kirchpatz mit der Pfarrkirche Sant Bartomeu aus dem 13. und 18. Jahrhundert hübsch ländlich. Dank einiger Cafés und einem angenehmen Hotel kann man es hier auch gut länger aushalten und in einer Vollmondnacht erkunden, ob sich bei den markanten Felsen wirklich Merkwürdiges abspielt.

Hingehen!

ESSEN UND TRINKEN

★ **Es Verger.** Einfaches und rustikales Restaurant in einem historischen Hof unterhalb der Festung. Sehr beliebt und lecker sind Lammschulter, *paletilla de cordero* und Spanferkel, *lechona.* Camino Castillo, 143, Tel. 971 18 21 26.

★ **Traffic.** Köstliche Regionalküche in einem angenehmen Ambiente. Im Ortskern, im Hotel »Can Xim«. Plaça Ajuntament, 7, Tel. 971 87 91 17, www.canxim.com

ÜBERNACHTEN

★ **Petit Hotel Alaró.** Das kleine Landhotel befindet sich in einem historischen Gebäude im alten Stadtkern. Mit nettem Garten und Pool. Camp Roig, 43, Tel. 971 51 87 51, www.petithotelalaro.es

★ **Refugi Castell d'Alaró.** Einfache Wanderherberge des GR-221 auf dem Burgberg. Nur nach frühzeitiger Anmeldung bekommt man einen Platz. Tel. 971 18 21 12.

EINKAUFEN

★ **Tony Mora.** Liebhaber von Cowboystiefeln kennen die Manufaktur. Hier werden auch individuelle Modelle angefertigt. Polígono Industrial, 4, www.tonymoraboots.com

41 *Orient*

Versteckte Schönheit

In einem verwunschenen Hochtal zwischen der Serra d'Alfàbia und dem Gipfel von Alaró liegt eines der schönsten Bergdörfer der Insel. Längst haben die Rennradler die Bergstrecke und den Ort für sich entdeckt. Es bleibt aber noch immer genug Raum für Ruhe und mediterrane Sehnsüchte.

Zwei Wege führen nach Orient. Der eine ist ein kurvenreiches und schmales Sträßchen, das von Bunyola ins Vorgebirge der Tramuntana führt und das andere ein etwas breiteres Asphaltband von Alaró. Schön ist die eine Anfahrt wie die andere, wobei, wenn man entscheiden sollte, die über Bunyola doch etwas reizvoller ist. Das liegt vielleicht auch daran, dass nach der Auffahrt durch ein Waldgebiet zum 550 Meter hohen Pass Coll de Hono, der Szenenwechsel umso idyllischer wirkt. Das Terrain fällt nach dem Pass wieder etwas ab und vor einem öffnet sich ein traumhaftes Hochtal. Gerahmt wird es im Westen von der Serra d'Alfàbia mit gut 1000 Metern Höhe und im Osten vom Puig d'Alaró. Einige Mandel-, Oliven- und Obstbäume wachsen auf der fruchtbaren Erde in rund 450 Metern Höhe, und dann ist da noch dieses sehr kleine Dorf mit den verschachtelten Häusern aus Naturstein. Es sieht aus wie das Idyll einer mallorquinischen Weihnachtskrippe. Sollte irgendwann einmal die Weihnachtsgeschichte auf Mallorca

Nicht verpassen!

★ **Dorfspaziergang.** Viel gibt es nicht zu sehen, aber das wenige ist umso schöner, nämlich der Ort selbst mit seiner Kirche aus dem 17. Jh. und einem alten Dorfplatz.

★ **Avenc de Son Pou.** Die Höhle im Cova-Negra-Tal ist nicht leicht zu finden und nicht immer zugänglich. Am besten vor Ort fragen.

★ **Wanderung.** In etwa anderthalb Stunden erreicht man vom Dorf aus die Burg. Dazu verlässt man Orient in Richtung Alaró und biegt auf Höhe des Hotels »Hermitage« nach rechts ab. Man kann die Wanderung noch etwas erweitern und eine Rast im Lokal »Es Verger« einlegen (s. S. 126).

Wenn man mal viel Ruhe und noch mehr schöne Natur nötig hat, sollte man nach Orient kommen (oben rechts). Das Hotel »S'Olivaret« (oben und unten rechts) ist nur eines von mehreren romantischen Landhotels, in denen man wunderbar entspannen kann.

gedreht werden, dies wäre eine geeignete Kulisse. Jeder, der auch nur ein wenig für mediterrane Romantik schwärmt, wird begeistert sein. Man möchte, wenn man malen könnte, die Staffelei aufbauen und Leinwand und Farbtuben auspacken oder zumindest den Fotoapparat, oder sich wünschen, den Sommer oder auch den Herbst und das Frühjahr in einem dieser Häuser zu verbringen. Das kann man sich aber auch für später einmal vornehmen. Das Bergdorf ist mittlerweile ein *Bien de interes cultural*, ein Wert von kulturellem Interesse, es ist also denkmalgeschützt und darf sich nicht mehr sehr verändern.

Rast der Rennradler

Das Minidorf mit seinen nur 20 Bewohnern heißt Orient, was an sich schon ein sprechender Name ist. Im Ort selbst kann man eigentlich nichts tun, außer ein paar Schritte in diese Richtung gehen und einige in jene. Man kann beim kleinen Dorfplatz vorbeischauen und in der Kapelle Sant Jordi und sich irgendwo niederlassen und etwas trinken, sofern nicht alle Plätze von Männern und Frauen mit bunt bedruckter Funktionskleidung besetzt sind. Die Ma-2100 gehört zu den Lieblingsstrecken der Radsportler.

Gegen Abend, darauf können sich die Gäste der drei Landhotels verlassen, wird es still im Hochtal. Das Nachtleben beschränkt sich auf die Hotelbar und das Restaurant »Mandala« und bei gutem Wetter auf einen prächtigen Sternenhimmel. Der ist auch den Wanderern ein gutes Zeichen, die vielleicht am nächsten Tag zum Castell d'Alaró aufbrechen wollen.

Hingehen!

ESSEN UND TRINKEN

★ **Mandala.** Im romantischen Weiler Orient führt ein Paar aus der Schweiz das unkomplizierte und schöne Restaurant. Orientalisch inspirierte Fusionsküche. C/ Nou, 1, Tel. 971 61 52 85.

★ **Orient.** Einfaches Lokal mit einer schattig-überrankten Terrasse. Ctra. Bunyola–Orient, km 10, Tel. 971 61 51 53.

ÜBERNACHTEN

★ **Dalt Muntanya.** Mitten im Dorf liegt das schlichte und schöne Landhotel. Ctra. Bunyola–Orient, km 10, Tel. 971 61 53 73, www.daltmuntanya.com

★ **Son Palou.** Bei der Kirche und mit großem Garten, ein romantisches Agroturismo-Hotel. Plaça Església, Tel. 971 14 82 82, www.sonpalou.com

★ **L'Hermitage.** Romantisches und gediegen luxuriöses Landhotel in einem ehemaligen Kloster aus dem 17. Jh. Ctra. Alaró–Bunyola, Tel. 971 18 03 03, www.hermitage-hotel.com

★ **S'Olivaret.** Das historische Landgut mit rustikal gediegenem Charme liegt am Fuß des Puig d'Alaró. Hallenbad und Freibad, gutes Restaurant (Nov.–Mitte März geschl.). Ma-2100 Alaró–Orient, km 3, Tel. 971 51 08 89, www.solivaret.com

42 Binissalem

Wo die Trauben fliegen

Nicht verpassen!

★ **Església Nostra Senyora de Robines.** Im frühen 17. Jh. wurde die Pfarrkirche eingeweiht.

★ **Plaça Església.** Auf dem zentralen Kirchplatz trifft man sich, hier werden Feste gefeiert, auch je ein Denkmal für die Winzer und Steinmetze befindet sich hier.

★ **Casal Gelabert.** Kulturzentrum in einem barocken Dichterhaus. C/ Sant Sebastià, Tel. 971 88 65 31

★ **Casa Museu Llorenç Villalonga.** Im Herrenhaus aus dem 17. Jh. lebte und arbeitete der Autor, dem sich ein kleines Museum widmet. C/ Bonaire, 25, Tel. 971 88 60 14, www.cmvillalonga.org

★ **Festa des Vermar.** Weinfest mit Traubenschlacht und Traubentreten, Tanz, Musik und gemeinsamer langer Tafel. Zentrum ist die Plaça Església. Am dritten Wochenende im September.

Die Weinbauregion um Binissalem (oben rechts) wurde als Erste der Insel als D.O. (geschützte Herkunftsbezeichnung) ausgewiesen (unten ganz rechts und rechts). Auch die Steinmetze des Ortes haben einen guten Ruf. Vor der Pfarrkirche (oben) wurde ihnen ein Denkmal errichtet.

Der Ortskern überrascht mit einer Fülle an *casals*, alten Herrenhäusern, meist aus dem 17. Jahrhundert. Nicht nur wirtschaftlich dreht sich vieles um den Wein – und das ist schon seit Jahrhunderten so. Binissalem ist das Zentrum des ersten geschützten Weinbaugebiets der Insel. Das wird jedes Jahr im September gefeiert.

Wenn man auf der alten Landstraße von Palma in Richtung Inca unterwegs ist, sieht man gleich am Ortseingang von Binissalem auf der rechten Seite ein großes Weingut. Es ist die Bodega José Luis Ferrer. Wer vor 30 Jahren in einem Restaurant nach einem mallorquinischen Wein gefragt hat, bekam höchstwahrscheinlich eine Flasche von Ferrer empfohlen. Damals war es eines der wenigen Weingüter, die den Anspruch hatten, auch auf der Ferieninsel sogenannte Qualitätsweine zu machen. Solche, die sich mit denen des Festlands messen konnten.

José Luis Ferrer gründete seine Bodega im Jahr 1931, zu einer Zeit, als sich der Weinbau seinem Tiefpunkt näherte. Er hatte in Frankreich studiert und dort den Weinbau kennengelernt. Auf Mallorca investierte er in moderne Anlagen und Anbaumethoden. Die Grundidee der spanischen Qualitätsweine, der Ausbau im Barrique, kommt ursprünglich aus Frankreich. Diese 225-Liter-

203
Cabernet T. 02
12-III-03
203

Das Weingut José L. Ferrer ist eines der großen Traditionsgüter der Insel (beide Bilder rechts). Hier werden auch Führungen angeboten. Im »Singló« kann man sich entspannen (unten), nachdem man Binissalem etwa mit »Mallorca Ballons« aus der Luft betrachtet hat (oben und Mitte).

Fässer geben Rotweinen ein größeres Aromenspektrum, indem Gerbstoffe besser eingebunden werden. Heute gibt es kaum einen guten Rotwein, der nicht wenigstens einige Monate im Fass gereift ist. Anhand der Dauer und der Lagerung des Weines wurde in den spanischen Herkunftsgebieten, den D.O.s (Denominación de Origen) ein System etabliert, das heute längst nicht mehr den Stellenwert hat, wie noch vor Jahren: die Unterscheidung in Crianza, Reserva und Gran Reserva-Weine.

Ein Weingut, das sich einen Namen machen wollte, musste zumindest einen ansprechenden Crianza vorweisen, besser noch einen schweren Reserva. Da gibt es allerdings ein Problem. Nur Weine, die aus einem geschützten Herkunftsgebiet kommen, durften diese Bezeichnungen verwenden. Also brauchte natürlich auch Mallorca eine D.O. Und dass man die bekam, liegt wesentlich am Wirken der Weingüter Ferrer und Macià Batle. Man kann also sagen, die Renaissance des mallorquinischen Weinbaus beginnt in etwa mit dem Jahr 1991 oder der Zulassung der *D.O. Binissalem.*

Mallorcas erste D.O.

Mittlerweile kommen von Mallorca gute Weine. Überraschend mag vielleicht noch sein, mit welcher Energie und Begeisterung immer mehr, zumeist kleine Bodegas versuchen, das Beste aus dem Weinberg zu holen. Unterhält man sich mit Winzern, zu denen auch einige Deutsche zählen, spürt man die Leidenschaft, mit der sie versuchen, den typischen Charakter der Insel in edle Weine zu übersetzen. Binissalem ist noch immer eines der Zentren des Weinanbaus, aber nicht ausschließlich. So vielfältig wie Mallorca als Urlaubsziel ist, so auch die Böden und Bedingungen. So gibt es heute neben Binissalem die *D.O. Pla i Llevant* und die Bezeichnungen für Landweine *Vi de Terra Serra Tramuntana-Costa Nord,* der *Illes Balears* und *Mallorca.*

So wie der Wein seine Zeit brauchte, um wieder auf der Insel Fuß zu fassen, so ist es auch mit dem Weinfest von Binissalem. Das findet jedes Jahr am dritten Septemberwochenende statt und wird immer beliebter. Die *Festa de Vermar* startet mit einer ausgelassenen Traubenschlacht. Die ist inspiriert von der berühmten Tomatenschlacht im valenzianischen Bunyol und wurde erstmals im Jahr 2000 begangen. Volkstümlicher geht es auf der Plaça de la Església im Ortskern beim Wettbewerb der Traubentreter zu. Dabei treten Gruppen in historischen Kostümen gegeneinander an. Wer am meisten Trauben versaftet hat, gewinnt.

Barockes Zentrum

Am gemütlichen Kirchplatz merkt man erst, was für ein angenehmer Ort Binissalem ist. An einen echten Dorfplatz gehört unbedingt ein bodenständiges und einfaches Lokal. So ist es auch in Binissalem, das übrigens auch als Zentrum der Steinmetze gilt, die natürlich auch ihr eigenes Fest haben. Das »Bini« im Ortsnamen wie auch bei Biniali oder Biniagual bedeutet »Söhne des ...« und belegt auch die arabische Vergangenheit. Tatsächlich war die Gegend auch schon in der Talaiotzeit besiedelt. Beim Spaziergang durch den historischen Ortskern lassen sich auch einige Spuren der spanischen Literaturgeschichte verfolgen. Im herrschaftlichen Stadthaus Casal Gelabert im Carrer Sant Sebastià hat der Autor Llorenç Moyà (1916–1981) gelebt. Etwas bekannter ist der Schriftsteller Llorenç Villalonga (1897–1980), in dessen ehemaligen Wohnhaus heute ein Museum ist.

Die Erfindung des Flohmarkts

Auch ausländische Residenten tragen zum Schatz der Kultur und Traditionen bei. So waren Flohmärkte auf der Insel unbekannt, bis ein Australier an einem Sonntag im Jahr 1994 sein Hab und Gut an einem selbst eingerichteten Stand in Consell zum Kauf anbot. Das versuchte er mehrere Male und fand bald Nachahmer. Heute ist der Flohmarkt von Consell ein Klassiker für den Sonntagvormittag. Im Industriegebiet, *poligon industrial.*

Hingehen!

ESSEN UND TRINKEN

★ **Ca S'Hereu.** Im populären Restaurant stehen ein Dutzend *Pa amb oli*-Varianten zur Wahl. C/ de Pere Estruch,1, Binissalem, Tel. 971886873.

★ **Singló.** Modernes Café-Restaurant am Hauptplatz. Gutes Tagesmenü. Plaça de l'Església, 5, Binissalem, Tel. 971870599.

EINKAUFEN

★ **José L. Ferrer.** Klassische Rotweine sind die Stärke des Weinguts Ferrer. Es werden auch regelmäßig Führungen angeboten. C/ Conquistador, 103, Binissalem, Tel. 971511050, www.vinosferrer.com

★ **ins Nadal.** Auch hier gibt es gute Weine, z.B. den kräftigen »Albaflor«. C/ Ramón Llull, 2, Binissalem, Tel. 971511058, www.vinsnadal.com

★ **Bodegues Ribas.** Ausgezeichnete Rotweine, z.B. der erschwingliche »Sió«. Camí de Muntanya, 2, Consell, Tel. 971622673, www.bodegaribas.com

★ **Binigrau Vins i Vinyes.** Kleines ausgezeichnetes Weingut. C/ Fiol, 33, Biniali, Tel. 971512023, www.binigrau.es

43 *Lloseta*

Altes Handwerk, feine Kuchen

Nicht verpassen!

- ★ **Església de Nostra Senyora de Lloseta.** In der zentral gelegenen Pfarrkirche wird die älteste Madonnenfigur der Insel verehrt. Die Mare de Deu stammt aus dem 11. oder 12. Jh.
- ★ **Palau Aiamans.** Der feudale Palast aus dem 18. Jh. ist von einem weitläufigen Park umgeben. Schöne Keramiken und Holzarbeiten befinden sich im Palast.
- ★ **Ermita es Cocó.** Über dem Felsen, in dem die romanische Madonnenfigur von Lloseta gefunden wurde, wacht eine Kapelle.
- ★ **Cardinals.** Die süße Spezialität des Dorfes mit viel süßer Sahne bekommt man in der Bäckerei »Forn de Baix«, C/ Església, 8.
- ★ **Romeria del Cocó.** Wallfahrt mit der Madonna von Lloseta zur Kapelle Cocó. Am ersten Mittwoch nach Ostern.

Ein paar Dörfer und Gemeinden gibt es auch heute noch zu entdecken auf Mallorca. Lloseta gehört dazu (oben rechts). Am schönsten wohnt man im »Cas Comte«, zwischen der Kirche und dem Palast Aiamans (oben und unten rechts).

Schuhhersteller, Töpfer und eine Weberei, in der die typischen »Zungen«-Stoffe entstehen – in Lloseta sind einige der alten Handwerkstraditionen Mallorcas noch lebendig. Darauf ist man ebenso stolz wie auf die Erfindung der »cardinals«, einer süßen, kalorienreichen Spezialität.

Man könnte glauben, auf Mallorca wäre schon jeder Stein mehrmals umgedreht worden, jede Geschichte wurde schon erzählt und wenn es irgendwo eine Gasse gibt oder ein Lokal, dann wurde es schon im *TripAdvisor* kommentiert und in einem Reiseführer beschrieben. Natürlich ist das nicht so, denn einerseits wird häufig alles nur wiederholt oder variiert, und außerdem entwickeln sich ständig neue Ideen und Tendenzen. Lloseta könnte man abtun als dieses Dorf, das irgendwo bei Inca, hinter der großen Zementanlage und seiner Staubwolke liegt. Was soll da schon sein, fragt man sich, und auch der erste Eindruck des Dorfes ist längst nicht so malerisch und ländlich, wie man es von anderen Gemeinden kennt. Man muss Lloseta oder sich selbst etwas Zeit geben.

Die älteste Madonnenfigur der Insel

Das Zentrum markiert wie in anderen Orten auch eine große Pfarrkirche. Die Església de Nostra Senyora de Lloseta wacht leicht erhöht wie ein Hirte über seine Schäfchen und hat einen echten Schatz zu bieten. In ihrem Innern befindet sich eine romanische Madonna, die älteste Marienfigur der Insel. Wie die von Kloster Lluc wurde auch sie der Legende nach von einem Hirten-

jungen gefunden. Es ist gut möglich, dass die Figur aus dem 11. oder 12. Jahrhundert vor den muslimischen Machthabern versteckt worden war. Die Legende weiß auch zu berichten, dass man die Holzskulptur zunächst nach Binissalem brachte, wo sie aber auf wundersame Weise wieder verschwand und an ihren Fundort zurückkehrte. Dort, etwa einen Kilometer vor den Toren des Dorfes, errichtete man eine Kapelle, die Ermita es Cocó. In ihr steht heute eine Kopie der Madonna.

Fast noch dominanter als die große Pfarrkirche ist der Palau de Aiamans. Der Palast wurde im 18. Jahrhundert errichtet und ist von einem weitläufigen Park umgeben. Der Magnat Joan March kaufte in den 1920er-Jahren das Anwesen, zu dem auch das Gebäude »Cas Comte« gehört. Es ist das ehemalige Bedienstetenhaus und heute ein gediegenes Landhotel, das von einer sympathischen Familie aus dem Dorf geführt wird.

Die kleine Schuhmanufaktur Sa Muntanya sagt von sich, dass sie die Einzigen der Insel sind, die ausschließlich auf Mallorca produzieren. Dort bekommt man ebenso Wanderschuhe wie beim größeren Hersteller Bestard, der wiederum weit über die Inselgrenzen bekannt ist. Teixits Riera fertigt traditionelle Ikat-Stoffe und die Spezialität des Ortes, die üppigen Sahnetörtchen *cardenals* nimmt man auch freudig zur Kenntnis. Im Dorf weiß man übrigens, dass Starkoch Ferran Adrià vor Jahren Interesse an Palau de Aiamans hatte, um dort ein Restaurant oder Hotel zu eröffnen. Das wäre natürlich eine Sensation gewesen. Aber eigentlich liegt der Charme von Lloseta gerade darin, dass es ist, wie es ist.

Hingehen!

ESSEN UND TRINKEN

- ★ **Can Carrossa.** Küchenchef Joan Abrines kocht nach alten mallorquinischen Rezepten. C/ Nou, 28, Tel. 971 51 40 23.
- ★ **Santi Taura.** Spitzenküche mit lokalen Produkten. C/ Joan Carles I, 48, Tel. 971 51 46 22, www.restaurantsantitaura.com

ÜBERNACHTEN

- ★ **Cas Comte.** Gediegener Luxus im Dorfzentrum vom Lloseta. Edel-rustikales Ambiente, angenehmer Service. C/ Comte d'Aiamans, 11, Tel. 971 87 30 77, www.hotelcascomte.com

EINKAUFEN

- ★ **Bestard.** Schuhe zum Wandern, Jagen, Klettern usw. C/ de l'Estació, Tel. 971 51 40 44, www.bestard.com
- ★ **Sa Muntanya.** Kleine Schuhmanufaktur, spezialisiert auf Trekking- und Wanderschuhe. C/ Antoni Oliver, 7, Tel. 971 51 43 50, www.samuntanya.com
- ★ **Sa Teulera.** Hier gibt es handgefertigte Töpferwaren und das seit 1830. C/ Es Pou Nou, 86.

44 *Inca*

Geschäftige Lederstadt

Nicht verpassen!

★ **Església de Santa Maria Major.** Besonders sehenswert in Incas Hauptkirche (18./19. Jh) ist ein Gemälde von Joan Daurer aus dem 14. Jh.

★ **Claustre de Sant Domingo.** Dominikanerkloster mit schönem Kreuzgang, Rosenkapelle und barocker Kirche (17. Jh).

★ **Claustre de Sant Francesc.** Der harmonische Kreuzgang mit Ziehbrunnen ist das Highlight des Franziskanerklosters sowie einige Kunstwerke.

★ **Monestir de Sant Bartomeu.** Vom barocken Kloster mit einschiffiger Kirche überblickt man gut die Stadt. In der Nähe blieben sechs alte Windmühlen erhalten.

★ **Mercat Cobert.** Incas neue Markthalle ist ein architektonisch interessanter Bau der Gegenwart.

★ **Puig d'Inca.** Auf dem Gipfel des 300 m hohen Hügels steht die Wallfahrtskirche Santa Magdalena. Gute Aussicht.

★ **Dijous Bo.** Die größte Messe der Insel ist Jahrmarkt und Landwirtschaftsmarkt. Jedes Jahr im Oktober.

Inca, die Lederstadt, besitzt natürlich auch ein Ledermuseum mit zahllosen Informationen rund um den Stoff (unten rechts). Zahlreiche namhafte Hersteller wie Lottusse, George und Barrats haben ihren Firmensitz in Inca. Der Outletshop von Camper ist bei deutschen Urlaubern sehr beliebt (oben rechts). Im »Ca'n Amer« kommen nationale Spezialitäten wie *Sobrasada* auf den Teller (unten).

Die zweitgrößte Stadt Mallorcas ist auch in der globalisierten Gegenwart ein Zentrum der Lederindustrie. Die Verkaufsräume von Camper, Lottusse und Co. locken wahrscheinlich viel mehr Besucher an, als die nicht unbedingt attraktive Stadt. Dabei gibt es auch dort einiges zu entdecken.

An der Landstraße zwischen Palma und Alcúdia der Ma-13a weisen große Hinweistafeln zu den Outletshops und Verkaufsräumen der großen Lederhersteller wie Munper, Barrats, Farrutx, Lottusse. Inca ist zweifellos Mallorcas Lederhauptstadt. Das Schuhhand-

Inca ist Mallorcas Lederstadt. Davon kann man sich im Museu del Calçat, dem Schuhmuseum, überzeugen (oben). Bis auf das 13. Jh. geht die Handwerkstradition in der 32 000-Einwohner-Stadt zurück.

werk hat eine jahrhundertealte Tradition in der Stadt. Schon im 13. Jahrhundert nach der Eroberung durch den König von Aragón entwickelte sich im Ort das Handwerk. Da ist es nur richtig, dass nach vielen Jahren der Planung und des Umbaus, diesem Wirtschaftszweig ein eigenes Museum gewidmet wurde. Das Museu del Calçat zeigt Maschinen und Gegenstände des Lederhandwerks. Wäre die spanische Wirtschaftskrise nicht dazwischengekommen, hätte die spannende Gebäudearchitektur wohl eine etwas vielfältigere Sammlung aufbauen können. Aber das kann ja noch kommen. Das Museum ist in der ehemaligen Kavalleriekaserne, im Cuartel General Luque, untergebracht, das architektonisch gelungen erweitert worden ist. Es ist gar nicht weit entfernt von den Outletshops von Camper, Lottusse, Tschibo und Casa Nativa – falls das ein Argument sein sollte.

Nicht nur Schuh- und Lederindustrie

Aber es gibt auch ein Leben jenseits der Schuhindustrie in Inca. Und auch das hängt mit der Geschichte der 32 000-Einwohner-Stadt zusammen. Inca geht auf die römische Gründung Quint Cecili Metel aus dem zweiten vorchristlichen Jahrhundert zurück. Später, während der arabischen Herrschaft, wird die Stadt an der römischen Heerstraße zwischen Palma und Pollentia einer der zwölf Marktflecken, in die die Insel gegliedert wurde. Als Jaume I. die Insel 1229 eroberte, war das arabische »Inkan«, wohl der größte Ort Mallorcas. Das zumindest lässt er in das »Llibre dels feits«, die Chronik des Eroberers, notieren. In gewisser Hinsicht

Hingehen!

ESSEN UND TRINKEN

★ **Celler Can Ripoll.** Köstliche regionale Küche und hausgemachte Nachspeisen. C/ Jaume Armengol, 4, Tel. 971 500 024, www.restaurantcanripoll.com

★ **Ca'n Amer.** Sehr angenehmes *Celler*-Restaurant mit uriger Weinfass-Kulisse. Köstliche klassische Gerichte mit dezenten Innovationen. Gute Weinauswahl. C/ Pau, Inca, Tel. 971 501 261, www.celler-canamer.com

★ **Joan Marc.** Gourmetrestaurant mit anspruchsvoller Küche von Joan Marc Garcías. Plaça Blanquer, 10, Tel. 971 500 804, www.joanmarcrestaurant.com

★ **Son Catiu.** In der Cafeteria der modernen Ölmühle werden leckere *Pa amb oli* serviert. Hier bekommt man auch das gute Olivenöl des Hauses. Ctra. Inca–Llubí, km 3,8, www.soncatiu.com

Hingehen!

EINKAUFEN

★ **Ballco.** Örtlicher Schuhhersteller, bequemer und eleganter Stil. C/ Vicente Ensenyat, 87, Tel. 971 500810, www.ballco.com

★ **Ca'n Guixe.** Inca ist bekannt für seine Backwaren. In dieser Konditorei sind sie besonders gut. C/ Estrella, 3, Tel. 971 500160.

★ **Ca'N Delante.** Spezialität der Bäckerei sind die mit Öl und Salz gebackenen Galletas d'Oli, C/ Major, 27, Tel. 971 500098.

★ **Farrutx.** Einer der bekannteren Schuhhersteller, vielfältig und qualitativ. Av. des Tren, 74, Tel. 971 501866, www.farrutx.com

★ **Georges's.** Elegante Herrenschuhe aus Inca. Av. Antonio Maura 107, 1°, Tel. 971 500794, www.georges-shoes.com

Bis zur verheerenden Reblausplage Ende des 19. Jhs. War der Weinanbau rund um Inca ein bedeutender Wirtschaftszweig. Das sieht man heute noch (unten rechts), nicht zuletzt an den ((k))Cellers((k)), die heute Restaurants sind (oben rechts). Neben Leder- findet sich auch moderne Kunst in verschiedenen Galerien der Stadt (oben). Außerhalb wartet ländliche Idylle (ganz oben).

lebt die muslimische Kultur heute wieder auf. Inca ist eines der bevorzugten Ziele der marokkanischen Einwanderer auf Mallorca.

Inca macht auf den ersten Blick ein wenig attraktiven, industriellen Eindruck. Hat man sich erst einmal dazu entschlossen, sich weiter ins Zentrum vorzuarbeiten, lernt man eine lebendige und authentische Stadt kennen, die durchaus auch einiges an Kulturhistorischem aufzuweisen hat. So etwas wie der Nabel der Stadt ist die wuchtige Pfarrkirche Santa Maria la Major. An dem barocken Gotteshaus wurde fast 200 Jahre lang, bis ins ausgehende 19. Jahrhundert, gebaut. Sein größter Kunstschatz ist wohl ein Tafelgemälde auf Goldgrund, das Joan Daurer, ein auf Mallorca arbeitender Künstler, 1373 gemalt hat. Es zeigt Maria mit dem Kind. Neben der Pfarrkirche und dem Kirchplatz ist auch die Plaça Espanya so etwas wie ein Pol der Stadt. Hier schlägt das urbane und politische Herz.

Kirchen und Klöster

Gleich drei Klöster erfreuen den Kulturreisenden. Das Kloster Sant Domènec wurde ab 1664 erbaut. Besonders sehenswert sind der Kreuzgang und die Rosenkranzkapelle. Fast ein Star unter den spanischen Heiligen ist Vicente Ferrer (1350–1419). Seine Predigten müssen derart ergreifend und befeuert gewesen sein, dass an vielen Orten, wo er gesprochen hat, bis heute an ihn gedacht wird. So auch in der Capella de Sant Vicenç Ferrer. Der gebürtige Valencianer predigte 1413 in Inca.

Auch das Kloster Sant Francesc am Carrer Vent besitzt einen architektonisch stimmigen Kreuzgang und als Kirchenschatz eine von Gabriel Mòger geschaffene Skulptur der Muttergottes. Mòger (ca. 1379–1439) hat auf Mallorca eine ganze Reihe an Malereien und Skulpturen hinterlassen.

Das letzte Kloster in der Runde liegt etwas außerhalb des Zentrums, in der Nähe der sechs alten Mühlen und dem Felsen, auf dem einst das Pferd von König Jaume I. abgerutscht sein soll, der »Sa Pota del Rei«. Es wurde ab 1534 von den Klausurnonnen des Hieronymitenordens bewohnt. Von der Anhöhe schaut man auf eine Ansicht Mallorcas, die komplexer und realistischer ist, als die der vielen großartigen Panoramen, die die Insel noch zu bieten hat. Da gibt es die typischen Vorortsiedlungen, Stadtbrachen und die geschachtelte Architektur des Stadtkerns. Eigentlich ist es schade, dass man solche Ansichten nicht in Reiseführern oder Bildbänden zeigt. Sie sind wahrhaftig und auf ihre Art sehenswert.

45 Selva

Selva und die anderen

Nicht verpassen!

★ **Església de Sant Llorenç de Selva.** Mit dem Bau der Pfarrkirche wurde im frühen 14. Jh. begonnen. Zusammen mit der Plaça Major und dem Kirchplatz bildet sie ein hübsches Zentrum.

★ **Fira de ses Herbes.** Beim Kräuterfest in Selva stehen auch Kultur und Kulinarisches auf dem Programm. Im Juni.

★ **Oratori Crist Rei.** Die Ruine einer Kapelle wurde extra für die Osterwallfahrt im 20. Jh. errichtet. Sie liegt idyllisch bei Mancor de la Vall.

★ **Fira d'Oli.** Erst feierte der Olivenölproduzent Oli Caimari nur den Beginn der Ernte im Oktober. Mittlerweile ist daraus ein beliebtes Dorffest in Caimari geworden.

★ **Camí Vell de Lluc.** Der alte Pilgerweg führt von Inca über Caimari und von dort durch die wilde Bergwelt zum Kloster Lluc.

Dunkle Wolken hängen über dem Gebirge. Beim Taleinschnitt neben dem kegelförmigen Berg führen die Straße und der Pilgerweg hinauf zum Kloster Lluc (oben rechts). Wer dort hin möchte, kommt durchs pittoreske Selva (oben), dessen Kirche auf einem Hügel thront (unten rechts).

Das bergige Vorland zwischen Inca und dem Tramuntana-Gebirge ist ein landschaftlicher Traum. Romantische Dörfer schmiegen sich an die Hänge, an denen Oliven- und Mandelbäume wachsen. Selva hat einen schönen Ortskern und wird vom Tourismus gerade erst entdeckt.

Im Januar 2014 berichtete die Tageszeitung »Ultima Hora«, dass sich in den vergangenen Jahren Selva grundlegend verändert hätte. Damit ist nicht das Ortsbild gemeint, das noch immer so malerisch und mediterran ist, wie man es sich von einem mallorquinischen Dorf wünscht. Nein, es geht um etwas anderes. Selva ist zu einem Ziel des ländlichen Tourismus geworden mit immerhin schon 200 Hotelbetten und 90 Ferienwohnungen. Die finden sich glücklicherweise nicht alle in Selva selbst, sondern auch in den Nachbardörfern Caimari, Biniamar, Mancor de la Vall und Binibona. Es hat also etwas gedauert, bis Selva und die anderen Dörfer an der Pforte zur Tramuntana »entdeckt« wurden. Das ist insofern erstaunlich, dass jedes Jahr viele Tausend Radsportler, Mietwagenbesitzer und Wanderer zumindest durch Caimari und

Selva kommen. Die Pforte, die eben genannt wurde, ist ebenjene, die schon seit Jahrhunderten die Pilger nehmen, die zum Kloster Lluc unterwegs sind und auch die Ma-2130, die landschaftlich schöne Bergstraße führt hier hinauf zum Kloster.

Feste und Mandelblüte

Glücklicherweise verläuft die Straße nicht durchs Zentrum von Selva. Das liegt auf einem Hügel an dessen höchstem Punkt, - wie sollte es anders sein – eine Kirche thront. Man erreicht sie über eine Freitreppe, die von Zypressen flankiert wird. Würde man nicht nach oben, in Richtung Hauptportal schauen, könnte man glauben, man schreite zu einem antiken Tempel hinauf. Wer weiß, was hier vor 2000 Jahren stand. Schließlich könnte sich der Name des Ortes vom lateinischen Silva, dem Wald herleiten. Belegt ist allerdings nur ein mittelalterliches arabisches Landgut mit dem Namen Xilvar. Am Fuß der Treppe findet sich das Dorfzentrum, ein rechteckiger Platz mit einigen Lokalen und Raum für Märkte und Feiern wie die Kräutermesse im Juni und das Patronatsfest Sant Llorenç im August. Bei diesen oder anderen Gelegenheiten kann man auch das Bier »Tramuntana« probieren. Ein Argentinier hat seine Minibrauerei mit Schankraum an der Hauptstraße nach Lluc. Selva und die Dörfer seiner Gemeinde sind aber nicht nur von innen schön, sondern auch, wenn man sich ihnen nähert. Auf Terrassenfeldern wachsen Olivenbäume, und im Januar und Februar wird die Landschaft weiß und hellrosa von all den blühenden Mandelbäumen.

Hingehen!

ESSEN UND TRINKEN

★ **Ca na Toneta.** Es gibt keine Karte, nur ein wechselndes Menü. Kreative mallorquinische Küche in liebevoll eingerichtetem Ambiente. Horitzó, 21, Caimari, Tel. 971 51 52 26, www.canatoneta.com

★ **Miceli.** Auch in diesem Familienrestaurant gibt es nur ein Menü. Wie das »Ca na Toneta« ein Beispiel für die neue Regionalküche der Insel. C/ Àngels, 11, Selva, Tel. 971 87 37 84, www.miceli.es

ÜBERNACHTEN

★ **Casas de Can Riera.** Hübsches Landhotel in alten Dorfhäusern. C/ de la Creu, 4–6, Moscari, Tel. 971 51 52 60, www.canrierahotel.com

★ **Finca Es Castell.** Romantisches Landhotel in fantastischer Lage. C/ Binibona, Caimari, Tel. 971 87 51 54, www.fincaescastell.com

★ **Sa Bisbal.** Das Hotel im Ortskern hat nur sechs Zimmer und befindet sich in einem Gebäude aus dem 17. Jh. Plaça Santa Caterina Tomàs, 1, Selva, Tel. 649 91 04 76, www.hotelbisbal.com

EINKAUFEN

★ **Cerveza Tramuntana.** Kaufen oder gleich probieren: die frisch gebrauten Biere Pale Ale, Porter oder Irish Red. Ctra. De Lluc, 17, Tel. 971 87 52 15, www.cervezatramuntana.com

46 *Campanet*

Hügelreich

Nicht verpassen!

★ **Plaça Major.** Schöner Hauptplatz mit mehreren Lokalen und der Pfarrkirche aus dem 18. Jh.

★ **Capella Sant Miquel.** Frühgotische Kapelle aus dem 13. Jh.

★ **Fonts Ufanes.** Seltenes Naturschauspiel nach starken Regenfällen. Schöner Spaziergang, auch wenn die Quellen nicht sprudeln. Finca Gabellí Petit, in der Nähe der Höhlen von Campanet.

★ **Coves de Campanet.** Tropfsteinhöhlen ohne Trubel. Tel. 971516130, www.covesdecampanet.com

★ **Primavera Musical.** Jedes Jahr im Frühsommer (Mai, Anfang Juni) findet ein Festival mit klassischer Musik statt. www.mallorcaweb.net/pmcampanet

Campanet ist eingebettet in eine wunderschöne Landschaft. Davon profitieren auch die Gäste der rustikalen Fincahotels, wie hier beim Agroturismo »Fangar« (oben und oben rechts). Etwas außerhalb liegen die Höhlen von Campanet, die ein Bauer durch Zufall entdeckt hat (unten rechts).

Mehr Dorf als Stadt – die Gemeinde mit ihren 2500 Einwohnern liegt auf einem Hügel im landschaftlich schönen Gebirgsvorland. In der Umgebung warten eine spannende Tropfsteinhöhle, rätselhafte Quellen und romantische Finca-Hotels auf Urlauber mit Lust auf Land und Natur.

Was rauscht denn da? Zwischen Campanet und Pollença stehen in einem stillen Nebental Autos verbotenerweise an der Straße. Die Polizei fährt langsam an den parkenden Fahrzeugen vorbei, verteilt aber keine Strafzettel. Ihre Aufgabe ist es, die Straße passierbar zu halten. Wo wollen all die Menschen hin? Gleich hinter einem steinernen Tor, das zur öffentlichen Finca Gabellí Petit führt, wird das Rauschen lauter. Ein Fluss oder Wildbach fließt da von den Bergen ins Tal. Was den Bewohnern der nördlichen Breiten nur ein müdes Gähnen entlockt, löst im wasserarmen Süden helle Begeisterung aus. Flüsse oder gar Bäche gibt es auf Mallorca nur sporadisch, dann füllen sich die *Torrents*, die monatelang nicht mehr waren als ein trockenes Felsbett. Aber hier bei Campanet ist noch etwas anderes zu sehen, ein kleines Wunder: die Fonts Ufanes. Einige Tage im Jahr, und nur nach heftigen Regenfällen dringen aus dem Boden mehrere Quellen. Der Steineichenwald verwandelt sich in eine märchenhafte Szenerie. Und tatsächlich aus dem Boden dringt klares Quellwasser, das in breiten Bächen über den Waldboden bergab strömt.

Auch wenn das seltene Phänomen nicht zu sehen ist, bleibt der Wald seltsam faszinierend. Zwischen den dunklen und dicht ste-

henden Stämmen dringt ein fahles Licht. Die alte Köhlerei, die wiederaufgebaut wurde, passt in diese Szenerie.

Von den Höhlen ins Dorf

Nur wenige Hundert Meter vom Zugang zur Finca Gabellí Petit entfernt, hält das Karstgestein der Serra eine weitere Überraschung bereit. Im Jahr 1945 fand ein Bauer zufällig in den Hängen des Monte de San Miquel den Zugang zu einer Höhle. Die Coves de Campanet sind etwa 400 Meter lang und liegen rund 50 Meter tief unter der Erde. Während der Erforschung der Höhlen stieß man auf fossile Reste des *Myotragus balearicus*, einer endemischen Rinderart, die vor mehr als 6000 Jahren auf den Balearen heimisch war.

Auf dem Weg in den Ort Campanet kommt man an der frühgotischen Kapelle Sant Miquel vorbei. Sie wurde in den ersten Jahren nach der Reconquista 1229 erbaut und wird von den Bewohnern am Osterdienstag in einer feierlichen Prozession aufgesucht. Campanet selbst hat einen schönen Dorfplatz mit mehreren Lokalen und natürlich der alles beherrschenden Pfarrkirche. Der Dorfplatz liegt auf einer Anhöhe und wird sogar von einigen Palmen beschattet, sodass man zwischen den Häusern immer wieder über das schöne Umland schauen kann. Vielleicht sieht man sogar hoch oben einen Mönchsgeier seine Kreise ziehen. In der Nähe gibt es ein Gehege und eine Aufzuchtstation, aus der schon einige Exemplare wieder in der Serra de Tramuntana angesiedelt werden konnten.

Hingehen!

ESSEN UND TRINKEN

- ★ **Bar Es Club.** *Pa amb Oli*, Sandwiches, Pizza und Paella – auf der großen Außenterrasse gibt es Klassiker zum Sattwerden. Plaça Major, 25, Tel. 971 51 60 48, www.baresclub.com
- ★ **Cafè Es Punt.** Einfaches und charmantes Lokal mit einigen Stühlen und Tischen auf der Straße. C/ Llorenç Riber, 7, Tel. 971 51 60 17.
- ★ **Bar Coves de Campanet.** Vom Gartenlokal der Höhlen von Campanet blickt man über die schöne Landschaft des Es Raguer. Tel. 971 51 61 30.

ÜBERNACHTEN

- ★ **Monnaber Nou.** Das Finca-Hotel besticht mit einer großen Außenpoolanlage. Predio Monnaber Nou, Tel. 971 87 71 76, www.monnaber.com
- ★ **Monnaber Vell.** Romantischer Agroturismo, landschaftlich schön gelegen. Campanet, Tel. 971 51 61 31, www.monnabervell.com

EINKAUFEN

- ★ **Menestralia.** Farbenfrohe und kunstvolle Glaswaren entstehen vor Ort. Ctra. Palma–Alcúdia, km 36, Tel. 971 87 71 04, www.menestralia.es

DER NORDEN UND NORDOSTEN

Die Isla del Colomer ist nichts als ein Felsbrocken im Meer – aber ein besonders schöner! Schon die Landschaftsmaler haben das Panorama der Halbinsel Formentor festgehalten. Millionen von Urlaubern machen es ihnen jedes Jahr nach (oben). Ebenso zauberhaft sind die Morgenstimmung und die ländliche Idylle bei Port de Pollença (links und rechts).

Glücklicherweise herrscht nicht immer und überall Trubel. So kann es gut sein, dass es dem Angler bei Port de Pollença eher darum geht, die Seele baumeln zu lassen, als einen Fisch zu fangen (links). Im Zweifelsfall bringt auch die gute mallorquinische Küche Körper und Seele wieder in Einklang, unverzichtbar hierfür sind aromatische Gewürze (rechts).

Während entlang der weiten Strände an der Bucht von Alcúdia ein Hotel neben dem anderen steht, bietet sich an den felsigen Halbinseln wie beim Cap de Capdepera wilde, unbebaute Natur (unten). Auf Wochenmärkte (unten rechts) muss man in dieser Region ebenso wenig verzichten wie auf Strände (oben) und Wassersport (Mitte).

Der Norden und Nordosten

Weite Strände und wilde Kaps

Zwei weite Buchten mit herrlichen Sandstränden, zwei historische Städte – Alcúdia und Pollença – drei Halbinseln mit großartiger Natur: Der nordöstliche Küstenstreifen zwischen dem Kap Formentor und der Halbinsel Llevant bietet ein abwechslungsreiches Programm und schöne Ausflüge in die Vergangenheit.

An der Bucht von Alcúdia gibt es einen spannenden Spaziergang. Man geht in der Gegenwart von Can Picafort los und landet im 1. Jahrtausend v. Chr. Es ist eine Stadt der Toten, die Nekropole Son Real, angeblich die größte ihrer Art im Mittelmeerraum.

Auf Mallorca wimmelt es von archäologisch interessanten Steinen. Man trifft auf Steintürme und Langhäuser, die *talaiots* oder *navetas*. Nach den typischen Rundbauten, den *talaiots*, nennen die Historiker die Kulturepoche Talaiotikum: eine Form der Megalithkultur, die zwischen der Bronze- und der Eisenzeit liegt. 1300 v. Chr. begann die erste Talaiot-Phase, während der jüngsten, die mit der Ankunft der Römer im Jahr 123 v. Chr. endete, gab es wahrscheinlich rund 250 Siedlungen auf Mallorca.

Einige Kilometer östlich von Son Real bei Artà kann man sich so ein Dorf anschauen. Es heißt Ses Païsses und ist noch älter als die

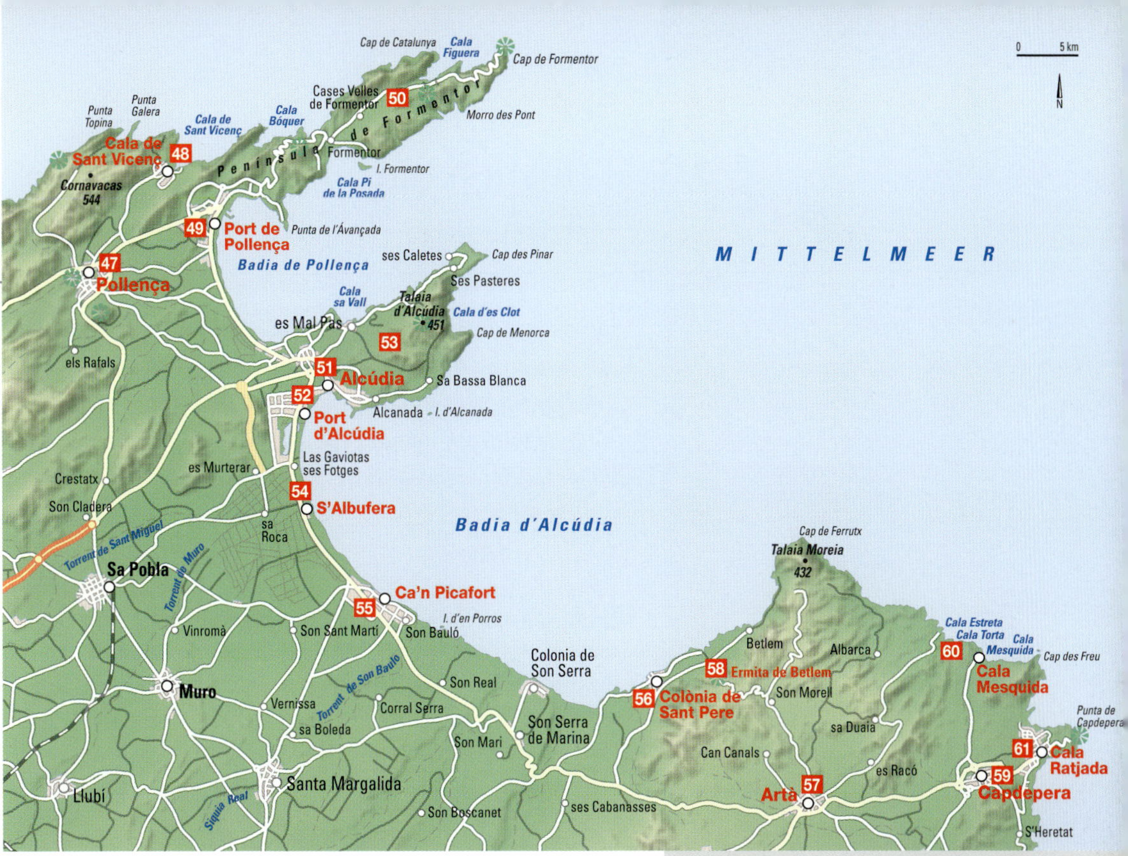

Totenstadt bei Can Picafort. Es ist von einer gut 5 Meter hohen Mauer aus Zyklopensteinen umschlossen. Vor dem rund 3000 Jahre alten Portal aus drei mächtigen Felsblöcken steht das Denkmal des Priesters und Dichters Miguel Costa i Llobera (1854–1922), der auch ein Gedicht über Ses Païsses verfasst hat. Er ist so etwas wie ein Nationalheiliger Mallorcas.

Auf dem Weg nach Formentor kommt man am schönen Städtchen Artà vorbei, an den traumhaften Stränden der Bucht von Alcúdia und der riesigen Urlaubsmaschinerie, die dahinter entstanden ist. Man sieht die Ebene von Muro und das Feuchtgebiet S'Albufera. Alcúdia und die Ruinen des römischen Pollentia gehören wie das Künstlerstädtchen Pollença zu den Highlights dieser Küste.

Wilde Nordspitze

Die Nordspitze der Insel ist einfach grandios. Neben Sa Calobra und seiner atemberaubenden Serpentinenstraße und der Halbinsel Formentor gibt es keine Landschaft der Insel, die mit ähnlich dramatischen Ausblicken aufwarten könnte wie die Halbinsel Formentor. Es ist diese Verbindung von Geschichte und Gegenwart, von wilder Natur und den typischen massentouristischen Angeboten, die ihren Charakter ausmachen. Wer Mallorca kennenlernen möchte, muss auch Pollença und Alcúdia besuchen, das Feuchtgebiet S'Albufera und das Kap Formentor. Und natürlich eine der Stätten, in denen die Urmallorquiner gelebt haben.

Tipp des Autors

KUNST UND ROSEN

Die Stiftung des Künstlerpaares Yannick und Ben Jakober auf der Halbinsel Victòria ist einer dieser seltenen Orte, wo sich das Anspruchsvolle ganz mühelos mit dem Schönen verbindet. Die Lage des Anwesens, die Architektur und die Kunstsammlung – das sind schon mal drei Gründe, die Fundación zu besuchen. Der schönste ist vielleicht aber der verwunschene Rosengarten im englischen Stil – einfach traumhaft. www.fundacionjakober.org

47 Pollença

Künstlerstadt mit Himmelstreppe

Die malerische Kleinstadt am Fuß der nördlichen Serra de Tramuntana zieht schon seit einhundert Jahren Künstler und Touristen in ihren Bann. Mit seinem stimmungsvollen Altstadtzentrum und dem beachtlichen Kulturangebot ist Pollença eine der attraktivsten Städte der Insel.

Es war am frühen Morgen des 30. Mai 1550. Joan Mas konnte keinen Schlaf finden. Vielleicht war es auch der Gesang der Nachtigall, der ihn weckte. Er stand noch vor Morgengrauen auf und sah, dass sich vor den Toren der Stadt etwas bewegte. Turgut Reis, gefürchteter Pirat, der in der Geschichte auch als Dragut auftaucht, lag mit seinen Kumpanen auf der Lauer. Mit Sonnenaufgang wollten sie Pollença angreifen und plündern.

Joan Mas handelte schnell. Er schlich sich aus dem Haus und hatte in kurzer Zeit die Männer des Dorfes geweckt und damit den Überraschungseffekt der Piraten vereitelt. Einen Angriff der Korsaren, dem die Stadt zwei Jahre später ausgesetzt war, konnten die Bürger nicht abwehren. Pollença brannte weitgehend nieder. Das Bild, das sich heute dem Stadtbesucher zeigt, stammt im Wesentlichen aus der Zeit des Wiederaufbaus in der zweiten Hälfte des 16. Jahrhunderts.

Jedes Jahr, am ersten Samstag im August gegen 19 Uhr, wiederholt sich die Geschichte des Helden Joan Mas. Nach einer Einstimmung mit Tanz- und Musikeinlagen und einer feierlichen Prozession der Schutzpatronin geht es los. Die Gegner, Christen im weißen Nachthemd und Korsaren im bunten Kostüm, hauen mit Schwertern, Krummsäbeln oder einfach mit einem Holzstock

Nicht verpassen!

- ★ **Plaça Major.** Lebendiger Hauptplatz mit vielen Lokalen.
- ★ **Museu de Pollença.** Gemeindemuseum (Museo Municipal) mit zeitgenössischer Kunst und prähistorischen Funden der Umgebung. Convent de Sant Domènec. C/ Guillem Cifre de Colonya, Tel. 971 53 11 66, www.ajpollenca.net/municipi/museu.htm
- ★ **Església Nostra Senyora dels Àngels.** Die Pfarrkirche ist der »Jungfrau der Engel« gewidmet, die Madonna wurde 1430 geschaffen. An der Plaça Major.
- ★ **Museu Dionís Bennàssar.** Museumshaus des Malers mit rund 240 Gemälden, Zeichnungen und einigen Objekten. C/ Roca 14, www.museudionisbennassar.com
- ★ **Calvari.** 365 Stufen führen zum Puig de Calvari, dem Kalvarienberg von Pollença. Oben steht eine Kapelle aus dem ausgehenden 19. Jahrhundert.
- ★ **Pont Roma.** Wahrscheinlich aus römischer Zeit ist die Steinbrücke über den Torrent de Sant Jordi.
- ★ **Puig de María.** Von dem 320 Meter hohen Berg hat man eine grandiose Aussicht. Der Legende nach wurde die Madonnenfigur der Einsiedelei (14. Jh.) vor Ort gefunden.
- ★ **Davallament.** Passionsspiele am Karfreitag, am Puig de Calvari.
- ★ **Festival de Pollença.** Im Juli und August findet im Kloster Santo Domingo das Musikfestival mit klassischen Konzerten statt. www.festivalpollenca.org
- ★ **Moros i Cristians.** Kampfspektakel und Volksfest der Christen gegen muslimische Piraten. Am ersten Augustwochenende.

Schön und anstrengend – 365 Stufen führen auf den Kalvarienberg (oben rechts und unten links). Die Himmelsleiter steigt gleich hinter der Pfarrkirche Nostra Senyora dels Àngels bergan. Die Plaça Major ist das lebendige Zentrum des Städtchens (unten rechts).

Can Moixet
CAFE ESPANYOL

Hingehen!

ESSEN UND TRINKEN

★ **Ca n'Olesa.** Angenehmes Restaurant am Platz. Es gibt Mallorquinisches und Pizza. Plaça Major, 12, Tel. 971532908.

★ **Clivia.** Weder neu noch ein Geheimtipp, ist das Clivia doch immer eine ausgezeichnete Adresse. Sorgsam zubereitete Fischgerichte und mediterrane Klassiker werden ohne Effekte serviert. Av. Pollença, 9, Tel. 971533635.

★ **La Fonda.** Kleines romantisches Lokal mit ausgezeichneter lokaler Küche. C/ Antoni Maura, 32, Tel. 971534751.

★ **Manzanas y Peras.** Coole und nette Restaurant-Bar mit asiatischer Küche. Am Fuß des Calvari. C/ Martell, 6, Tel. 971532292, www.manzanasyperas.eu

Das »Café Espanyol«, auch bekannt unter dem Namen »Can Moixet«, ist Pollenças Wohnzimmer. Einheimische wie Touristen mögen die entspannte Atmosphäre (oben). Jeden Sonntagvormittag ist die halbe Stadt auf den Beinen, dann ist Wochenmarkt auf der Plaça Major (unten links). An der Stirnseite des Platzes lohnt ein Blick in die Pfarrkirche Nostra Senyora dels Àngels (unten rechts). Von Pollença aus kann man nach Penya Rotja wandern.

Pollença

aufeinander ein. Am Ende der Schlacht gewinnen stets die christlichen Stadtbewohner. Beim feuchtfröhlichen Finale werden aus Bürgern und Piraten dann wieder gute Freunde und Nachbarn.

Passionsspiele am Calvari

»Moros i Cristians«, also »Mauren und Christen«, sind volkstümliche Spektakel, die in ganz Spanien Tradition haben. Hintergrund sind die Kämpfe zwischen Christen und Muslimen im Lauf der jahrhundertelangen Reconquista. Auf Mallorca ist es der Kampf gegen die Piraten, die meist aus Nordafrika kamen und deren Raubzüge im 16. Jahrhundert zu einem drängenden Problem für die Städte im westlichen Mittelmeer geworden waren.

In Pollença werden nicht nur die Kämpfe gegen die Korsaren zelebriert. Das Städtchen in den nördlichen Ausläufern der Tramuntana ist auch Schauplatz eines Passionsspiels. Die ideale Bühne des Davallament ist der Kalvarienberg. Eine lange Treppe führt auf einen Hügel im Ort. Dort oben wartet das Oratori del Calvari, vor allem aber ein schöner Blick über die Stadt.

Das lebendige Herz Pollenças ist die Plaça Major. Am Sonntagvormittag, nach der Messe, tummeln sich hier neben Touristen und Kunden des Sonntagsmarkts auch Kirchgänger. Die große Pfarrkirche Nostra Senyora dels Àngels, die eine Stirnseite des rechteckigen Platzes beherrscht, geht auf das 13. Jahrhundert zurück und wurde 1236 von den Tempelrittern gegründet. Ihr heutiges Erscheinungsbild hat sie allerdings im 18. Jahrhundert erhalten. Sehenswert sind auch die Deckengemälde, die 1914 von dem

Spanier Joaquín Tudela, dem Argentinier Atilio Boveri und dem Deutschen Eugen Mosgraber ausgeführt wurden.

Die Maler und die Musik

Pollença war und ist eine Künstlerstadt. Das sieht man etwa, wenn man im »Café des Club de Pollença« einkehrt. Die Wände schmücken Werke von Malern, die zumindest zeitweise in Pollença gelebt und gearbeitet haben. Die »Escola Pollencina«, die »Schule von Pollença«, war eine lose Künstlergruppe, die sich um Hermen Anglada Camarasa gebildet hatte, der 1914 nach Mallorca gekommen war. Auch Dionís Bennàssar und der Deutsche Hermann Sohn gehörten zu diesem Kreis. Das ehemalige Atelier von Bennàssar ist heute ein sehenswertes Museum.

Einen Überblick über das künstlerische Geschehen bietet vor allem das Museo Municipal. Jedes Jahr wird ein international bekannter Künstler eingeladen, um für das Museum etwas zu schaffen. Übrigens geht das Museum im Dominikanerkloster auf den Club de Pollença zurück, der auch 1961 den Salón Estival de Pintura, das Festival der Malerei, gründete. Die prämierten Werke des jährlich stattfindenden Wettbewerbs stellen den Grundstock der Sammlung dar, die darüber hinaus alte Kirchenkunst und eine kleine Auswahl frühgeschichtlicher Objekte umfasst. Nicht nur Malerei und Skulptur, auch die Musik macht Pollença zu einem lebendigen Künstlerstädtchen. Seit der britische Geiger Philip Newman 1962 das Festival de Pollença ins Leben rief, sind im Kreuzgang des Klosters klassische Kompositionen zu hören.

Hingehen!

ÜBERNACHTEN

- ★ **Son Sant Jordi.** An einem malerischen Platz befindet sich das angenehme Hotel. Lauschiger Patio zum Relaxen und Baden im Pool. C/ Sant Jordi 29, Tel. 971 53 03 89, www.hotelsonsantjordi.com
- ★ **Son Brull Hotel & Spa.** Luxuriöses Designhotel in einem ehemaligen Kloster. Ctra. Palma-Pollença PM 220, km 50, Tel. 971 53 53 53, www.sonbrull.com
- ★ **Juma.** Eines der ältesten Hotels auf Mallorca. Wunderbar nostalgisch am Hauptplatz. Plaça Major, 9, Tel. 971 53 50 02, www.pollensahotels.com
- ★ **Posada de Lluc.** Früher war es eine Herberge für Pilger, heute ist es ein gediegenes Altstadthotel. C/ Roser Vell 11, Tel. 971 53 52 20, www.posadalluc.com

EINKAUFEN

- ★ **Ceràmiques Monti-Sion.** Farbenfrohe handgefertigte Töpferwaren und Fliesen. C/ Monti-Sion, 19, Tel. 971 53 35 00, www.ceramicasmontision.com

48 *Cala Sant Vicenç*

Licht und Land

Zwischen Pollença und Port de Pollença liegt der ruhige Badeort Cala Sant Vicenç. Das ehemalige Fischernest begeistert mit seiner großartigen Landschaft und den von Felsen eingerahmten, tiefblauen Buchten. In der kalten Jahreszeit, wenn die Tramuntana bläst, kann es rau und ungemütlich werden.

Toni Bennàssar, der wie sein Vater Dionís Bennàssar (1904–1967) Künstler geworden ist, hat die große Zeit der Landschaftsmalerei auf Mallorca nicht mehr miterlebt, dafür ist der 1945 geborene Künstler aus Pollença zu jung. Aber er hat noch einige Fotos, auf denen sein Vater und andere Maler zu sehen sind, die sich regelmäßig von Pollença aufgemacht haben, um an der Cala Sant Vicenç zu malen. Bennàssar war nicht der Erste. Schon eine Malergeneration vor ihm hatte den Norden Mallorcas für sich entdeckt und unter anderem an der Cala Sant Vicenç gearbeitet. Es waren Maler wie Llorenç Cerdà i Bisbal (1862–1955), der als Bronzefigur mit Staffelei oberhalb der Bucht steht.

Was ihn und die anderen faszinierte, waren die markanten Felsformationen, das Zusammenspiel von baumloser rauer Natur und tiefblauem Meer, von Landschaft und Licht. Der kleine Urlaubsort hat heute wie damals eine ganz eigene Stimmung. Die geht nicht

Nicht verpassen!

- ★ **Cala Barques.** Die erste Bucht, wenn man in den Ort kommt. Ein Bronzedenkmal mit dem Maler Llorenç Cerdà i Bisbal erinnert an die Künstler, die hier gearbeitet haben.
- ★ **Cala Molins.** Eine von hohen Felsen gerahmte Bucht mit hellem Sandstrand.
- ★ **Cala Carbó.** Ganz im Osten gelegene und relativ unbebaute Bucht.
- ★ **Covas de l'Alzinaret.** Die sechs Grabkammern am Ortseingang von Cala Sant Vicenç stammen aus der Zeit zwischen 1700 und 1400 v. Chr.
- ★ **Wanderungen.** Etwa zur Punta de Coves Blanques, zum Puig de Cornavaques oder über den Coll de Siller nach Port de Pollença.

Schöner baden – die Cala Sant Vicenç begeistert mit türkisem Meer und schönen Stränden (oben). Direkt am Meer kann man etwa im »Cala Sant Vicenç« wohnen (unten rechts). Hier im Norden ist es etwas rauer und kühler als an der Südküste. Die Landschaft ähnelt schon der der nahen Halbinsel Formentor (oben rechts).

von der Urbanisation selbst aus, die sich kaum von anderen ihrer Art unterscheidet, bis auf die Tatsache, dass hier weniger Trubel herrscht. Nein, es sind die insgesamt vier Buchten und Strände, die von den Bergzügen der Serra del Cavall Bernat im Norden und der Serra de Sa Font im Süden begrenzt und von den vielfältigen Nuancen des Lichts umspielt werden.

Grabhöhlen und eine sagenumwobene Burg

Die kargen Gebirgszüge sind natürlich auch für Wanderer ein Glück. Allerdings muss man sagen, dass die Wege schwierig zu gehen sind, da es praktisch keine Beschilderung gibt, wenn man etwa hinauf zum 544 Meter hohen Cornavaques steigen will. Man muss sich also vor Ort informieren oder einen detaillierten Wanderführer dabeihaben. Das gilt auch für das sagenumwobene Castell del Rei südwestlich von Cala Sant Vicenç. Die Festungsanlage, die ursprünglich wohl von den Arabern angelegt wurde und im 13. Jahrhundert von König Jaume I. eingenommen wurde, gehört der Familie March und kann nur ab und an besichtigt werden.

Dass das landschaftlich reizvolle Tal von Cala Sant Vicenç bereits in den ersten Siedlungsphasen Mallorcas bewohnt war, beweisen die sechs Grabhöhlen, die am Ortseingang gefunden wurden. Die Coves de l'Alzinaret wurden Mitte des 2. Jahrtausends v. Chr. in den Fels gegraben. Wahrscheinlich dienten sie in der Vergangenheit nicht nur als letzte Ruhestätte der Urmallorquiner, sondern auch als gutes Versteck für Schmugglerware.

Hingehen!

ESSEN UND TRINKEN

★ **Cala Barques.** Vom Restaurant hat man einen tollen Blick über die Bucht und den Strand. Fisch und Meeresfrüchte schmecken hier besonders gut. C/ Cales Barques, Tel. 971 53 06 91.

★ **Cavall Bernat.** Das Restaurant des Hotels »Cala Sant Vicenç« ist das beste am Platz. Ausgezeichnete Küche und umfangreiche Weinkarte. C/ Maressers, 2, Tel. 971 53 02 50, www.hotelcala.com

ÜBERNACHTEN

★ **Cala Sant Vicenç.** Elegantes Haus mit 38 komfortablen Zimmern. C/ Maressers, 2, Tel. 971 53 02 50, www.hotelcala.com

★ **La Moraleja.** Elegantes Fünf-Sterne-Haus im gediegenen spanischen Stil. C/ los Encinares, Tel. 971 53 40 10, www.lamoraleja.net

★ **Los Pinos.** Hübsches *Hostal* mit nostalgischem Charme. Urbanització Can Botana, Tel. 971 53 12 10, www.hostal-lospinos.com

★ **Niu.** Kleines, wunderbar gelegenes Hotel direkt am Meer. C/ Cales Barques, 5, Tel. 971 53 05 12, www.hoposa.es

49 Port de Pollença

Sommerfrische im Norden

Schon im frühen 20. Jahrhundert wurde der Fischerort im Norden von den Briten als Sommerfrische entdeckt. Seitdem ist Port de Pollença gewachsen, was an der Schönheit der weiten Bucht mit ihrem ruhigen Wasser aber nichts ändert. Ein wenig spürt man noch den Charme eines alten Seebads.

Der feine Unterschied zwischen Wirklichkeit und Fiktion lässt sich manchmal schon in einem einzelnen Namen ausmachen – in dem eines Hotels. Es heißt »Pino d'Oro« und findet sich im fiktiven Port de Pollença beziehungsweise in einer Erzählung von Agatha Christie. »Problem at Pollensa Bay« heißt sie und ist 1935 erschienen. Das Hotel »Pi d'Or«, wie es auf Katalanisch heißen müsste, gibt es nicht und gab es auch in den 1930er-Jahren nicht. Aber es gibt ein »Illa d'Or« und ein »Sis Pins«. Beide sind, wenn auch mittlerweile etwas gewachsen, sehr angenehme Häuser, die von sich behaupten können, das reale Gegenstück zu sein, nämlich – »a small hotel standing on the edge of the sea«. Weil es so schön ist, noch ein Satz mehr dazu: »Ein kleines Hotel, das am Ufer des Meeres stand, von dem sich im dunstigen Nebel eines schönen Morgens ein Bild bot, das die feine Unbestimmtheit einer japanischen Druckgrafik hatte.«

Ohne nun weiter auf die Erzählung und ihre Handlung eingehen zu wollen, beweist sie doch zweierlei. Erstens erfreute sich

Nicht verpassen!

★ **Strandpromenade.** Das Herzstück des Ortes bildet die Promenade. Besonders reizvoll ist ein Abschnitt im Norden der Bucht, wo sie teilweise von Kiefern beschattet wird.

★ **Hafen.** Geschützt durch zwei Kaimauern, auf denen Lokale aufgereiht sind, liegt der Hafen inmitten der Bucht.

★ **Strände.** Zwei insgesamt 3 Kilometer lange Strände gibt es. Tamarells ist der östliche und bei Wassersportlern beliebt. Albercutx dagegen ist wegen seines ruhigen und flachen Wassers auch für Kinder gut geeignet.

★ **Vall de Bóquer.** Eine leichte, etwa zweistündige Wanderung führt nach Norden ins Tal von Bóquer.

★ **Bootstour.** Vom Hafen aus starten in der Hauptsaison mehrere Ausflugsboote in Richtung Halbinsel Formentor.

Der Sonnenuntergang über der Bucht ist atemberaubend (oben rechts). Der flach abfallende Strand ist ideal für Eltern, die mit kleinen Kindern nach Mallorca reisen (unten rechts). Das Anwesen auf der Halbinsel Punta de l'Avançada ist Millionen wert (oben). Mehr als ein Blick aus der Luft ist nicht möglich: Das Anwesen ist in Privatbesitz.

Port de Pollença bereits in der ersten Hälfte des 20. Jahrhunderts großer Beliebtheit als Touristenort, und zweitens besuchten zahlreiche Engländer und Amerikaner Mallorca im Winter.

Das Seebad in Mallorcas Norden

Schon damals war Port de Pollença nicht nur ein Fischerdorf, sondern auch ein Seebad. Die beeindruckende und ruhige Bucht hatte eine Malerkolonie, zu der der schwäbische Kunstpädagoge und Künstler Hermann Sohn aus Stuttgart gehörte, für sich entdeckt, ebenso wie Adam Diehl, der Gründer des exklusiven »Hotel Formentor« auf der gleichnamigen Halbinsel. Die Bucht mit ihrem ruhigen Gewässer wurde in den frühen Jahren der Fliegerei oftmals von Wasserflugzeugen als Start- und Landebahn genutzt.

Die Geschichte erklärt, weshalb viele Briten heute noch gern nach Port de Pollença kommen. Sie finden eine gute Infrastruktur vor, dazu eine der schönsten Strandpromenaden Mallorcas, weite Sandstrände, einen Yachthafen und eine breite Auswahl an Restaurants. Anders als in der Nachbarbucht von Alcúdia ist die Bebauung niedriger, und die Hotels sind kleiner.

Wer ein paar Tage oder seinen Urlaub in Port de Pollença verbringen möchte und sich in die Jahre vor dem Spanischen Bürgerkrieg versetzen will, sollte den Erzählband »Eine mörderische Teerunde« von Agatha Christie in den Koffer packen. Darin ist auch die Geschichte »Problem at Pollensa Bay« enthalten. Auf Deutsch heißt sie seltsamerweise »Paradies Pollensa« – wobei das ja gar nicht so ganz unzutreffend ist.

Hingehen!

ESSEN UND TRINKEN

- ★ **C'an Josep.** Beliebtes und informelles Restaurant in Hafennähe. Passeig Saralegui, 84, Tel. 971 86 58 69, www.restaurantecanjosep.com
- ★ **Miramar.** Feine Fisch- und Meeresfrüchte-Küche. Direkt an der Meerespromenade mit Terrasse. Passeig Marítim, 2, Tel. 971 54 52 93.
- ★ **Siller.** Anspruchsvolle Küche mit französischem Einschlag, am Rand des Zentrums. C/ Roger de Lluria, 48, Tel. 971 86 62 10.
- ★ **Stay.** Sieht sehr modern aus, gibt es aber schon lange. Tolle Lage auf der Mole mit Hafenterrasse. Tel. 971 86 40 13, www.stayrestaurant.com

ÜBERNACHTEN

- ★ **Illa d'Or.** Ein wenig blieb vom feinen englischen Stil der frühen Tourismusjahre erhalten. Klassisch elegantes Haus am nördlichen Stadtstrand. Passeig de Colon 265, Tel. 971 86 51 00, www.hotelillador.com
- ★ **Sis Pins.** Liegt auch direkt am Albercutx-Strand. Etwas einfacher als das »Illa d'Or«. Passeig Anglada Camarasa, 77, Tel. 971 86 70 50, www.hotelsispins.com

50 *Halbinsel Formentor*

Mallorcas Nordkap

Die Halbinsel Formentor, die zum gleichnamigen Kap führt, ist Mallorcas nördlichste Spitze. Bevor die Serra de Tramuntana im Meer versinkt, zeigt sie sich noch einmal in ihrer ganzen Schönheit. Mit schroffen Felsen, Steilküsten, einigen Badebuchten und einem Leuchtturm hoch über dem Meer.

Vielleicht steht sie noch, oder eher nicht, die legendäre »Kiefer von Formentor«. Der Priester und Dichter Miguel Costa i Llobera (1854–1922) hat sie besungen und sich damit um die Identität der Insel verdient gemacht. »Mich hat ein Baum begeistert! Dem Ölstrauch gleich an Jahren, hüllt er die Kraft des Eichstamms in der Orange Grün; von ewgen Blättern strotzt er, die seinen Lenz bewahren, und mit den Küstenstürmen, die ihm durchs Laubwerk fahren, mißt er sich riesenkühn.«

Costa i Llobera kam aus Pollença. Seiner Familie gehörte die Halbinsel Formentor seit dem 17. Jahrhundert. Irgendwo bei Ses Cases Velles stand vermutlich der legendäre Baum oder auf dem Grundstück des »Formentor«-Hotels, das folglich erst nach dem lyrischen Überschwang des Priesters entstand, allerdings nicht viel später. 1921 erkundete der argentinische Künstler Adán Diel (Adam Diehl) die wilde Halbinsel und verliebte sich in sie. Sieben Jahre später unterzeichnete er den Kaufvertrag für die Ländereien des kaum erschlossenen Gebiets. Straße, Strom- und Wasserleitungen mussten gebaut und verlegt werden, damit der

Nicht verpassen!

- ★ **Mirador es Colomer.** Mehrere Aussichtsterrassen führen auf einer Felsnase über dem Abgrund. Gut 200 m geht es hier hinunter. Am Parkplatz erinnert eine Tafel an den Erbauer der Panoramastraße, Antonio Parietti.
- ★ **Talaia d'Albercutx.** Ehemaliger Wachturm oberhalb des Mirador es Colomer mit großartigem Rundumblick. Nur zu Fuß oder mit dem Fahrrad zugänglich.
- ★ **Platja Formentor.** Schöner, beschatteter Sandstrand beim gleichnamigen Hotel.
- ★ **Cala Figuera.** Bei Kilometer 12 geht links ein Fußweg zur malerischen Bucht mit kleinem Kiesstrand ab (ca. 20 Min.).
- ★ **Cap de Formentor.** Auf einem Felsen, 380 m über dem Meer, wacht der 1892 errichtete Leuchtturm. Bei gutem Wetter ist Menorca zu sehen.

Die Halbinsel Formentor (unten rechts) ist ein Fest für die Augen. Schwindelfrei muss man am Aussichtspunkt Es Colomer sein. Neben der Brüstung geht es 200 m in die Tiefe (oben rechts). Nach rund 20 km erreicht man den Leuchtturm Far de Formentor (oben).

Traum vom exklusiven Hotel in bester Lage wahr werden konnte. Eröffnet wurde es im Jahr 1929 und es entwickelte sich schnell zum Treffpunkt für Intellektuelle, Künstler und Politiker. In den 1930er-Jahren lud der deutsche Philosoph Hermann Graf Keyserling etwa zu den Diskussionsrunden »Woche der Weisheit« ein, an denen auch internationale Politprominenz teilnahm. Als der Bürgerkrieg Spanien entzweite, kam das Hotel nicht mehr über die Runden: 1936 gab Diehl auf und ging zurück nach Argentinien.

Schauen und staunen

Auch die Nachfolger taten sich schwer, doch ab den 1950er-Jahren kam das »Formentor« wieder zu Glanz. Am neuen Yachtclub legten die Prinzen von Monaco an, Charlie Chaplin, Audrey Hepburn, Winston Churchill, Helmut Schmidt und der Dalai Lama erholten sich am Kap. Derzeit gehört das Haus der Hotelkette »Barceló«, die es schon seit Jahren erweitern möchte.

Die Halbinsel Formentor ist vor allem eines: grandiose Natur. Allerdings wird sie in den Sommermonaten von einer stetigen Blechkarawane belagert, die sich gleich einer Prozession von Mietwagen den Berg hinaufschiebt. Aber morgens oder abends oder besser außerhalb der Saison ist es fantastisch. Am Mirador es Colomer geht es 200 Meter in die Tiefe, eine waghalsige Straße schlängelt sich an den Abgründen vorbei, bis nach etwa 20 Kilometern Schluss ist. 1892 wurde der Leuchtturm auf dem nördlichsten Felszipfel Mallorcas gebaut, wo man bei gutem Wetter bis zur Nachbarinsel Menorca schauen kann.

Hingehen!

ESSEN UND TRINKEN

★ **L'Espigó.** Die schöne Strandbar liegt direkt an der Platja de Formentor. Sie wird vom »Hotel Formentor« betrieben. Platja de Formentor, Tel. 971 89 91 00.

★ **Platja Mar.** Auch dieses Lokal gehört zum »Hotel Formentor«, liegt aber in direkter Nähe zum Meer. Tolle Lage, aber nicht günstig. C/ Platja de Formentor, 3, Tel. 971 89 91 00.

★ **Ambrosia.** Das für einen Urlaubsort wie Port de Pollença typische Restaurant serviert ordentliche Küche in guten Portionen. Es liegt im Nordosten in Richtung Halbinsel Formentor. C/ Almirall Cervera, 4, Tel. 971 86 71 28.

ÜBERNACHTEN

★ **Formentor.** Das Luxushotel kann auf eine turbulente Geschichte seit 1928 zurückblicken. Klassisch moderner Stil und fantastische Lage. C/ Platja de Formentor, 3, Port de Pollença, Tel. 971 89 91 00, www.barceloformentor.com

51

Alcúdia

Hinter alten Mauern

Nicht verpassen!

- ★ **Les murades.** Stadtmauer aus dem 14. und 16. Jh. mit den sehenswerten Portalen Sant Sebastià und Xara. Rund 6 m hoch und mit 26 Türmen bestückt, kann sie auf einer Länge von 500 m begangen werden.
- ★ **Església de Sant Jaume.** Die Ursprünge der Kirche gehen auf das 13. Jh. zurück. Der aktuelle Bau stammt aus dem 19. Jh.
- ★ **Capella de Sant Crist.** Älterer Teil der Kirche Sant Jaume mit einem Kreuz aus dem 15. Jh.
- ★ **Museu Monogràfic de Pollentia.** Stadtmuseum mit Funden aus dem römischen Pollentia.
- ★ **Ciutat Romana de Pollentia.** Ausgrabungsstätte mit den Ruinen der ehemaligen Römerstadt Pollentia aus dem 2. Jh. v. Chr. bis 4. Jh. n. Chr.
- ★ **Teatre Romà.** Reste eines antiken Amphitheaters. Erreichbar über die Ciutat Romana.
- ★ **Oratori de Santa Ana.** Die kleine Kapelle an der Straße in Richtung Port de Alcúdia ist die älteste der Insel (13. Jh.).

Auf der Halbinsel vor Alcúdia lässt sich gut wandern. Großartige Aussichten sind garantiert, wie etwa vom Penya Rotja auf das Cap de Pinar (unten rechts). Den Postkartenblick auf die Insel Alcanada können die Golfer auf dem gleichnamigen Platz auf der Halbinsel genießen (oben rechts). Geschichtsfans finden in Alcúdia römische Ruinen (oben).

Auf den ersten Eindruck wirkt Alcúdia, als gehörte die Stadt nicht zu dieser Insel, als wäre sie von einem anderen, womöglich noch südlicheren Land hierher verpflanzt worden. Mit ihrem alten Mauerring und den Palmen könnte man glauben, man befände sich vor den Toren einer marokkanischen Königsstadt.

Die meisten Besucher steuern wohl den großen staubigen Parkplatz außerhalb der Stadtmauer, etwa auf Höhe der Kirche Sant Jaume an. Dann muss man sich entscheiden: Will man in die römische Antike oder in die Zeitspanne von Mittelalter bis Gegenwart? Erst einmal die Antike, als Einleitung zur Stadtgeschichte.

Als die Römer im 2. Jahrhundert v. Chr. die Insel eroberten, gründeten sie nicht nur in der Bucht von Palma, sondern auch an der Insel-Nordseite eine Kolonie und tauften sie auf den Namen Pollentia, »die Mächtige«. Einige Grundmauern und die Reste eines Amphitheaters sind heute noch zu besichtigen.

Gleichsam als würde man den Kapiteln eines Buches folgen, könnte der kulturbeflissene Besucher anschließend wieder über den staubigen Parkplatz stiefeln und sozusagen als Verbindung zwischen dem römischen Pollentia und der maurischen Gründung Al-Qudya (übersetzt: »auf dem Hügel«) ins Museum gehen. Vielleicht knallt gerade die Sonne so herunter, dass man diesen Vorschlag gern annimmt. Das Museu Monogràfic de Pollentia zeigt die Funde aus der ehemaligen römischen Siedlung.

Es liegt am Rand der umschlossenen Altstadt von Alcúdia, gleich gegenüber der Pfarrkirche Sant Jaume. Erstaunlicherweise besitzt Alcúdia, das zum Welterbe der UNESCO gehört, keine Kirche im Zentrum des Altstadtkerns. Der Grund dafür mag sein, dass die Stadt als arabische Siedlung auf römischen Ruinen errichtet wurde.

Die treue Stadt

Wer aber glaubt, die Altstadt mit der zinnenbewehrten Mauer sei ein typisches Beispiel für eine maurische Kasbah, liegt falsch. Die fast vollständig erhaltene Festungsmauer wurde erst nach der Reconquista, der christlichen Rückeroberung, im ausgehenden 13. Jahrhundert erbaut. Das 6 Meter hohe und 1,5 Kilometer lange Bauwerk sollte nicht nur die Stadt schützen, sondern auch über die Sicherheit im Norden der Insel wachen.

Doch den ständigen Übergriffen der Piraten konnte auch die wehrhafte Stadt nicht immer trotzen. Im 16. Jahrhundert gelang es den Korsaren mehrfach, in die Stadt einzudringen. Im selben

Hingehen!

ESSEN UND TRINKEN

- ★ **Es Canyar.** Beliebtes Restaurant mit schönem Innenhof. Gute Auswahl an Tapas. C/ Major, 2, Tel. 971547282.
- ★ **Satyricón.** Ein Restaurant wie ein Opernsaal. Feierlich-pompöse Kulisse für mediterrane Leckereien. Plaça Constitució, 4, Tel. 971544997.
- ★ **Sa Plaça.** Angenehmes Restaurant am Hauptplatz. Neben Paella gibt es Mallorquinisches und Mediterranes. Plaça Constitució, 1, Tel. 971546278.
- ★ **Sa Taverna.** Ebenfalls in der Altstadt. Hier genießt man Tapas und Fleischspezialitäten, Sitzmöglichkeit auch im Innenhof. C/ Serra, 9, Tel. 971546481.

ÜBERNACHTEN

- ★ **Can Pere.** Kleines romantisches Landhotel. Hier treffen sich Boutique-Stil und rustikaler Naturstein in einem alten Stadthaus. Nur vier Zimmer. C/ Serra, 12, Tel. 971545243, www.hotelcanpere.com
- ★ **Ca'n Simó Petit Hotel.** Viel Naturstein und helle Textilien schaffen ein edel-mediterranes Ambiente. In einem Altstadthaus aus dem 19. Jh. C/ Sant Jaume, 1, Tel. 971549260, www.cansimo.com

Alcúdia

Jahrhundert diente sie auch der spanischen Krone und schützte sie gegenüber dem Unmut der Landbevölkerung im sogenannten Comuneros-Aufstand. Als Dank für die loyalen Dienste bei der Niederschlagung des Aufstands erhob König Karl V. (in Spanien Carlos I.) Alcúdia zur ciudad leal (»treue Stadt«). Dieser Status brachte Steuerfreiheit und somit Wohlstand durch Handel mit sich, was sich noch heute an den herrschaftlichen Palästen ablesen lässt. Gegen die häufigen Piratenangriffe setzte Karls Sohn, König Philipp II., auf einen weiteren, sternförmigen Mauerring, der im Zuge der Stadterweiterung später jedoch wieder rückgebaut wurde.

Piratenüberfälle muss Alcúdia heute nicht mehr fürchten. Auch die Invasion der Touristen hält sich in Grenzen. Sie betreten das historische Ensemble etwa durch die Porta de Sant Sebastià, das mittelalterliche Haupttor im Westen, oder durch die frei stehende Porta de Xara im Osten, die Teil des Mauerrings war. Der Kulturreisende, mit dem dieses Kapitel begann, hat den Zugang über den malerischen Platz zwischen Kirche und Museum gewählt. Weil er so kunstbeflissen ist, besichtigt er auch die Església Sant Jaume. Die erste Version wurde bereits vor dem Bau der Stadtmauer im 13. Jahrhundert errichtet. 1870 wurde eine neue hingestellt, die alte war immer wieder erweitert worden. Von ihr stammen noch der Glockenturm und die Capella de Sant Crist. In der Kapelle hängt ein hoch verehrter Christus am Kreuz, der vor 500 Jahren Blut und Wasser geschwitzt haben soll. Ein untrüglicher Beweis, dass er dem damals ausgetrockneten Land den ersehnten Regen geschickt hat.

Markttrubel und Paläste

Es ist ein Vergnügen, durch die alten Straßen zu schlendern, vorbei an prächtigen Stadtpalästen. Viele stammen aus dem 16. und frühen 17. Jahrhundert. Manche sind im Stil der Renaissance gehalten, andere, wie das Rathaus, sehen dagegen nur alt aus, ohne wirklich alt zu sein. Es wurde erst im Jahr 1929 im Stil des Historismus erbaut.

Sonntags ist das Gedränge groß. In den autofreien Gassen von Alcúdia verkaufen Händler an ihren Ständen original mallorquinisches Olivenöl und *sobrasada* oder »echt ostasiatische« Rolex-Uhren und Ray-Ban-Brillen. Der wissbegierige Kulturreisende ist dann aber schon längst im nächsten Ort, um seine Kenntnisse zu vertiefen.

Hingehen!

- ★ **Can Tem.** Angenehmes Altstadthotel in einem Haus aus dem 17. Jh. Unaufdringlich klassischer Stil. C/ de l'Església, 14, Alcúdia, Tel. 971 54 82 73 und 687 83 35 93, www.hotelcantem.com
- ★ **Cas Ferrer Nou Hotelet.** Kleines Designhotel in einem jahrhundertealten Stadthaus. Hübscher Innenhof mit Sonnenterrasse. C/ Pou Nou 1, Alcúdia, Tel. 971 89 75 42 und 661 57 19 85, www.nouhotelet.com
- ★ **Sant Jaume.** Charmantes Haus in einer Casa Senyorial des 19. Jh. Farbige Zementfliesen, bodentiefe Türen, ein Patio, Stilmöbel und mallorquinisches Flair. C/ Sant Jaume, 6, Alcúdia, Tel. 971 54 94 19, www.hotelsantjaume.com

EINKAUFEN

- ★ **Markt.** Jeden Sonntag findet ein touristischer Wochenmarkt statt. Kleidung, Schuhe, Gürtel, Haushaltswaren, Sonnenbrillen, Taschen usw.

Die Altstadt (ganz oben) ist fast komplett für Autos gesperrt. So bleibt auch den Cafés Platz, ein paar Tische und Stühle nach draußen zu stellen (rechts). Mittelalterlich wirkt das Stadttor Porta de Sant Sebastià (oben).

Cafeteria es Tarongers
51
Restaurant
SANDWICHES
TOASTIES
BAGUETTES
PA AMB OLI
HAMBURGERS
PIZZAS
OMELETTES
SALADS
SPAGHETTI

52 *Port d' Alcúdia*

Das große Sommercamp

Nicht verpassen!

★ **Hafen und Hafenpromenade.** Der Bereich um die große Marina mit ihren Yachten ist allein den Fußgängern vorbehalten.

★ **Binnenseen.** Im Zentrum der Urlauberstadt mit ihren z. T. gewaltigen Hotelkomplexen wurde das Wasser des Feuchtgebiets in zwei Binnenseen mit Meerzugang gefasst.

★ **Strand.** Weiter Sandstrand mit umfangreichem Angebot an Wassersport- und Fun-Angeboten.

★ **Coves de Sant Martí.** Die ca. 20 m tiefe Karsthöhle wurde in frühchristlicher Zeit genutzt, um sich dort vor den Arabern zu verstecken und den Glauben zu praktizieren. In der Höhle befindet sich eine Kapelle.

★ **Ausflug nach Ciutadella.** Die kürzeste Verbindung von Mallorca nach Menorca ist die Fähre ab Port d'Alcúdia ins schöne Ciutadella (s. S. 272).

Kein Wunder, dass Port d'Alcúdia zu einem der beliebtesten Urlaubszentren wurde: Der flach abfallende Sandstrand ist einfach fantastisch (rechts oben). Gleich hinter dem Traumstrand herrscht der übliche Rummel (unten rechts), und einen Jachthafen gibt es natürlich auch (oben).

Der ehemalige Fischerort Port d'Alcúdia am nördlichen Ende der Badia d'Alcúdia besitzt noch eine gewachsene Struktur. Nach Südosten dehnt sich eine Urlauberhochburg mit großen Hotels aus. Diese Sommerstadt der Pauschalurlauber wird besonders von Radsportlern und Familien geschätzt. Hauptargument ist der beeindruckende Sandstrand.

Es ist immer spannend und aufschlussreich, einen Ort zu unterschiedlichen Zeiten kennenzulernen. Das trifft auf Port d'Alcúdia und seine Urbanisationen Ciudad Blanca und Las Gaviotas erst recht zu. So wie es auf der Welt Gegenden gibt, die im Sommer heiß, im Winter aber eiskalt sind, gibt es auch solche, die im Sommer brechend voll und im Winter gespenstisch leer sind. Zu dieser Kategorie gehört die Urbanisation an der Bucht von Alcúdia.

Wenn man aus der historischen Altstadt von Alcúdia kommt und sich ihrem Hafen nähert, ist jede träumerische Romantik, die einen eben vielleicht noch beflügelt hat, dahin. Port d'Alcúdia liegt an der geschützten Südflanke der Halbinsel. Neben einem großen Yachthafen legen von hier aus auch die Fähren nach Menorca, genauer gesagt nach Ciutadella ab. Die Ruine eines stillgelegten Kohlekraftwerks steht wie ein Ausrufezeichen hinter dem

Hafen: »Schluss jetzt mit dem ländlich-mediterranen Gefühlsgedusel«, scheint sie sagen zu wollen.

Dennoch ist der Ortsbereich rund um die Marina durchaus einen Besuch wert. Nicht zuletzt weil man sich hier in fast ausschließlich spanischer Gesellschaft befindet und nach einem Spaziergang auf der Promenade eines der Fischlokale aufsuchen kann.

Radsportler- und Familienglück

Nach Süden hin erstreckt sich ein weiter, weißer Sandstrand. Er gehört zu einer Dünenlandschaft samt Feuchtgebiet, von dem nicht mehr viel übrig ist. Das heißt, das Feuchtgebiet wurde eingehegt zu einem Binnengewässer, das im Sommer von Ausflugsbooten gekreuzt wird, und der Sand ist unter Asphalt und Beton verschwunden. Schön ist das nicht, aber praktisch. Ciudad Blanca, wie dieser Teil der Urbanisation heißt, ist eine Urlaubsmaschine. Großhotels, Fastfood-Lokale, China-Restaurants, Ramsch- und Drugstores, Spielhallen, Fahrrad- und Autoverleih, Kartbahn etc: Hier gibt es das ganze Programm.

Weiter in Richtung Las Gaviotas wird es etwas ruhiger. Mehr und mehr Ferienhäuser stehen links und rechts der Hauptstraße, aber auch Hotels, in denen viele Radsportbegeisterte und Familien genau das finden, was sie suchen. Eine Urbanisation, die auch nicht anders aussieht als Vergleichbares an der Costa del Sol oder im Süden Teneriffas, aber gute Bedingungen bietet sowie einen langen, flach abfallenden Sandstrand, der einfach großartig ist.

Hingehen!

ESSEN UND TRINKEN

★ **Casa Gallega.** Beim Galizier gibt es Fisch und hier schmeckt er besonders gut. Köstliche Tapas, C/ Hostaleria, 11, Tel. 971 54 51 79, www.casagallegaalcudia.com

★ **Jardín.** Eines der besten Restaurants der Insel befindet sich in ungewöhnlicher Lage, mitten in der Touristenurbanisation. Die junge Macarena de Castro kocht fast nur mit saisonalen mallorquinischen Produkten. C/ Tritones, Tel. 971 89 23 91, www.restaurantejardin.com

★ **Meson Los Patos.** Im Traditionslokal genießt man ausgezeichnete lokale Küche ohne Augenwischerei. Camí de Ca'n Blau, 42, Tel. 971 89 02 65, www.mesonlospatos.com

★ **La Terraza.** Ausgezeichnete mediterrane Küche mit Schwerpunkt auf Fisch und Meeresfrüchten. Schöne Außenterrasse mit Blick auf den Hafen. Plaça de Pompeu Fabra, 7, Tel. 971 54 56 11, www.laterrazaalcanada.com

ÜBERNACHTEN

★ **Alcudiamar.** Das Haus mit seinen 106 Zimmern ist von Wasser umgeben. Es liegt auf der Hafenmole und bietet komfortable Zimmer und eine gute Ausstattung. Passeig Marítim, 1, Tel. 971 89 72 15, www.botelalcudiamar.es

53 Peninsula de la Victòria

Halbinsel der Kleinode

Zwischen den weiten Buchten von Alcúdia und Pollença ragt die gebirgige Halbinsel weit ins Meer. Schöne Strände und eine versteckte Einsiedelei locken in das Wandergebiet. Die Stiftung des Künstlerpaars Yannick und Ben Jakober ist eines der sehenswertesten Museen der Insel.

Nicht verpassen!

- ★ **Ermita de la Victòria.** Die ersten Einsiedler suchten im 14. Jh. die abgelegene Region auf. Die Kapelle stammt aus dem 16. Jh. und bewahrt eine hochverehrte Madonna.
- ★ **Tres Cruces.** Nur wenige hundert Meter oberhalb der Ermita bietet sich von dem Aussichtspunkt der drei Kreuze ein schöner Blick über die Bucht von Pollença.
- ★ **Talaia d'Alcúdia.** Auf dem Gipfel eines 444 m hohen Berges steht die Ruine eines Wachturms. Der Weg ist gut ausgeschildert.
- ★ **Fundación Yannick y Ben Jakober.** Neben einer anspruchsvollen Sammlung zeitgenössischer Kunst beeindruckt neben dem Anwesen Sa Bassa Blanca die Sammlung von rund 150 Kinderporträts aus mehreren Jahrhunderten. www.fundacionjakober.org
- ★ **Strände.** Schöne Strände finden sich entlang der Straße zur Ermita wie die Platja S'Illot. Nur per Boot oder zu Fuß ist der Strand von Coll Baix zu erreichen.

Wunderschöne Strände wie Coll Baixbietet die Halbinsel (oben). An einen Palast aus Tausendundeiner Nacht erinnert das Museumshaus des Künstlerpaares Yannick und Ben Jakober (oben rechts). Es birgt einen unterirdischen Ausstellungsraum (unten rechts).

Fragt man einen Wanderguide, wo er auf der Insel am liebsten in die Stiefel steigt, bekommt man vermutlich zu hören: in der Serra de Tramuntana und auf der Halbinsel Victòria. Von der Größe her kann sich der Felsfinger, der die Buchten von Pollença und Alcúdia voneinander trennt, natürlich nicht mit dem großen Gebirge messen. Und trotzdem, die unmittelbare Nähe zum Meer und die schönen Aussichten sprechen für sich. Also auf zur Halbinsel und zum Parkplatz bei der Ermita de la Victòria.

Die Einsiedelei liegt versteckt in einem dichten Nadelwald. Ihren Namen verdankt sie der Marienfigur, die es sogar mit Piraten aufnehmen kann. Im Oktober 1551 stiegen die Korsaren hoch zur Einsiedelei, die einige Mönche erst 30 Jahre zuvor errichtet hatten. Sie nahmen die Marienfigur mit und verstauten sie in einem ihrer Schiffe. Ähnlich wie die Jungfrau vom Kloster Lluc, dachte Maria nicht daran, den ihr geweihten Ort zu verlassen. Am folgenden Tag stand die Madonna wieder in der Kapelle. Ein klarer Fall von einem Wunder. Umso mehr, da sich das Gleiche einige Jahre später wiederholte. Wer wollte ihr da den Titel »Maria des

Sieges« streitig machen? Der heutige Bau wurde 1679 fertiggestellt. In der einschiffigen Kapelle befindet sich in einem barocken Retabel die wundermächtige Figur, eine polychrom gefasste Madonna aus dem 15. Jahrhundert.

Hat man der Madonnenfigur den nötigen Respekt erwiesen, kann man eine schöne Rundwanderung in Angriff nehmen. Sie führt hinauf zum alten Wachturm der Talaia d'Alcúdia und bietet grandiose Aussichten über die beiden angrenzenden Buchten. Unterwegs begegnet man möglicherweise halb wilden Ziegen, wandert über steinige Pfade unter der heißen Sonne und auf schattigen Waldwegen.

Kinderporträts aus mehreren Jahrhunderten

Die Südflanke der Peninsula La Victòria hat ganz anderes zu bieten. Golfspieler, die jemals eine Ansicht des Platzes von Alcanada gesehen haben, werden sich vornehmen, irgendwann einmal dort zu spielen. Landschaftlich gibt es wohl unter den 24 Plätzen der Insel keinen, der schöner gelegen ist. Nicht nur durch seine Lage, sondern sozusagen als Gesamtkunstwerk lässt sich die Stiftung des Künstlerpaars Yannick und Ben Jakober betrachten. Das Anwesen im Stil eines arabischen Palasts ist mit einer feinen Sammlung zeitgenössischer Kunst bestückt, darunter auch Werke von Rebecca Horn, Meret Oppenheim, Miquel Barceló und Gerhard Merz. Überraschend wie einzigartig ist die Sammlung von 150 Kinderporträts (16. bis 19. Jahrhundert), die in einer Museumshalle unter der Erde ausgestellt sind.

Hingehen!

ESSEN UND TRINKEN

- ★ **Bar Ermita de la Victòria.** In der alten Windmühle am Ortsrand wird mallorquinische regionale Küche serviert. Ctra. Santa Margalida, km 25, Tel. 971 85 51 16.
- ★ **Bar S'Illot.** Einfache Bar in toller Lage über dem Strand. Köstliche Paella und gegrillter Fisch. Am Strand S'Illot auf dem Weg zur Eremitage.
- ★ **Cocodrilo.** Im Restaurant direkt an der Einfahrt zum Yachthafen von Alcúdia werden köstliche Fischgerichte serviert. Port del Cocodrilo, Bon Aire, Tel. 971 54 68 71, www.restaurantecocodrilo-bonaire.com
- ★ **Mirador de la Victòria.** Herrliche Lage etwas oberhalb der Einsiedelei. Deftige mediterrane Küche. Camí de la Victòria, Tel. 971 54 71 73, www.miradordelavictòria.com

ÜBERNACHTEN

- ★ **Petit Hotel Hostatgeria La Victòria.** Vier Zimmer, mehr gibt es nicht im Minihotel in der alten Einsiedelei. Schön für Wanderer und Romantiker. Ctra. Cabo Pinar, km 6, Alcudia, Tel. 971 54 99 12, www.lavictoriahotel.com
- ★ **Viva Tropic.** Familien- und Sporthotel mit Rennradverleih. C/ Anselm Turmeda, 1, Port d'Alcúdia, Tel. 971 54 66 06, www.hotelsviva.com

54 S'Albufera

Still, es piept!

Eingeklemmt zwischen den Touristenzentren Can Picafort und Port d'Alcúdia liegt das Feuchtgebiet S'Albufera. Obwohl es früher viel umfangreicher war, ist es immer noch das größte seiner Art auf den Balearen. Vogelkundler haben schon rund 300 Arten ausgemacht. Einfach nur spazieren gehen ist aber auch ein Erlebnis.

So sieht kein Wanderweg aus. Hinter der Schranke gleich bei der Brücke über den Canal Gran zieht sich eine schnurgerade Asphaltbahn in Richtung Horizont. Wie entmutigend. Doch schon nach ein paar Metern ändert sich die Meinung. Oder sie kann es zumindest tun. Zur Monotonie dieses Striches in der Landschaft kommt das Rascheln und Zirpen von links und rechts. Auf einem Baum beim Kanal hocken einige Seevögel, die der Hobbyornithologe sicher mit einem Blick erkannt hätte. Auf der anderen Seite des Weges öffnet sich zwischen Schilf und Rohrkolben der Blick auf eine sumpfige, teilweise geflutete Landschaft. Nach dem Erlebnis der Touristenhochburgen von Can Picafort, Las Gaviotas und Ciutat Blanca, die an das Gebiet heranragen, ist ein Spaziergang in der S'Albufera wie Ausatmen. Hier kann man Kräfte sammeln, für das, was man am Tag noch so vorhat. Oder man vertieft sich in dieses lebende Lexikon der Natur.

Nicht verpassen!

★ **Informationszentrum Sa Roca.** Hier kann man sich über die unterschiedlichen Wegrouten informieren und Ferngläser zur Vogelbeobachtung ausleihen. www.conselldemallorca.cat

★ **Beobachtungsstationen.** Insgesamt vier Stationen bieten den Vogelkundlern und Besuchern geschützte Plätze zur Beobachtung.

★ **Führung.** Samstagvormittags werden 2-stündige Gruppenführungen vom Umweltamt angeboten. Anmeldung im Informationsbüro unter parc.albufera@gmail.com und Tel. 971 89 22 50

★ **Platja de Muro.** Zwischen den Hotels und Apartmentanlagen erreicht man den herrlichen weiten Sandstrand.

★ **Fahrradtour.** Die ebenen Wege des Feuchtgebiets eignen sich auch gut zum Radeln. Ein nahe gelegener Verleih ist Wheels, Av. S'Albufera, 13b, Platja de Muro, Tel. 971 89 10 41, www.wheelssport.net

In früheren Jahrhunderten erstreckte sich das Feuchtgebiet fast hinter der gesamten Bucht von Alcúdia (unten rechts). Der größte Teil musste den Hotels weichen. Immerhin blieb noch ein Areal übrig, das groß genug ist, um zum bekennenden Ornithologen zu werden (oben und oben rechts).

Geschützter Lebensraum

Von Aal bis Zwergdommel beziehungsweise von der Armleuchteralge bis zur salbeiblättrigen Zistrose: Die Tier- und Pflanzenwelt ist derart vielfältig, dass man sich als urbaner Zeitgenosse darin vorkommen kann wie ein Analphabet. Eine der Ursachen für den biologischen Reichtum ist der Wechsel von Süß- und Salzwasser. Ein Großteil des Feuchtgebiets ist das ganze Jahr überflutet. Zur Meerseite hin begrenzt ein 300 Meter breiter Dünenrand den Naturraum. In den Sommermonaten dringt Meerwasser ein, was eine spezifische Flora mit Binsen, Schilf und anderen Arten begünstigt. An den Kanälen und landeinwärts stehen Ulmen, Tamarisken und Weißpappeln. Als besondere Schönheit gilt die zart rosafarbene Moororchidee. In diesem Lebensraum tummeln sich Wasserschildkröten, Frösche, Glasaale und anderes mehr. Vor allem aber ist der Naturpark ein Rückzugsgebiet für Zugvögel. Über 300 Arten steuern regelmäßig das Feuchtgebiet im Nordosten Mallorcas an oder sind hier heimisch.

Das Informationszentrum ganz am Ende der langen Straße erzählt auch von der Geschichte des Feuchtgebiets, in dem einmal eine Papierfabrik stand. Man hat es auch mit dem Reisanbau versucht, etwa wie am Ebro-Delta oder in der Albufera von Valencia. Nichts war rentabel. Aus Angst vor Malaria wurde im 19. Jahrhundert versucht, das ehemals riesige Areal trockenzulegen. Eine englische Firma baute zig Kanäle und entwässerte rund 2000 Hektar Land, doch dann wurde das Projekt aufgegeben. Nicht nur aus Sicht der Zugvögel eine weise Entscheidung.

Hingehen!

- ★ **La Playa.** Am Strand von Platja de Muro mit schönem Blick, mediterrane und internationale Küche. C/ Joglars, Platja de Muro, Tel. 971891310.
- ★ **Meson Los Patos.** Jeden Donnerstag gibt es Aal aus der S'Albufera. Beliebtes, typisch mallorquinisches Gartenlokal in der Urbanisation Muro. Ctra. Port d'Alcúdia-Sa Pobla, km 8,9, Tel. 971890265, www.mesonlospatos.com

ÜBERNACHTEN

- ★ **Parc Natural.** Gleich gegenüber dem Naturpark liegt der luxuriöse Hotelkomplex. Die Lage am weiten Sandstrand unter dem lichten Pinienhain spricht für sich. Familienfreundliches Haus mit Spa, Komfort, ökologischem Anspruch. Ctra. Alcúdia-Artá, Tel. 971892017, www.grupotel.com
- ★ **Prinsotel La Dorada.** Komfortables Familienhotel mit großzügiger Außenanlage für Pauschalbucher. Ctra. Alcádia–Artà, km 5,5, Platja de Muro, Tel. 971892238, www.prinsotel.es
- ★ **Viva Blue.** Das Viersternehaus ist speziell auf Rad- und Triathlonsportler zugeschnitten. Mit Radverleih, Werkstatt, 25-Meter-Becken etc. Passeig de Bateman, Platja de Muro, Tel. 971897006, www.hotelsviva.com

55 Can Picafort

Am langen Strand

Nicht verpassen!

- ★ **Ses Casetes dels Capellans.** Feriensiedlung aus der Zeit vor dem Massentourismus, am Ortseingang in Richtung Port d'Alcúdia.
- ★ **Jachthafen.** Ursprünglich war Can Picafort ein Fischerort. Auf Höhe des modernen Sporthafens besitzt der Ort noch eine gewachsene Struktur.
- ★ **Strand und Promenade.** Platja, Gran, Son Bauló, Son Real und Son Serra Marina heißen die Strände der Gemeinde. Zusammen sind sie ein Küstenstreifen von rund 9 km Länge und das eigentliche Highlight von Can Picafort.
- ★ **Parc de Son Real.** Die Finca hat ein Ausstellungszentrum mit einer archäologischen Schau, die auch über die Nekropole Son Real informiert. Fahrradverleih. An der Straße nach Artà.
- ★ **Necròpoli de Son Real.** Totenstadt aus dem 1. Jahrtausend v. Chr. Das Feld aus 109 Gräbern ist über Son Bauló oder die Finca Son Real jeweils zu Fuß erreichbar.

Eigentlich ist Can Picafort ein Urlaubszentrum wie jedes andere. Andererseits gibt es hier das schöne, stille Hinterland (oben), den tollen Sandstrand (unten rechts) und etwas außerhalb eine rund 3000 jahre alte Totenstadt (oben rechts). Dies ist eben doch kein Ort wie jeder andere!

Gäbe es nicht die weiten Sandstrände an der Badia de Alcúdia, gäbe es auch Can Picafort nicht, jedenfalls nicht so, wie sich der Urlaubsort heute präsentiert. Der ist besonders bei deutschen Pauschalreisenden beliebt. Jenseits der urbanen Eintönigkeit lässt sich manches entdecken, zum Beispiel eine frühgeschichtliche Totenstadt.

Es stimmt schon, Can Picafort ist ganz auf den Tourismus ausgerichtet. Und man spricht Deutsch. Damit ist der Ort, der wie das lokale Tourismusbüro stolz verkündet, genau in der Mitte der insgesamt 17 Kilometer weiten Bucht von Alcúdia liegt, die Alternative zur Platja de Palma und Peguera. Es ist viel leichter, ein gutes gezapftes Bier zu bekommen als eine Weinkarte. Wer in einem Restaurant nach einem Schnitzel fragt, wird erfolgreicher sein als der, der sich etwa *lomo con col* wünscht, oder was einem sonst Mallorquinisches einfallen mag. Can Picafort ist aber nicht Peguera und auch nicht Ses Maravelles oder S'Arenal. Das merkt man schon am Ortseingang, wenn man aus Richtung Alcúdia kommt. Dort stehen die ersten Häuser des Ortes, und die sind erstaunlich klein. Und was ebenfalls überrascht: Die Wege zwischen ihnen sind aus Sand, fast so, als wäre man in einem mallorquinischen El Rocío. Letzteres ist ein Wallfahrtsort in Andalusien.

Ses Casetes dels Capellans heißt die Siedlung, deren Lage nicht schöner sein könnte. Hinter den Dünen und nur wenige Meter

von dem kilometerlangen Sandstrand entfernt und beschattet von hohen Kiefern liegen die kleinen Ferienhäuschen, die ursprünglich gebaut wurden, damit sich die Geistlichen aus Sa Pobla und Muro dort erholen können. »Die wunderbaren Sommer der 50er-Jahre«, so schreibt der Autor Miquel López Crespí aus Sa Pobla, »sind eine mythische Realität der Nostalgie, sie sind nur noch Erinnerung.« Ja, die Zeiten, als die Mallorquiner noch ungestört an ihren Stränden die heißen Sommertage verbringen konnten, sind lange vorbei.

In die Stadt der Toten

Vielleicht kann man sich wenigstens in etwa vorstellen, wie die Sommerfrische der Einheimischen aussah, zum Beispiel, wenn man sich alte Fotografien anschaut. Wie die Urmallorquiner ihr Meer erlebten und mit ihm lebten. Angenommen, man hätte ein Fahrrad, dann könnte man am Strand und der Hotelfront von Can Picafort entlang, am hübschen Yachthafen vorbei, in den Ortsteil Son Bauló radeln. Dort geht es zu Fuß direkt am Wasser weiter zur Necropòli de Son Real. Das Gräberfeld wurde vermutlich ab 800 v. Chr. erbaut. Auf einer Fläche von rund 800 Quadratmetern finden sich 109 oberirdische Grabstätten. Es ist das größte seiner Art im gesamten Mittelmeerraum. Erst in den 1960er-Jahren legten Archäologen die Anlage im Osten von Can Picafort frei. Unklar ist bis heute, wer die Menschen waren, die in dieser Totenstadt beigesetzt wurden, welchem Volk sie angehörten und wo sich ihre Siedlung befand.

Hingehen!

ESSEN UND TRINKEN

- ★ **Ca na Noe.** Nettes Café mit einer Auswahl an Gebäck. Mit Außenterrasse etwa auf Höhe des Hafens. Plaça Jaume I, Tel. 676 66 00 74.
- ★ **Es Mollet.** Kleines gemütliches Restaurant an der Hafenpromenade. Spezialität des Hauses ist Pizza. C/ Feliciano Fuster 38, Tel. 971 85 05 66, www.esmollet.com
- ★ **Floridita.** Plastikstühle auf dem weißen Sand und ein beruhigender Blick ins Azur des Meeres. Stimmungsvolle Beach-Bar. C/ Geranis, Tel. 622 10 17 85, www.floriditabeachbar.com
- ★ **Sa Cova.** Im südlichen Bereich der Meerespromenade bei Son Bauló genießen die Gäste gute mediterrane Klassiker mit Blick auf den Strand. C/ Marina, 23, Tel. 971 85 23 92.

ÜBERNACHTEN

- ★ **Es Bauló Petit Hotel.** Ein kleines, geschmackvolles Hotel mit Apartments und Studios. Av. Santa Margalida, 28, Tel. 971 85 00 63, www.esbaulo.com
- ★ **Casal Santa Eulalia.** Auf halber Strecke zwischen Can Picafort und Santa Margalida liegt die große Finca, die in ein edles Hotel umgebaut wurde. Große Außenanlage mit zwei Pools. Tel. 971 85 27 32, www.casal-santaeulalia.com

56 Colònia de Sant Pere

Im stillen Winkel

Außer etlichen Sommervillen hat der Tourismus einen Bogen um die Kolonie im Südosten der Bucht von Alcúdia gemacht. Vom ruhigen Hafenort aus lassen sich schöne Wanderungen unternehmen. Oder man steuert die Kolonie des Heiligen Vaters und ihre Lokale im Rahmen einer schönen Küstentour an.

Es gibt noch Orte auf Mallorca, die – obwohl sie direkt am Meer liegen – nicht die Entwicklung einer typischen Urlaubsurbanisation vollzogen haben. Um sich diesem seltenen Phänomen zu nähern, muss man in den Südosten der Bucht von Alcúdia in die Colònia de Sant Pere reisen. Die Kolonie, 1881 wurde sie gegründet, ist schon seit Jahren ein Geheimtipp, der allerdings auch seine Schattenseiten hat. Trotz der großartigen Lage an der Bucht sind die Strände meist felsig, und durch die im rechten Winkel angelegten Straßen zieht ein sanfter, aber doch stetiger Wind der Melancholie. Zumindest, wenn nicht gerade Juli oder August ist.

Aber manchmal ist gerade das auch schön. Und noch etwas spricht für einen Besuch: Man kann sich dem Ort auf einer herrlichen Küstenwanderung nähern. Neben dem Fernwanderweg GR 221 wird schon seit Jahren an einer zweiten Route gearbeitet. Der GR222 führt von Artà nach Lluc beziehungsweise umgekehrt. Die interessanteste Etappe ist die zwischen Cases de Son Serra und Colònia de Sant Pere. Cases de Son Serra de Marina liegt an

Nicht verpassen!

- ★ **Promenade.** Der Carrer del Mar ist die schönste Straße des Ortes. Autofrei und entlang der felsigen Küste führt die Promenade.
- ★ **Torres d'Enfilació.** Die Orientierungstürme für U-Boot-Manöver finden sich entlang der Bucht. Sie wurden zwischen 1940 und 1970 erbaut.
- ★ **Sa Canova.** Der unbebaute Dünenstreifen an der Küste ist nicht nur landschaftlich schön, er bietet auch vielen Pflanzen- und Tierarten ein Habitat.
- ★ **Estany del Bisbe.** Strandsee an der Mündung des Torrent de Na Borges bei Son Serra de Marina mit vielen Wasservögeln.
- ★ **Wanderung zur Ermita de Betlem.** Herrliche Landschaft und Ausblicke über die Bucht. Bis zur Ermita auf dem GR222 sind es von Colònia de Betlem aus 2,5 km bergauf.

Unbeeindruckt von den Massen an der Bucht von Alcúdia gibt sich Colònia de Sant Pere (oben, unten und oben rechts). Man logiert in Ferienhäusern. Auf Wanderungen trifft man auch auf Zeugnisse der Urmallorquiner wie den Dolmen Aigua Dolça, 1750 v. Chr. (unten).

der Straße zwischen Can Picafort und Artà. Das große Landgut wurde 1912 in einer Mischung aus Modernismus und Neoromanik erbaut. Für die bereits erwähnten Melancholiker ist das der richtige Einstieg. Die Siedlung wirkt verlassen.

Durch einen Kiefernhain kommt man ans Meer. Der Strandsee Estany del Bisbe mag Hobbyornithologen interessieren, vielleicht machen sie dort ein rares Objekt ihrer Leidenschaft aus. Während man weiter an der naturbelassenen Küste wandert, wundert man sich vielleicht über die seltsamen Obelisken, die da in regelmäßigen Abständen aufragen. Die *Torres d'Enfilació* wurden ab den 1940er-Jahren erbaut und dienen militärischen Zwecken. Sie wurden für U-Boot-Manöver in der Bucht genutzt.

Auf der Promenade

Zwischen der Küstensiedlung Son Serra de Marina, also ohne den Zusatz »Cases« bis nach Colònia de Sant Pere sind es 4 Kilometer. Auf halber Strecke passiert man das nicht weiter aufregende S'Estanyol. Entlang der hier felsig-roten Küste sieht man schon den kleinen Yachthafen der Kolonie, wo auch ein paar Fischer ihre Kutter liegen haben. Während man auf die Zielgerade einläuft, die Küstenpromenade von Sant Pere, freut man sich, dass hier doch ein gewisses Maß an Tourismus und Infrastruktur vorhanden ist. Einladende Restaurants warten auf hungrige Gäste. Wer Lust auf einen guten Wein hat, kann nach einem Conde de Suyrot fragen. Der wird von einem französischen Adligen seit ein paar Jahren an den Hängen oberhalb des Ortes angebaut.

Hingehen!

ESSEN UND TRINKEN

★ **Del Nautico.** Café-Restaurant mit großer Terrasse und Blick auf den Hafen. Passeig de Mar, Tel. 971 58 90 09.

★ **Es Vivers.** Frische italienische Küche und schöne Lage mit Terrasse. Passeig Marítim, Tel. 971 58 94 78, www.esvivers.com

★ **Sa Xarxa.** Das von einer Deutschen geführte Restaurant ist vielleicht das beste vor Ort. Köstliche mediterrane Küche und tolle Lage an der Promenade. Passeig de Mar, Tel. 971 58 92 51, www.sa-xarxa.com

★ **Sant Pere.** Das kleine Lokal in der zweiten Reihe wird gern von den spanischen Residenten aufgesucht. Gute mallorquinische Küche. C/ Sant Joan Evangelista, 49, Tel. 971 59 66 33.

★ **Vinoteca.** Was kann schöner sein, als bei einem guten Glas Wein und in angenehmer Begleitung den Sonnenuntergang über der Bucht zu erleben? Hier ist ein geeigneter Ort dafür. Passeig de Mar

ÜBERNACHTEN

★ **Solimar.** Einfaches Urlaubshotel mit Pool und Außenanlage. C/ las Margalidas, 14, Tel. 971 58 93 47, www.hotelsolimar.es

57 *Artà*

Die lebenswerte Stadt

Unter einem Hügel mit Wallfahrtskirche und Festungsmauer drängen sich die Häuser des historischen Städtchens dicht an dicht. Artà wirkt unverfälscht und authentisch, was auch damit zusammenhängt, dass man sich vom Trubel der nahe gelegenen Küste nicht beeindrucken lässt.

Ist es nicht eigenartig? Man fährt nur 10 Kilometer und ist an den schönsten Stränden der Insel. Oder man radelt eine Viertelstunde und landet in einer Berglandschaft, die so wunderbar verwunschen ist, dass man sich wie die Mönche von Betlem eine kleine Eremitage wünscht. Dennoch ist der Ort, von dem man diese Unternehmungen starten kann, ein ganz normales Städtchen. Es gibt einige wenige Hotels, und natürlich haben sich auch hier

Nicht verpassen!

- ★ **Museu Regional d'Artà.** Das Regionalmuseum zeigt Funde aus der Talayotzeit. C/ Estel, 4 (an der Plaça de l'Ajuntament), Tel. 971 82 97 78 und 617 80 15 62, www.museuarta.com
- ★ **Fundació Aina Mª Lliteras de Can Cardaix.** Das Haus der Künstlerin Aina Maria Lliteras ist ein herrschaftliches museales Anwesen im Zentrum. Mit Café. C/ Rafel Blanes, 14, Tel. 971 82 92 33, www.fundaciolliterascardaix.org
- ★ **Església Transfiguració del Senyor.** Wuchtige Stützbögen prägen die Außenfassade der Pfarrkirche aus dem 16. Jh.
- ★ **Santuari de Sant Salvador.** Die neoklassizistische Kirche auf dem Stadthügel prägt die Kulisse. Die Wallfahrtskirche (19. Jh.) ist vom Ort aus über einen Kreuzweg zu erreichen.

In der Megalithzeit bauten die Menschen auf Mallorca Siedlungen mit mächtigen Steinmauern. Zu sehen ist das noch heute in Ses Païsses (oben). Über Artà wacht eine Kirche mit Festungsmauer (oben rechts). Gut essen und schlafen lässt es sich im Hotel Sant Salvador (rechts).

Deutsche, Briten und andere Dauer- oder Zeitweise-Residenten unter die Bevölkerung gemischt. Trotzdem würde niemand Artà absprechen, dass es eine »authentische« mallorquinische Kleinstadt ist.

Das sieht zum Beispiel so aus: Auf dem Carrer Ciutat – sozusagen die Rambla von Artà, ihre Hauptachse und Flaniermeile – lernt ein Kind gerade das Radfahren. Der Vater rennt mit, hält und stützt, spornt an und tröstet, weil der Junge doch auf dem Boden gelandet ist. Ein Stück oberhalb an der Bar »Gran Vía« wird die Wand gestrichen – auf einer wackligen Leiter, über den Köpfen der Gäste. Natürlich ohne Spritz- oder sonstigen Schutz. Macht nichts, wenn die Marquise etwas Weiß abkriegt. Der Wirt nimmt es gelassen, ebenso wie die Senioren, die auf der neu gestalteten *plaça* neben dem Theater eine ruhige Boule-Kugel schieben. In Artà vergisst man schnell, dass die Touristenhochburgen Cala Rajada oder Cala Millor ganz in der Nähe sind. Sie gehören zu einer anderen Welt.

Hinter der zyklopischen Mauer

Wie bei Alcúdia gibt es auch in Artà vor den Toren der Stadt einige Ruinen, die weit in die Vergangenheit reichen. Allerdings sind die Reste dieser ersten bekannten Siedlung nicht römisch, sondern noch älter. Biegt man beim alten Bahnhof von der Hauptstraße ab, kommt man auf ein schmales, mehrfach ausgebessertes Sträßchen in die *horta*, den »Garten« von Artà. Die einfachen Häuser von Landarbeitern und Handwerkern säumen den

Hingehen!

ESSEN UND TRINKEN

★ **Cafe Parisien.** Romantisches Café mit mediterraner Küche. C/ de Ciutat, 18, Tel. 971 83 54 40.

★ **Gran Vía.** Einfache und populäre Café-Bar an der Flaniermeile Carrer Ciutat. C/ Ciutat, 35, Tel. 971 83 50 09.

★ **La Calatrava.** Anspruchsvolle mediterrane Küche, die in einem stimmungsvoll restaurierten Stadtpalast mit Innenhof serviert wird. C/ Ses Roques, 13, Tel. 971 83 66 63, www.clubcanmoray.com/wordpress

★ **Zezo.** Gourmetrestaurant, genussvolle 3- oder 4-Gänge-Menüs in stimmungsvollem Ambiente des »Hotel Sant Salvador«. C/ Pou Nou, 26, Tel. 971 82 95 55, www.santsalvador.com

ÜBERNACHTEN

★ **Casal d'Artà.** Das Haus am malerischen Rathausplatz besitzt viel Charme und authentischen Charakter. Dazu gehören acht Zimmer, die teilweise mit original mallorquinischen Stilmöbeln eingerichtet sind. C/ Rafel Blanes 19, Tel. 971 82 91 63, www.casaldarta.de

Hingehen!

★ **Ca'n Moragues.** Nur acht Zimmer hat das gediegene Altstadthotel. Die Räumlichkeiten eines Herrenhauses aus dem 18. Jh. bieten einen behaglichen Rahmen. C/ Pou Nou, 12, Tel. 971 82 95 09, www.canmoragues.com

★ **Forn Nou.** Noch neues Altstadthotel mit sechs geschmackvoll eingerichteten Zimmern. C/ Centre, 7, Tel. 971 82 92 46, www.fornnou-arta.com

EINKAUFEN

★ **Artartà.** Erst mal ist der Kunstraum ein Museum für lokales Kunsthandwerk. Es gibt aber auch eine Cafeteria und authentisches Kunsthandwerk zu kaufen. C/ Antoni Blanes, 19, Tel. 971 83 59 39 und Tel. 629 04 83 41, www.artarta.es

★ **Ca'n Pantali.** Das Flechten mit Palmblättern hat eine jahrhundertealte Tradition in der Region. Dies ist einer der letzten Korbläden des Orts. C/ Antoni Blanes, 21, Tel. 971 83 63 89.

★ **Kunsthandwerkermarkt.** Artàs Handwerkstradition lebt beim Wochenmarkt jeden Dienstag auf.

Im Schatten der spätgotischen Pfarrkirche Transfiguració del Senyor unterhalb der Festung (ganz oben), kann man vergnügt an der frischen Luft einen Drink genießen (oben). An der Küste bei Artà kann man herrlich wandern, eines der beliebtesten Ziele ist der Wachturm Talaia Moreia (rechts).

Artà

Weg, der bald an einem Steineichenhain entlangführt. Dort ragt, gut versteckt, eine 5,5 Meter hohe Mauer aus mächtigen Steinbrocken auf. Diese Bauart wird nach dem einäugigen Riesen, der dem fliehenden Odysseus einen Steinbrocken hinterherwarf, Zyklopen-Bautechnik genannt. Die Mauer gehört zu der am besten erhaltenen frühgeschichtlichen Anlage Mallorcas, der Talayot-Siedlung Ses Païsses, die vermutlich in der Bronzezeit um 1000 v. Chr entstand. Bis zur Ankunft der Römer war sie bewohnt.

Vor dem 3000 Jahre alten Portal aus drei mächtigen Felsblöcken steht ein Denkmal für Miguel Costa i Llobera. Der Dichter-Priester hat im frühen 20. Jahrhundert den Zauber dieser längst vergangenen Kultur in dem Gedicht *La deixa del geni grec* (»Das Erbe des griechischen Genius«) festgehalten. Was an Keramik und Schmuck in der archäologischen Stätte gefunden wurde, ist im Museu Regional d'Artà ausgestellt. Es liegt mitten im alten Ortskern, man muss nur die eingangs erwähnte Carrer Ciutat immer weiter bergauf spazieren. Das sehenswerte Museum wurde bereits 1927 gegründet und verfügt auch über eine Naturkundliche Abteilung. Ein paar Sträßchen weiter kann man sich das Interieur eines alten Herrenhauses ansehen, die Fundació Aina Mª Lliteras de Can Cardaix. Langsam nähert man sich schließlich dem Bereich, der bis vor wenigen Jahren noch der einzige war, der von Touristen besucht wurde: eine wuchtige Kirche, die über der Stadt thront und wiederum von einer Mauer mit Zinnenkranz umgeben ist.

Aussicht vom Kreuzweg

Wie in Pollença steigt man in die sakralen Höhenlagen des Orts auf einer langen Treppe hinauf. Die ist zugleich ein Kreuzweg. Rechterhand sieht man die Pfarrkirche Transfiguració del Senyor aus dem 16. und 17. Jahrhundert. Während man von Zypressen begleitet langsam bergan steigt, öffnet sich der Blick über die verwinkelte Dachlandschaft von Artà.

Die Wallfahrtskirche Santuari de Sant Salvador ist das Wahrzeichen der 8000-Einwohner-Stadt. Die Wehranlage wurde im 10. Jahrhundert von den Arabern errichtet, als Teil einer Almudaina, eines befestigten Herrschaftsbezirks, zu dem auch eine Moschee gehörte. Die zwischen 1825 und 1832 erbaute klassizistische Kirche lässt keinen Zweifel daran, wer heute der Herr des Hügels ist. Doch unabhängig von Religion und Konfession darf man anerkennen, dass die Mare de Déu de Sant Salvador, eine Marienfigur aus dem 13. Jahrhundert, sehr schön ist.

58 *Ermita de Betlem*

In die grüne Einsamkeit

Nicht verpassen!

★ **Kapelle der Ermita de Betlem.** Anfahrt über Ma-3333 ab Artà, hübsche Kirche mit Deckenfresken (19. Jh.).

★ **Hauptaltar.** Anstelle eines Gemäldes öffnet sich der Altar zu einer Krippenszene.

★ **Font de S'Ermita.** An der Quelle etwa 300 m unterhalb findet sich eine Grotte, die an das Wunder von Lourdes erinnert. Dort gibt es auch einen Picknickplatz.

★ **Parc Natural de la Peninsula de Llevant.** Der Naturpark auf der Halbinsel nördlich von Artà dient im Besonderen dem Vogelschutz und beeindruckt durch seine grüne Landschaft.

★ **Wandern.** In der abgeschiedenen Natur der Halbinsel lassen sich mehrere Wanderungen unternehmen. Ausgangspunkte sind die Parkplätze bei der Ermita oder beim Gut Alqueria Vella (dem Hinweisschild »Bosc Tui« folgen).

Hinter Artà führt ein Sträßchen in die Einsamkeit (unten rechts). Die Einsiedelei von Betlem liegt in der schönen Berglandschaft des Naturparks Peninsula de Llevant (oben). Im Inneren der Kapelle prunkt der Hauptaltar (oben).

Im Hinterland von Artà erstreckt sich der Naturpark der Halbinsel Llevant. Die gemäßigte Bergwelt begeistert mit kargen und stillen Landschaften. Hierhin zogen sich 1805 einige Einsiedler zurück. Die Ermita de Betlem ist eine der am idyllischsten gelegenen Inselheiligtümer.

An einem postkartenblauen Sommertag würde man nicht denken, dass die Einsiedelei Betlem wirklich so einsam ist, wie es ihr Name behauptet und es sich ihre Bewohner wohl wünschen. Um das besser zu verstehen oder um ein ansatzweise authentisches Gefühl zu bekommen, dass *ermita* Einsiedelei bedeutet, sollte man sich die Mühe machen, an einem stürmischen oder regnerischen Herbst-, Winter- oder Frühlingstag das Hinterland von Artà zu erkunden. Dann etwa, wenn eine dunkle Wolke über der Halbinsel Llevant liegt, die Sonne sich nur zaghaft einen Weg durch die dichte Wolkendecke bahnt und nur ab und an vor dem Hintergrund der Einsiedelei einen geradezu himmlischen Regenbogen zaubert.

Um zur Ermita zu gelangen, muss man ein verwunschenes Tal durchqueren. Mit seinen kleinen Bauernhöfen, den Obst- und Mandelbäumen, den Gärten und Hügeln erinnert es an eine toskanische Landschaft. Im Frühjahr wird das von stürmischen Nordwinden geschützte Tal zum Pflanzenparadies mit blühendem Johanniskraut, Steineichen, Feigen und anderen Baumarten.

Nach 5 Kilometern biegt die Ma-3333 links ab und führt in engen Serpentinen auf das Plateau zwischen dem 561 Meter hohen Morei und dem 510 Meter hohen Ferrutx-Gipfel. Die Straße hat zwar eine durchbrochene Mittellinie, sodass man auf die Idee kommen könnte, sie hätte auch zwei Fahrspuren, aber die sind eben mal breit genug, dass zwei Esel oder Radsportler aneinander vorbeipassen. Letztere sind hier wie überall, wo es schön auf Mallorca ist, zahlreich anzutreffen.

Durch den Naturpark der Levante-Halbinsel

Nach einer kurvigen Abfahrt kommt die Einsiedelei in den Blick. Es ist einsam und weltabgewandt hier. Aber wie viel mehr muss es das 1805 gewesen sein, als die gläubigen Männer, die sich von ihrer Gemeinschaft in der Ermita de la Santíssima Trinitat bei Valldemossa getrennt hatten, hierherkamen. Das Landstück in einem Hochtal über den Bergen und in der Nähe einer Quelle wurde ihnen gestiftet. Die einzige Auflage des Gönners war, dass der Ort an die Geburt Jesu erinnern möge. Daher heißt die Einsiedelei »de Betlem«, also »von Bethlehem«. Tomàs Vibot, der ein kleines Buch über die Heiligtümer der Insel geschrieben hat, weiß, dass man bis 2010 die drei verbliebenen Einsiedler »noch weltabgewandt meditieren und die Terrassenbeete an der Quelle« Font de S'Ermita sehen konnte. Altersbedingt schlossen sie sich den Brüdern der Ermita de Trinitat an. Dort, in der Einsiedelei bei Valldemossa hatte Joan Mir i Vallès 1670 das Regelwerk erdacht, das für die meisten Einsiedler der Insel bindend war und noch immer ist.

Hingehen!

ESSEN UND TRINKEN

- ★ **Finca Es Serral.** Um das schöne Landrestaurant zu finden, fährt man hinter Artà in Richtung Cala Torta ab. Köstliche mallorquinische Küche. Ctra. Cala Torta, Tel. 971836981.
- ★ **Sa Tafona de Son Fang.** Restaurant in einem alten Bauernhaus auf dem Weg zur Ermita. Auf der Terrasse oder im rustikalen Speiseraum wird ländliche Küche serviert, das Fleisch kommt vom Grill. Ma-3333, Ctra. Artà-Ermita Betlem, km 1,5, Tel. 971829591, www.satafona.com
- ★ **Sa Torreta.** Hübsche Tapas-Bar und kleines Restaurant an der Hauptachse Artàs. C/ Ciutat, 44, Artà, Tel. 971836392, www.satorreta.eu
- ★ **Gaudí.** Auch im Restaurant des »Hotel Sant Salvador« isst man ausgezeichnet. C/ Pou Nou, 26, Artà, Tel. 971829555, www.santsalvador.com

ÜBERNACHTEN

- ★ **Son Not.** Auf dem Agroturismo im Naturpark bewohnen die Gäste rustikale, charmante Apartments. C/ de Son Puça, km 3, Poligono 19, Parcela 79, Artà, Tel. 677393377, www.sonnot.com
- ★ **Sant Salvador.** Schöne Jugendstilvilla mit bunter, künstlerischer Ausstattung und herrschaftlichen Zimmern. C/ Pou Nou, 26, Artà, Tel. 971829555, www.santsalvador.com

59 *Capdepera*

Unter den Zinnen

Nicht verpassen!

- ★ **Castell de Capdepera.** Die Ursprünge der Festungsanlage gehen auf das 10. Jh. zurück. Ausgebaut wurde sie allerdings erst im 13. und dann im 16. Jh. Die Wehrmauer kann man begehen. Von ihr hat man eine gute Aussicht über die Region bis zum Meer. www.castellcapdepera.com
- ★ **Capella de la Esperanza.** Die kleine Kapelle auf dem Burgberg wurde im 13. oder 14. Jh. errichtet. In ihr wird die Jungfrau Nostra Senyora de la Esperanza verehrt.
- ★ **Casa del Governador.** Im 16. Jh. lebte wegen der ständigen Piratengefahr der Großteil der Bevölkerung innerhalb der Mauern. Im Haus des Gouverneurs findet sich ein Museum zum Handwerk des Palmflechtens.
- ★ **Torre de Canyamel.** Wehrturm aus dem 13. Jh.
- ★ **Coves d'Artà.** Größte der für Besucher zugänglichen Höhlen der Insel. Begeisternde Tropfsteinformationen. Vía de las Cuevas, Canyamel, Tel. 971 841 293, www.cuevasdearta.com

Genau genommen gehört der Zinnenkranz über Capdepera nicht zu einer Burg, sondern war ein Schutzraum für die Bevölkerung im Fall von Piratenangriffen (oben und oben rechts). Von dem Städtchen ist man in wenigen Kilometern an herrlichen Stränden (unten rechts).

Schon von Weitem ist das Castell de Capdepera auszumachen. Wie ein großes Dreieck zieht sich die Festungsmauer mit ihren Zinnen über den Hausberg. Darunter schmiegt sich der malerische Ort, der ein Zentrum des Flechthandwerks mit Palmblättern ist beziehungsweise war. Heute beherrschen nur noch wenige diese Kunst.

Capdepera, Hauptsitz der gleichnamigen Gemeinde hat mit 3500 nur etwa halb so viele Einwohner wie Cala Rajada, das zu Capdepera gehört. Die Küste und mit ihr der Tourismus waren und sind der Motor, der die Immobilienbranche, die Hotellerie und Gastronomie bewegt. Dieser Wandel ging an Capdepera vorbei. Heute kann man sagen, die Kleinstadt blieb davon verschont. Denn sie erhielt sich etwas, das die Küstenorte verloren haben: das Natürliche, den Charme der Normalität.

Sie ist die nordöstlichste Gemeinde der Insel. Auf den mit dichter Garrigue bewachsenen Hügeln, den Ausläufern der Serres de Llevant, haben die Bewohner des Ortes und der Nachbargemeinden über Jahrhunderte Palmblätter gesammelt. Das Palmblattflechten, die *obra de llatra* war vor allem im Nordosten der Insel verbreitet und sogar ein bedeutender Wirtschaftszweig. Denn hier wächst die endemische Zwergpalme, die im Katalanischen *margalló* oder *garballó* genannt wird. Taschen, Hüte, Körbe, Matten für die Olivenölpressen, Besen etc.: Aus den getrockneten, geschwefelten Palmblättern flochten sich die Mallorquiner, was sie für den Alltag so brauchten. Heute gibt es nur noch wenige, die dieses Kunsthandwerk beherrschen. In Capdepera sind es neun Frauen, die sich treffen, flechten und die vergessene Kunst zei-

gen. Das meiste, was man heute bekommt, stammt aus Afrika oder Fernost. Ein Logo mit dem Slogan »Fet a Capdepera« (»gefertigt in Capdepera«) kennzeichnet daher die eigenen Produkte.

Auf der Burg

Im ehemaligen Zentren des Palmflechter-Handwerks gibt es natürlich auch ein Museum, im Castell de Capdepera, dem Wahrzeichen des sympathischen Städtchens. Der älteste Teil, die Torre d'en Nunis, geht auf das 10. Jahrhundert zurück. Die Burgkapelle ist seit dem frühen 14. Jahrhundert belegt. Der Nostra Senyora de l'Esperanza wird noch immer zugutegehalten, dass sie die Bevölkerung im Dezember 1569 vor einem Piratenangriff bewahrte, indem sie die Küste in Nebel hüllte. Die Einwohner von Capdepera danken es der Schutzpatronin jedes Jahr mit einer Prozession.

Erst flechten, dann zum Spielen

Das Flechthandwerk, mallorquinisch *ilatra*, ist – oder besser gesagt war – besonders im Nordosten verbreitet. Hier wachsen die Zwergpalmen, von denen jedes Jahr im Juni nur die Triebe geschnitten werden. Aus den Palmblättern wurde vieles gearbeitet, was man für das tägliche Leben brauchte. Die wenigen, die das Kunsthandwerk noch ausüben, können sich gut an ihre Kindheit in den 1940er- oder 1950er-Jahren erinnern. Damals durften sie erst raus zum Spielen, wenn sie ihre tägliche Flechtarbeit erledigt hatten.

Hingehen!

ESSEN UND TRINKEN

- ★ **Kikinda.** Wer am hübschen Hauptplatz Pizza oder anderes Mediterranes essen möchte, ist hier richtig. Plaça Orient, 6, Tel. 971 56 30 14.
- ★ **La Fragua.** Schönes rustikales Ambiente in einer alten Schmiede. Leckere mediterrane Küche. Es Pla D'en Cosset, 3, Tel. 971 81 94 03, http://lafraguacapdepera.wix.com
- ★ **La Renaissance.** Angenehmes Lokal mit beschatteter Restaurantterrasse. C/ Nou 29, Tel. 971 56 37 13.
- ★ **L'Orient Café.** Das Café an der kleinen *plaça* eignet sich für jede Tageszeit. Hier gibt es alles, Frühstück, Snacks oder *raciones*. Plaça de l'Orient, 4, Tel. 971 56 30 98, www.cafelorient.com

ÜBERNACHTEN

- ★ **Finca S'Horta.** Finca-Hotel mit zwei Apartments und zwei Studios zwischen Capdepera und Cala Rajada. Cami de na Ferrera, Cala Rajada, Tel. 600 23 26 27, www.finca-shorta.com
- ★ **Fonda La Palmeras.** Ländliches Familienhotel in Font de Sa Cala. C/ Gatova, 34, Font de Sa Cala, Tel. 971 56 34 69, www.palmeras.de

60 Cala Mesquida, Cala Torta und andere Strandidyllen

Einfach nur Meer

Nicht verpassen!

★ **Cala Mesquida.** Die gleichnamige Urlaubsdestination sorgt für viel Rummel. Einzigartig ist das sich im Osten anschließende Dünensystem.

★ **Cala Torta.** Über eine 10 km lange Piste hinter Artà erreicht man den schönen, rund 150 m breiten Sandstrand.

★ **Cala Mitjana.** Die westliche Nachbarbucht kann auch mit dem Auto angefahren werden. Der Sandstrand ist etwa 100 m breit.

★ **Cala Matzoc.** Von der Cala Mitjana aus braucht man etwa 30 m zu Fuß zum Naturstrand mit Sand und Steinen. Wegen der Strömungen und der Winde kann nicht immer gebadet werden.

★ **S'Arenalet d'Aubarca.** Ein herrlicher, etwa 130 m breiter Naturstrand, der nur nach einer weiten Wanderung oder mit dem Boot zu erreichen ist.

Die Halbinsel Llevant lockt mit großartigen, weiten Stränden. Die Cala Mesquida ist einen Blick wert (oben): Hier hat der Wind den Sand zu einer wahren Dünenlandschaft geformt (oben und unten rechts).

Im Hinterland von Artà erstreckt sich der Naturpark der Halbinsel Llevant mit einer Fläche von 1672 Hektar. Die gemäßigte Bergwelt begeistert mit kargen und stillen Landschaften. Zwischen den Felskaps Ferrutx und des Freu bei Cala Rajada finden sich einige der schönsten Strände der Insel.

Nördlich von Artà, zwischen Colònia de Sant Pere im Westen und Cala Rajada im Osten erstreckt sich der Parc Natural de la Península de Llevant. Der Naturpark hat eine ganz eigene Landschaft und Flora, die sich im Lauf der Jahrhunderte entwickelt hat. Anders als in den Tälern wachsen auf den Bergen und Hügeln der Serra de Llevant nur wenige Bäume. Das liegt zum Teil daran, dass die abgelegenen Gebiete lediglich als Weideflächen für Schafe und Ziegen genutzt wurden. Damit die immer wieder genügend Flächen und frisch sprießendes Grün vorfanden, wurde das Gestrüpp der Garrigue regelmäßig abgebrannt.

An der Nordküste dieser grünen Berglandschaft, die durch Zwergpalmen und Dissgras-Felder ihr typisches Aussehen erhält, warten großartige Strände. Über zwei Zugangsstraßen erreicht man die Sandbuchten, wobei die Cala Mesquida auch wegen ihrer relativ dichten Bebauung nicht Teil des Naturparks ist. Man erreicht die Bucht über eine schmale Straße, die bei Capdepera

nach Norden abzweigt. Die Urbanisation mit ihren Hotels und Ferienhäusern konzentriert sich auf einer Seite der Bucht. Die andere macht den etwa 300 Meter breiten und bis zu 150 Meter tiefen Sandstrand aus, der Teil eines Dünensystems ist. Von der Düne es Munt Gros bis zum Nachbarstrand jenseits der Felsnase des Cap des Freu ist die Heimat von Möwen und Kormoranen.

Zu Fuß oder per Boot

Abgelegener, wenn auch im Sommer nicht weniger gut besucht, ist die Cala Torta oder auch Cala S'Aduaia, die man über eine landschaftlich schöne und holprige Piste durch den Naturpark erreicht. Das etwa 150 Meter breite Sandidyll wird von den kargen Felsen der Serres gerahmt und gern auch von Badenden aufgesucht, die sich textilfrei in die Sonne legen. Für kleine Kinder ist die Bucht weniger gut geeignet, da man schnell keinen Bodenkontakt mehr hat. Ein Stück weiter westlich und über die gleiche Zugangsstraße zu erreichen ist die Cala Mitjana. Auch hier wartet ein idyllischer, wenn auch etwas kleinerer Sandstrand.

Die Schönheit der Landschaft kommt erst recht da zum Zug, wo man einige Mühen auf sich nehmen muss. Zu den sich weiter nach Westen hin anschließenden Buchten und Stränden Estreta und Matzoc kann man nur zu Fuß oder per Boot gelangen. Entlang der Küste führen Trampelpfade weiter nach Westen. Nachdem man den alten Wachturm Aubarca erreicht hat, tauchen schon die nächsten Robinsonstrände auf, wie der Strand von S'Arenalet des Verger.

Hingehen!

ESSEN UND TRINKEN

★ **Andreu Genestra.** Ehemals in Alcúdia, hat der kreative Mallorquiner nun einen neue Heimat im Gourmetrestaurant des Landhotels »Predi Son Jaumell« gefunden. Desvío Camino Son Moltó, Ctra. Cala Mesquida, km 1, Capdepera, Tel. 971 56 59 10, www.andreugenestra.com

★ **Bar Cala Torta.** Strandlokal direkt am gleichnamigen Sandidyll. Beliebt ist die Fischplatte des einfachen Restaurants. Cala Torta, Artà.

ÜBERNACHTEN

★ **Cases de Son Barbassa.** Elegantes Finca-Hotel mit schönem Außenbereich. Cala Mesquida, Capdepera, Tel. 971 56 57 76, www.sonbarbassa.com

★ **Predi Son Jaumell.** Das kleine und exklusive Landhotel besticht durch seinen zuvorkommenden Service. Desvío Camino Son Moltó, Ctra. Cala Mesquida, km 1, Capdepera, Tel. 971 81 87 96, www.hotelsonjaumell.com

★ **Sa Duaia.** Landhotel in herrlicher Lage im Naturpark, an der Piste zur Cala Torta. Ctra. Cala Torta, km 8, Artà, Tel. 658 95 88 90, www.saduaia.com

★ **Vanity Hotel Suite & Spa.** Schickes Großhotel mit geräumigen Suiten und gutem Restaurant. Urbanización Cala Mesquida, Capdepera, Tel. 971 56 65 80, www.hotelsviva.com

61 Cala Rajada

Vergessene Geschichten

Nicht verpassen!

★ **Hafen.** Der Port de Cala Rajada ist das lebendige und wirtschaftliche Zentrum des Orts.

★ **Promenade.** Von der Platja an der Cala Gat im Nordosten bis zum Strand Son Moll im Süden führt die Promenade über Felsterrassen und am Hafen vorbei.

★ **Casa March (Villa Sa Torre Cega).** Der älteste Teil der Villa geht auf das 15. Jh. zurück. Prächtiger Park mit Kunstwerken und elegantes Interieur.

★ **Far de Capdepera.** Der Leuchtturm an der östlichsten Spitze der Insel wurde 1861 erbaut. Man erreicht ihn nach einem halbstündigen Spaziergang vom Ortskern aus.

★ **Badebuchten.** Der größte Strand des Ortes, die Platja Cala Agulla, liegt nördlich der Punta de Capdepera. Südlich davon befindet sich die kleinere hübsche Cala Gat. Son Moll weiter östlich ist im Sommer ebenso überlaufen wie die anderen Strände.

Die *Llaüts*, die typisch mallorquinischen Fischerboote, beweisen, dass sich in Cala Rajada Alltags- und Urlaubswelt noch mischen (rechts). Ein beliebter Spaziergang führt zum westlichsten Punkt, dem Far de Capdepera (unten rechts). Im Ort versorgt Frank Krüger Einheimische und Urlauber mit handgemachter Kunst (oben).

Dank seines natürlichen Hafens ist Cala Rajada auch heute ein wichtiger Stützpunkt der Fischerei. In früheren Jahrzehnten war die »Rochenbucht« als Ort des antifaschistischen Wiederstands berühmt. Heute setzt man lieber auf die Beliebigkeit der Massen.

Zentrum und Mittelpunkt Cala Rajadas ist der Hafen. Das ist nicht nur für die Urlauber so, die im Ort mit seinen rund 6500 Einwohnern gern und zahlreich den Sommer verbringen, sondern auch für die Einwohner. Von hier fährt auch heute noch eine Fangflotte aus, um in den Gewässern rund um die Balearen Fisch und Meeresfrüchte an Bord zu holen. Es macht also Sinn, vom *port* aus den Ort zu erkunden beziehungsweise erst mal in der Bar »Marítim« die Dinge des Tages mit der nötigen Gelassenheit anzugehen.

Cala Rajada entstand ab dem 17. Jahrhundert. Im natürlichen Hafen, der in den Jahrhunderten zuvor regelmäßig von Piraten angelaufen worden war, ließen sich einige Fischer nieder. Von seiner Geschichte erzählen noch die alten Lagerhäuser, die auf den Felsen in der Nähe erhalten geblieben sind. Was den Fischern vornehmlich in die Netze ging, verrät der Name des Ortes: Cala Rajada heißt »Rochenbucht«. Bis in unsere Zeit ist der Hafen neben Palma de Mallorca der wichtigste Umschlagplatz für Fisch.

Refugium des Widerstands

Wie Deià und Port de Pollença hat auch Cala Rajada eine touristische Geschichte, die vor dem Massenansturm ab den Fifties be-

Hingehen!

ESSEN UND TRINKEN

- ★ **Es Coll d'Os.** Beliebtes Restaurant in einem Finca-ähnlichen Gebäude. Ansprechende mediterrane Küche. C/ Hernán Cortés, Verge de l'Esperança, Tel. 971 56 48 55 und 630 16 15 58, www.escolldos.com
- ★ **Es Mollet.** Köstliche Fischküche, direkt am Hafen. Gabriel Roca, 1, Tel. 971 81 95 46.
- ★ **Llaüt.** Das Restaurant nennt sich nach den traditionellen Fischerbooten. Wie zu vermuten, gibt es reichlich Fisch zur Auswahl. Am Hafen. Passeig d'es Moll, Tel. 971 56 35 61.
- ★ **Ses Rotges.** Auf der lauschigen Terrasse des Hotelrestaurants vergisst man das hektische Treiben im Urlaubsort. Die exquisite Küche gehört zum Besten, was man vor Ort finden kann. C/ Rafel Blanes, 21, Tel. 971 56 31 08, www.sesrotges.com
- ★ **Sa Fonda 74.** Die Musikbar (Liveauftritte) liegt direkt am Hafen. Die Terrasse ist auch ein angenehmer Ort zum Essen. C/ Elionor Servera 74, Tel. 971 81 82 22, www.safonda74.es

Der Leuchtturm Far de Capdepera markiert die östlichste Stelle Mallorcas (oben). Der Jardines March der Villa Sa Torre Cega bietet ein grünes Idyll (unten rechts). Frank Krüger betreibt eine Galerie in der ehemaligen Künstlerkolonie (oben rechts).

gann. Bereits 20 Jahre zuvor etablierte sich der Ort im Nordosten als Künstlerkolonie und entwickelte schnell den Ruf eines Refugiums für republikanische und antifaschistische Intellektuelle, die vor den Schergen Francos oder den Wirren des Zweiten Weltkriegs auf der Flucht waren. Zu ihnen zählte auch Walter Benjamin, der 1932 bis 1933 auf Ibiza lebte und von dort aus nach Mallorca reisen musste, um seinen Pass zu verlängern. Bei dieser Gelegenheit, so weiß Axel Thorer in seinem *Lexikon der Inselgeheimisse* zu berichten, besuchte er den österreichischen Schriftsteller Franz Blei, ehe dieser in die USA floh.

Bis zum Ausbruch des Spanischen Bürgerkriegs und zur Landung der Faschisten auf Mallorca im August 1936 war Cala Rajada eine Hochburg des internationalen Antifaschismus. Seltsamerweise konnte sie nie dieses doch rühmliche Kapitel ihrer Geschichte auch den Touristen vermitteln.

Der Rummel- und teils auch Sauftourismus, der in den vergangenen Jahren Cala Rajada heimsuchte, passt eigentlich gar nicht hierher. Das Image als Ort der Exilanten und Exzentriker, den es bis in die 1960er- und 1970er-Jahre noch hatte, war, wenn man so will, substanzieller. Aber natürlich bleibt so etwas Geschmacks- und Ansichtssache.

Weitaus schwieriger ist die Bewertung des seinerzeit reichsten Mannes Spaniens, des Magnaten Joan March.

Im Sommerhaus des Magnaten

Joan March i Ordinas (1880–1962), der »letzte Pirat des Mittelmeers« (Manuel Benavides), begann seine beispiellose Karriere als Schmuggler, der mit 30 Jahren bereits den legalen und illegalen

Tabakhandel Spaniens kontrollierte. Er soll u.a. 1936 den Putsch Francos mitfinanziert haben, was ihn jedoch nicht daran hinderte, einige Jahre später als Mittelsmann des englischen Geheimdienstes die Generäle Francos »zu überzeugen«, dass diese nicht zugunsten Hitlers in den Krieg zogen. Der Name March ist noch immer präsent auf der Insel, etwa in Form des gleichnamigen Geldinstituts, einiger Museen und Liegenschaften. Zu Letzteren gehört auch die Villa, die am Hügel, nördlich des Hafens aus einem weiten Park hell hervorragt. Der britische Gartenarchitekt Russell Page entwarf die Anlage. Eine Sammlung von Skulpturen der Moderne und des 20. Jahrhunderts zieren das Grün, auch wenn die exklusivsten Objekte, etwa von Auguste Rodin und Henry Moore in den Palau March nach Palma verlegt wurden.

Mittlerweile dürfen auch Besucher wieder das grüne Idyll und das Erdgeschoss der Villa Sa Torre Cega besichtigen. Glamourös und mediterran wirkt das Interieur, das vom renommierten Maison Jansen aus Paris entworfen wurde.

Einen Abstecher wert ist – ebenfalls auf der nordöstlichen Seite des Hafens – die Punta de Capdepera. Am Kap, das sich mit einer wilden Felslandschaft ins Meer hinausschiebt, wacht der Leuchtturm Far de Capdepera aus dem 19. Jahrhundert. Vom Turm blickt man auf die felsige Küste und ahnt nicht, dass nördlich und südlich davon die schönen Sandstrände Platja Cala Agulla und die kleine Platja Cala Gat liegen. Wahrscheinlich hat es dort den Exilanten und Intellektuellen der 1930er-Jahre ebenso gut gefallen wie den Touristen der Gegenwart.

Hingehen!

ÜBERNACHTEN

★ **Cas Bombu.** Auch wenn es einfach ist, an Charme fehlt es dem bereits 1885 eröffneten *Hostal* nicht. Günstige Preise, laute Umgebung. C/ Elionor Servera 86, Tel. 971 56 32 03, www.casbombu.com

★ **Petit Hotel Ses Rotges.** Familiär geführtes, elegantes Hotel mit langer Tradition. In einem historischen Gebäude, nicht weit entfernt von der Strandpromenade. C/ Rafel Blanes 21, Cala Rajada, Tel. 971 56 31 08, www.sesrotges.com

★ **The Sea Club.** Elegantes und schönes Hotel mit viel Grün. Direkt am Meer. Av. America, 27, Tel. 971 56 33 10, www.the-seaclub.com

EINKAUFEN

★ **Art en Joies.** Schmuckwerkstatt. Einige Kreationen ahmen die Technik des Palmblattflechtens nach, allerdings wird mit hauchfeinen Silberbändern gearbeitet. C/ de l'Agulla, 24, Tel. 971 58 82 25.

DER SÜDOSTEN

Die Küste der Levante öffnet sich immer wieder zu traumhaften Buchten. Türkisfarbenes Wasser lädt zum Baden ein. Wer ein Boot hat, kann am besten erkunden, welche seine persönliche Lieblingsbucht ist (oben). Das Doppel aus Leuchtturm und altem Wachturm findet sich in Cala Figuera (links). Mallorquinische Originale finden sich in den Dörfern der ganzen Insel (rechts).

Bereits in der Antike wurde im Süden der Insel Salz gewonnen. Noch heute ist der Anblick der strahlend weißen Berge faszinierend. Wer sie sehen will, muss nach Colònia de Sant Jordi in den äußersten Süden der Insel (links). Ganz in der Nähe ist auch der malerische Fischerort Cala Figuera (rechts).

Von Bucht zu Bucht

Zur mallorquinischen Lebensart gehören warme Farben: das Lila der blühenden Bougainvillea und das kräftige Orange der gleichnamigen Frucht, die im Inselidiom *taronges* genannt wird (Mitte und unten). Aber auch die erdfarbenen Töne des Marèsstein, aus dem viele Häuser auf Mallorca gebaut wurden, geben einem das »Gefühl von Süden« (oben).

Von der Touristenhochburg Cala Millor bis zur Südspitze der Insel, dem Cap de Ses Salines, begeistert die Levante mit traumhaften Buchten. Leider lässt sich das nicht immer von der Bebauung sagen. Dennoch gibt es im Süden und Südosten wahre Naturparadiese, wie den Nationalpark Cabrera oder den »Es Trenc«-Strand.

Cala Figuera heißt Feigenbucht. Auf Mallorca gibt es mehrere Buchten dieses Namens. Eine findet sich bei Magaluf im Südwesten, eine andere auf der Halbinsel Formentor ganz im Norden und eine im Südosten. Bei der Letzteren bezeichnet der Name sowohl die Bucht als auch einen Ort. Erstere ist so schmal und lang , dass sie an einen Fjord erinnert. An den steilen Ufern haben Fischer und Freizeitkapitäne Bootshäuser gebaut und darüber schachteln sich die weißen Wohnhäuser. Es ist eine malerische Szenerie, berühmt aus hunderten von Bildbänden und Werbeanzeigen.

Tief eingeschnittene Buchten

Weit ins Landesinnere ragende Buchten sind typisch für den Südosten. Türkisfarbenes Meer, heller Sandstrand, der von Felswänden und Kiefern umrahmt wird – manche dieser *Cales* sind noch echte Geheimtipps. Hierher kommt man nur zu Fuß, oder mit dem Boot. Kein Geheimtipp, ist die Cala Mondragó. 1992 wurde der größte der mallorquinischen Fjorde zum Naturpark erklärt. Neben den Buchten, Klippen und Stränden geht es über Dünen in ein Feuchtgebiet mit entsprechender Artenvielfalt. An einem sonnigen Frühlingstag durch die dichte Vegetation des Naturparks zu wandern, macht einfach glücklich. Unter Kiefern, Steineichen und wilden Olivenbäumen entdecken Kenner Orchideen im dichten Unterholz, während ein vielstimmiges Konzert der Vögel das Schutzgebiet erfüllt. Nur wenige Buchten sind idyllische Refugien geblieben. Manchmal sind Hotels und Ferienhaussiedlungen einigermaßen gelungen integriert, wie etwa in Cala d' Or, oder deplatziert, wie in Cales de Mallorca. Aber auch das gehört zur Realität der größten Baleareninsel: das ständige Ringen zwischen den Interessen von Ökologie und Ökonomie.

Rätsel und Geschichten

Es gibt Mallorquiner, die davon überzeugt sind, dass der berühmte Entdecker Christoph Kolumbus nicht aus Genua, sondern aus Felanitx stammt. Erst so ließe sich erklären, wie der unbedeu-

tende Sohn eines Wollwebers - nach Genueser Lesart - die spanischen Könige von seinem Vorhaben überzeugte. Warum sollte das ein Italiener in spanischen Diensten tun, wenn er nicht Katalane beziehungsweise Mallorquiner ist? Wenn gar noch wahr wäre, dass der Vater des Seefahrers ein Prinz war, der in der nahegelegen Festung Santueri gefangen und Kolumbus eigentlich ein unehelicher Neffe von Königin Isabella war? In dieser Gegend kursieren Legenden und Anekdoten. Die Relikte der Talaiot-Kultur geben den Archäologen nach wie vor Rätsel auf. Auch auf der Cabrera-Insel, die so harmlos und ursprünglich wirkt, haben sich dramatische Schicksale abgespielt. Zu den Geheimnissen der Südostküste gehören auch die berühmten Höhlen von Portocristo. Rund 4000 davon durchziehen den Untergrund der Baleareninsel. Das größte Höhlensystem, die Cova des Pas de Vallgornera, hat eine Länge von beeindruckenden 62 Kilometern. Auf Mallorca gibt es die mit 10,5 Kilometern längste Unterwasserhöhle Spaniens, und der unterirdische See in den Coves del Drac galt lange als der größte seiner Art. Mit Sicherheit ist er der Einzige, auf dem Musiker auf einem beleuchteten Ruderboot Stücke von Frédéric Chopin und Jaques Offenbach zum Besten geben.

Tipp des Autors

STRANDIDYLLEN

Die Küste des Migjorn und der Levante sind längst nicht so dicht bebaut wie etwa der Ponent im Südwesten. Das bedeutet, man muss sich nicht unbedingt an die überfüllten Strände der Urlaubszentren legen. Nimmt man eine Wanderung in Kauf, finden sich traumhafte Alternativen: zum Beispiel die Cala Varques bei Cales de Mallorca; die Cala Sa Nau zwischen Portocolom und Cala d'Or; die Cala S'Alumunia im Süden von Cala Figuera und um das Südkap die Strände d'es Caragol und es Carbo. Dort gibt es natürlich keine Strandbar, keinen Sonnenschirmverleih und keine Strandbewachung, aber das ist auch gut so.

62 Son Servera

Wunden der Geschichte

Nicht verpassen!

★ **Església de Sant Joan Baptista.** Die Johannes dem Täufer geweihte Pfarrkirche wurde ab 1622 erbaut. Ihr wehrhafter Glockenturm wurde aber erst im 18. Jh. fertiggestellt.

★ **Església Nova.** 1905 wurde Joan Rubió i Bellver, ein Mitarbeiter Antoni Gaudís, mit dem Bau eines großen Gotteshauses beauftragt. Dass die Kirche nie fertiggestellt wurde, lag an Geldnot und dem Spanischen Bürgerkrieg (1936–1939).

★ **Mercat.** Der Wochenmarkt am Freitagvormittag ist stets ein großes Ereignis. Dann kommen auch viele der Urlauber aus Cala Millor ins malerische Ortszentrum und versorgen sich mit Obst, Gemüse und inseltypischen Produkten.

Typisch Mallorca – nur wenige Kilometer von der Küste und den Tourismuszentren entfernt, geht man in den Dörfern dem ruhigen Alltagsleben nach (oben). Wer es dennoch wagt, nach Son Servera zu kommen, kann sich die Església Nova anschauen, die vor allem deshalb sehenswert ist, weil sie nie fertiggestellt wurde (unten und oben rechts).

Nicht nur am Freitag, wenn Markttag ist, lohnt sich ein Besuch in Son Servera. Frisch gepflastert und in schöner Hanglage erscheint das Ortszentrum angenehm und ansehnlich. Kurios ist die »Neue Kirche«, die bis heute auf ein Dach wartet – und so zum Wahrzeichen wurde.

Son Servera liegt nur wenige Kilometer von den großen Touristenzentren Cala Millor und Cala Bona entfernt und ist dennoch eine Welt für sich. Den Bewohnern ist das ganz recht. Wenn die Touristen schon die Küste okkupiert haben, möchte man wenigstens im Dorf seine Ruhe haben. Das heißt nicht, dass Besucher, die sich das nette Städtchen anschauen, nicht willkommen seien. Die strikte Trennung von Küste und Landesinnerem ist ohnehin schon Vergangenheit. Aber vielleicht lässt sich sagen, dass in Son Servera diese Vergangenheit etwas länger angedauert hat.

Seinen Namen verdankt die Gemeinde, zu der auch ein Teil der Touristenzentren an der Küste gehören, Jaume Servera. Der kämpfte 1229 an der Seite von Jaume I. gegen die Moslems und wurde, wie es damals üblich war, mit Grundbesitz entlohnt. Allerdings erinnert der Ortskern weniger an das Mittelalter als an das unruhige 17. Jh. In jener Zeit wurde nämlich die Hauptkirche Sant Joan Baptista erbaut. Wie seinerzeit auf Mallorca üblich, diente der Turm auch dem Schutz vor Piratenangriffen.

Schräg gegenüber der Kirche ist das zentrale Café der Gemeinde, das »S'Oratge«. Wie der Journalist Alexander Sepasgosarian vom *Mallorca Magazin* in einer Serie über den Spanischen Bürgerkrieg berichtet hat, war Son Servera eine der am heftigsten umkämpften Gemeinden der Insel. Im Keller des »S'Oratge« hatte die rechtsextreme Falange einen Gefechtsstand, weshalb der Ort von den Republikanern 20 Tage lang beschossen wurde. »Son Servera gleicht dem Krater eines ausgebrochenen Vulkans«, zitiert Sepasgosarian einen Zeitzeugen.

Kirche ohne Dach

Nun könnte man meinen, dass die kuriose Hauptattraktion des Ortes, die »Neue Kirche« ein Ergebnis dieser Kämpfe ist. In gewisser Weise ist das so, andererseits aber auch nicht. Die Església Nova ist eine Kirche ohne Dach. Joan Rubió i Bellver (1870–1952), ein Mitarbeiter von Antoni Gaudí, hat auf Mallorca einige seiner Jugendstil- bzw. Modernisme-Schöpfungen hinterlassen und bekam 1905 den Auftrag für den Bau der Kirche. Erst wurde das Geld für den groß dimensionierten Plan knapp, dann kam der Bürgerkrieg dazwischen. Die »Neue Kirche« wurde so zur Bauruine, und das ist sie noch heute.

Die Bilder, die man manchmal noch sieht, auf denen Kinder im offenen Innenhof bzw. im Kirchenschiff Fußball spielen, gehören der Vergangenheit an. Längst wurde das Langhaus parkähnlich gestaltet. Das ist eigentlich schade. Welcher Gott stört sich schon an spielenden Kindern?

Hingehen!

ESSEN UND TRINKEN

★ **Café S'Oratge.** Das Café liegt zentral am Kirchplatz. Es ist Anlaufpunkt für Dorfbesucher wie -bewohner. Plaça de Sant Joan, 1, Tel. 971 56 71 06.

★ **Peperoncino.** Nicht nur die italienische Küche erfreut den Gast. In den Räumlichkeiten des alten Stadthauses kann man sich wohl fühlen. Plaça Sant Joan, 15, Tel. 971 81 73 82.

★ **Ses Cases de Fetget.** Das edle Finca-Hotel bietet ein ausgezeichnetes Restaurant mit schöner Gartenterrasse. Ctra. Son Servera-Artà, km 1,5, Tel. 971 81 73 63, www.sescasesdefetget.com

ÜBERNACHTEN

★ **Ca S'Hereu.** Das Landgut im Ort könnte auf das historische Gut des Gründers Jaume Servera zurückgehen. Schöner mallorquinischer Einrichtungsstil und sieben Doppelzimmer. C/ Elisa Servera, 1, Tel. 609 39 29 71, www.cashereu.com

★ **Son Gener.** Umgeben von einer ruhigen grünen Landschaft und doch nahe an der Küste. Auch dieses Landhotel setzt auf die Kombination von Luxus und ländlichem Charme. Ctra. Vella Son Servera-Artà km 3, Son Servera, Tel. 971 18 36 12, www.songener.com

63 Cala Millor

Die große Bucht

Nicht verpassen!

★ **Promenade.** Der Küstenverlauf von Cala Millor und Cala Bona ist fast durchgehend autofrei. Eine breite Promenade führt die Bucht entlang.

★ **Strände.** Das große Kapital des Ortes ist sein kilometerlanger Sandstrand. Der ist auch gut für Kinder geeignet.

★ **Punta d'en Amer.** Die Halbinsel zwischen den Ortsteilen Sa Coma und Cala Millor ist gemessen an ihrer Größe reich an Pflanzen und Tierarten.

★ **Castell de N'Amer.** Der Wehrturm (17. Jh.) steht auf dem höchsten Punkt der Halbinsel.

★ **Poblat Talaiot S'Illot.** Die Talayot-Siedlung entstand wahrscheinlich ab etwa 1100 v. Chr. Mehr als 30 Gebäudereste konnten die Archäologen identifizieren. darunter auch das eines Heiligtums aus dem 6. Jh. v. Chr.

S'Illot an der »besseren Bucht« zeigt sich gerne von der romantischen Seite (oben). Wenn der Sturm übers Meer fegt und die Sonne gegen die Wolken keine Chance hat (unten rechts), mag man kaum glauben, dass die zahlreichen Großhotels am hiesigen langen Strand (oben rechts) stets voller sonnenhungriger Urlauber sind – die aber die meiste Zeit des Jahres auch nicht enttäuscht werden vom Wetter!

Wenn sich ein Ort die »bessere Bucht« nennt, genau das heißt nämlich Cala Millor, fragt man sich natürlich: »Besser als was?« Nun, besser als die nur »gute« Bucht Cala Bona. Die beiden Tourismuszentren bilden längst eine urbane Einheit, und der weite Sandstrand ist das beste Argument für die vielen Badeurlauber.

Wie ein großer Kinderspielplatz liegen tausende von Steinbrocken auf einer rechteckigen Fläche. Sie ist umgeben von großen Hotelblöcken, in denen all die großen und kleinen Kinder wohnen, die hier zum Spielen kommen. Nein, so ist es natürlich nicht. Bei dem Steinfeld handelt es sich keineswegs um einen großen Abenteuerspielplatz. Es ist auch kein verlassener Steinbruch, sondern es sind die Reste eines zwei- bis dreitausend Jahre alten Dorfes. Poblat Talaiot S'Illot heißt es. Durch die frühgeschichtliche Siedlung, deren genaues Alter unbekannt ist, führt ein Rundweg, und Holzbrücken spannen sich über die Ruinen. Es ist ein kurioses Bild aus Alt und Neu

Auch wenn man dort nicht unbedingt wohnen möchte, beeindruckend sind sie schon, die riesigen Hotelklötze, die in Sa Coma dicht an bis an den weiten Sandstrand reichen. Die Urbanisierung geht fast nahtlos nach Cala Millor über. Nur die Landzunge Es Cubells, die meerseitig dazwischenliegt, wurde noch nicht bebaut, was wohl allein daran liegt, dass sie ein Naturschutzgebiet ist.

Nach heutigen Maßstäben wäre die weite Bucht von Artà wohl auch schutzwürdig gewesen. Doch der Dünenstreifen, der sich an den weiten Sandstrand anschließt, ist längst unter Beton verschwunden. Cala Millor und seine angrenzenden urbanisierten Urlauberzentren sind das touristische Schwergewicht der Ostküste.

Das größte Urlaubszentrum der Levante-Küste

Mehr Hotelbetten gibt es nirgendwo an dieser Seite der Insel. Gemessen an dieser, für manchen eher abschreckenden, Information, macht Cala Millor aber einen ganz angenehmen und irgendwie aufgeräumten Eindruck. Entlang der Promenade kann man kilometerweit am Meer entlangspazieren, was auch an einem Wintertag ein Vergnügen sein kann. In dieser Jahreszeit ist natürlich weder am Strand noch in der Fußgängerzone etwas los, wo im Sommer Tausende unterwegs sind.

1933 wurde das erste Hotel an der weiten Bucht, etwas südlich von Cala Bona gebaut. Dort, in der »guten Bucht«, die heute übergangslos mit Cala Millor verbunden ist, gab es schon Jahre zuvor einen kleinen Hafen und ein Lokal für die Fischer. Das ist lange her. Immerhin hat sich dort bis heute eine fast rührend anmutende Tradition erhalten. Jedes Jahr im Juli wird der Schutzheiligen der Seeleute, der Heiligen Jungfrau Nostra Senyora del Carme, mit einer Bootsprozession gedacht. Natürlich denken die Seefahrer dabei in erster Linie an sich selbst – schließlich soll die heilige Jungfrau sie beschützen.

Hingehen!

ESSEN UND TRINKEN

★ **Es Moli d'en Bou.** Tomeu Caldentey ist einer der besten Köche Mallorcas. Seine kreative Inselküche wurde mit einem Michelin-Stern ausgezeichnet. C/ Liles, Sa Coma (Hotel Protur Sa Coma), Tel. 971 56 96 63, www.esmolidenbou.es

★ **Sa Punta.** Schöne Lage in einer Villa auf einer kleinen Landzunge. Ausgezeichnete spanische Küche. Urbanisació Port Verd, Cala Bona, Tel. 971 58 53 78, www.restaurantesapunta.es

★ **Son Floriana.** Elegantes Restaurant in einer alten Finca. Gehobene mediterrane Küche zu entsprechenden Preisen. Av. Magnolia, 6, Cala Bona, Tel. 971 58 60 75.

ÜBERNACHTEN

★ **Eurotel Punta Rotja.** Im Norden der Bucht bei Costa des Pins liegt das große Hotel in ausgezeichneter Lage. Schöner Garten. Costa des Pins, Tel. 971 81 65 00, www.hipotels.com

★ **Gran Sol.** Gute Lage direkt am Strand. Modern und gut ausgestattet. Paseo Marítimo, 15, Cala Bona, Tel. 971 58 55 64, www.levantehotels.com

★ **Son Floriana.** Neben all den Großhotels ist die Finca mit ihren acht Zimmern eine Rarität. Klassisch spanisch eingerichtet. Av. Magnolia, 6, Cala Bona, Tel. 971 58 60 75, www.protur-hotels.com

64 Portocristo

Hafen und Höhlen

An der Mündung des Torrent d'es Riuet ist dank der Erosionskräfte der Natur eine ebenso geschützte wie landschaftlich schöne Bucht entstanden. Kein Wunder, dass der natürliche Hafen erst von Fischern und später vom Tourismus entdeckt wurden. Berühmt ist Portocristo für seine Tropfsteinhöhlen Drac und Hams.

Manchmal möchte man eine Typologie der Orte Mallorcas entwickeln. Dann könnte der, der noch nie auf der Insel war, leichter den passenden Urlaubsort finden und würde sich womöglich Enttäuschungen ersparen. Man würde zum Beispiel die Größe des Ortes erfassen, die Lage, ob es einen Strand gibt und einen Hafen, wie voll es im Sommer wird und welches Publikum dort verkehrt. Das wäre praktisch, und wahrscheinlich verfügen die Reiseunternehmer und Immobilienmakler längst über solche Werkzeuge.

Aber so eine Liste wäre auch traurig. Sie würde voraussetzen, dass unsere Wünsche genauso kalkulierbar sind wie die Eigenarten eines Ortes. Portocristo zum Beispiel passt nur schwer in ein solches Mallorca-Schema. Der »Christushafen« sendet so unterschiedliche, widersprüchliche Signale aus, dass er in keine Schublade passt.

Landschaftlich liegt der Ort schön in und an einer Bucht, die sich zu einem natürlichen Hafen erweitert. Einige Llaüts, die kleinen, klassischen Fischerboote, dümpeln am Kai. Tatsächlich war

Nicht verpassen!

- ★ **Coves Blanques.** Zu den Fischerhöhlen aus dem 19. Jh. seitlich des Hauptstrands führt ein hübscher Küstenweg.
- ★ **Hafen.** Der Ort hat sich dank seines geschützten natürlichen Hafens entwickelt. An den rund 200 Anlegern liegen neben Jachten auch noch einige Fischerboote.
- ★ **Platja Mollet.** Der Hauptstrand des Ortes liegt zentral und wird einerseits von einer Felswand und auf der anderen Seite vom Hafen begrenzt.
- ★ **Cala Petita.** Die malerische Bucht im Norden ist nur per Boot oder in einem 30-minütigen Spaziergang zu erreichen.
- ★ **Torre del Serral dels Falcons.** Wachturm an der südlichen Einfahrt zur Bucht aus dem Jahr 1577.
- ★ **Coves del Drach.** Die spektakulärste der öffentlich zugänglichen Tropfsteinhöhlen der Insel. (S. 196), www.cuevasdeldrach.com
- ★ **Coves dels Hams.** Schöne Tropfsteinhöhle, die mit allerlei Spektakel der Drachenhöhle Konkurrenz macht. www.cuevas-hams.com

Honige zählen zu den Spezialitäten auf Mallorca. Auch ausgefallene Sorten wie Rosmarin- und Orangenblütenhonige werden angeboten (oben). Der Hafen und ein kleiner Sandstrand bilden das Zentrum von Portocristo (oben rechts), obwohl es natürlich auch hier eine sehenswerte Kirche gibt (unten rechts).

Portocristo einmal ein Fischerdorf. Diesem Berufszweig sind auch die »Weißen Höhlen« zu verdanken, die in eine hohe Felswand gegraben wurden. Diese grenzt an den sandigen Hausstrand. Über der Felswand stehen prächtige Villen, die im Lauf der vergangenen hundert Jahre erbaut wurden.

Vor allem ein Ausflugsziel

Das ist noch alles ganz pittoresk. Die irritierenden Signale sind für jeden unübersehbar, der einmal durchs Zentrum spaziert. Man hat den Eindruck, dass es in Portocristo einen Wettbewerb gibt, wer die meisten Schilder und Plakate an seiner Fassade unterbringt. Der Ausflug mit dem Glasboden-Boot, die Tropfsteinhöhlen, ja selbst die Speisekarte als eine endlose Foto-Orgie verblassender Gerichte, alles wird so groß und bunt präsentiert, als müsse man den dummen Touristen möglichst niederschwellig ansprechen.

Aber es gibt eine Erklärung für diese unsensible und lärmende Werbepraxis. Letzten Endes lässt sie sich auf etwas zurückführen, das sich zumindest den oberflächlichen Blicken entzieht. Portocristo ist vor allem ein Ausflugsziel, hier liegen die berühmten Tropfsteinhöhlen, die Coves del Drac und die etwas weniger bekannten Coves dels Hams. Beide Attraktionen wetteifern um die Gunst der Besucher, und die Lokale und Geschäfte tun es auch. Das ist schade, denn Portocristo hätte es verdient, dass man sich dort länger aufhält und sich sein eigenes Bild von diesem Ort macht, jenseits irgendwelcher Schubladen und Typologien.

Hingehen!

ESSEN UND TRINKEN

★ **Ca'n Thomas.** Kleines Lokal oberhalb des Hafens, leckere Tapas, auch Feinkost zum Mitnehmen. C/ Mar,31, Tel. 971 82 22 80.

★ **La Magrana Café.** Am schönen und gar nicht touristischen Kirchplatz ist das Café-Restaurant eine echte Wohltat. Tagsüber gibt es Kuchen. Plaça del Carme, 15, Tel. 971 55 69 74.

★ **Sa Sal.** Modern-romantisches Restaurant mit anspruchsvoller Küche. Man schätzt die Optik von Schichtungen und Schäumchen. C/ Tramuntana, 11, Tel. 971 82 20 49, www.restaurantesasal.com

★ **Roland.** Die Küche des Roland Schulte gehört schon in die Kategorie Extraklasse. Herrliche mediterrane Kreationen, die dennoch bezahlbar bleiben. C/ de Sant Jordi, 5, Tel. 971 82 01 29, http://roland-restaurant.es

ÜBERNACHTEN

★ **Felip.** Das Hotel direkt im Ortszentrum und am Hausstrand hat noch etwas vom Charme des frühen Mallorca-Tourismus. Holzvertäfelte Zimmer und romantische Veranda. C/ Burdils, 41, Porto Cristo, Tel. 971 82 07 50, www.thbhotels.com

65 Coves del Drac

Klänge aus der Unterwelt

Die Drachenhöhlen bei Portocristo sind eine faszinierende Welt unter der Erdoberfläche und ein touristisches Spektakel mit Lichtshow und Musikeinlage. Im Inneren der rund 1200 Meter langen Höhle findet sich ein 170 Meter langer See. Finanziert wurde die Höhlenerforschung im ausgehenden 19. Jh. von Erzherzog Ludwig Salvator.

Würde Eduard Alfred Martel (1859–1938) heute noch leben und seinem Hobby nachgehen, hätte er viel zu tun. Der Franzose gilt als Begründer der modernen Speleologie und reiste im ausgehenden 19. Jh. nach Mallorca, um die Höhlen der Insel zu erforschen.

Heute weiß man, dass es rund 4000 davon gibt. Das größte Höhlensystem, die Cova des Pas zwischen Llucmajor und Cala Pi, ist noch nicht ganz erforscht. Aber schon jetzt wurden über 60 Kilometer vermessen. Hätte man damals schon von seiner Existenz gewusst, vielleicht wäre dann Professor Lidenbrock in Jules Vernes Roman »Reise zum Mittelpunkt der Erde« (1872) nicht nach Island gereist, um den Eingang zur Unterwelt zu finden.

Schätze und Drachen

Martel, der mit Jules Verne befreundet war, erforschte 1896 die Drachenhöhlen von Portocristo. Damit war er keineswegs der Erste, der sich in den dunklen Abgrund wagte. Die Aussicht, dort

Nicht verpassen!

- ★ **Baños Diana.** Gleich zu Beginn des 1200 m langen Höhlenrundgangs ist ein erster unterirdischer Teich zu sehen.
- ★ **Ciudad Encantada.** In der »verzauberten Stadt« erinnern Tropfsteinformationen an eine fantastische Welt wie aus dem Märchen oder einem Science-Fiction-Film.
- ★ **Monte Nevado.** Schnee gibt es in der Höhle nicht, doch die glatten weißen Kalkflächen können an ein verschneites Gebirge erinnern.
- ★ **Lago Martel.** Der 177 m lange unterirdische See ist von einer einzigartigen Schönheit. Leider ist dies die riesige Tribüne nicht, die man in die Tiefe gebaut hat.
- ★ **Konzert und Bootstour.** Ein Quartett spielt auf einem Ruderboot klassische Musik. Anschließend kann man sich über den See rudern lassen.

Erst die spiegelnden Wasserflächen der Coves del Drac verleihen der bekanntesten Tropfsteinhöhle Mallorcas ihren verwunschenen Charakter (oben und unten rechts). Zum Abschluss der Besichtigung ann man sich über den Lago Martell rudern lassen (oben rechts).

einen Schatz der Templer oder Raubgut von Piraten zu finden, spornte bereits im 14. Jahrhundert Abenteurer an. Nachdem sich Martel in die tieferen Bereiche der Höhlen vorgearbeitet hatte, in deren Innerem die Ureinwohner oder phantasiebegabten Insulaner einen Drachen vermuteten, entdeckte er einen unterirdischen See. Mit einer Länge von 177 Metern und rund 30 Metern Breite galt er lange als größter seiner Art. Heute gilt der Lac Souterrain de Saint-Léonard im schweizerischen Wallis als weltweit größter natürlicher Höhlensee. Da das 17 °C warme Wasser leicht salzig ist, geht man von einer Verbindung mit dem Meer aus.

Die Drachenhöhle ist eine der bekanntesten Touristenattraktionen Mallorcas. Das wurde sie schon 1935, als ein weitsichtiger Mallorquiner die Höhle kaufte und mit einer seinerzeit spektakulären Lichtshow in Szene setzte. Höhepunkt der Show war die »Morgendämmerung am Martel-See«. Daran hat sich bis heute wenig geändert. Noch immer taucht als krönender Abschluss des Besuchs ein Ruderboot auf dem See auf, in dem ein Quartett einige Takte von Jacques Offenbach und Frédéric Chopin spielt.

Übrigens hält sich auf der Insel hartnäckig die Ansicht, dass Jules Verne auf Mallorca zu seinem Roman »Reise zum Mittelpunkt der Erde« inspiriert worden sei. Die Höhle von Artà soll er 1877 gemeinsam mit Alexandre Dumas dem Jüngeren und Victor Hugo besucht haben. Es gibt sogar einen Eintrag im Gästebuch, dessen Authentizität aber bezweifelt werden darf. Aber er tauschte sich mit Martel aus und stand in Briefverkehr mit Ludwig Salvator, der wiederum die Forschung Martels in der Höhle unterstützt hatte.

Hingehen!

ESSEN UND TRINKEN

★ **Fussio Lounge.** Eines von mehreren Lokalen gleich unterhalb am Hafen. Abends Cocktail-Bar und tagsüber Lounge-Café. Passeig del Riuet, Tel. 971 822479, www.fussiolounge.com

★ **Soma.** Die spektakuläre Lage über dem Hafen entschädigt die nicht eben günstigen Preise. Mediterrane Küche und gute Cocktails. Passeig Cap d'es Toll, 25, Tel. 971 820450.

ÜBERNACHTEN

★ **Cala Mandia.** Die große Hotelanlage liegt südlich von Portocristo am schönen Strand der Cala Mandia. Es gibt einen Teil für Familien und einen für Gäste ohne Kinder. Paseo Federico García Lorca, s/n, Porto Cristo Novo, Tel. 971 558255, www.insotelhotelgroup.com

★ **Son Amoixa Vell.** Das restaurierte Gut aus dem 16. Jh. bietet seinen Gästen neben Pool und Sauna die Nähe zu den Buchten der Ostküste. Ctra. Cales de Mallorca-Manacor, km 3,4, Manacor, Tel. 971 846292, www.sonamoixa.com

★ **Son Mas.** Finca-Hotel in einem Landgut aus dem 17. Jh. Geräumige Zimmer und schöne Lage. Ctra. de Porto Cristo a Porto Colom, km 12, Portocristo, Tel. 971 558755, www.sonmas.com

66 *Manacor*

Die große Unbekannte

Nicht verpassen!

★ **Stadtzentrum.** Lebendig ist das Zentrum rund um die neogotische Kirche mit dem spitzen Turm »Sa Torre Rubí« mit einigen Plätzen wie der Plaça del Rector und Weyler.

★ **Església i Claustre Sant Vincenç Ferrer.** Das ehemalige Kloster (16. Jh.) wird zum Teil als Rathaus genutzt. Still und schön ist der offen zugängliche Kreuzgang, Plaça del Convent.

★ **Museu d'Història de Manacor.** Das Museum in der Torre dels Enagistes (14. Jh.) ist Manacors wichtigste Sehenswürdigkeit. Die Räume zeigen Funde aus der Frühgeschichte bis zum islamischen Mittelalter. Besonders sehenswert ist ein römisches Mosaik, das in Son Peretó gefunden wurde. Ctra. Cales de Mallorca, km 1,5, Tel. 971 84 30 65.

★ **Basilica de Son Peretó.** Von der in byzantinischer Zeit erbauten Kirche (4./5. Jh) sind nur noch die Fundamente zu sehen.

★ **Ballonflug.** Die Piloten von Mallorca Balloons haben schon viele internationale Preise gewonnen. Ballonflüge starten in der Hauptsaison am frühen Morgen vom Globodromo in Son Macià. Anmeldung und Infos unter Tel. 971 596 969, www.mallorcaballoons.com

Vor den Toren der Stadt finden sich Reste der frühchristlichen Basilika Son Peretó (oben). Manacors Wahrzeichen ist der spitze neogotische Kirchturm, Sa Torre Rubí (oben rechts). Die Kirche hat auch ein paar Highlights zu bieten, etwa dieses schön gestaltete Glasfenster (unten rechts).

Manacor hat keineswegs den malerischen Charme anderer Inselorte. Dafür ist die zweitgrößte Stadt Mallorcas viel zu geschäftig. Möbel in reicher Auswahl sowie die bekannten Kunstperlen von Majorica werden hier hergestellt. Im Zentrum herrscht lebendige Normalität.

Angenommen, man ist nur für eine Woche auf der Insel und möchte einige Ausflüge unternehmen. In diesem Fall steht Manacor sicher nicht ganz oben auf der Liste. Aus der Distanz betrachtet, übt die zweitgrößte Inselstadt keinen allzu großen Reiz auf den Besucher aus. Vielleicht liegt das auch daran, dass man sich plötzlich wieder in nördlicheren Gefilden wähnt, weil einem der Anblick großer Einkaufszentren und Werkhallen so bekannt vorkommt. Das gilt besonders für den alles überragenden Kirchturm mit seiner durchbrochenen neugotischen Spitze. Der gehört zur Pfarrkirche Nostra Senyora dels Dolors und passt seinem Stil nach eigentlich überhaupt nicht nach Mallorca. Genau deshalb ist er auch das Wahrzeichen von Manacor.

Die Perlen von Manacor

Es gibt noch eine andere Art Wahrzeichen der Stadt. Die sind klein und rund und funkeln. Die Kunstperlen von Majorica sind praktisch überall auf der Insel zu haben. Am Ortseingang von Manacor, wo sie auch hergestellt werden, hat man aber die beste Auswahl. Dort wartet ein großes Verkaufscenter mit Busparkplatz. Majorica wurde übrigens von einem Deutschen gegründet.

Ein gewisser Eduard Heusch ließ die Firma 1902 ins Handelsregister von Barcelona eintragen, wo er bereits ein Unternehmen leitete. Heusch hatte eine Methode entwickelt, mit der er die seltenen und kostbaren natürlichen Perlen imitieren konnte. Die Methode wurde im Lauf der Jahre immer weiter entwickelt. Im Wesentlichen basiert sie jedoch auf dem Prinzip, dass eine Glasperle oder ein anderes Trägermaterial in eine Tinktur aus Fischschuppen und anderen geheimen Zusätzen getaucht und anschließend gebrannt wird. Da dieser Vorgang bis zu 30-mal wiederholt wird, können die Kunstperlen einen ähnliche optische Wirkung und Haptik haben wie echte.

Noch vor wenigen Jahren sah es für den Kunstperlenersteller nicht besonders gut aus. Die Inselregierung musste dem angeschlagenen Unternehmen sogar finanziell unter die Arme greifen. Mittlerweile aber scheinen die funkelnden Kugeln wieder angesagt zu sein. Eine Ursache könnte in der stark gestiegenen Anzahl von Kreuzfahrtouristen liegen, die froh sind, wenn sie in den allgegenwärtigen Geschäften und Filialen der Inselhauptstadt ein hübsches und handliches Mitbringsel oder Souvenir gefunden haben. Wie auch immer, die Kunstperlen von Majorica wie auch die des Konkurrenten Orquídea aus Montuïri bleiben eine mallorquinische Eigenheit.

Der Reiz des Alltäglichen

Bevor man den Straßenring, der die Stadt umgibt verlässt und das Zentrum ansteuert, noch ein Wort zur Umgebung. Wer sich

Hingehen!

ESSEN UND TRINKEN

- ★ **Avui tenim.** Kleines sympathisches Restaurant etwas außerhalb des Zentrums. Engagierte kreative Küche. C/ del Príncep, 16, Tel. 605 99 69 09.
- ★ **Ca'n March.** Populäres Lokal mit ausgezeichneter, kreativer mallorquinischer Küche. Von der Lage sollte man sich nicht abschrecken lassen. C/ Valéncia, 7, Tel. 971 55 00 02, www.canmarch.com
- ★ **La Reserva Rotana.** Die schöne Finca ist auch eine gute Adresse für ein Dinner in angenehmer Atmosphäre. Camí de S Avall, km 3, Tel. 971 84 56 85, www.reservarotana.com
- ★ **Sa Fonda.** Einfache und populäre Cafetería im Zentrum. Gutes Tagesmenü. Rambla Rei en Jaume, 3, Tel. 971 84 35 26.

Manacor

für die Geschichte Mallorcas interessiert, wird Manacor vielleicht doch einen der oberen Plätze auf der Liste der Sehenswürdigkeiten einräumen. An der Landstraße in Richtung Sant Llorenç de Cardassar gibt es eine kleine, aber sehr interessante archäologische Stätte zu sehen: Dort finden sich die Rudimente der Basilica de Son Peretó. Das frühchristliche Gotteshaus wurde gegen Ende des 4. Jh. erbaut. Erst im frühen 20. Jh. fand ein Bauer zufällig den historischen Schatz, zu dem ein Taufbecken, einige Grabstätten und ein römisches Mosaik gehören. Letzteres ist im Museu d'História de Manacor zu sehen, das ebenfalls etwas außerhalb der Stadt zu finden ist. Schon das Gebäude, in dem das Museum untergebracht ist, ist sehr bemerkenswert, stammt es doch aus dem 14. Jh.

Im Stadtzentrum selbst gibt es kaum etwas, das den Kulturreisenden fesseln könnte. Trotzdem ist es rund um die Kirche mit dem hohen Turm, Nostra Senyora del Dolors ganz nett und, wenn man so will, frei von jeder Attitude. Man kann in ganz normalen Lokalen seinen Café oder ein Tagesmenü bestellen, ganz so wie die normal arbeitenden Mitmenschen am Nachbartisch.

Das ist aber wahrscheinlich nicht das, was man sich unter einem erlebnisreichen Ausflug vorstellt. Doch wie wäre es damit? Vor den Toren Stadt – in Manacor scheint alles, was spannend ist, außerhalb zu liegen – wartet der Globodromo auf mutige Luftschiffer. Vom »einzigen von der zivilen Luftfahrt autorisierten Ballonhafen Spaniens«, wie die Betreiber von Mallorca Balloons stolz verkünden, startet im Sommer frühmorgens ein Heißluftballon zu einer spektakulären Sightseeingtour durch die Lüfte. Dann kann man sich auch noch mal in Ruhe das Panorama von Manacor und seinem markanten Kirchturm betrachten und dabei überlegen, welchen Rang man der Stadt einräumen soll.

Hingehen!

ÜBERNACHTEN

- ★ **La Reserva Rotana.** Das luxuriöse Finca-Anwesen wird von seinen Gästen wegen seines guten Services und des privaten Golfplatzes geschätzt. Camí de S Avall, km 3, Tel. 971 84 56 85, www.reservarotana.com
- ★ **Sa Francesa Nova.** Wer hätte gedacht, dass es auf Mallorca so weite Landschaften gibt? Zu sehen im edlen Fincahotel. Komfortable Zimmer mit Terrasse und Poolanlage. Ctra. Petra-Felanitx, km 4, Tel. 971 83 23 84, www.safranquesa.com

EINKAUFEN

- ★ **Casa del Vino.** Bei Weinhändler Norbert Deingruber kann man sich auf Deutsch beraten lassen und natürlich mallorquinische oder spanische Weine kaufen. Via Palma, 48, Tel. 971 55 51 65, www.casadelvino-mallorcaweine.com
- ★ **Oliv-Art.** Im riesigen Verkaufsraum werden allerlei Dinge aus Olivenholz angeboten. Ctra. Palma-Manacor, km 47, Tel. 971 84 72 32, www.olivart-mallorca.com
- ★ **Majorica.** Im Factory Shop des Kunstperlenherstellers aus Manacor findet man eine große Auswahl an Perlenschmuck. Ctra. Palma-Artá, km 47, Tel. 971 55 09 00, www.majorica.com
- ★ **Vins Miquel Gelabert.** Diese Spitzenweine werden regelmäßig ausgezeichnet. C/ Salas 50, Tel. 971 82 14 44, www.vinsmiquelgelabert.com

Vom Globodromo bei Manacor steigen Heißluftballons auf. Von oben lässt sich das Muster der Felder und Wege betrachten (unten rechts und rechts). Wer es sich leisten kann, erlebt das schöne weite Land der Umgebung von einem der eleganten Finca-Hotels aus, wie dem »Sa Francesa Nova« (oben).

EC
DAS EINZIG WAHRE

67 *Cales de Mallorca*

Buchten und Bauten

Die »Buchten von Mallorca« sind eine rein touristische Angelegenheit. Während die Hotel- und Ferienhausstädte mit Reizen geizen, zeigt die Küste die typischen Schönheiten der Levante. Die geschützten Badebuchten und markanten Kalkfelsen könnten begeistern, hätte man sich beim Bauen etwas mehr Mühe gegeben.

Darauf ist man nicht vorbereitet. Die Straße, die von der Küstenstraße Ma4014 abgeht, wird links und rechts von wilden Olivensträuchern und anderem Buschwerk begleitet. Man spürt das nahe Meer, riecht das würzige Grün. Doch dann, nach 2 Kilometern ist Schluss. Einige Hotels, deren beste Jahre schon ein paar Sommer vorüber sind, stehen klotzig an der Felsenküste und überragen die Ferienhaussiedlungen. Diese wiederum sind entweder alt oder relativ neu, aber immer langweilig uniform. Um Kosten zu sparen wurden pro Bauabschnitt identische Häuser in die Landschaft gesetzt. Im Zentrum dieses urbanistischen Traumas verweisen Schilder und Leuchtreklamen auf »My favorite shop here«, »Every Night Karaoke«, »Crazy Whole Minigolf«, »Supermarket 2000« oder auf den praktizierenden Landsmann »Deutscher Arzt«. Die Cales de Mallorca haben eigentlich nichts, das einen verlocken könnte, hierher zu kommen, es sei denn, man ist in einem dieser Hotels untergebracht oder besitzt eines dieser Apartments oder Ferienhäuser. Man mag falsch liegen, aber es

Nicht verpassen!

- ★ **Cala Domingos.** Zwei kleine Badebuchten gehören zur Cala Domingos. Die sind im Sommer mehr als gut besucht. Weht ein kräftiger Wind, entstehen jene Wellen, auf die die Surfer schon gewartet haben.
- ★ **Cala Murada.** Eingerahmt von der gleichnamigen Urbanisation öffnet sich eine geschützte Bucht mit einem etwa 50 Meter breiten Strand. Neben Liegestuhl- und Schirmverleih gibt es dort auch eine Strandbar.
- ★ **Cala Varques.** Der herrliche Naturstrand liegt zwischen Cales de Mallorca und Portocristo. Der feine Sandstrand ist von Kalkfelsen und Kiefern eingerahmt und nur zu Fuß oder mit dem Boot zu erreichen.

Wenn sich gleich mehrere Hotels und zahllose Ferienhäuser die kleinen Strandbuchten teilen müssen, wird es zwangsläufig eng (unten rechts). An einem heißen Tag ins Meer zu steigen, ist dennoch ein Vergnügen (unten und oben rechts), und es gibt auch noch einsamere Plätze, etwa die Cala Vasques (oben und unten).

sieht so aus, als wäre der einzige Grund, aus dem diese Touristenstädte errichtet wurden, der Gewinn, den sich die Investoren davon versprochen haben.

Höhlen und Kreise

Während die Urbanisierung der Gegend, die sich seit den 1970er-Jahren vollzog, einen ernüchternden Eindruck hinterlässt, sind die Buchten, die die Namenschöpfer inspiriert haben, landschaftlich sehr schön. Fjordähnlich, wie es für die Ostküste typisch ist, ragen sie in das Felsplateau hinein, wo die Wellen des türkisfarbenen Wasser an eher kleine Sandstrände schwappen. In der kühlen Jahreszeit können an der Cala Domingos hohe Wellen entstehen, auf die sich Wellenreiter freuen.

Die Felsküste entlang und um die Badebuchten führt eine Promenade mit schönen Ausblicken. Nach Süden hin geht die Touristenstadt in die von Cala Murada über. Auch hier wartet ein kleiner Sandstrand mit Sonnenschirmen und Liegestühlen auf die Badegäste. Dank seiner Reihenhäuser und Villen verbreitet Cala Murada eine etwas angenehmere Stimmung. Stadt- und Landschaftsplaner finden vielleicht Gefallen an der Struktur der Siedlung. Diese wurde in mehreren konzentrischen Kreisen angelegt, was den retortenartigen Gesamteindruck allerdings noch erhöht. Wer die vielfältigen Gesichter der Baleareninsel kennenlernen will, darf die »Buchten von Mallorca« nicht aussparen. Das gilt vor allem für Höhlenforscher, denn das Kalkfelsplateau ist durchlöchert wie ein Schweizer Käse.

Hingehen!

ESSEN UND TRINKEN

★ **Sol y Vida.** Im wohl besten Restaurant der Gegend genießt man feine mediterrane Küche mit Blick auf die Bucht. C/ Aragó, Cala Murada, Tel. 971 83 31 70, www.restaurante-solyvida.com

★ **La Dorada.** Viel Auswahl gibt es nicht in Cala Murada. Als einfachere Alternative zum »Sol y Vida« bietet sich dieses Lokal an, das ein günstiges Menü anbietet. Comunidad Valenciana 30, Cala Murada, Tel. 971 82 81 39.

★ **El Castillo del Bosque.** Außerhalb der Siedlung an der Ma4014 liegt das Ausflugsrestaurant in einem burgähnlichen Anwesen. Leckere spanische Küche. Ctra. Felanitx-Portocolom, km 8, Tel. 971 82 41 44, www.elcastillodelbosque.es

ÜBERNACHTEN

★ **Es Picot.** Das kleine Finca-Hotel mit nur fünf Zimmern ist schön gelegen und ca. 6 km von der Küste entfernt. Camí de Sa Mola, km 3,6, Son Macià, Manacor, Tel. 637 73 79 43, www.espicot.com

★ **S'Aigo.** Vier individuelle Casitas stehen den Gästen auf einem schön gelegenen Anwesen zur Auswahl. Ctra. Portocolom-Portocristo, km 2,4, Manacor, Tel. 971 83 30 50, www.fincasaigo.com

68 Portocolom

Ein Hafenidyll

Nicht verpassen!

★ **Part de Sa Capella.** Unbeeindruckt vom Trubel auf der Südseite der Hafenbucht ist der malerische alte Ortskern erhalten geblieben. Die bis ans Wasser gebauten Häuser mit ihren teilweise bunten Anstrichen geben ein freundliches Bild ab.

★ **Hafen.** Die weite Bucht wirkt wie ein großer ruhiger See, was auch daran liegt, dass der Zugang zum offenen Meer recht schmal ist. Eine mehrere Kilometer lange Promenade führt den Hafen entlang.

★ **Cala Marsal.** Die Bademöglichkeiten innerhalb der Bucht sind wegen des schlechten Wasseraustauschs nicht empfehlenswert. Angenehmer und sauberer sind der Sandstrand von Cala Marçal oder die kleineren Buchten im Norden und Süden, die zu Fuß oder mit dem Boot zu erreichen sind.

Vor der Hafenkulisse von Portocolom schmeckt eine Paella besonders gut (oben). Gleich mehrere gute Restaurants finden sich im hübschen Ort. Besonders malerisch ist der alte Teil an der Nordseite der großen Bucht (oben rechts). Der Leuchtturm von Portocolon steht an einer grandiosen Steilküste (unten rechts).

Dass es noch so einen Ort auf Mallorca gibt, grenzt an ein Wunder. Der Kern des Dorfes, in dem noch ein paar Fischer ihrer Arbeit nachgehen, ist malerisch und unverbaut. Aus dem großen natürlichen Hafenbecken liefen früher Weinfrachter nach Frankreich aus.

Normalerweise ist es so: Je näher man zum Meer kommt, desto touristischer wird es. Bei Portocolom geht diese einfache Gleichung aber nicht auf. Im ruhigen Hafenstädtchen gibt es natürlich auch viele Urlauber und ausländische Residenten, aber Portocolom mit seinem Fischereihafen ist eigentlich ein ganz normales und erstaunlich intaktes Dorf geblieben – besonders in Part de Sa Capella, dem ältesten Teil dieses erstmals im 13. Jahrhundert erwähnten Ortes. Der liegt im nördlichen Bereich der Bucht, und diese ist der größte natürliche Hafen Mallorcas. So gesehen hätte Portocolom beste Voraussetzungen gehabt, eine echte Inselmetropole zu werden. Wurde es aber nicht, weil die Römer Palma und Pollentia den Vorzug gaben und beide Kolonien mit einer Heerstraße verbanden. Portocolom dagegen wurde zum Ausfuhrhafen für Weine, die um Felanitx angebaut und nach Frankreich verschifft wurden. Aber das ist nun auch schon über 100 Jahre her. Immerhin schaukeln vor der pittoresken Kulisse des alten

Dorfkerns noch einige Llaüts. Die Holzboote mit dem breiten Rumpf sind das klassische Arbeitsgerät der mallorquinischen Fischer. Moderne Yachten gibt es natürlich auch. Denn eine Llaüt muss nicht notwendigerweise ein Fischerboot sein. In den Häfen sieht man häufig auch größere und moderne Versionen mit Kabinenaufbau. Nur die Form des Rumpfes ist immer gleich.

War Kolumbus ein Mallorquiner?

Rund um das weite Hafenbecken kann man einen großen und schönen Spaziergang unternehmen. Das ist eigentlich zu jeder Jahreszeit ein Vergnügen, denn leer ist der Ort auch im Winter nicht - eben nur noch etwas ruhiger. Die Apartments und Hotels der Urlauber liegen im Wesentlichen südlich des Ortskerns in Cala Marcal, wo es auch einen Badestrand gibt und weiter nach Süden einen gestreiften Leuchtturm aus dem Jahr 1863.

Es gibt Mallorquiner, die davon überzeugt sind, dass der berühmte Entdecker Christoph Kolumbus nicht aus Genua, sondern aus Felanitx stammt. Das begründen sie unter anderem damit, dass es einen Ort gibt, der Portocolom, also »Kolumbus-Hafen« heißt. Beweis Nummer zwei: Kolumbus hat einige Briefe auf Katalanisch verfasst, und warum sollte das ein Italiener in spanischen Diensten tun, wenn er nicht Katalane beziehungsweise Mallorquiner ist? Und was ist, wenn die Behauptung stimmt, dass der Vater des Seefahrers ein Prinz war, der in der nahegelegen Festung Santueri gefangen war und Kolumbus eigentlich ein unehelicher Neffe von Königin Isabella? Dazu mehr in Kapitel 71.

Hingehen!

ESSEN UND TRINKEN

★ **Celler Sa Sinia.** Das traditionelle Fischlokal gibt es schon seit Jahrzehnten. Es ist bei Einheimischen wie bei Urlaubern beliebt. C/ Pescadors, 28, Tel. 971 82 43 23.

★ **Colón.** Das Restaurant des Österreichers Dieter Sögner gehört schon seit Jahren zu den besten der Insel. C/ Cristobal Colón, 7, Tel. 971 82 47 83, www.restaurante-colon.com

★ **Florian.** Die günstigere Alternative zum Colón findet sich gleich nebenan. C/ Cristobal Colón 11, Tel. 971 82 41 71, www.restaurantflorian.com

★ **Sa Lotja.** Modernes Restaurant mit leckerer Fischküche. Von der Aussichtsterrasse des Hafengebäudes hat man einen schönen Ausblick. C/ Pescadores, Tel. 971 82 51 65, www.restaurantsallotjaportocolom.com

ÜBERNACHTEN

★ **Cala Marsal.** Pauschal buchbares und familienfreundliches Hotel an der gleichnamigen Platja. Playa de Cala Marsal, s/n, Portocolom, Tel. 971 82 52 25, www.hotelclubcalamarsal.com

★ **Vistamar.** Auch dieses Hotel wendet sich an Pauschalurlauber. Allerdings an solche, die ohne Kinder verreisen. C/ Germans Pinzón, 4, Tel. 971 82 51 00, www.olahotels.com

69 *Felanitx*

Stille Größe

Über dem schönen Landstädtchen ragen die Türme von mehr als 20 Windmühlen auf. Getreide, Obst und Wein gedeihen gut. Die 10 000-Einwohner-Stadt war stets auf Eigenständigkeit bedacht. Das Zentrum markieren die monumentale Kirche Sant Miquel und die Markthalle.

Als der Wein noch das wichtigste landwirtschaftliche Erzeugnis der Insel war, gab es zwei Zentren: zum einen die Südflanke der Tramuntana bei Binissalem und den Südosten um Felanitx. Binissalem war bei der Wiederbelebung des Qualitätsweinbaus – etwa ab den 1990er-Jahren – etwas schneller. Dort hat man es früher geschafft, sich ein eigenes, strenges Regelwerk aufzuerlegen, um als Anbaugebiet mit geschützter Ursprungsbezeichnung (D.O.) anerkannt zu werden. Andererseits kommt aus Felanitx ein echter Kultwein, der viel zum gesteigerten Ansehen Mallorcas und seiner autochthonen Rebsorten geleistet hat: der AN/1 und AN/2 der Bodega Ànima Negra. Die roten Traubensorten Callet, Manto Negro und Fogoneu – meist von alten Rebstöcken – machen bei diesen Weinen wie auch bei denen anderer Bodegas der Region den Hauptanteil aus. Einen guten Ruf haben auch die Weißweine.

Die 1999 zugelassenen D.O. Pla i Llevant, zu der auch Felanitx gehört, gewinnt zunehmend an Bedeutung. So teilte ein deutscher Unternehmer 2014 mit, dass er 6 Millionen Euro in eine neue Bodega investieren will, um künftig mehrere hunderttausend Flaschen zu produzieren. Und wenn sich die Gemeinde entschließt, aus der 100 Jahre alten Kooperative »Sindicat«, einem an

Nicht verpassen!

★ **Església Sant Miquel.** Die Bausubstanz stammt vor allem aus dem 18. Jh. Eine barocke Freitreppe führt zum Vorplatz und der imposanten Hauptfassade.

★ **Font de Sa Margalida.** Der Legende nach ist das Wasser des Brunnens noch nie versiegt. Die Anlage stammt aus dem Jahr 1830. Gegenüber der Kirche Sant Miquel.

★ **Sonntagsmarkt.** Das bunte Treiben rund um die Markthalle ist das Hauptereignis der Woche.

★ **Cavallets de Felanitx.** Sieben Kinder zwischen 10 und 13 Jahren treten als verkleidete Reiter auf: weiße Hose, rote Jacke, grüner Hut und Pferdeattrappe. Zu sehen während der Feste Santa Margalida (19./20.6) und Sant Agustí (27./28.8.)

★ **Sant Agustí.** Das Patronatsfest ist das wichtigste Ereignis im Festkalender von Felanitx. Es wird mehrere Tage lang um den 28. August gefeiert.

Ländliche Idylle nahe Felanitx (oben). Seit drei Jahrzehnten verfolgt Gabriel Verd eine Theorie, wonach Christoph Kolumbus aus Felanitx stammt. Im Restaurant »Colom« hat Verd dazu ein kleines Museum eingerichtet (unten rechts). Im Zentrum des Weinstädtchens erhebt sich die große Pfarrkirche. Im Vordergrund ist der Margalida-Brunnen zu sehen (oben rechts).

sich sehenswerten Gebäude, das am Ortsrand vor sich hindämmert, ein Weinmuseum zu machen, dann braucht sich Felanitx nicht mehr hinter Binissalem zu verstecken. Aber eigentlich musste man das ohnehin noch nie.

Beeindruckend – die Pfarrkirche Sant Miquel

Felanitx macht aber auch jenseits der Meldungen aus der Welt des Weines immer wieder Schlagzeilen, etwa wenn vom derzeit berühmtesten Sohn der Stadt, dem Künstler Miquel Barceló, die Rede ist. Oder wenn einmal mehr die abenteuerliche These diskutiert wird, dass Christoph Kolumbus aus Felanitx stammen könnte. Gabriel Verd Martorell forscht seit über 30 Jahren an seiner Kolumbustheorie und hat nicht nur ein umfangreiches Buch dazu verfasst, sondern auch ein kleines Museum eingerichtet.

Das Städtchen hat ein schönes Zentrum, das sich am lebendigsten am Sonntagvormittag zeigt, wenn großer Markttag ist. Die Stände breiten sich sich rund um die Ehrfurcht gebietende Pfarrkirche Sant Miguel aus. Deren platereske Fassade kommt durch eine breite Freitreppe eindrucksvoll zur Geltung. Seitlich der Kirche erinnert eine Gedenktafel an die tragischen Ereignisse des Jahres 1844, als am Palmsonntag Teile des Gotteshauses einstürzten und 414 Menschen zu Tode kamen. Um nicht mit diesem traurigen Ereignis der Stadtgeschichte zu enden, sei noch der Margalida-Brunnen gegenüber der großen Freitreppe erwähnt. Diese im Jahr 1830 gefasste, aber schon viel ältere Quelle, soll, so weiß es jeder »Felanitxer«, noch nie versiegt sein.

Hingehen!

ESSEN UND TRINKEN

- ★ **Estragon.** Im kleinen sympathischen Restaurant genießt man köstliche mediterrane Küche zu fairen Preisen. Plaça Peralada 14, Tel. 971583303, www.estragon-felanitx.com
- ★ **Cafe Ca'N Usola.** Populäres Cafe und einfaches Restaurant mit großer Außenterrasse. Plaça Espana 8, Tel. 971580046.

EINKAUFEN

- ★ **Ceràmiques Mallorca.** Handgefertigte und bemalte Keramiken wie Teller, Vasen, Schalen etc. C/ Sant Agustí, 54, Tel. 971580201, www.ceramicasmallorca.com
- ★ **La Candela.** Café, Galerie und hübsche Accessoires und Dekoartikel. C/ Major 60, Tel. 971582307.
- ★ **Sa Botiga d'es Passeig.** Käse, Feinkost, Gebäck etc. Paseo E. Mestre, 57, Tel. 971827052.

ÜBERNACHTEN/ AKTIVITÄTEN

- ★ **Son Menut.** Finca mit Reitschule. Es werden auch Reiterferien auf dem Landgut angeboten. Camí de Son Negre, 3ª Volta, 3040, Tel. 971582920, www.sonmenut.com

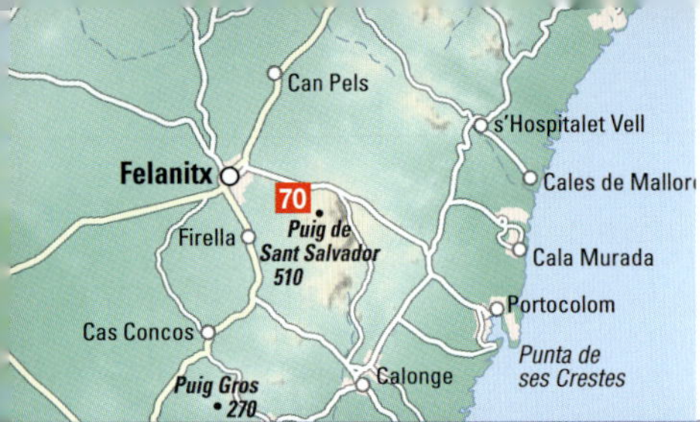

70 Ermita de Sant Salvador

Vom Himmel hoch

Nicht verpassen!

★ **Klosterkirche.** Erbaut in der ersten Hälfte des 18. Jhs. Die Marienfigur (13./14. Jh.) wird im Volksglauben verehrt. Seitlich findet sich eine für Mallorca typische plastische Krippenlandschaft.

★ **Eingangshalle.** Ein doppelstöckiger Raum mit Tonnengewölbe. An den Wänden hängen die Trikots des mallorquinischen Radrennfahrers Guillermo Timoner.

★ **Creu del Picot.** Monumentales Kreuz, von dem aus sich ein toller Blick nach Norden bietet.

★ **Crist Rei.** Das insgesamt 34 m hohe Monument (20. Jh.) wird von einer Christusfigur bekrönt. Grandioser Blick über die Levante.

★ **Pilgerweg.** Anstrengend und landschaftlich schön ist der Pilgerweg ab Felanitx (ca. 2 Std.). Er führt auf halbem Berg an einer kleinen Kapelle vorbei. An dieser Stelle soll ein Hirtenjunge im 13. Jh. die Marienfigur von Sant Salvador gefunden haben.

Zum höchst gelegenen Kloster der Insel führt eine Serpentinenstraße (oben). Es gleicht einer Burg (unten und unten rechts). Vom Creu del Picot eröffnet sich ein weiter Blick in den Norden (oben rechts).

Eine ähnlich spektakuläre Lage wie das Heiligtum von Sant Salvador kann kein anderes Kloster Mallorcas aufweisen. Von der Felsnase des 509 Meter hohen Berges bei Felanitx ist die Aussicht einfach grandios. Das wehrhafte Kloster wirkt wie eine gut befestigte Burg.

Tagtäglich quälen sich Heerscharen an Hobbyradrennfahrern den steilen Anstieg mit den engen Kehren hinauf. Je größer der Schmerz, desto größer das Vergnügen – das scheint eine der Grundregeln dieses Sports zu sein. Sie trägt, wenn man so will, christliche Züge. Guillermo Timoner war im einem wie im anderen zu Hause, im Radsport wie im Glauben. Daher übergab der sechsfache Weltmeister und 29-fache spanische Meister im Bahnradrennen seine Siegertrikots der Heiligen Jungfrau, die das Geschenk natürlich nicht ablehnen konnte. Die Mönche, die bis 1992 im Santueri de Sant Salvador lebten, drapierten die Votivgaben des 1926 in Felanitx geborenen Sportlers in Bilderrahmen. Sie finden sich in der Eingangshalle des Klosters. Dort gelangt man auch in die urige Klostergaststätte, die trotz bescheidenen gastronomischen Angebots nostalgischen Reiz besitzt.

Das verschlossen und trutzig wirkende Kloster geht auf die erste Hälfte des 14. Jahrhunderts zurück. Damals fiel etwa die Hälfte der Bevölkerung von Felanitx der Pest zum Opfer. Als Zeichen der Dankbarkeit errichteten die Überlebenden 1348 eine

erste Kirche auf dem höchsten Berg der Umgebung, dem 509 Meter hohen Puig de Sant Salvador.

Die heutige Klosteranlage wurde zwischen 1707 und 1734 erbaut. Selbst hier oben war man vor Piraten nicht sicher, weshalb die Anlage nach und nach weiter befestigt wurde. Eine Madonna aus dem 13. oder 14. Jh., der in der Region viele Wunder zugeschrieben werden, wird am Hauptaltar verehrt.

Große Gesten

Auch wenn der Glaube und speziell die Marienverehrung auf Mallorca noch immer eine bedeutende Rolle spielen, darf man behaupten, dass die meisten Besucher nicht von religiösen Motiven auf den Klosterberg getrieben werden, sondern von der fantastischen Aussicht. Aber auch die ist eingebettet in ein christliches Umfeld. Vom Klosterparkplatz erreicht man über eine breite Freitreppe das Monument Crist Rei. Das 1934 im Stil des spanischen Barockbaumeisters Herrera errichtete Christkönigsdenkmal beweist einmal mehr, dass Mallorca und die Moderne nicht unbedingt parallel laufen. Unter Franco erlebte der Herrera-Stil des 16. Jahrhunderts eine Renaissance. Das Denkmal hat eine reaktionäre und brachiale Ästhetik. Der Blick von der Aussichtsterrasse nach Osten auf die Küste von Portocolom und Cales de Mallorca ist dagegen grandios. Ebenfalls nicht beklagen kann man sich über die Aussicht vom Creu del Picot, von wo man die Ebene Es Pla in Richtung Alcùdia überblickt. Das monumentale Gipfelkreuz steht auf dem Nebenberg Es Picot (477 m) und wurde 1957 errichtet.

Hingehen!

ESSEN UND TRINKEN

★ **Cafeteria Sant Salvador.** Einfaches Lokal im Kloster. Es gibt auch einen Mittagstisch.

★ **Can Calco.** Restaurant-Cafeteria des Hotel Sant Salvador. *Pa amb Oli*, Kaffee und anderes kann man auf der luftigen Terrasse mit Fernblick genießen. Puig de Sant Salvador, Tel. 971515260.

ÜBERNACHTEN

★ **Can Bota.** Schön gelegene Finca mit sechs Doppelzimmern und einer Suite. Vom Garten aus sieht man den Puig de Sant Salvador. Cami de Son Amaret 128, Felanitx, Tel. 971827062, www.finca-can-bota.de

★ **Sa Posada d'Aumallia.** Das elegante Finca-Hotel bei Felanitx wurde 1991 als eines der ersten seiner Art eröffnet. Antike Möbel, Garten, Pool. Camino Son Prohens 1027, Felanitx, Tel. 971582657, www.aumallia.com

★ **Sant Salvador Petit Hotel.** Es gibt wohl kein Hotel mit einer besseren Aussicht. Die ehemalige Herberge wurde zur netten Unterkunft mit geschmackvoll eingerichteten Zimmern und Apartments. Puig de Sant Salvador Felanitx, Monasterio de Sant Salvador, Felanitx, Tel. 971515260, www.santsalvadorhotel.com

71 *Castell de Santueri*

Das Rätsel der Ruine

Der rund 430 Meter hohe Burgberg war wohl schon in prähistorischen Zeiten besiedelt. Auch einige Reste aus römischer und byzantinischer Zeit wurden gefunden. Von der Ruine des Kastells hat man einen tollen Blick über das östliche Meer. Eine Theorie besagt, dass auf der Burg der Entdecker Christoph Kolumbus gezeugt wurde.

Zwischen Felanitx und der Ostküste erhebt sich das Levante-Gebirge auf 509 Meter. Auf dem Gipfel thront das Kloster Sant Salvador (s. Kap. 70). Etwas weiter südlich und rund 100 Meter niedriger ist der Berg, auf dem die Mauern des Castell de Santueri aufragen. Bereits die Römer hatten wohl auf der strategisch günstig gelegenen Erhebung eine Festung errichtet. Von hier aus lassen sich das östliche Meer und die Zufahrt zum Hafen von Portocolom beobachten. Bei gutem Wetter sind auch die Cabrera-Inseln, Ibiza im Südwesten und Menorca im Norden auszumachen.

Die Araber bauten auf den Puig einen Alcázar, der immerhin so gut befestigt war, dass Jaume I. ein Jahr brauchte, um ihn einzunehmen. Nach der Belagerung war die Burg nur noch eine Ruine, und es dauerte Jahrzehnte, bis im 14. Jahrhundert der Wiederaufbau begann. Die auf Mallorca vielfach kolportierte These, wonach Christoph Kolumbus (span. Cristobal Colón) nicht in Genua, sondern in Felanitx geboren sei, stützt sich auf eine Episode, die sich auf der Festung abgespielt haben soll.

Nicht verpassen!

- ★ **Porta Tronera i Cos de Guàrdia.** Der Zugang erfolgt über eine steinerne Rampe. Hinter dem säulengestützten Hauptportal befand sich die Burgwache.
- ★ **Torre de l'Homenatge.** Der Ehren- oder Waffenturm ist mit einer Höhe von 15 m der größte der Anlage (erbaut 1315/1316).
- ★ **Muralla nord amb pas de guàrdia.** Wachgang und nördliche Befestigungsmauer.
- ★ **Forn i estança del Castellà.** Der Brotofen wurde von 1320 bis Mitte des 16. Jhs. genutzt. Die »Kammer des Kastiliers« war einer der herrschaftlicheren Wohnräume.
- ★ **Aljub principal.** Das Hauptwasserreservoir ist ca. 16 m lang und 4 m breit.
- ★ **Llenç de muralla sud-oest i torres cavalleres.** Befestigungsmauer und Wachtürme an der Süd-Ost-Seite.
- ★ **Ausblick.** Grandiose Sicht auf die Levante-Küste. Bei gutem Wetter kann man im Süden Ibiza erkennen.

Das Castell de Santueri ist eine der drei echten Burgen der Insel. Bedeutsam wurde sie während der Kämpfe der christlichen Eroberer gegen die Mauren im 13. Jh. Nur noch Teile der Außenmauer blieben erhalten (alle Bilder).

Die Kolumbus-Theorie

Im Zentrum steht dabei eine Affäre zwischen dem aragonesischen Thronfolger Karl von Viana (1421–1461) und der Bäuerin Margalida Colom. Karl wurde von seinem Vater wegen eines innenpolitischen Machtkampfes um die Thronfolge bis 1460 im Kastell eingesperrt. Ein Jahr später soll er im Auftrag seiner Stiefmutter vergiftet worden sein, damit deren Sohn Ferdinand König wurde. Ferdinand von Aragón und Isabella von Kastlilien ließen Kolumbus 1492 mit drei Schiffen nach Westen reisen).

Der uneheliche Sohn der Bäuerin Colom (span. Colón) erhielt den Namen Tofol, eine Abkürzung für Cristofol. Als Kolumbus am 12. Oktober 1492 eine Insel des fremden Kontinents betrat, gab er ihr den Namen San Salvador – nach dem Hausberg und dem Heiligtum von Felanitx, wie die Verfechter der Theorie glauben. Eine Insel nannte er Margalida – der Vorname der Bäuerin Colom und Bezeichnung einer als heilig verehrten Quelle in Felanitx. Als Sohn eines Genueser Wollwebers, argumentieren die Anhänger der Mallorca-These, hätte Kolumbus auch nie die Gunst der Spanischen Königin gewinnen können. Erklärlich sei dies allein durch die dynastischen Verbindungen. Allerdings wäre Kolumbus dann acht Jahre später geboren als angenommen. Eine spannende Geschichte, doch behaupten neben Genua und Felanitx noch ein halbes Dutzend andere Städte, Heimat des Entdeckers zu sein.

Die geheimnisumwittere Burg spielte in den folgenden Jahrhunderten keine große Rolle mehr und verfiel. Zuletzt wurden Teile der Anlage restauriert, und der Zugang ist wieder möglich.

Hingehen!

ESSEN UND TRINKEN

- ★ **Viena.** Sympathisches und beliebtes Lokal in Ca's Concos. Leckere spanische und internationale Küche. Einer der Treffpunkte der Deutsch-Mallorquiner. C/ Metge Obrador 12-13, Ca's Concos, Tel. 971 84 22 90.
- ★ **Son Terrassa.** Das gleichnamige Finca-Hotel besitzt eine schöne Restaurantterrasse, wo saisonale Küche serviert wird. Ctra. Ca's Concos-Felanitx, km 10, Tel. 971 83 95 51, www.son-terrassa.com

ÜBERNACHTEN

- ★ **Can Bessol.** Rund um die Finca wird Gemüse und Obst angebaut. Das Gut aus dem 17. Jh. besitzt einen schönen Garten mit Pool. Zwei Mal pro Woche kochen die mallorquinischen Eigentümer mit Produkten der Region und nach alten Rezepten. C/ Sisena Volta, 287, S'Horta, Tel. 639 69 49 10, www.canbessol.com
- ★ **Sa Galera.** Das edel-rustikale Finca-Hotel geht auf das 13. Jh. zurück und liegt landschaftlich schön im ruhigen Hügelland bei Cas Concos. Ctra. Santanyí-Ca's Concos, km. 6,3, Ca's Concos, Tel. 971 84 2079, www.hotelsagalesa.com

72 *Cala d'Or*

Auf der anderen Insel

Cala d'Or gehört zu den ersten touristischen Siedlungen, die auf Mallorca geplant wurden. Die malerische Küstenlandschaft mit ihren kleinen Buchten wurde ab 1930 mit kleinen Häusern bebaut, wobei man sich an der ländlichen Architektur von Ibiza orientierte.

Ibiza, die südliche Nachbarinsel von Mallorca, liegt zwar nicht weit entfernt, hat aber, wie auch Menorca im Norden, ihre eigene lokale Geschichte. So hat sich etwa in der traditionellen Bauernarchitektur Ibizas über die Jahrhunderte eine Bauweise entwickelt, die nicht nur das Bild der Insel bis heute prägt, sondern auch Architekten der Moderne und speziell des Bauhauses beeinflusst hat. Auf Ibiza ist das traditionelle Bauernhaus ein weiß gekalkter Kubus mit Flachdach und abgerundeten Ecken. Wuchs die Familie, die in dem einfachen Wohnraum lebte, wurde einfach ein weiterer Kubus angebaut. Die daraus resultierende funktionale Ästhetik mehrerer unterschiedlich gestufter Kuben hat die Bauhaus-Architekten fasziniert und zum Teil auch beeinflusst. In jener Zeit, den 1930er-Jahren, wurde der aus Ibiza stammende Architekt Josep Costa Ferrer beauftragt, eine Art Gartenstadt an der Ostküste zwischen den Fischerorten Portopetro und Portocolom zu entwerfen. Ausgewählt wurde ein Küstenstrich mit mehreren ebenso kleinen wie malerischen Buchten.

Nicht verpassen!

- ★ **Zentrum.** Im autofreien Ortszentrum der am Reißbrett entstandenen Siedlung finden sich viele Lokale und einige Boutiquen und Geschäfte.
- ★ **Hafen.** Der schicke Jachthafen nutzt die Cala Llonga, die zu Spaziergängen einlädt.
- ★ **Villensiedlung.** Die schönsten Villen aus der ersten Phase der Bebauung finden sich zwischen den Buchten Cala Llonga im Süden und Cala Esmeralda im Norden.
- ★ **Es Forti.** Von der restaurierten kleinen Festung aus dem 18. Jh. überblickt man gut die zentralen Buchten der Siedlung.
- ★ **Cala sa Nau.** Im Sommer wird es an den kleinen Stränden recht eng. Eine schöne, unbebaute Alternative ist die Cala sa Nau, etwa 5 km nördlich von Cala d'Or.

Die Küste der Levante ist das wohl schönste Revier für Segler. Zahlreiche Buchten laden zum Ankern und Baden ein (oben). Wer seine Jacht im Hafen von Cala d'Or liegen hat, erreicht rasch die schönsten Plätze (oben rechts). Zur Cala Sa Nau in der Nähe führt ein unscheinbarer Weg (unten rechts).

Zentrum nur für Fußgänger

Bis zum Ausbruch des großen Tourismusansturms und den auf allen Baleareninseln rasant steigenden Immobilienpreisen wurde das Ibiza-Konzept von Ferrer konsequent umgesetzt, das heißt, niedrige weiß gekalkte Villen wurden in die Landschaft gebaut, wobei man der Natur in Form von Schatten spendenden Kiefern relativ viel Platz ließ. An den Buchten Cala Gran und Cala d'Or durften Hotels gebaut werden, die aber nur einige Stockwerke hoch sein durften.

Je erfolgreicher und beliebter Cala d'Or wurde, desto mehr entfernte man sich allerdings von diesem ursprünglichen und ästhetisch anspruchsvollen Konzept. Die Villensiedlung hatte zunächst ein exklusives Image, was auch daran lag, dass sich einige Künstler und Schriftsteller im Südosten niederließen. Die Erweiterungen der Urbanisation, die bis in die 1990er-Jahre mehr oder weniger rasch voranschritten, versuchen den Ibiza-Stil zu bewahren, allerdings mehr im Sinne eines Zitats. Es wurde viel enger und viel größer gebaut – ohne allerdings an die Grausamkeiten anderer Feriensiedlungen heranzureichen.

Cala d'Or hat, wenn man so will, ein echtes, wenn auch nicht gewachsenes Zentrum. Es liegt im Bereich des Hafens und reicht etwa bis zur Cala Gran. Mehrere autofreie Gassen mit Boutiquen und Lokalen laden zum Flanieren ein. Dass die Bucht nicht erst seit den 1930er-Jahren von Bedeutung war, beweist die Festung Es Forti auf der Landzunge, die den Zugang zu drei Buchten beherrschte.

Hingehen!

ESSEN UND TRINKEN

★ **Port Petit.** Von der Terrasse des gepflegten Restaurants schaut man auf den Jachthafen. Cala Llonga, Tel. 971 64 30 39, www.portpetit.com

★ **Proas.** In diesem Restaurant hat man sich auf mallorquinische Küche spezialisiert. Von der Terrasse blickt man über die Hafenbucht. C/ Petit, Local 103, Tel. 971 643 380.

★ **Yacht Club.** Das Restaurant des exklusiven Jachtclubs von Cala d'Or steht auch Nichtmitgliedern offen. Sie können dort mediterrane leichte Küche genießen. Av. Cala Llonga s/n, Tel. 971 64 82 03, www.yccalador.com

ÜBERNACHTEN

★ **Cala d'Or.** Es gehörte zu den ersten Hotels der Zone und liegt ausgezeichnet über der gleichnamigen Bucht. Av. de Bélgica, 49, Tel. 971 65 72 49, www.hotelcalador.com

★ **Meliã Cala d'Or.** 49 geräumige Zimmer mit mallorquinischen Stilmöbeln, ein großer Garten, Pool und Spa machen das Hotel zu einer exklusiven Adresse in der Siedlung. C/ Portinax, 16-18, Tel. 902 14 44 40, www.melia.com

★ **Rocador.** Auch das Hotel an der Cala Gran besitzt Charme. C/del Marquès de Comillas, 3, Tel. 971 65 77 25, www.hotelesrocador.com

73 Parc Natural Mondragó

Ein Traum in Türkis

Von ihrer schönsten Seite zeigt sich die Ostküste an der Cala Mondragó. Genau genommen sind es zwei Buchten mit den Stränden S'Amarador und Fonts de n'Alis. Seit 1992 wurde der größte der mallorquinischen Meereseinschnitte zu einem Naturpark erklärt.

Zwischen den von Touristenzentren entstellten Buchten und Stränden und den abgelegenen Buchten, die nur nach einer Wanderung oder mit dem Boot zu erreichen sind, ist das Naturschutzgebiet so etwas wie ein Kompromiss. Man hat zum einen die wunderbare Küstennatur der Levante und zum anderen aber den Komfort von Parkplätzen am Rand des Areals sowie Gastronomie. Innerhalb des Gebiets finden sich noch zwei Hotels. Sie stammen aus der Zeit, bevor die Bucht zum Naturpark erklärt wurde. Der S'Amarador-Strand in der Cala Mondragó kommt dem Ideal einer mediterranen Strandbucht ziemlich nah. Schöner geht es kaum! Die Bucht ist aber nicht nur wegen ihrer Bademöglichkeiten an den Stränden S'Amarador und Fonts de n'Alis außergewöhnlich. Das Naturschutzgebiet Cala Mondragó beweist, wie vielfältig die Natur sein kann, wenn man ihr den Raum dazu lässt. Ende der 1980er-Jahre sollte hier eine große Feriensiedlung entstehen. Dank der Bürgerproteste und des anhaltenden Widerstands des Umweltverbands GOB wurden die Pläne nicht umgesetzt. Die Ba-

Nicht verpassen!

- ★ **Caló Fonts de n'Alis.** Die kleinere der beiden Buchten wird von den Gästen der beiden Hotels bevölkert. Schöner Sandstrand.
- ★ **Cala s'Amarador.** Der größere der Strände ist mit der Caló Fonts de n'Alis über einen Küstenweg verbunden.
- ★ **Spaziergänge.** Vier kurze Rundwege führen durch die vielfältige Natur des Schutzgebiets.
- ★ **Führung.** In mehreren Sprachen werden Führungen durch den Naturpark angeboten. Anmeldung Tel. 971 18 10 22, Infoposten am Parkplatz ses Fonts de n'Alis.
- ★ **Santuari de la Mare de Déu de la Consolació.** Das Heiligtum auf dem 205 m hohen Puig Consolació wurde im 16. Jh. erbaut. Von der Anlage, die von einer Laienbruderschaft gepflegt wird, hat man einen guten Blick über die Region.

Die Cala de Mondragó ist eine Badebucht wie aus dem Bilderbuch (oben). Zwei Sandstrände liegen innerhalb des Naturparks (oben und unten rechts). Wenn das Wasser zum Baden noch zu kühl sein sollte, lädt die schöne Natur zu Spaziergängen ein.

lance zwischen den wirtschaftlichen Interessen und dem Erhalt der Insel ist stets heikel. Hatte man vor wenigen Jahren noch den Eindruck, dass es einen übergreifenden Konsens darüber gibt, dass die verbliebene intakte Natur erhalten bleiben muss, torpedieren einzelne Projekte wie etwa ein Großhotel beim »Es Trenc«-Strand diesen mühsam errungenen Status.

Ein Schutzraum für Vögel

Im Fall der Cala Mondragó und des Hinterlandes war es sicherlich eine weise Entscheidung, den ökologischen Interessen den Vorzug zu geben. Rund um die Doppelbucht bietet sich eine vielfältige Landschaft. Da sind zum einen die Torrents, die nur zeitweise Wasser führenden Flussläufe, an deren Mündung die schönen Stränden liegen. Darüber hinaus gibt es Eichenwälder, in denen wilde Orchideen wachsen, kleine Dünen, Klippen und Feuchtzonen. Wegen ihres Vogelreichtums wurde die Region 1995 zusätzlich zum Vogelschutzgebiet deklariert. Rund 70 Arten wurden bereits gesichtet.

Wenn man den Naturpark über den südlichen Eingang, von Cala Figuera aus, betritt, sieht man einfache Bauten aus unbehauenen Feldsteinen. Diese *barraques* wurden in früheren Zeiten von den Bauern als Stall und Futterplatz für die Tiere verwendet. Zeitzeugen dieser Epoche sind ebenfalls die *sínies*, alte Brunnen, aus denen einst Wasser gepumpt wurde, um die Felder zu bewässern. Der Naturpark kann auf mehreren Routen begangen oder mit dem Fahrrad befahren werden.

Hingehen!

ESSEN UND TRINKEN

- ★ **Strandbar.** Für Getränke und einen kleinen Snack bietet sich die Bar am Strand von s'Amarador an. Nur in der Hauptsaison geöffnet.
- ★ **Es Clos.** Das Restaurant befindet sich in einem Landhaus und bietet spanische Küche. C/ Convento, 17, S'Alqueria Blanca, Tel. 971 65 34 04.
- ★ **Sa Plaça.** Auch dieses Lokal setzt auf spanische und mallorquinische Küche. Nette Terrasse, auch für einen Kaffee. C/ de Guillem Bonet Rigo, 22, S'Alqueria Blanca, Tel. 971 16 40 22.

ÜBERNACHTEN

- ★ **Hostal Condemar.** Ein Stück oberhalb des Mondragó-Hotels liegt das große *Hostal*. Tolle Lage bei einfacher Ausstattung. Cala Mondragó s/n, Santanyí, Tel. 971 65 77 56, http://de.hostalcondemar.com/home/
- ★ **Na Martina.** Vom Agroturismus-Betrieb am Rand des Naturparks ist man schnell bei den schönen Stränden. Zweimal die Woche wird für die Gäste gekocht. Ctra. Porto Petro – Cala Mondrago, s/n, Porto Petro, Tel. 971 64 82 50, www.namartina.eu
- ★ **Playa Mondragó.** Das einfache Hotel liegt einfach herrlich, nur wenige Meter von der Calo Fonts de n'Alis entfernt. Cala Mondragó, Santanyí, Tel. 971 65 77 52, www.playamondrago.com

74 Santanyí

Orgelklänge und Residenten

Nicht verpassen!

- ★ **Església Sant Andreu Apòstol.** Die Hauptkirche wurde im18. Jh. erbaut und ersetzt bzw. erweitert einen Vorgängerbau aus dem 13. und 16. Jh.
- ★ **Capella del Roser.** Die Rosenkranzkapelle (13. Jh.) gehört zum ersten Kirchenbau. An sie wurde der neue angebaut.
- ★ **Orgel.** Als eine der schönsten und wohlklingendsten Orgeln gilt das 1762 von Jordi Bosch konstruierte Instrument.
- ★ **Porta Murada.** Von der im 14. bis ins 16. Jh. angelegten Stadtmauer blieb das alte Stadttor erhalten.
- ★ **Aljub.** In früheren Zeiten garantierte eine riesige Zisterne die Wasserversorgung der Stadt. Sie wurde im 18. Jh. erbaut und findet sich im Carrer de s'Aljub.

Santanyí ist ein sonnenverwöhntes Städtchen im Süden (oben). Im beschaulichen Zentrum findet mittwochs und samstags Wochenmarkt statt (unten rechts). Bis zum Meer und einigen malerischen Buchten sind es nur wenige Kilometer (oben rechts).

Der Name der südlichen Inselgemeinde leitet sich sehr wahrscheinlich von Sanctus Agnus ab. Das »Lamm Gottes« taucht auch im Stadtwappen auf. Bis ins 17. Jahrhundert überfielen immer wieder Piraten das Städtchen, dessen beschauliches Zentrum ein Treffpunkt der zugezogenen und wohlhabenden Residenten der Umgebung ist.

Der warme, sandfarbene Marèsstein ist auf Mallorca allgegenwärtig. Die schönsten Gebäude wie die Kathedrale von Palma oder die Handelsbörse La Lonja sind aus diesem Material erbaut. Auch auf dem Land sieht man es in jedem Dorf. Es gibt aber ein Städtchen, das sozusagen der Inbegriff des goldgelben Bausteins ist, es verkörpert ihn buchstäblich. Natürlich geht es um Santanyí. Vielleicht ist es der Farbton, dieser goldene, leicht ins Rötliche spielende Ton, vielleicht ist es aber auch das Licht des Migjorn, dass die 3500-Einwohner-Stadt manchmal wirkt, als würde sie wie aus sich selbst heraus leuchten.

Viele Urlauber, die auf dem Weg zu den Buchten der Südostküste unterwegs sind, lassen Santanyí links liegen beziehungsweise umfahren die Stadt. Ihnen entgeht das beschauliche Zentrum rund um den Hauptplatz und die Pfarrkirche Sant Andreu Apòstol. Letztere stammt aus dem 18. Jahrhundert und birgt einen sehens- und vor allem hörenswerten Schatz. Es ist das Meisterwerk des Orgelbauers Jordi Bosch (1735–1891). Das 1762 fer-

tiggestellte Instrument mit zwei Manualen und 40 Registern gilt als die herausragende Arbeit des mallorquinischen Meisters, der auch am Hof in Madrid und in den Kathedralen von Murcia und Sevilla sein Können unter Beweis gestellt hat. Ursprünglich hatte er die Orgel für das Kloster Sant Domènec in Palma gefertigt, wo sie bis zur Säkularisierung 1837 genutzt wurde. Dann wurde sie nach Santanyí verfrachtet, wo sie 1985 von dem deutschen Orgelbauer Gerhard Grenzing restauriert wurde. Zu erleben ist die Bosch-Orgel bei mehreren Konzerten, die im Lauf des Jahres in Sant Andreu veranstaltet werden.

Reste der alten Stadtmauer

Wenn man schon mal in der Kirche ist, sollte man auch einen Blick in die Capella del Roser (»Rosenkranzkapelle«) aus dem 14. Jahrhundert werfen. Sie blieb vom ersten Kirchenbau der Stadt erhalten und ist im Übergangsstil von der Romanik zur Gotik erbaut.

Obwohl Santanyí nicht direkt am Meer liegt, war es im 15. und 16. Jahrhundert ein beliebtes Ziel für Piratenangriffe. Ende des 16. Jahrhunderts errichtete man eine Befestigungsmauer, von der heute noch das Haupttor, die westlich der Pfarrkirche gelegene Porta Murada, erhalten ist. Heute ist Santanyí ist ein beliebter Treffpunkt der deutschen Residenten der Region. Sie finden in dem netten Landstädtchen nicht nur angenehme Cafés und Lokale, sondern auch Geschäfte für die stilvolle Einrichtung der Finca sowie eine Kunstgalerie.

Hingehen!

ESSEN UND TRINKEN

★ **Año 1849.** Neben Pasta und Tapas gibt es auch andere leckere, kreativ zubereitete mediterrane Speisen. Plaça Major, 22, Tel. 971 65 38 23, www.1849.es

★ **Es Cantonet.** Romantisches Interieur und mediterrane Küche. Pl. Bernareggi, 2, Tel. 971 16 34 07, www.es-cantonet.net

★ **Es Moli.** Beliebtes Restaurant in einer ehemaligen Mühle am Ortsrand. Es wird deftig spanisch-katalanisch gekocht. C/ Consolació, 19, Tel. 971 65 33 58.

ÜBERNACHTEN

★ **Santanyí.** Charmantes Stadthotel mit sieben Zimmern. Auch das Hotelrestaurant gehört zu den empfehlenswerten Adressen des Städtchens. Pl. Constitució, 7, Tel. 971 64 22 14, www.hote-santanyi.com

★ **S'Hotelet de Santanyí.** Hübsches Hotel in der Altstadt. Plaça Major, Tel. 971 65 35 85, www.hoteletsantanyi.com

EINKAUFEN

★ **Wochenmarkt.** Jeden Mittwoch und Samstag erwacht das Städtchen zum Leben. Residenten und Einheimische decken sich mit Gemüse ein.

75 *Cala Figuera*

Fischerromantik für jedermann

Nicht verpassen!

★ **Hafen.** Der Hafen von Cala Figuera ist wohl der der schönste der Insel. Malerisch drängen sich Bootsschuppen und darüber die verschachtelten Häuser um die schmale Bucht, die von einem Fußweg gesäumt wird.

★ **Felsenbaden.** Cala Figuera hat keinen Badestrand. Wer ins Meer steigen möchte, findet hinter dem Hotel Sirena einen Zugang über die Felsen.

★ **Caló des Moro.** Der von Felswänden flankierte Strand ist einer der schönsten Plätze der Insel. Es gibt dort aber keine Einrichtungen wie Liegenverleih, WC oder Strandbar. Ca. 5 km südlich bei Cala Llombarts.

★ **Es Pontas.** Südlich von Cala Figueras bei Cala Santanyí haben Zeit und Meer einen Felsbogen im Meer geschaffen.

Die malerische Kulisse des Fischer- und Urlaubsorts bietet Malern schöne Motive (oben und unten rechts). Die Galerie, in der jahrelang der Deutsche Hein Driessen gearbeitet und seine Arbeiten gezeigt hat, wurde von dem Mallorquiner Jesus Camargo übernommen (oben).

Ursprünglich war die Cala Figuera der Hafen von Santanyí. Die schmale Bucht mit ihren Boots- und weißen Wohnhäusern gibt ein so romantisches Bild ab, dass der Ort schon früh zu einem Lieblingsziel der Tagestouristen wurde. Man kann es hier aber auch gut länger aushalten.

Cala heißt Bucht, weshalb man richtig vermutet, dass der malerische Ort im Südosten am Meer liegt. Die Cala Figuera (Feigen-Bucht) ist schmal und lang wie ein Fjord und teilt sich in zwei Arme, die Cala d'en Boira und die Cala d'en Busquets. Sie hat sich tief in die Kalkfelsen der sonnenverwöhnten Küste vorgearbeitet, sodass das türkisblaue Wasser wie ein ungewöhnlich klarer Fluss wirkt, an dessen Ufern sich die Fischer ihre Hütten und Häuser gebaut haben. Um den südlichen Arm drängen sich dicht die Bootshäuser. Teilweise wurden für die Boote sogar Höhlen in den Fels geschlagen. Darüber schmiegen sich die Wohnhäuser an den Hang der engen Bucht.

Nostalgische Zeitreise

Kein Wunder, dass das Idyll zu einem beliebten Ausflugs- und Urlaubsziel wurde. Schon Ende der 1950er-Jahre ging es los. Während andernorts die Hinterlassenschaften des frühen Massentourismus keine Begeisterung auslösen, ist dies in Cala Figuera anders. Wenn man durch das Dorf spaziert, vorbei an betagten

Hotels und einfachen Apartments oder auf dem schönen Hafenweg, kann es sein, dass man von einem Hauch von Nostalgie erfasst wird. Man glaubt zu verstehen, was die Eltern oder Großelterngeneration sah, die zum Urlauben hierher kam. Man kann sich ungefähr vorstellen, wie ihr Bild und Ideal vom Süden ausgesehen hat. Wie spießig und zugleich lebenslustig diese Zeit wohl war? Es ist, als spaziere man durch einen vergilbten Super-8-Film oder tauche ein in die wegen ihrer Langeweile berühmt-berüchtigten Dia-Abende.

Als Ort der nostalgischen Retrokultur ist Cala Figuera noch ein Geheimtipp. Das wird sich sicher irgendwann ändern. Aber wird der morbide Charme eines schlichten Hotelklotzes, wie es das Hotel La Sirena aus dem Jahr 1966 ist, dann noch authentisch sein? Wird die Bar Cala, die den Kollegen Rüdiger Liedke so begeistert, dass er sie zu einem der »111 Orte auf Mallorca, die man gesehen haben muss«, kürt, dann noch existieren? Das Fischlokal ist sozusagen im Originalzustand von 1957, dem Jahr seiner Eröffnung.

Cala Figuera wurde erstmals 1306 erwähnt. In früheren Jahrhunderten wurde von hier aus der Marèsstein aus den Steinbrüchen bei Santanyí verschifft, zum Beispiel nach Palma. Natürlich war und ist die lange, schmale Bucht auch ein geschützter Hafen für kleine Fischerboote. Es ist das Glück der Feigenbucht – auch wenn man sich das als Tourist anders wünscht –, dass es dort keinen ordentlichen Strand gibt. Daher wurde weniger wild gebaut als an anderen Calas der Insel, und es bleibt trotz des Besucherandrangs entspannt. Gute Voraussetzungen für eine Zeitreise.

Hingehen!

ESSEN UND TRINKEN

- ★ **Bar Cala.** Eine Dorfinstitution seit 1957. Fisch und anderes wird hier einfach und gut zubereitet. C/ Virgen del Carmen, 57, Tel. 971 64 50 18.
- ★ **Es Port.** Von der Terrasse hat man einen tollen Blick auf die Bucht. Auch das Essen ist gut und günstig. C/ Virgen del Carmen, 88, Tel. 971 16 51 40.
- ★ **La Petite Iglesia.** Französische Küche in einer ehemaligen Kirche, köstlich und moderat im Preis. C/ Marina, 11, Tel. 971 64 50 09, www.la-petite-iglesia.com
- ★ **Mistral.** Einfache und ordentliche Küche mit viel Fisch und ein herrlicher Blick auf den idyllischen Hafen. C/ Virgen del Carmen 42, Tel. 971 64 51 18.

ÜBERNACHTEN

- ★ **Hotel Villa Sirena.** In herrlicher Lage über dem Eingang der Bucht. Einfache, aber ausreichend komfortable Zimmer mit guter Aussicht. C/ Virgen del Carmen 37, Tel. 971 64 53 03, www.hotelvillasirena.com
- ★ **Hotel Rocamar.** Ebenfalls mit sehr guter Aussicht und Pool. C/ Juan Sebastián Elcano 38, Tel. 971 64 51 25, www.rocamarplayamar.com

76 Ses Salines

Letzter Halt vor dem Meer

Nicht verpassen!

★ **Zentrum.** Die Kirche und ein bisschen Drumherum, mehr ist es nicht. Aber nett für eine Rast oder um am Abend in einem der Lokale essen zu gehen.

★ **Botanicactus.** Ein 15 ha großer botanischer Garten mit zahlreichen Kakteen, einem Feuchtgebiet und mediterranen Pflanzenarten. Ctra. Ses Salines-Santanyí, km 1, Tel. 971 64 94 94, www.botanicactus.com

★ **Pista de Ciclisme.** Mallorca steht im Zeichen des Radsports, auch in Ses Salines, wo Profis und Amateure auf einer eigenen Radrennstrecke kurz vor dem Garten Botanicactus, trainieren.

Das Salz der Salinen hat dem Ort seinen Namen gegeben (unten rechts). Hoch geschätzt wird die Fischküche der Casa Manolo, wo man nur selten einen freien Tisch bekommt (oben rechts). In Ses Salines ist man schon fast an der äußersten Südspitze Mallorcas. Ruhige und sonnige Tage verbringen die Gäste des gemütlichen Landhotels »Sa Carrotja« (oben).

Sechs Kilometer sind es von Ses Salines bis zum Badeort Colònia de Sant Jordi. Warum jetzt noch anhalten? Zum Beispiel um den großen botanischen Garten zu besuchen, in einem der Cafés Rast zu machen, die neuerdings das Dorfzentrum beleben oder um einen schwebenden Moment zwischen Land und Meer zu erleben.

Eigentlich hat Ses Salines nicht viel zu bieten. Der Hauptort der gleichnamigen Gemeinde wirkt, als ob er sich nicht entscheiden könnte, ob er mehr zum Inselinneren oder zum Meer gehören will. Campos und Santanyí etwas weiter im Landesinnern sind die größeren und belebteren Zentren. Und an der Küste in Colónia de Sant Jordi steppt im Vergleich mit Ses Salines der Bär.

Man liegt nicht ganz falsch, wenn man behauptet, Ses Salines, das seinen Namen von den Salinen hat, die es an der Südspitze der Insel seit der Antike gibt, sei nicht mehr als ein Durchgangsort. Dagegenhalten lässt sich ein Eindruck, den man nirgends herauslesen, sondern nur vor Ort erleben kann. Und selbst das ist ungewiss: Hier geht es um Stimmungen und Gefühle. Ses Salines ist ein Ort in der Schwebe. Wie auf einem flachen Teller liegt es unter der im Sommer knackig heißen Sonne. Da ist kein Hügel, an den der Ort sich anlehnen könnte, kein Wald und kein Tal, das Schutz bieten könnte. Ses Salines liegt da wie ein Dorf der La Mancha. Wenn die Natur schon keinen Schutz bietet, müssen es

die Häuser tun. In den Jahrhunderten, in denen das Mittelmeer so gefährlich war wie heute die Gewässer vor Somalia, mussten die Insulaner ständig mit den Angriffen von Piraten rechnen. Der Schutzbunker des Ortes war auch hier die Kirche. Gleich neben dem christlichen Bollwerk gibt es die Casa Manolo. Das Lokal, dessen Interieur sich seit 1972 nicht mehr verändert hat, ist berühmt für seine Fischgerichte und Paellas.

Palmen und Kakteen

Neben der Casa Manolo hat Ses Salines aber noch eine andere, inselweit bekannte, Adresse zu bieten. Es ist der botanische Garten Botanicactus. Wie der Name vermuten lässt, spielen die stacheligen Gewächse darin die Hauptrolle. Gut 10000 Kakteen wachsen auf dem Areal, das Mitte der 1980er-Jahre angelegt wurde. Nach eigenen Angaben wurde daraus mit einer Fläche von 15 Hektar der größte botanische Garten Europas .

Die Kakteen kommen mit dem Mittelmeerklima gut zurecht. Feigen- und Laubkakteen, Agaven oder stachelige Kugeln wie der Seeigelkaktus sind einige wenige der insgesamt 1300 Unterarten dieser Spezies. Ideale Bedingungen findet die Flora im Bereich »mediterraner Garten«, wo unter anderem knorrige Olivenbäume, Feigen, Granatäpfel, Palmen und Eukalyptus wachsen. Für das Feuchtgebiet wurde ein 10000 Quadratmeter großer Teich angelegt und der Aushub zu einem künstlichen Hügel angehäuft, der wiederum als Windschutz dient. Einige Wasservögel haben das Angebot angenommen und sich ebenfalls angesiedelt.

Hingehen!

ESSEN UND TRINKEN

★ **Casa Manolo.** Im inselweit bekannten Fischlokal schätzt man die frische Meeresküche. Am besten, man reserviert vorher. Plaça San Bartolome, Tel. 971 649130, www.bodegabarahona.com

★ **Cassai Café.** Schickes und schönes Interieur. Die Tapas und mediterranen Gerichte kann man auch auf einer Terrasse genießen. C/Sitjar, 5, Tel. 971 649721, www.cassai.es

ÜBERNACHTEN

★ **Ca'N Bonico.** Edles Landhotel im Ortskern, kühlelegante Einrichtung und großer Außenbereich. Plaça Sant Bartomeu, 8, Tel. 971 649022, www.hotelcanbonico.com

★ **Sa Carrotja.** Das Finca-Hotel besitzt zwölf mallorquinisch eingerichtete Zimmer. Die meisten mit eigener Terrasse. C/Sa Carrotja, 7, Tel. 971 649053, www.sacarrotja.com

EINKAUFEN

★ **Llum de Sa.** Vom Erfolg des Flor de Sal d'es Trenc animiert, gibt es mittlerweile noch einen zweiten Anbieter von Salzblumen mit oder ohne zusätzliche Aromen. C/ Burguera Mut 14, Tel. 971 649773, www.flordesal-llumdesal.com

77 Cap de Ses Salines

Immer nach Süden

Nicht verpassen!

- ★ **Far del Cap Salines.** Der Leuchtturm wurde 1863 erbaut und hat eine Höhe von 17 m. Er kann nicht besichtigt werden.
- ★ **Platja de Es Caragol.** Der schöne Sandstrand liegt gut 1 km westlich des Leuchtturms. Man braucht nur den Trampelpfaden rechts des Turms entlang der Küste zu folgen.
- ★ **Platja es Carbó.** Etwa auf halber Strecke zwischen Kap und Colònia de Sant Jordi findet sich ein weiterer Naturstrand.
- ★ **Dünen.** Die beiden genannten Strände sind Teil eines natürlichen Dünensystems mit der typischen Flora solcher Landschaften.
- ★ **Salzseen ses Gambes und Tamarells.** Die Seen liegen auf dem Grundstück des Guts Sa Vall. Sie sind von mehreren Wasservogelarten bevölkert.

Weiter geht es nicht: Das Cap de Ses Salines ganz im Süden der Insel ist ein stiller Ort. Entlang der Küste weisen Steinmännchen den Weg zu naturbelassenen Stränden (oben). Der Leuchtturm wurde 1863 errichtet (unten und oben rechts).

Leuchttürme ziehen viele geradezu magisch an. Rund um die Insel stehen 14 Türme oft an dramatisch schönen Stellen. Der Far del Cap Salines wacht am südlichsten Zipfel Mallorcas. Der Küstenstreifen begeistert durch seine unverbaute Natur und schönen Strände.

Zwischen Ses Salines und Santanyí zweigt die Ma6110 ab. Zehn Kilometer führt die Straße immer nach Süden, vorbei an Zäunen und Trockensteinmauern, hinter denen Mandel- und Johannisbrotbäume wachsen und über denen der meist blaue Himmel strahlt. Je weiter man fährt, desto mehr hat man das Gefühl, sich einem unbestimmten Ende zu nähern. Das Meer! Man spürt, dass es nicht mehr weit ist, auch wenn noch nichts zu sehen ist. Dann ist plötzlich Schluss. Die Straße wird von einem Gittertor versperrt. Dahinter steht ein Leuchtturm. Einen Parkplatz oder Wendehammer gibt es nicht. Das ist konsequent, das passt zur Symbolik eines Leuchtturms. Aber welche ist das? Vielleicht liegt es an unseren kulturellen beziehungsweise archaischen Genen, die von Hinkelsteinen, Obelisken und Kathedralen geprägt wurden. Was aufragt, ragt über das Gemeine heraus, es behauptet Macht, verspricht Sicherheit und Orientierung. Es verbindet Himmel und Erde. Nein, das nicht? Ein Leuchtturm ist kein Omphallos, kein Nabel der Erde. Er ist kein Bindeglied der Vertikalen, sondern der Horizontalen. Hier ist das Land, dort das Meer.

Im Schutz des geflügelten Löwen

Ein Leuchtturm ist ein unbestimmt sakraler Ort. Wer es vermag, den Schiffen Orientierung zu geben und selbst an den wildesten Rändern der Welt zu bestehen, der mag auch dem unbedeutenden Ich ein wenig Licht und Orientierung schenken. Man kann den Far de Cap de Ses Salines aber auch einfach als einen Turm sehen, der 1863 erbaut wurde und der in der Nacht leuchtet. Übrigens war er der erste in ganz Spanien, der mit einer Photovoltaik-Anlage versehen wurde. Das war 1983. Heute ist ein Küstenforschungsinstitut darin untergebracht.

Es gibt 14 Leuchttürme auf der Insel sowie weitere fünf auf den Nebeninseln Dragonera und Cabrera. Jeder einzelne hat durch seine exponierte Lage seinen besonderen Reiz. Der Far des Cap de Ses Salines steht am südlichsten Punkt der Insel. Er ist von einer der wenigen noch wirklich naturbelassenen Küstenlandschaften Mallorcas umgeben. Man nähert sich ihm mit einer unbestimmten Ahnung von Ende und Übergang, was vielleicht an der 10 Kilometer langen Stichstraße liegt, die zu ihm führt. Es ist ein Glück, an der Küste zu wandern, einen der wilden Strände aufzusuchen oder einfach da zu sein und zu spüren, wie Luft, Sonne, Meer und Land mächtig an der Seele rühren. Man sollte dieses Gefühl genießen, solange es anhält. Denn wer zu seinem Mietwagen zurückkehrt und sieht, dass die Scheibe eingeschlagen wurde, landet augenblicklich wieder im Hier und Jetzt. Man muss sich selbst immer wieder daran erinnern: keine Wertsachen im Auto lassen und das Handschuhfach öffnen, das hilft.

Hingehen!

ESSEN UND TRINKEN

★ **Sa Fona.** Direkt am Kap gibt es kein Lokal. Eines der am nächsten gelegenen ist das rustikale Dorflokal in Es Llombarts. C/ Sant Domingo, 1, Es Llombards, Tel. 971 65 41 82.

ÜBERNACHTEN

★ **Villa Station.** Ses Salines hatte bis 1964 einen Bahnhof. Jetzt ist es ein Hotel mit zwei Zimmern, einer kleinen und zwei sehr großen Suites. Die Einrichtung im Boutiquestil passt gut zur alten Bausubstanz. Das Haus gehört zum Hotel »Es Turó«, ist aber eleganter, neuer und schicker. C/ Mestral, 3, Ses Salines, www.esturo.com/esturo/villa

★ **Es Turó.** Weiße Tagesbetten am Pool und ländlich geschmackvolle Zimmer. In der 250 Jahre alten Finca zwischen Ses Salines und Es Llombarts ist man vom Trubel der Küstenorte weit genug weg. Andererseits sind es zu den nächsten Stränden nur wenige Kilometer. Camí de Cas Perets s/n, Ses Salines, Tel. 971 64 95 31, www.esturo.com

78 Colònia Sant Jordi

Sankt Georg hat es gut

Nicht verpassen!

★ **Hafen und Promenade.** Der belebteste Teil der Siedlung ist der Bereich zwischen Hafen und Platja d'es Port. Er wird von einer breiten Promenade eingefasst.

★ **Centre de Visitants de Cabrera.** Hier erfahren die Besucher mehr über den Nationalpark Cabrera, seine Flora und Fauna. 3-D-Film, mehrere Aquarien und anderes finden sich im architektonisch interessanten Gebäude. C/ Gabriel Roca.

★ **Salinas de S'Avall.** Zwischen der Platja Estanys und der Hotelzone im westlichen Teil liegt der Salzsee mit den strahlend weißen Salzbergen.

★ **Platja d'es Trenc.** Mallorcas breiter Traumstrand schließt sich westlich der Platja Estanys an.

★ **Ausflug nach Cabrera.** Mehrere Unternehmen bieten Tages- oder Halbtagestouren nach Cabrera an. Infobüros finden sich an der Promenade C/ Gabriel Roca.

Der Klatschmohn ist ebenso typisch für die Region wie die zahlreichen Windräder, die in früheren Zeiten Grundwasser an die Oberfläche gepumpt haben (oben). Colònia de Sant Jordi ist an drei Seiten vom Meer umgeben (rechts). Wer im Stadtteil El Coto nächtigt, kann sich auf diesem Steg den Meereswind um die Nase wehen lassen (oben rechts).

Die Kolonie des hl. Georg ist eine reine Tourismussiedlung und die größte an der Südküste. Angesichts der herrlichen Strände, die sie umgeben, fällt die urbane Langeweile des Ortes weniger auf. Vom Hafen fahren in der Sommersaison Ausflugsboote zum Cabrera-Archipel.

Wie das wohl war vor 2000 bis 3000 Jahren? Die Urinsulaner lebten mit ihren Tieren in fensterlosen Rundbauten aus unbehauenen Steinen und übten sich, wenn sonst nichts zu tun war, im Steineschleudern. Irgendwann im Lauf des 1. Jahrtausends v. Chr. tauchten Schiffe an der Südostküste Mallorcas auf. Es waren Phönizier, Angehörige der damals führenden Handels- und Seemacht. Auf einer kleinen Insel an der Südspitze Mallorcas errichteten sie eine Handelsstation. Wahrscheinlich legten sie auf dem Festland auch Becken an, in denen das Meerwasser verdunstet und so Salz gewonnen werden konnte. Die kleine Insel heißt Na Guardis und liegt vor der heutigen Colònia de Sant Jordi.

In der größten Feriensiedlung des südlichen Mallorca käme man nicht auf die Idee, nach Spuren der Vergangenheit zu fahnden. Die sieht, wenn auch nicht gerade neu, doch sehr modern und künstlich aus. Das ist auch so. Die Zeiten, in denen nur ein paar Fischerhäuschen an der kleinen Halbinsel standen, sind lange vorbei. Die Kolonie des hl. Georg dient allein der Erholung gestresster Ausländer. Besonders den Schweizern gefällt es gut.

Auch die Mallorquiner, die zumindest in früheren Zeiten gar nicht auf die Idee gekommen wären, ihre schöne Insel für einen Sommerurlaub zu verlassen, kommen gerne an die Südspitze, wo manche ein Häuschen oder Apartment besitzen.

Ein Talaiot-Turm der Gegenwart

Die Kolonie selbst mag keine große Schönheit sein. Sie wird aber immer schöner, je mehr man die Umgebung erkundet. Colònia Sant Jordi ist umgeben von traumhaften Sandstränden. Im Osten der Kolonie wartet ein netter Hafen mit Promenade und Restaurants und die Platja d'es Port und d'es Carbó. Und im Westen grenzt einer der schönsten Strände der Insel an, die Platja Estanys, die sich im weiten Es-Trenc-Strand fortsetzt.

Vom Hafen aus sieht man die kleine Insel Na Guardis, wo Archäologen 1980 die Reste eines phönizischen Stützpunktes entdeckt haben. Weiter draußen auf dem Meer liegt der Cabrera-Archipel. Das gesamte Gebiet der Inselgruppe ist ein Nationalpark. Vom Hafen aus fahren Ausflugsboote zur Hauptinsel. Man kann sich aber auch in Colònia de Sant Jordi über die Natur der Inseln informieren. Für 21 Millionen Euro hat das Umweltministerium ein Besucherzentrum spendiert. In der Nähe des Hafens ragt das konische Gebäude aus dem Boden, das mit seiner Natursteinfassade wie eine Mixtur aus Felseninsel und Talaiot-Turm aussieht. Der Besucher lernt zunächst die Unterwasserwelt des Nationalparks kennen, anschließend die Inseln, die bei gutem Wetter von der Dachterrasse aus zu erkennen sind.

Hingehen!

ESSEN UND TRINKEN

★ **Antonio.** Hier genießen die meist spanischen Gäste die köstliche Paella – übrigens nur am Mittag: Am Abend liegt das deftige Reisgericht zu schwer im Magen. C/ Alexandre Farnese, 5, Tel. 971 65 54 05.

★ **Port Blau.** Klassisch elegantes Fischlokal an der Hafenpromenade, guter, gehobener Standard. C/ Gabriel Roca 67, Tel. 971 65 65 55.

★ **Sal de Cocó.** Endlich gibt es ein wirklich gutes Restaurant im Ort. Kreative und geschmackvolle Mallorca-Küche. Der Name bezeichnet die Salzreste, die man in Felsmulden am Meer finden kann. C/ del Carero, Tel. 971 65 52 25, www.restaurantsaldecoco.com

ÜBERNACHTEN

★ **Tres Playas.** Der große Hotelkasten wurde 1968 in bester Lage erbaut. Schöne Gartenanlage und toller Blick. C/ Esmaralda, 6, Tel. 971 65 51 51, www.hoteltresplayas.es

★ **Colonial.** Wer in keinem Großhotel absteigen möchte, kann es mit diesem gut ausgestatteten *Hostal* versuchen. Die Eisdiele im Erdgeschoss ist auch einen Tipp wert. C/ Ingeniero Gabriel Roca, 9, Tel. 971 65 52 78, www.hostal-colonial.com

79 Das Cabrera-Archipel

Schrecken und Schönheit

Nicht verpassen!

★ **Hafen Cabrera.** Die Boote aus Colònia de Sant Jordi und Portopetro legen am kleinen Hafen der Insel an. Überfahrten bieten an: Excursions a Cabrera. Tel. 971649034, www.excursionsacabrera.com sowie Mar Cabrera, Tel. 971656403, www.marcabrera.com

★ **Museu Es Celler.** Das kleine Museum auf Cabrera informiert über die Natur und Geschichte der Insel.

★ **Castell.** Die Burgruine aus dem 14. Jh. kann besichtigt werden.

★ **Cova Blava.** Die Meeresgrotte an der Nordseite der Insel wird von den Ausflugsbooten meist am Nachmittag bzw. gegen Abend angesteuert. Bei tief stehender Sonne schimmert sie blau.

★ **Baden/Wandern.** In der Bucht von Cabrera darf gebadet werden. Auf markierten Wegen kann man Teile der ursprünglichen mediterranen Natur erwandern.

Zu einem Ausflug nach Cabrera gehört auch ein Besuch der blauen Grotte (oben rechts und oben). Die meisten Wege des Nationalparks dürfen nur mit einem Guide begangen werden. Eine Ausnahme ist die Wanderung zur Punta de N'Ensiola (rechts).

Rund 10 Seemeilen südlich des Cap des Ses Salines liegt der Archipel der Ziegeninsel. Zum Nationalpark gehören neben der Hauptinsel Cabrera weitere 18 Kleininseln. Von Colònia Sant Jordi und Porto Petro verkehren Ausflugsboote zur Hauptinsel auf der sich in der Vergangenheit Dramatisches abgespielt hat.

Eines vorweg: Auf dem Arxipèlag de Cabrera, dem Archipel der Ziegeninsel, lebt keine einzige Ziege. Es gab sie einmal, und das ist noch gar nicht so lange her. Ihr Verschwinden hängt mit einer grausamen Geschichte zusammen an der man nicht vorbeikommt, wenn man mehr über die Inselgruppe erfahren möchte.

Nach der Niederlage der napoleonischen Truppen 1809 im andalusischen Bailén wurden 9000 Kriegsgefangene aus Cádiz auf die Ziegeninsel verfrachtet. Das Eiland, auf dem es kaum Wasser und wenig Vegetation gibt, wurde zur Todesfalle. Die Selbstversorgung war unmöglich, und die Versorgung mit Wasser und Nahrungsmitteln, die zunächst von den Engländern, dann von einem Mallorquiner gewährleistet werden sollte, war eine Katastrophe. Nach Kriegsende, im Jahr 1814 konnten nur noch 3600 Franzosen lebend in ihre Heimat zurückkehren. Was es an Ziegen,

Kaninchen oder anderen Tieren auf dem Eiland gegeben haben mag, wurde verspeist. Der mallorquinische Schriftsteller Baltasar Porcel verglich die Methode dieser Kriegführung mit den Konzentrationslagern des 20. Jahrhunderts.

Mönche und Piraten

Der Besucher, der heute auf die in seinen Augen traumhaften, weil naturbelassenen Inseln kommt, steckt in einem Zwiespalt: Wie passt das Grauen der Vergangenheit mit der Schönheit der Natur zusammen? Einige Kiefern und Steineichen, Wolfsmilch und mehr als 400 weitere Arten wachsen hier, wie etwa auch der seltene Balearen-Buchsbaum. Zehn verschiedene Eidechsenarten – auch eine endemische – sind auf den im Sommer trocken-heißen Inseln heimisch. Ansonsten begeistern sich Vogelkundler, wenn sie Kormorane, Korallenmöwen oder Seeadler beobachten.

Auch wenn der Archipel seit 1991 ein Nationalpark mit entsprechendem Regelwerk ist, gehört er offiziell noch dem spanischen Militär, das die Inseln für Übungen nutzt. Bevor das Haupteiland, die Cabrera-Insel, für die Kriegsgefangenen zur Todesfalle wurde, nutzten Piraten deren Abgeschiedenheit, um sich auf weitere Beutezüge in Richtung Mallorca vorzubereiten.

Ganz anderes hatten fromme Männer im Sinn, die bereits im 6. Jh. die Einsamkeit der Inseln suchten. Durch Zufall fand man vor wenigen Jahren drei Eremitengräber. Durch einen Brief aus dem Jahr 603 weiß man von einem Kloster auf Cabrera, das wahrscheinlich bis ins 8. Jahrhundert existierte.

Hingehen!

ESSEN UND TRINKEN

- ★ **Bootsmenü.** Das ist nicht etwa der Name eines Restaurants, sondern eine Möglichkeit der Verpflegung. Wer möchte, bucht mit dem Fährticket auch ein Menü an Bord oder ein Lunchpaket zum Mitnehmen. Auf Cabrera gibt es keine Gastronomie. Man kann sich natürlich sein Picknick auch selbst mitnehmen. Reste und Müll bitte wieder mit zurücknehmen.
- ★ **Marisol.** Wem nach der Rückkehr in Colònia de Sant Jordi der Magen knurrt, der kann es mit diesem Klassiker gleich am Hafen probieren. Das Fischlokal gibt es schon seit 50 Jahren, und es liefert solide Qualität zu fairen Preisen. C/ Gabriel Roca, 65, Tel. 971 65 50 70.

ÜBERNACHTEN

- ★ **Albergue de Cabrera.** Seit 2014 kann man auf der Hauptinsel Cabrera auch übernachten. Information und Reservierung im Centro de Visitantes de Cabrera in Colònia de Sant Jordi, Tel. 971 65 62 82 sowie unter cvcabrera.es/albergue-de-cabrera

80 Es Trenc

Das letzte Paradies

»Ultimo Paraiso«, so hieß eine legendäre Strandbar. Gemeint war mit dem Namen der letzte große Naturstrand Mallorcas. Die rund 7 Kilometer weißer Sand, gerahmt von Dünen und Kiefern und einem türkisblauen Meer sind paradiesisch schön, auch wenn am Wochenende die Blechlawine anrollt.

Ein eigenes Kapitel für einen Strand, das mag übertrieben sein. Aber die Platja Es Trenc und ihre angrenzenden Strände wie Es Pregons Grans, Es Pregons Petits, Es Cotó, Estanys, Es Freu und Sa Ràpita ganz im Westen verdienen diesen Platz. Der Einfachheit halber wird hier der gesamte knapp 7 Kilometer lange Strandabschnitt, wie im Alltagsgebrauch auch, Es Trenc genannt. Es ist der letzte der großen Naturstrände der Insel. Was aus den anderen geworden ist, kann man an der Platja de Palma, der Bucht von Alcúdia oder in Cala Millor sehen.

Auch wenn der Traumstrand mit seinem vielbeschworenen Karibikflair nicht von einem Touristenzentrum belagert wird, heißt das noch lange nicht, dass es hier einsam wäre. Erstens strömen die Badegäste von Colònia de Sant Pere im Norden und Sa Ràpita im Süden auf den hellen Strand und zweitens tun es ihnen tausende gleich, die mit dem Auto auf den schmalen Wegen im Hinterland dem Strand nähern und regelmäßig für Verkehrschaos sorgen – zumindest an sommerlichen Wochenenden.

Nicht verpassen!

- ★ **Platja Es Trenc.** Der feinsandige Hauptstrand ist etwa 2 km breit und liegt östlich von Ses Covetes. Man erreicht ihn mit dem Fahrzeug über den Abzweig bei den Salinen.
- ★ **Es Pregons Grans.** Die etwa 200 m breite Doppelbucht ist sandig mit vereinzelten Felsbrocken. Bei windigem Wetter kann es hier zu gefährlichen Strömungen kommen.
- ★ **Es Molí de s'Estany.** Der 500 Meter breite Sandstrand liegt zwischen Colònia de Sant Jordi und Es Pregons Grans.
- ★ **S'Arenal dèn Tem und S'Arenal de sa Ràpita.** Der insgesamt gut 2 km breite Sandstrand zieht sich von Ses Covetes nach Westen in Richtung Sa Ràpita.
- ★ **Radtour.** Das flache und unbebaute Küstengebiet zwischen Colònia de Sant Jordi und Sa Ràpita eignet sich gut zum Radfahren, z.B. auf der ausgeschilderten Ruta dels Molins.

Sand, Sonne und Meer – diese Kombination lockt jedes Jahr Millionen von Urlaubern in den Süden. Nicht immer sind die die Strände und Strandlandschaften so schön und naturbelassen wie in Es Trenc. Er ist der letzte der großen Naturstrände der Insel.

Kampf um den Naturstrand

Selbst an diesen Spitzentagen zeigt der Küstenabschnitt seine einmalige Schönheit. Kein Wunder, dass auch hier die Versuchung für Investoren groß war und ist, das ein oder andere Hotel oder eine Apartmentanlage zu bauen. Dass es nicht dazu kam, ist unter anderem dem Widerstand der Umweltorganisation GOB zu verdanken. 2013 wurde mit dem Abriss der nie fertiggestellten, da nie genehmigten Apartmentsiedlung in Ses Covetes begonnen. 20 Jahre lang stand die Bauruine eines deutschen Bauträgers. Nicht in unmittelbarer Nähe, aber doch nah genug, dass es das Naturidyll stören würde, ist bei Sa Ràpita ein Hotelkomplex mit 1200 Betten geplant. Der Kampf um Es Trenc geht weiter.

GOB

Gäbe es die Grup Balear d'Ornitologia i Defensa de la Naturalesa (GOB) nicht, sähe Es Trenc wahrscheinlich so aus wie Cala Millor, die Platja de Muro oder Magaluf. 1973 formierte sich der gemeinnützige Verein im Widerstand gegen die Bebauung der Insel Sa Dragonera. Neben dem Schutz der heimischen Vogelwelt kämpfen seine Mitglieder auch gegen den Ausverkauf der Insel und den Verlust der traditionellen Lebenskultur. In der Bevölkerung genießt die GOB einen breiten Rückhalt. Der Verein organisiert Veranstaltungen, Workshops, Vorträge, Seminare und, falls nötig, Demonstrationen. www.gobmallorca.com

Hingehen!

ESSEN UND TRINKEN

- ★ **Strandbars.** Nach zeitweiligem Verbot hat die Strandbar am »Es Trenc«-Strand wieder geöffnet.
- ★ **Club Nautic.** Hier sitzt man direkt am Yachthafen von Sa Ràpita – wenn denn noch ein Patz frei ist. Typische spanische Küche sowie Cafeteria und Pizza. Sa Ràpita, Hafen, Tel. 971 64 04 13, www.sonduri.com
- ★ **Noray Café.** Wirkt wie ein Strandlokal, aufgetischt werden Paella, Fisch, Salate oder Baguettes für den kleinen Hunger. Ses Covetes, Tel. 971 64 10 65, www.cafenoray.com
- ★ **Ultimo Paraiso.** Die legendäre Strandbar ist längst Geschichte. Der Betreiber hat vor Jahren aber ein neues »letztes Paradies« eröffnet. Cocktails und Grill. C/ Freu 1, Tel. 971 64 11 24.
- ★ **Ran de Mar.** Spezialität des Hauses sind Paellas. Strandnah in Ses Covetes. Es Murters s/n, Ses Covetes, Tel. 971 64 09 64.

ÜBERNACHTEN

- ★ **Can Canals.** Das Agroturismo-Hotel liegt nur wenige Kilometer vom Strand Es Trenc entfernt. Die großen Zimmer und der Spa-Bereich sprechen für die Anlage. Ctra. Campos-Sa Ràpita, km 7, Campos, Tel. 971 64 07 57, www.cancanals.es

81 Salines de Llevant/ Banys de Sant Joan

Weiße Berge, heiße Quellen

Schon die Phönizier haben vor 2200 Jahren an Mallorcas Südspitze Salz gewonnen. Die flachen Becken mit strahlen weißen Salzbergen, die auf violettem Wasser aufragen, begeistern nicht nur Fotografen. Das Feuchtgebiet Salobrar de Campos ist ein spannender Naturraum.

Die Salzseen gehören zum Feucht- und Sumpfgebiet Salobrar de Campos, das hinter dem Strand Es Trenc und seinem Dünengürtel liegt. Bereits die Phönizier, später die Römer und dann die nachfolgenden Bewohner haben das flache Land im Süden zur Salzgewinnung genutzt. Die Phönizier hatten sogar einen Handelsstützpunkt auf der kleinen Insel Na Guardis bei Colònia de Sant Jordi.

Bei der Salzproduktion des 20. Jh. wird nicht mehr gewartet, bis das Meerwasser von selbst in die Laguna flutet. Es wird im Frühjahr über einen Kanal in die flachen Becken gepumpt. Das Wasser erhitzt sich in der Sonne, verdampft, und die Salze beginnen sich zu kristallisieren. Mit einem Traktor wird zunächst die Salzkruste aufgebrochen und dann geerntet. Nachdem die Salze gewaschen wurden, schichtet man sie zu hohen Kegeln auf. Rund 10000 Tonnen werden so jedes Jahr in den Salines de Llevant gewonnen.

Neben der fast industriellen Produktion wird auf den Becken das naturbelassene Flor de Sel abgeschöpft. Es ist der Initiative der Schweizerin Katja Wöhr zu verdanken, dass diese feinen, an Mineralstoffen reichen Salzblumen den Salinen neue Perspekti-

Nicht verpassen!

- ★ **Salinen.** Die 140 Salzbecken erstrecken sich von den Banys de Sant Joan bis kurz hinter den Dünengürtel von Es Trenc.
- ★ **Oratorio de San Juan de Font Santa.** Das Bethaus wurde im 15. Jh. errichtet. Damals wurden die heißen Quellen als heilig, da heilsam, verehrt.
- ★ **Zisterne.** Gegenüber der Kirche stehen die Reste einer großen Zisterne. Sie gehörte zum Thermalbad und wurde ab 1671 erbaut.
- ★ **Führung.** Durch die Salines de Llevant werden täglich 90-minütige Führungen angeboten. Reservierung: 971 65 53 06, www.salinasdelevante.com
- ★ **Thermallandschaft.** Schwimmbad mit Thermalwasser, Sauna mit Thermalwasserdampf, Finnische Sauna etc. können im Rahmen eines Tagestickets genutzt werden.

Die weißen Berge bei den Thermalquellen von Banys de Sant Joan sind schon ein faszinierender Anblick (oben rechts). Rund 10000 Tonnen Salz werden jedes Jahr durch Verdunstung aus dem Meerwasser gewonnen.

ven eröffnet haben. Mit dem Flor de Sal d'es Trenc hat die Schweizerin einen Volltreffer gelandet, was auch an der Zusammenarbeit mit dem britischen Sternekoch Marc Fosh liegt. Er hat Aromasalze z.B. mit Hibiskus, Oliven und Orangen-Chili entwickelt. Vor Ort kann man das Flor de Sal kaufen. Bei einer Besichtigung der Salinen sieht man, dass die 140 Salzbecken und das umgebende Feuchtgebiet auch ein spannender Naturraum sind. Sogar Flamingos sind immer wieder zu sehen.

Heilend und heilig – die Wasser von Font Santa

Beim Abzweig zu den Salinen findet sich auch die einzige Heilquelle der Insel, die Banys de Sant Joan. Seit 1845 wird das 38 °C warme und leicht radioaktive Wasser bei der Behandlung von Rheuma- und Hauterkrankungen angewendet. Bekannt sind die Thermalquellen natürlich schon länger. Bereits die Römer inhalierten die heißen Dämpfe. Während der Pestepidemien im Mittelalter wurden die Banys de Sant Joan sogar regelrecht verehrt. Denn man stellte fest, dass die regelmäßige Anwendung vor Ansteckung schützen konnte. Die Bäder wurden zur »Font Santa«, zur heiligen Quelle. Ein Gebetshaus wurde errichtet, und bald siedelten sich Mönche an, die die Kranken versorgten. 1845 wurde das Kurhaus erbaut, das seit einigen Jahren ein Fünf-Sterne-Wellnesshotel ist. Dort ist es wahrscheinlich viel hygienischer, als es früher war, aber ein Thermalbad für alle ist es nicht mehr. 1845 standen die Segnungen des Thermalwassers Adligen wie Armen offen, auch wenn sie in unterschiedlichen Gebäuden wohnten.

Hingehen!

ESSEN UND TRINKEN

★ **Can Senae.** Das Restaurant liegt direkt an der Landstraße. Rustikale und leckere Fleischküche vom Holzkohlengrill. Ctra. Campos-Sa Rapita, Km 7, Tel. 971 18 12 65.

★ **Moli de Sal.** Gegenüber der Thermalquelle, familiär geführtes Restaurant. Gäste, die vom Strand kommen, dürfen die Duschen benutzen. Ctra. Campos-Colònia de Sant Jordi, km 8,3, Tel. 971 65 54 04, www.molidesalmallorca.com

ÜBERNACHTEN

★ **Fontsanta.** Das Thermal, Spa und Wellnesshotel nutzt die erweiterten Räumlichkeiten des ehemaligen Kurhauses. Kinder sind nicht erwünscht. Ctra. Campos-Colonia San Jordi Km 8,2, Campos, Tel. 971 65 50 16, www.fontsantahotel.com

★ **Ses Rotges Velles.** Kleines Hotel in ruhiger Umgebung mit gutem Service. Crta. Campos-Colonia de Sant Jordi, KM. 8.7, Campos, Tel. 971 65 61 59, www.agroturismosesrotesvelles.net

EINKAUFEN

★ **Flor de Sal d'es Trenc.** In der Feinkostboutique bekommt man die Gourmetsalze. Salines d'es Trenc, Ctra. De Campos-Colonia Sant Jordi Km 10, Tel. 971 65 33 85, www.flordesaldestrenc.com

82 Campos

Sankt Blasius hilft

Nicht verpassen!

- ★ **Església Sant Julià.** Das imposante Bauwerk im neoklassizistischen Stil wurde ab 1858 erbaut und hat einen sehenswerten Innenraum.
- ★ **Pfarrmuseum.** Neben dem Gemälde »Santo Cristo de la Paciencia«, das Murillo zugeschrieben wird, lohnt im Inneren der Kirche auch ein Blick ins Pfarrmuseum, wo einige Gemälde aus dem 16. Jh. zu sehen sind.
- ★ **Rathaus.** Beim Ajuntament wurde einer der sieben Verteidigungstürme der Stadt (16. Jh.) in das Gebäude integriert, Plaça Major.
- ★ **Ermita de Sant Blai.** Eine der ältesten Kirchen Mallorcas (1248 erwähnt). Erbaut wurde sie im frühgotischen Stil. 4 km außerhalb, an der Straße in Richtung Colònia de Sant Jordi.
- ★ **Flohmarkt.** Jeden Samstagvormittag wird im Zentrum ein Trödelmarkt abgehalten.

Die Landwirtschaft ist nach wie vor ein wichtiger Erwerbszweig. Davon kann man sich u.a. in Campos überzeugen, das für seine Käsereien bekannt ist. Die ländliche Idylle eignet sich auch als Urlaubsort, etwa in der Finca Es Figueral (oben).

Das freundliche Landstädtchen ist bekannt für Viehzucht und Käse, den Formatge Mallorquí. Im historischen Kern wurden einige alte Wehrtürme in die Architektur integriert. Der Besuch lohnt nicht nur wegen der Kirche Sant Julià und dem hübschen Zentrum, sondern auch, um an einem Samstag über den Trödelmarkt zu schlendern.

Wenn man auf dem Puig de Randa steht, zum Beispiel beim Kloster Sant Honorat und nach Süden schaut, blickt man über eine weite Ebene. Man sieht die Gärten und Felder, auf denen Oliven- und Johannisbrotbäume stehen, die kilometerlangen Trockenmauern, die das Land in unregelmäßige Flächen teilen, und man sieht die Landstädtchen Llucmajor, Santanyí und Campos. Dahinter, in etwa 15 Kilometer Entfernung, bricht das Land ab und das Blau des Meeres verliert sich in der Ferne.

Inmitten dieser Ebene liegt Campos. Die 8000-Einwohner-Stadt lebt vom Tourismus der Küstengebiete und von der Landwirtschaft. Wie so oft auf Mallorca überragt eine mächtige, fast monumentale Kirche das verschachtelte Ineinander der Häuser. Die klassizistische Esglèsia Sant Julià wurde in der zweiten Hälfte des 19. Jahrhunderts erbaut, wobei der seitlich stehende Glockenturm rund 200 Jahre älter ist. Wenn die Kirche offen ist, sollte man unbedingt einen Blick hineinwerfen. Das Kirchenschiff beeindruckt mit seinen stimmigen Proportionen und einem Tonnen-

gewölbe, das sich im hohen Bogen über das Hauptschiff spannt. Das Gemälde des leidenden und melancholisch wirkenden Christus gleich in der ersten Seitenkapelle auf der rechten Seite, soll von dem sevillanischen Meister Bartolomé Esteban Murillo (1618–1682) stammen.

Zum Trödelmarkt am Samstagvormittag

Besonders lohnend ist es, an einem Samstagvormittag nach Campos zu kommen. Dann werden im Zentrum Flohmarktstände aufgebaut, man kann sich mit den Produkten der fruchtbaren Ländereien versorgen und die lokalen Spezialitäten wie Kapern, Mandeln und Käse probieren. Für den Letzteren ist der Ort auf der Insel bekannt. Bevor man die Stadt wieder verlässt, lohnt noch ein Gang zur Plaça Major, wo das herrschaftliche Rathaus sich an einen Verteidigungsturm aus dem 17. Jahrhundert lehnt.

Da dieses Kapitel mit einem Kirchenbau begann, soll es auch mit einem enden. In der Ebene von Campos, etwa 4 Kilometer außerhalb in Richtung Colònia de Sant Jordi, wartet eines der ältesten christlichen Gotteshäuser der Insel, die Ermita de Sant Blai. Bereits 1248 wird sie erwähnt. Leider ist das Kirchlein meist verschlossen. Wer hinein will, muss am ersten Sonntag eines Monats zur Messe kommen oder an der Wallfahrt am Sonntag nach dem 3. Februar teilnehmen. Die hat auch therapeutischen Nutzen. Sankt Blasius, das weiß man auch in anderen ländlichen Regionen, schützt nicht nur das Vieh, er hilft auch bei Halsbeschwerden aller Art.

Hingehen!

ESSEN UND TRINKEN

★ **Moli de Vent.** Die Allgegenwart der Deutschen hat auch ihre Vorzüge, etwa wenn man so gut bekocht wird, wie in dieser umgebauten Mühle am Ortsrand. C/ Norte, 34, Tel. 971160441, www.moli-de-vent.com

★ **Pomar.** Ein Besuch in dieser inselweit gerühmten Konditorei gehört zu jedem Campos-Besuch. C/ Plaça, 20-22, Tel. 971650606, www.patisseriespomar.com

ÜBERNACHTEN

★ **Hotel Segles.** Das Stadthotel nutzt die Räumlichkeiten eines Gebäudes aus dem 16. Jh. und steckt voller Antiquitäten. C/ de Santanyí, 4, Campos, Tel. 971650097, www.hotelsegles.com

★ **Son Cosmet.** Das alte Landgut ist umgeben von gepflegten Grünflächen. Abseits der befahrenen Landstraßen verspricht die komfortable Anlage ruhige Tage. Ctra. Campos-Sa Ràpita km 2, Campos, Tel. 971651643, www.soncosmet.com

EINKAUFEN

★ **Formatges Burguera.** Der mallorquinische Käse ähnelt dem Queso de Mahón. Man bekommt ihn ihn direkt vom Hersteller. Ctra. Campos-Colonia Sant Jordi, KM 6,8, www.formatgesburguera.com

83 Llucmajor

Die letzte Schlacht des Königs

Nicht verpassen!

- ★ **Església de Sant Miquel.** Die große Pfarrkirche (18./19. Jh.) steht an der Stelle eines gotischen Vorgängerbaus, in dem kurzfristig Jaume III. beigesetzt war.
- ★ **Plaça Major.** Der große Hauptplatz ist das lebendige Herz der Gemeinde. Sehenswert sind die Casa Consistorial (1884) und das Café Colón (1928).
- ★ **Convent i Església de Sant Bonaventura.** Die schöne Kirche des Franziskanerklosters wurde zwischen 1620 und 1656 errichtet. Sehenswert sind u.a. die Wandmalereien und der Kreuzgang.
- ★ **Mercat del Peix.** Die kleine Fischhalle wurde 1915 erbaut und wird heute als Tourismusinformation genutzt.
- ★ **Wochenmärkte.** Gleich dreimal in der Woche, am Mittwoch, Freitag und Sonntag, werden Obst- und Gemüsemärkte abgehalten.

Der Auftritt von Riesenfiguren und Dämonen ist der Höhepunkt des Patronatsfests S. Candida (oben). Wochenmarkt (unten) und Festungstor (unten rechts). Für die reiferen Herren gehört der Plausch im Stammcafé unbedingt dazu (oben rechts).

Llucmajor ist die flächenmäßig größte Gemeinde Mallorcas. Nahe dem Landstädtchen fand das Königreich Mallorca hier 1349 sein frühes Ende. Im Ortszentrum finden sich eine ganze Reihe historischer Gebäude und einer schönsten Hauptplätze der Insel.

In dem Klassiker der neueren deutschsprachigen Inselliteratur »Mallorca, ein Jahr« gibt es ein Lokal, das so etwas wie das Zentrum der Insel- als auch der Romanwelt darstellt. Es ist die Bar »Colón«. Dort lernt der Protagonist Spanisch, erkundet die Insel und sich sebst, bekommt Kontakt zu den Mallorquinern und nutzt das Lokal als eine Art Postfach für Nachrichten aller Art. Die Bar Colón ist keine Fiktion. Sie findet sich an der Plaça Espanya. Allerdings ist ihr korrekter Name Café »Colón«. Im Endeffekt macht das aber keinen Unterschied, da ein spanisches Café ja auch immer eine Bar ist. Ein Café, wie man es bei uns kennt, ist ein Salón de Té.

Das 1928 eröffnete Café Kolumbus, das nämlich bedeutet Colón, ist auch 20 Jahre nach dem Erscheinen des Romans ein wunderbarer Ort. Das gilt genauso für die L-förmige Plaça Espanya. Auf dem Platz, oberhalb der trutzigen Pfarrkirche Sant Miguel aus dem Jahr 1820, steht eine schöne alte Markthalle. Sie wurde 1915 erbaut, dient heute aber nicht mehr dem Fischverkauf, sondern der Information von Touristen.

Die Schlacht von Llucmajor

Auf dem Weg zum Zentrum kommt man, wenn man den Passeig de Jaume III. nimmt, an einem steinernen Sockel vorbei, auf der eine fahnenschwingende Bronzefigur steht. Das Denkmal erinnert an die Schlacht von Llucmajor im Jahr 1349. 25 Jahre zuvor hatte Jaume III. (1315-1349) die Regentschaft über das Königreich Mallorca geerbt. Es war eine Zeit des Wohlstands. Mehr als 300 Handelsschiffe stachen damals von Palma aus in See und mehrten den Reichtum der Krone und der Insel.

Aber König Pedro IV. von Aragón sah sein Haus in der Thronfolge benachteiligt beziehungsweise suchte einen Grund, wie er Mallorca und die Balearen in seinen Machtbereich bekommen konnte. Den juristischen Vorwand schuf er mittels eines Prozesses, in dem Jaume sein Besitz aberkannt wurde. Das gab ihm das Recht auf den Einsatz von Waffengewalt. 1344 siegte er bei Santa Ponça über das mallorquinische Heer. Jaume, dem allein noch Montpellier blieb, verkaufte die Stadt, ließ von dem Geld eine Flotte bauen und heuerte ein Söldnerheer an, um Mallorca zurückzugewinnen. Nach anfänglichen Erfolgen wurde sein Heer bei Llucmajor 1349 geschlagen und er getötet. Damit war die kurze Phase Mallorcas als eigenständiges Königreich beendet, und die Insel fiel dem Königreich Aragón zu.

Aus Angst, Jaume III. könnte für die Insulaner zu einer Märtyrerfigur werden, ließ Pedro ihn in Valencia beisetzen. Erst 1947 wurde er in die Kathedrale von Palma umgebettet. Dort liegt er neben seinem Großvater Jaume II. (1276-1311).

Hingehen!

ESSEN UND TRINKEN

★ **Café Colón.** Traditionslokal mit nostalgischem Interieur. Plaça Espanya, 17, Tel. 971107207.

★ **Mercat.** Das Bistro zwei Häuser weiter ist bei Urlaubern wie Einheimischen beliebt. Leckere Baguettes, Tapas und Snacks. Plaça Espanya, 21, Tel. 971647008, www.bistromercat.com

ÜBERNACHTEN

★ **Perola.** Der kleine Agroturismo-Betrieb ist schön gelegen zwischen Campos und dem Puig de Randa. Die Zimmer und das Apartment sind eher schlicht. Crta. Llucmajor-Porreres Km 4,5, Tel. 971121143, www.agroturismeperola.com

★ **Son Antem.** Das Luxushotel richtet sich speziell an Golfspieler, die auf dem hauseigenen Platz antreten können.Ctra. MA 19, Ausfahrt 20, Llucmajor, Tel. 971705200, www.marriott.com

★ **Son Guardiola.** Zwischen Llucmajor und der Küste bietet die Finca Patz für Ruhesuchende. Llucmajor-S'Estanyol km 2,3, Tel. 971121207, www.fincasonguardiola.com

EINKAUFEN

★ **Ordinas.** Die Messerschmiede genießt im ländlichen Mallorca besten Ruf. Messer für die Küche und den Garten. C/ Vall, 128, Tel. 971660580.

84 *Capocorb Vell*

Festung der Steinschleuderer

Vor mehr als 3000 Jahren stand drei Kilometer nördlich von Cala Pi eine für damalige Verhältnisse große Siedlung. Capocorp Vell gibt es wohl schon seit 1200 v. Chr. Aus dieser Zeit stammen drei runde und zwei eckige Talaiots. Einige der insgesamt 28 Behausungen sind noch so gut erhalten, dass man hineingehen kann.

Das Material der Wahl waren Steine. Die tonnenschweren Exemplare wurden zu Zyklopenmauern geschichtet oder bedeckten primitive Sakralräume. Aus den etwas kleineren wurden Turmbauten gemauert und mit den handlich kleinen ging der Urinsulaner auf die Jagd oder vertrieb Angreifer, die übers Meer kamen.

Die Mallorquiner waren im Steineschleudern so geschickt – oder besser gesagt: gefürchtet –, dass sie als Söldner in karthagischen Diensten standen. Auch in den Reihen der Römer waren sie zu finden. Der antike Geschichtsschreiber Diodor (1. Jh. v. Chr.) nannte die Insel, von denen diese Kämpfer stammten »balearis«, nach dem griechischen Wort für werfen, »ballein«. »Die Balearii«, so schreibt Diodor, »salben sich mit zerstoßenem Hanf und Schweinefett. Sie sind den Frauen derart zugetan, dass sie drei oder vier Männer für eine geben. Sie hausen in Höhlen der Felsen oder Felsgipfel.«

Aus dieser Passage der Bibliotheca historica lässt sich ersehen, dass Diodor nicht auf dem neusten Stand war. Neben Höhlen be-

Nicht verpassen!

★ **Runde Talaiot-Bauten.** Die Rundbauten haben eine nach Südosten ausgerichtete Öffnung. Teilweise sind noch Zwischendecken erhalten, sodass der Besucher noch annähernd geschlossene Räumlichkeiten erkennen kann. Erbaut wurden sie vermutlich ab 1200 v. Chr.

★ **Eckige Talaiot-Bauten.** Diese eher untypische Bauart lässt darauf schließen, dass die Bauten in späteren Zeiten modifiziert wurden.

★ **Behausungen.** Beschützt von den Türmen und den Resten einer Ringmauer finden sich rund 20 rechteckige Kammern in der Anlage. Sie dienten vermutlich als Wohnräume.

Den Namen »Talayotkultur« verdankt die frühgeschichtliche Epoche den typischen Rundbauten der Zeit, den *talaiots* (oben). Sie erfüllten wahrscheinlich mehrere Funktionen – sowohl die eines Wachturms als auch die eines Sakralraums.

wohnten die Urmallorquiner bereits im 12. Jahrhundert v. Chr. Steinbauten. Eine der größten Siedlungen ihrer Art ist Capocorb Vell, rund drei Kilometer nördlich von Cala Pi und dem Cap Blanc.

Eine Wehranlage für 500 Bewohner

Von den knapp hundert archäologischen Stätten der Talaiotzeit, die es auf Mallorca gibt, beeindruckt Capocorb Vell sowohl durch seine Größe als auch durch die Lage. In der kaum bebauten Fläche der Marina von Cap Blanc, dem Küstenplateau, das rund 100 Meter über dem Meeresspiegel liegt, wird die Szenerie nicht durch Dörfer oder Städte gestört. Anhand der Lage gehen die Forscher davon aus, dass es sich um eine Wehranlage handelte, die von etwa 500 Menschen bewohnt wurde.

Bei der Besichtigung kann man die drei runden Talaiot-Bauten noch gut erkennen. Ihre Funktion ist bis heute nicht zweifelsfrei geklärt. Vermutlich hatten sie rituelle wie kriegerische Funktion. Bei einem dieser Türme sind noch eine Zwischendecke und Teile einer Wendeltreppe erhalten geblieben. Die anderen Räume sind zum Teil in einer Reihe entlang einer Hauptmauer angeordnet, zum Teil bilden sie ein labyrinthisches Ineinander. Capocorb Vell war eine der ersten Talaiot-Stätten, die wissenschaftlich erforscht wurden. Den Anfang machte ab 1910 Josep Colominas Roca. Dem Archäologen aus Barcelona wurde auf dem Gelände ein Denkmal errichtet. In der näheren Umgebung finden sich noch weitere Talaiotbauten, die vermuten lassen, dass Capocorb Vell zu Lebzeiten des Diodor um einiges größer war.

Hingehen!

ESSEN UND TRINKEN

★ **Bar Talaiot.** Kein Restaurant aber ein nettes Gartenlokal für das Nötigste. Direkt bei der archäologischen Stätte.

★ **Cas Busso.** Nicht nur wegen der günstigen Lage an einer Kreuzung immer gut besucht. Radfahrer sammeln hier bei einem *Pa amb Oli* Kräfte. Ctra. Cap Blanc, km 24, Tel. 971 12 30 02.

★ **Es Mollet.** Nettes kleines Fischlokal, direkt am Hafen von S'Estanyol. Via Mediterrania, 18, S'Estanyol de Migjorn, Tel. 971 64 13 07.

ÜBERNACHTEN

★ **La Verana.** Mitten im Nirgendwo und doch nah zu den Stränden und zu Campos, Llucmajor oder Capocorb Vell. Von den Suiten aus hat man Zugang zu lauschigen Plätzen im Garten. Ctra. Militar Cap Blanc, km 32, Llucmajor, Tel. 971 18 10 07, www.finca-laverana.de

★ **Sa Bassa Plana.** Radler und Ruhesuchende haben hier eine gute und komfortable Basis. Ctra. Cap Blanc, km 25, Llucmajor, Tel. 971 12 30 03, www.sabassaplana.com

★ **Son Cortera Vell.** Zwei Apartments für 2 bis 6 Personen oder das Haus als Ganzes für 10 Personen. Carretera Llucmajor-S'Estanyol, km 7,2, Tel. 629 62 74 40, www.soncorteravell.com

85 *Cala Pi*

Zwischen hohen Felsen

Die Cala Pi verdankt ihren Namen den Kiefern, die die Bucht umgeben. Der gut geschützte Strand liegt etwa 500 Meter landeinwärts, umgeben von 30 Meter hohen Steilwänden. Das gleichnamige Ferienzentrum liegt auf dem Felsplateau. Da hier vor allem Ferienhäuser und Zweitwohnsitze zu finden sind, ist es im Ort sehr ruhig.

Cala Pi ist einer dieser Orte, die von der Schönheit ihrer Umgebung leben. Konsequenterweise heißt das Touristenzentrum nach dem, was es auszeichnet, nämlich nach der »Kiefernbucht«. Die ist, wie es für den Südosten und Osten Mallorcas typisch ist, ein fjordähnlicher Meeresarm. Dieser hat sich durch einen Torrent, einen Sturzbach, in dem Kalkplateau gebildet. Vom Strand bis zum Meer ist der Fjord einen halben Kilometer lang. Einige Bootshäuser wurden in den 1950er-Jahren seitlich an die Felswand gebaut. Die Bucht ist für Segler wichtig. Denn zwischen dem Cap Enderocat bei der Bucht von Palma bis S'Estanyol de Migjorn ist sie die einzige Möglichkeit, bei schwierigen Wind- und Wetterverhältnissen Schutz zu finden. Landeinwärts des etwa 150 Meter langen Strandes staut sich Brackwasser des Torrent. Es ist ein kleines, natürliches Feuchtgebiet. In den Felswänden haben die Mallorquiner der Talaiot-Zeit einige Grabhöhlen hinterlassen.

Wenn man von Palma kommt, ist Cala Pi die erste der fjordähnlichen Calas der Süd- und Ostküste und für uns zusammen mit

Nicht verpassen!

- ★ **Platja.** Der schöne Sandstrand der Kiefernbucht ist etwa 50 Meter breit und zieht sich etwa 150 Meter weit ins Landesinnere.
- ★ **Cala Pi.** Beindruckend an der Bucht sind die steilen, rund 30 Meter hohen Felswände, in denen frühgeschichtliche Gräber gefunden wurden.
- ★ **Torre de Cala Pi.** Der Wachturm war Teil eines Verteidigungs- und Signalsystems und wurde 1663 als letzter an der Südküste errichtet.
- ★ **Küstenwanderung nach S'Estanyol.** Von Vallgonera aus wandert man rund 9 km an der Felsküste entlang. Zu dieser und der folgenden Wanderung gibt es beim Tourismusbüro von Llucmajor eine Broschüre (auch als Download unter www.visitllucmajor.com).
- ★ **Wanderung zur Cala Beltràn.** Vom Strand aus steigt man rechts die Felsen hinauf und dann an der Küste entlang zur 2 km entfernten Nebenbucht im Südwesten.

Geschafft! Wenn man von Palma oder der Platja de Palma aus startet, ist die Cala Pi der erste von mehreren schönen Felseinschnitten der Südost-Küste. Das türkisblaue Wasser könnte auch einen Radsportler zum Bad locken.

dem Cap Blanc der letzte Halt am Meer, bevor es ins Landesinnere geht. Das Besondere und Charakteristische der Pinienbucht und seinem gleichnamigen Ferienzentrum sind die felsige Steilküste und die entspannte, mitunter auch etwas einsame Stimmung. Oberhalb der Bucht findet sich der Bereich der Siedlung, den man ein Zentrum nennen könnte. Dort sind einige Lokale, ein Hotel, und wer auch immer den Ort besucht, sei es auf dem Fahrrad oder mit dem Mietwagen, kommt erst einmal hierher. Ansonsten sind es fast nur Privathäuser, die in der Siedlung gebaut wurden.

Das System der Atalayas

Neben dem schönen Strand ist die Hauptattraktion von Cala Pi der Wachturm, der am Eingang der Bucht steht. Auf einem Felssockel, knapp 20 Meter über dem Meeresniveau, erhebt sich der breite, gedrungene Rundturm. Das 10 Meter hohe Bauwerk wurde 1663 errichtet und hatte einen Eingang, der nur über eine Strickleiter zu erreichen war. Die Torre de Cala Pi war Teil eines Verteidigungssystem, das die spanische Krone im 16. Jahrhundert rund um Mallorca sowie um die anderen Baleareninseln anlegen ließ. In dieser Zeit waren muslimische Piraten sehr gefürchtet. Die Wachmänner in den Atalayas oder auch Talaiyas – nach dem arabischen Wort für Wachturm – sollten nach feindlichen Schiffen Ausschau halten und gegebenenfalls ein Warnsignal zum nächsten Wachturm schicken, der sich in Sichtweite befand. So konnte am Tag mittels Rauchsignalen und in der Nacht durch ein Feuer signalisiert werden, wenn der Insel Gefahr drohte.

Hingehen!

ESSEN UND TRINKEN

★ **Mirador de Sa Cabrera.** Etwas versteckt im Ortsteil Vallgonera genießt man gute mediterrane Küche. Spektakulär ist die Lage über der Steilküste. C/ Murillo 8, Es Pas de Vallgornera, Tel. 971 12 33 38, www.mirador-de-cabrera.com

★ **Sa Terrassa.** Besonders beliebt in diesem Restaurant sind die Tagesmenüs und die Paella. Passeig de Cala Pi 391, Tel. 971 12 31 65.

★ **Ca'l Reiet.** Gute neue spanische Küche. C/ Penyes, 9, Tel. 971 12 31 70.

★ **El Mirador de Cala Pi.** Allzu viele Restaurants gibt es nicht. Das des Hotels Cala Pi hat eine angenehme Außenterrasse und bietet gängige mediterrane Küche. Urbanizacion Torre Cala Pi, Solar 7, Tel. 971 12 30 10.

ÜBERNACHTEN

★ **Cala Pi Club** Angenehme Hotelanlage der mittleren Kategorie. Sie liegt oberhalb der Strandbucht. Urb. Torre Cala Pi, 7, Llucmajor, Tel. 971 12 30 10, www.onacalapiclub.com

★ **Son Julia** Das elegante Landhotel nutzt die Räumlichkeiten eines Anwesens, das auf das 15. Jh. zurückgeht. Großzügiger Wellness-Bereich. Crta. De S'Arenal-Llucmajor, Llucmajor, Tel. 971 66 97 00, www.sonjulia.com

86 Cap Blanc

Über dem Abgrund

Nicht verpassen!

★ **Far de Cap Blanc.** Der Leuchtturm in 95 Metern Höhe wurde 1863 erbaut und ist nicht für Besucher zugänglich.

★ **Torre de Cap Blanc.** Ein Stück weiter östlich des Leuchtturms ragt der 1579 erbaute Wachturm über der Küste auf.

★ **Steilküste.** Weitgehend senkrecht und rund 100 Meter tief – die Steilküste ist ebenso grandios wie gefährlich. Ein Geländer gibt es nicht.

★ **Bunker.** Unter dem Kap durchziehen stillgelegte Tunnels und Militäranlagen den Fels. In Richtung Palma ragen einige Bunker aus dem Boden.

★ **Puig de Ros.** Ein bei vielen Mallorquinern beliebter Badeplatz sind die Felsplatten eines ehemaligen Steinbruchs bei Puig de Ros bzw. Puigderrós bei der gleichnamigen Urbanisation nordwestlich des Kaps.

Die Aussicht von der Steilküste ist schwindelerregend (onem rechts). Das wussten auch die Militärs zu schätzen, die aus ihren Bunkern heraus die Küste kontrollierten (oben). Wie die meisten Leuchttürme stammt auch der des Cap Blanc aus dem 19. Jahrhundert.

Über der knapp 100 Meter hohen Steilküste zwischen Cala Pi und Cala Blava genießt man eine grandiose Aussicht. Der unbebaute und auch wegen seiner Vegetation interessante Küstenstreifen wurde zum Teil vom Militär genutzt, das von hier aus den Zugang zur Bucht von Palma kontrollieren konnte.

Wo ein Leuchtturm steht, stehen die Chancen gut auf ein dramatisches und spektakuläres Aufeinandertreffen von Land und Meer. Davon kann man sich auch auf Mallorca immer wieder überzeugen, zum Beispiel am Kap Formentor, beim Leuchtturm von Capdepera bei Cala Ratjada, am Cap de Ses Salines oder auch an der Hafenfahrt von Port de Sóller. Es gibt aber noch einen zweiten Faktor, und kommt dieser hinzu, kann man sich fast sicher sein, dass es sich lohnt, feste Schuhe anzuziehen, die Kamera einzustecken und auf Erkundung zu gehen – dann nämlich, wenn zum Leuchtturm noch eine ehemalige militärische Sperrzone kommt, die über Jahrzehnte verhindert hat, dass dort im großen Stil gebaut werden konnte. Auch dafür gibt es Beispiele: das Kap de Cala Figuera bei Magaluf und das Cap Blanc, um das es hier geht.

Um die Faszination dieses Ortes zu erklären, muss etwas ausgeholt werden. Die Küsten der Levante und des Südens von Mallorca sind für Geologen interessant. Sie bestehen aus Sedimentablagerungen und ehemaligen Korallenriffen und werden im

Spanischen *marines* genannt. Die Marina von Llucmajor ist ein besonderer Fall. Einerseits finden sich markante Schluchten wie die von Cala Pi, andererseits eine Steilküste, die beim Cap Blanc knapp 100 Meter tief ist.

Im Schutz des geflügelten Löwen

So ist es vor allem das Erlebnis der Steilküste, das einen am Kap erwartet. Schaut man vom Leuchtturm – der nicht zugänglich ist – nach Westen, sieht man eine mehrere Kilometer lange Abbruchkante und hat zudem einen perfekten Blick über das südwestliche Meer vor Mallorca. Den strategisch bedeutsamen Platz nutzten die Militärs während des Spanischen Bürgerkriegs. Sie bauten Bunker, gruben Tunnel durch das Kalkgestein, bauten Zellen und Versorgungsräume. All das findet sich unter dem Kap und steht möglicherweise bald zum Verkauf. Wie die Tageszeitung »Ultima Hora« Anfang 2014 berichtete, soll das Militär Liegenschaften verkaufen, um den Staatshaushalt zu entlasten. Anscheinend ist es nicht mehr nötig, die Einfahrt in die Bucht von Palma mit Artillerie zu schützen.

Da im selben Zeitraum die Inselregierung verkündete, dass künftig auch die Leuchttürme z. B. von Gastronomen gepachtet werden können, darf man annehmen, dass sich das Cap Blanc über kurz oder lang verändern wird. Hoffentlich trägt dieses Ende der Welt nicht allzu schnell zur Sanierung des Staatshaushaltes bei. Immerhin ist eines sicher: Die großartige Aussicht wird bleiben, was auch immer aus den Militärruinen entsteht.

Hingehen!

ESSEN UND TRINKEN

★ **Miguel.** Direkt am Cap Blanc gibt es derzeit keine Gastronomie. Das einfache touristische Restaurant mit Terrasse in Cala Pi ist aber nicht weit entfernt. C/ Torre, 13, Cala Pi, Tel. 871 12 30 00.

ÜBERNACHTEN

★ **Hilton Sa Torre.** Zum historischen Anwesen gehört eine Kirche. Das Hotel bietet eine Mischung aus Business- und Fincaluxus. Großer Wellnessbereich. Cami de Sa Torre, km 8,7, Llucmajor, Tel. 971 96 37 00, www.hilton.de

★ **Cap Rocat.** Das außergewöhnliche Hotel befindet sich in einer ehemaligen Militärbastion auf dem gleichnamigen Kap. Exklusiver Luxus und inter-essante Architektur. Crta. Cap Enderrocat, s/n, Cala Blava, Tel. 971 74 78 78, www.caprocat.com

★ **Puig de Ros Dalt.** Das Landgut aus dem 18. Jh. bietet 12 komfortable Zimmer, Pool, Garten und Fitnessmöglichkeiten. Cami de Sa Torre, Llucmajor, Tel. 971 18 05 51, www.puigderosdalt.com

DAS INSELINNERE

In den Dörfern wie Algaida (oben) spielt die Landwirtschaft nach wie vor die Hauptrolle, auch wenn viele mittlerweile in anderen Berufen arbeiten. Das Landleben und wie es einmal war, kann man im Museumsgut Els Calderers erleben, wo auch dieser neugierige Pfau zuhause ist (links und rechts).

Das Jahr wird von den Zyklen des Anbaus, der Reife und Ernte der einzelnen Früchte geprägt. Die prächtigen Artischocken wachsen auf den Feldern bei Sa Pobla (rechts). Unverzichtbar für den Jahresreigen sind die kirchlichen Feste, die Märkte und Landwirtschaftsmessen. Die tanzenden Cossiers haben gleich in Montu ri ihren Auftritt (links).

Ihre Dienste werden heute kaum noch geschätzt. Vor der Motorisierung war der Esel das wichtigste Transportmittel (oben). Südliches Flair für daheim: Handbestickte Tischdecken (Mitte). Einen guten Einblick in das Landleben und seine Strukturen – zumindest, wie sie früher waren – bietet Els Calderers, ein Museumsgut bei Sant Joan (unten).

Die goldene Mitte

Da Mallorca nun mal eine Insel ist, könnte man annehmen, dass sich das Leben vor allem an der Küste abspielt. Weit gefehlt – das Herz der Baleareninsel schlägt im Landesinnern. Das traditionelle und bodenständige Mallorca erlebt man auf Wochenmärkten und Dorffesten.

»In Mallorca«, so notierte der Schriftsteller Miguel de Unamuno (1864–1936), »wird die Schönheit des Landesinnern immer etwas ungerecht beurteilt.« Seiner Meinung nach liegt es an der gebirgigen und grandiosen Nordküste, »dass man den tiefen Frieden der heiteren und fruchtbaren Ebene mit ihren Feigenbäumen, ihren Oliven-, Mandel- und Johannisbrotbäumen nicht genügend zu würdigen weiß«. Die Beobachtung Unamunos aus dem frühen 20. Jahrhundert war zum Teil noch bis in die 1990er-Jahre gültig. Im Zeitalter des Massentourismus zog weniger das Tramuntana-Gebirge als die Küste die Aufmerksamkeit der Besucher auf sich. Jenseits der Platja de Palma, von Cala Millor, Magaluf oder sonst einem der großen Urlaubszentren endete für die meisten die Welt. Finca-Urlaub gab es noch nicht. Wer wusste schon, was eine Ramallet-Tomate ist, wie gut die Melonen von Vilafranca schmecken oder dass man einen Inselwein probieren sollte?

Heute ist Mallorca eine Insel der Weine geworden. Fast alle Sterneköche dort – ob Mallorquiner, Festlandspanier oder Deutscher – bauen ihre Kreationen auf lokalen und saisonalen Produkten auf. Immer mehr Urlauber wissen, dass die schönsten Hotels selten an der Küste zu finden sind, sondern in sorgsam restaurierten Landgütern. Der Wandel Mallorcas, die Rückbesinnung auf seine landwirtschaftlichen und ländlichen Werte hätte ohne diese veränderte Nachfrage kaum stattgefunden.

Im Rhythmus der Feste und Märkte

Wer das Glück hat, an einer Landwirtschaftsmesse oder einem Patronatsfest teilzunehmen, erlebt eine eigentümliche Mischung aus alten Traditionen und Bodenständigkeit sowie modernen und internationalen Einflüssen. Dasselbe gilt für die Wochenmärkte, die jede Gemeinde abhält. Überhaupt verströmen die ruhigen Dörfer und Kleinstädte viel Charme. Fast immer finden sich in ihrem Zentrum ein hübscher Platz mit einer oder mehreren einfachen Bars und eine meist große und beeindruckende Pfarrkirche. Man muss keine Liste der schönsten Dörfer aufstellen, denn jedes hat seinen eigenen Charakter, der einen anspricht oder nicht.

Die zentrale Ebene, die sich zwischen dem Tramuntana-Gebirge und den Serres de Llevant, dem niedrigeren Höhenzug an der Levanteküste aufspannt, nennt sich Es Pla. Selbst dort gibt es eine ganze Reihe von Hügeln und Bergrücken, fast immer mit einem Heiligtum oder einer Wallfahrtskirche. Diese Sakralbauten gehören zum Alltag und harmonieren mit dem Festkalender des Landesinneren. Eine ganz besondere Erhebung ist der Puig de Randa. Auf dem 542 Meter hohen Tafelberg stehen gleich drei Klöster. Im 13. und 14. Jahrhundert muss der markante Berg auf fromme Aussteiger eine geradezu magische Wirkung ausgeübt haben. Der Prominenteste war der ehemalige Bonvivant und spätere Mystiker und Philosoph Ramon Llull. Die Faszination des Randa-Massivs ist ungebrochen. Die kurvenreiche und einigermaßen steile Auffahrt ist eine der beliebtesten Strecken der Radsportler. Die haben die Schönheit des Inselinneren schon lange entdeckt.

Tipp des Autors

BODENSTÄNDIG UND GUT

Wer glaubt, dass ein Straßenlokal nicht gut sein kann, liegt auf Mallorca (wie in Spanien überhaupt) daneben. Die bei den Mallorquinern beliebtesten Restaurants finden sich fast immer an den alten Überlandstraßen. Wer's nicht glaubt, darf sich bei Lammschulter, Schnecken oder Tumbet überzeugen lassen. Zum Beispiel im Can Mateu oder 4 Vents in Algaida, im Ca Na Miquela de Ses Teuleres in Vilafranca oder in der »Inselkantine« Es Cruce an der Autobahn nach Manacor.

87 Sineu

Die heimliche Hauptstadt

Nicht verpassen!

- ★ **Església de Santa Maria de Sineu.** Die reich ausgestattete Kirche, auch Mare de Deu dels Angels genannt, wurde ab 1505 erbaut.
- ★ **Rectoria.** In der Pfarrei gleich neben der Kirche Santa Maria ist ein kleines Museum untergebracht. Dort sind u.a. alte Keramiken zu sehen.
- ★ **Convent dels Mínims.** Im ehemaligen Minoritenkloster befindet sich heute das Rathaus der Gemeinde.
- ★ **Palau dels Reis de Mallorca.** Der ab 1309 erbaute Königspalast wurde im 16. Jh. zu einem Kloster umgebaut.

Einst war Sineu Hauptstadt der Insel. Jeden Mittwoch lockt der große Tier- und Bauernmarkt die Besucher in Scharen (unten rechts). Radsportler kräftigen sich im Moli d'en Pau (oben rechts).

Nicht an den Küsten, sondern im Inselinneren spielt sich traditionell das Leben der Insel ab. Als Marktplatz in zentraler Lage nimmt Sineu schon seit Jahrhunderten eine bedeutende Rolle ein, besonders lebendig zu beobachten an jedem beliebigen Mittwoch, wenn hier der große Landwirtschafts- und Viehmarkt stattfindet.

Wenn man davon ausgeht, dass Mallorca eine Welt für sich ist – woran trotz seiner überschaubaren Größe kein Zweifel besteht –, dann hat diese auch ein Zentrum. Palma kann so groß sein, wie es will, aber nur eine Stadt kann von sich behaupten, sowohl die geografische Mitte als auch das Zentrum der Macht zu sein – zumindest war das einmal so.

Im Schutz des geflügelten Löwen

Sineu liegt beinahe genau in der geografischen Mitte der Insel. Von dem Landstädtchen aus führen sternförmig Straßen über die Ebene Es Pla. Schon zu maurischer Zeit war Sineu ein bedeutender Handelsplatz. Ein Jahrtausend zuvor hatten die Römer die Siedlung Sinium gegründet, die möglicherweise dort lag, wo sich das heutige Sineu befindet. Jaume II. machte sich gegen Ende des 13. Jahrhunderts daran, die Insel mit mehreren Residenzen zu schmücken. Er ließ in Palma die Almudaina umbauen und das Castell de Bellver sowie eine Residenz in Valldemossa errichten.

Sineu machte er wegen seiner zentralen Lage zur Residenzstadt. Zu ihrem Wahrzeichen wurde ein geflügelter Löwe, der den Stadtpatron, den heiligen Markus, symbolisiert. Er wacht vor dem Pfarramt der ab 1505 erbauten Església de Santa Maria de Sineu. Die wuchtige Kirche ist auch aus größerer Entfernung nicht zu übersehen. In der Nähe kann man sich auch den ehemaligen Königspalast anschauen – allerdings nur von außen. Der 1309 von Jaume II. in Auftrag gegebene Bau steht vermutlich auf den Resten eines maurischen Alcázars. Mit dem Verschwinden des Königreichs Mallorca ging es auch mit dem Stadtschloss bergab, schließlich wurde es ein Kloster. Einmal pro Woche steigt Sineu wieder zur heimlichen Hauptstadt der Insel auf: Dann bringt ein bunter Wochen- und Viehmarkt Leben in das Städtchen.

MITTWOCHS, WENN MARKTTAG IST

Die meisten Besucher kommen nicht wegen der hübschen Altstadt oder der Kulturdenkmäler nach Sineu, sondern wegen seiner Märkte. Sa Fira etwa ist Mallorcas älteste Landwirtschaftsmesse. Sie wurde 1318 erstmals eingeführt und findet nun immer am ersten Sonntag im Mai statt. Jeden Mittwoch wird zudem seit 1306 der berühmte Wochen- und Viehmarkt der Insel abgehalten – der ideale Ort, um das traditionelle, bodenständige Mallorca kennen zu lernen. Solche traditionellen Märkte finden übrigens in fast jeder Gemeinde der Insel statt.

Hingehen!

ESSEN UND TRINKEN

- ★ **Molí d'en Pau.** In der alten Windmühle am Ortsrand wird regionale mallorquinische Küche serviert. Ctra. Santa Margalida, km 25, Tel. 971 855 116.
- ★ **Celler Son Torei.** Schönes, rustikales Restaurant in der Altstadt. C/Son Torelló, 1, Tel. 971 855 116.
- ★ **Es Grop.** Ein uriges Kellerlokal, wo Liebhaber der authentischen und deftigen Inselküche glücklich werden. C/Major 18, Tel. 971 520 187

ÜBERNACHTEN

- ★ **León de Sineu.** Ein hübsches Altstadthotel, das den Charme vergangener Tage verströmt. C/dels Bous, 129, www.hotel-leondesineu.com
- ★ **Sa Casa Rotja.** Wer es ruhig angehen will, findet auf dem bewirtschafteten Agroturismo vielleicht die ideale Urlaubsbasis. Crtr. Sineu-Muro km 3,5, Tel. 971 185 290.
- ★ **Son Cleda.** Auch dieses Hotel liegt mitten in der Altstadt. Plaça es Fossar, 7, www.hotelsoncleda.com.

88 Muro

Ländliches Erbe

Auf einem Bergrücken in der Ebene Es Pla liegt der kleine Ort. Dass er trotz überschaubarer Größe fast städtisch wirkt, liegt zum einen an den alten herrschaftlichen Häusern mit ihren Familienwappen und zum anderen an der Kirche Sant Joan Baptista. Diese ist ebenso einen Besuch wert wie das ethnologische Museum.

Man wird von diesem Monument des Kirchenbaus wie magisch angezogen. Die mächtige Església Sant Joan Baptista, die Pfarrkirche Johannes des Täufers aus dem 16. Jahrhundert, weist einen quadratischen, freistehenden Glockenturm auf. Dieser ist durch einen Bogen mit dem Haupthaus verbunden, das aus einem rötlichen Marèsstein gebaut wurde. Typisch für die Sakralarchitektur auf Mallorca sind die Stützpfeiler, die sich an der Außenfassade zu Arkaden wölben. Seitlich der Kirche steht das Rathaus und davor die leicht abfallende Plaça Comte d'Empuries – repräsentatives Zentrum der ländlichen Gemeinde.

In den ruhigen Gassen mit ihren teilweise altehrwürdigen Herrenhäusern käme man nicht auf die Idee, dass Touristenzentren wie die Platja de Muro an der Bucht von Alcúdia zur Gemeinde gehören. In die stille Welt des Städtchens passen besser Adressen wie die Bar Ca'n Palau, wo sich die Einheimischen treffen und die wenigen Besucher, die es nach Muro verschlägt.

Nicht verpassen!

- ★ **Església Sant Joan Baptista.** Die Pfarrkirche aus dem Jahr 1570 beeindruckt von außen durch ihre Größe und den rötlichen Kalksandstein, aus dem sie gebaut wurde. Im Inneren wartet ein prächtiger barocker Hochaltar.
- ★ **El Comtat.** Im alten Ortskern um die Pfarrkirche finden sich zahlreiche Herrenhäuser vergangener Jahrhunderte.
- ★ **Museu Etnològic de Muro.** Die Sammlung im Haus Can Alomar zeigt Keramik, handwerkliche Gerätschaften und anderes mehr. C/ Major, 5, Tel. 971 860 647.
- ★ **Capella de la Sang.** Kleines Bethaus aus dem frühen 15. Jh. Die Christusfigur (15. Jh.) wird am Gründonnerstag bei einer Prozession durch die Straßen getragen. C/ Màrtirs.
- ★ **Convento de los Mínimos.** Besonders beeindruckt bei der Klosteranlage aus dem 18. Jh. der schöne Kreuzgang. Placeta des Convent.

Im Ortskern finden sich zahlreiche Stadtpaläste aus dem 16. und 17. Jh. Die Capella de la Sang musste 1906 ihren Platz wechseln (oben). Der barocke Kreuzgang des Paulinerklosters (unten rechts). Wie in anderen Gemeinden auch, treten an Festtagen die Riesenfiguren, die *gegants* auf (oben rechts).

Kekse, Messer und ein sehenswertes Museum

Nach dem Café lohnt es sich, ein paar Häuser weiter in der Hausnummer 8 nachzuschauen, ob die alte Backstube von Galletes Gori geöffnet hat. Dort werden seit 1890 süße und salzige Kekse gebacken, die die Bauern und Seeleute mit zur Arbeit nahmen. Die in Handarbeit gefertigten *Galletes* sind noch immer sehr beliebt auf Mallorca, und wer ein wirklich authentisches Souvenir sucht, ist hier richtig. Ähnliches gilt für die Cuchilleria Miralles. In der Messermanufaktur werden seit vier Generationen Schneidewerkzeuge für Fischer, Schäfer, Bauern und andere gefertigt. Ganz in der Nähe der Messerschmiede, auf der anderen Straßenseite, findet sich die älteste Kirche des Ortes, die Capella de la Sang. Das kleine Gotteshaus ist eine Besonderheit. Es wurde zwar erst im 15. Jahrhundert erbaut, sieht aber mit seinen romanischen Fensterbögen aus, als stammte es aus dem 13. Jahrhundert. 1906 wurde die Kapelle, die ursprünglich neben dem Rathaus stand, am Carrer Màrtis neu aufgebaut.

Dass Muro auf einem Hügel liegt und die Landwirtschaft noch immer einen großen Stellenwert besitzt, sieht man, wenn man hinter der Kirche in Richtung Passeig de la Riba spaziert. Von hier aus, dem ältesten Teil Muros, kann man einen Spaziergang zum Stammhaus der Alomars machen. Das liegt im Carrer Major und ist ein sehenswertes Volkskundemuseum mit einer beachtlichen Sammlung alter Gerätschaften, Keramik und der historischen Apotheke. Auch das Herrenhaus aus dem 17. Jh. mit der alten Brunnenanlage bringt einem das alte Mallorca näher.

Hingehen!

ESSEN UND TRINKEN

★ **Daica.** Die moderne mallorquinische Marktküche hat schon viele Fans. Hübsch rustikales Interieur und Außenterrasse. C/ Nou, 8, Llubí, Tel. 971 522 567, www.daica.es

★ **Sa Fonda.** Einfaches Lokal zentral bei der Pfarrkirche. C/ de Sant Jaume, 1, Tel. 971 537 965.

ÜBERNACHTEN

★ **Petit Hotel Daica.** Zum guten gleichnamigen Restaurant gehört auch ein kleines Hotel. C/ Nou, 8 Llubí, Tel. 971 522 567, www.daica.es.

★ **Can Bagot.** Ebenfalls im Nachbarort Llubí liegt das ruhige Landhotel. Passeig de la Riba, 6, Llubí. Tel. 971 522 611, www.canbagot.com

EINKAUFEN

★ **Cuchilleria Miralles.** In der Messermanufaktur werden schöne rustikale Schneidegeräte für Küche, Garten oder Handwerk geschmiedet. C/ dels Martirs, 28, Tel. 971 537 431, www.cuchilleriamiralles.com

★ **Galletes Gori.** In der Bäckerei werden seit 1890 Kekse gebacken. Die Galletes Marineres i d'Oli wurden speziell für Seefahrer erfunden. Pl. de Sant Martí, 8, Tel. 971 537 131, www.galletesgoridemuro.com

89 *Sa Pobla*

Wilde Dämonen, reiche Ernte

Rund um Sa Pobla wächst so viel Gemüse, dass es zum Teil exportiert wird. Besonders für seine Kartoffeläcker ist der Ort berühmt. In diesem Städtchen spielt der Tourismus keine Rolle, und nirgendwo auf der Insel wird das Fest des Hl. Antonius so wild gefeiert wie hier.

Sa Pobla macht den Eindruck, als läge der Ort irgendwo im Norden Afrikas. Das liegt nicht an der Bauweise oder am Erscheinungsbild dieser typisch mallorquinischen Landstadt, sondern an seiner Bevölkerung. Von den rund 20 Prozent Ausländern kommen die meisten aus Marokko. Sie arbeiten nicht nur in der Landwirtschaft, dem wichtigsten Wirtschaftsfaktor, sondern haben auch eigene Metzgereien oder Internetcafés. Männer im Kaftan und Frauen mit Kopftuch gehören zum Alltagsbild.

Sa Pobla ist, wenn man so will, eine ebenso exotische wie authentische Inselgemeinde. Die sonst so typischen Geschenkeläden, die romantischen Cafés, in denen Nordeuropäer das Leben am Mittelmeer nachspielen, gibt es hier nicht. Selbst der allgegenwärtige Immobilienunternehmer Engel&Völkers hat kein Büro vor Ort. Das Zentrum dieser unbeeindruckt »normalen« Stadt ist die Plaça Major. Dort wird es im Januar höllisch laut. Das Fest des Sant Antoni Abad wird in vielen Gemeinden Mallorcas gefeiert, aber hier geht es besonders wild zu, schließlich ist auch die Pfarrkirche aus dem 17. Jahrhundert dem Heiligen geweiht.

Nicht verpassen!

- ★ **Església Sant Antoni Abat.** Die Pfarrkirche aus dem 17. Jh. wurde auf den Resten eines früheren Gotteshauses aus dem 14. Jh. errichtet.
- ★ **Museu d'Art Contemporani.** Das Museum der modernen Kunst zeigt Zeichnungen, Gemälde und Skulpturen. Im Erdgeschoss der Casa Senyorial Can Planes. C/ Antoni Maura, Tel. 971 542 389.
- ★ **Museu de Sa Jugueta Antiga.** Im Obergeschoss von Can Planes ist eine Sammlung historischer Spielzeuge zu sehen. C/ Antoni Maura, Tel. 971 542 389.
- ★ **Jazzfestival.** Bereits seit 20 Jahren wird das Festival Mallorca Jazz Sa Pobla mit zahlreichen Konzerten begangen. Jedes Jahr im August. jazz.sapobla.cat
- ★ **Festa de Sant Antoni Abat.** Das Fest des Schutzheiligen der Tiere findet am 16. und 17. Januar statt.

Touristen sieht man in den Straßen von Sa Pobla selten (oben). Das Landstädtchen liegt inmitten einer fruchtbaren Ebene, wo Artischocken und vor allem Kartoffeln prächtig gedeihen (unten rechts).

Bis zu drei Ernten pro Jahr

Fragt man einen gebürtigen Mallorquiner, was ihm zu Sa Pobla einfällt, wird er wahrscheinlich antworten: »Kartoffeln«. Die Gemeinde ist Mallorcas Gemüsegarten. Hier wachsen Mais, Zwiebeln, Tomaten und natürlich *patatas*. Die werden bis zu drei Mal jährlich geerntet. Wer bei so viel ländlichem Bezug glaubt, es gäbe keine Kultur, liegt falsch. Sa Pobla erlaubt sich den Luxus eines Museums für Moderne Kunst, und wenn im August das Jazzfestival mit mehreren Livekonzerten gefeiert wird, wagen sich sogar die Hauptstädter in die Gemeinde der Kartoffelbauern.

TIER UND TEUFEL

Beim Fest des Sant Antoni Abad tanzen verkleidete Dämonen und Teufel um brennende Scheiterhaufen. Sie symbolisieren die Versuchungen, die den heiligen Antonius in seiner Einsamkeit quälten. In Sa Pobla wird am wildesten gefeiert. Aber auch in Artà, Sóller und Muro werden am 16. Januar Lagerfeuer in den Straßen und auf den Plätzen entzündet. Dazu werden Sobrassada, Llonganissa, Llom oder Botifarró gebraten. Hirtentrommeln, Ximbombes und Xeremiers genannt, begleiten das Spektakel. Am nächsten Tag, dem eigentlichen Festtag des heiligen Antonius, ziehen Wagen mit den verschiedensten Tieren durch die Straßen. Sie treffen sich auf dem Hauptplatz, wo sie der Dorfpfarrer segnet.

Hingehen!

ESSEN UND TRINKEN

★ **Mare Nostrum.** Die köstliche mediterrane Küche des noch neuen Restaurants ist ebenso überzeugend wie das angenehme Interieur des alten Stadthauses. C/ Ric 35, Tel. 971 540 177.

★ **Toni Cotxer.** Die Bar am Hauptplatz ist eine Institution und am Wochenende Jugendtreff. Leckere Tapas. Pl. Major, 19, Tel. 971 540 005.

★ **Restaurant Fonda Europa.** Es gibt sie noch, die echten und authentischen Orte. Der Speiseraum im ersten Stock des einfachen Hostals gehört unbedingt dazu. C/ Misteri, 3, Tel. 971 540 303.

ÜBERNACHTEN

★ **Agroturismo Son Pons.** In der ländlichen Idylle zwischen Sa Poble und Búger liegt das alte Landgut, das ein komfortables Fincahotel abgibt. Ctra. Búger-Sa Pobla, km. 1,2, 07311 Búger, Tel. 971 877 142, www.sonpons.com

★ **Fonda Europa.** Das einfache Hostal gibt es seit über 100 Jahren. Günstig und urig. C/ Misteri, 3, Tel. 971 540 303, www.fondaeuropa.com

EINKAUFEN

★ **Wochenmarkt.** Sa Pobla taucht noch nicht auf dem Radar der Touristen auf. Das merkt man auch am Wochenmarkt am Sonntagvormittag.

90 *Petra*

In der Ruhe liegt die Kraft

Rund um das kleine Gemeindestädtchen breiten sich die roten Böden aus, auf denen die Trauben für gute Weine wachsen. Eine riesige Kirche, zwei Klöster und ein Heiligtum haben die Geschichte des Ortes geprägt, ohne die es kalifornische Städte wie San Francisco so nicht gäbe.

Petra macht einen ruhigen und entspannten Eindruck. Ja man könnte annehmen, dass für die Bewohner die Welt jenseits der Weinfelder, die das Dorf umgeben, einfach aufhört. Da sind die schmalen Straßen mit den niedrigen Häusern aus Marèsstein, die im Sommer in der Sonne brüten und deren Fensterläden, wie überall in den Dörfern, Tag und Nacht geschlossen sind. Und natürlich gibt es eine Kirche, und die ist, wie es sich für ein mallorquinisches Dorf gehört, eigentlich viel zu groß geraten.

Man tut den Einwohner von Petra unrecht, wenn man sie für weltabgewandt hielte. Sie haben es gar nicht nötig, sich mondän oder kosmopolitisch zu geben. Schließlich können sie von ihrem Dorf behaupten, dass es ohne Petra weder das ferne San Francisco, noch San Diego oder gar Los Angeles gäbe. Wer es nicht glaubt, kann nach Washington fahren und das Kapitol besuchen. Dort wird er die Skulptur eines Mannes sehen, der in der Linken ein kleines Haus trägt und in der rechten Hand ein Kreuz gen Himmel hält. Es ist der Franziskanermönch Juniper Serra, der als Miquel Josep Serra i Ferrer 1713 in Petra geboren wurde.

Nicht verpassen!

- ★ **Església de Sant Pere.** Die große gotische Kirche wurde im 16. und 17. Jh. errichtet. Die Orgel stammt aus der angesehenen Werkstadt der Brüder Caimari.
- ★ **Convent Sant Bernardí.** Das Kloster wurde 1607 gegründet. 70 Jahre später wurde die barocke Klosterkirche fertiggestellt.
- ★ **Casa Natal i Museu Juniper Serra.** Dass man sich hier wirklich im Geburtshaus des Missionars Juniper Serra (1713–84) befindet, ist umstritten. Eine Zeitlang jedenfalls hat er hier aber gewohnt. Im angrenzenden Museum werden sein Wirken und die Gründungen im heutigen Kalifornien dokumentiert.
- ★ **Santuari de la Mare de Déu de Bonany.** Zum Heiligtum auf dem »Berg Marias«, wie der Hügel auch genannt wurde, gehören ein Kloster und eine Herberge. Die Kapelle wurde in den ersten Jahren des 17. Jhs. erbaut.
- ★ **Prozession.** Am dritten Ostertag wandern die Gläubigen von Petra, Vilafranca und Sant Joan zum Heiligtum Bonany.

Fast städtisch wirkt die Plaça Ramon Llull (oben). Etwas außerhalb, auf einem Hügel, liegt das Heiligtum Santuari De la Mare de Déu de Bonany (rechts unten). Luftansicht des Städtchens Petra mit der Pfarrkirche San Pere (rechts oben).

Hausberg mit Heiligtum

Im Kloster Sant Bernardí ging er zur Schule. Er folgte dem Ruf Gottes und schiffte sich 1749 mit anderen Missionaren nach Mexiko ein. Von der Ordensstation an der Grenze zur Baja California ging er unermüdlich auf Missionstour und richtete monastische Niederlassungen ein, aus denen die genannten Metropolen hervorgingen.

Das Kloster Sant Bernardí in Petra ist noch immer bewohnt. Den Besucher, der sich für die Geschichte seines berühmtesten Sohnes interessiert, führt ein Mönch durch zwei Museumsräume, in denen man von der mallorquinischen Provinz direkt in die damals neue Welt Kaliforniens reist.

Auf Juniper Serra trifft man immer wieder – als Straßenname, als raumgreifende Figur oder auf bemalten Kacheln und auch auf dem Hausberg, der in Mallorca-typischer Manier von einem Heiligtum bekrönt wird. Der Santuari de la Mare de Déu de Bonany liegt auf einem 318 Meter hohen Hügel. Eine Tafel erinnert dort an den berühmten Missionar. Dessen Geschichte gerät dann aber bald aus dem Blick, weil man so sehr von der Aussicht über die Felder und Landschaft gefangen ist und sich einmal mehr darin bestätigt sieht, dass die Mallorquiner ein Inselvolk sind, das auch gut ohne Meer auskommen würde. Die Kapelle wurde um 1604 errichtet. Schon wenige Jahre später, 1609, litt die Bevölkerung unter den Folgen einer Dürre. In ihrer Not riefen sie Maria an und diese verweigerte ihre Hilfe nicht und schenkte Regen. Seitdem trägt sie den Namen »Maria des guten Jahres«.

Hingehen!

ESSEN UND TRINKEN

★ **Ca n'Oms.** Das Bar-Restaurant befindet sich in einem schönen Bauernhaus aus dem 18. Jh. C/ Caparrot de Ca n'Oms, 7, Tel. 971 561 920.

★ **Es Celler.** Schon seit mehr als 20 Jahren wird im urigen Kellerlokal klassische mallorquinische Küche gepflegt und genossen. C/ Hospital, 46, Tel. 971 561 056.

ÜBERNACHTEN

★ **Son Burgues.** Der Agroturismo-Betrieb bietet Apartments für 2 bis 8 Personen, Pool und Garten und viel Ruhe. Ctra. Petra–Sant Joan, km 9,7, Tel. 662 598 433, www.sonburgues.com

★ **Sa Plaça.** Mit seinen nur drei Zimmern ist ein ruhiger Aufenthalt so gut wie sicher. Die hübschen, klassisch eingerichteten Räume sind relativ groß. Bei schönem Wetter kann man auch draußen einfach und gut essen. Im Dorfzentrum. Pl. Ramon Llull, 4, 07520 Petra, Tel. 971 561 646, www.petithotelpetra.com

EINKAUFEN

★ **Miquel Oliver.** Das Traditionsgut gehört zu den besten der Insel. Ökologischer Anbau und ausgezeichnete Weine. Carrer d'en Font, 26, Tel. 971 561 117, www.miqueloliver.com

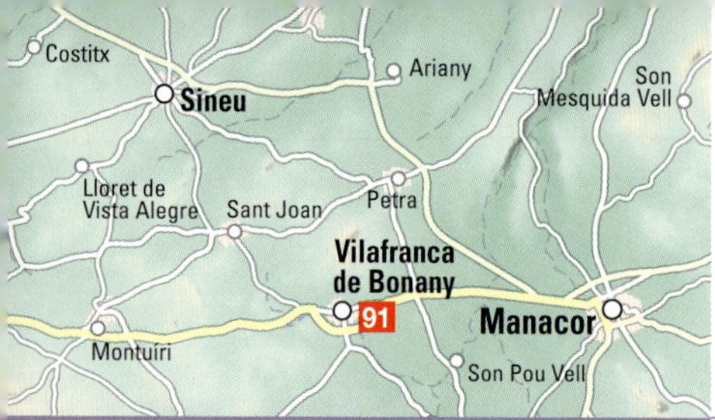

91 *Vilafranca de Bonany*

Ein Loblied auf die Melone

Abgekoppelt von der großen Straße zwischen Palma und Manacor lockt die Gemeinde nur wenige Neugierige. Wer dennoch kommt, kann in den Sommermonaten himmlisch süße Melonen kaufen oder in den Gassen und Lokalen das Mallorca der Mallorquiner kennenlernen.

Früher, so erzählt der Verkäufer von »Alls i Melons« (Knoblauch und Melonen), gab es mehr als ein Duzend solcher Geschäfte wie er eines führt an der Hauptstraße. Vom Vordach des Ladens baumeln Sträuße roter Paprikaschoten, Knoblauchzöpfe und Ramallet-Tomaten, während sich die Auslagen unter dem Gewicht der Melonen, Aprikosen und all der anderen Früchte und Gemüsesorten biegen. »Früher«, das war bevor 2006 die Schnellstraße Ma-15 eingeweiht wurde und sich der Verkehr zwischen Palma und Manacor noch durch die 3000-Seelen-Gemeinde drängte.

Heute gibt es nur noch zwei Obst- und Gemüsehändler an der Hauptstraße. Dabei wächst so viel auf den Feldern. Besonders stolz ist man in Vilafranca de Bonany und auf die Melonen. Den Inhaber Tomeu Morlà nennt die deutschsprachige Inselzeitung, das Mallorca-Magazin den »unbestrittenen Melonenkönig«. Das hat nichts damit zu tun, dass der 72-Jährige mit den Früchten so viel Geld verdienen würde – sondern mit der Größe seiner Produkte. Seit Jahren schleppt er die dicksten Dinger zum alljährlichen Melonenfest. Sein Rekord liegt bei 21,3 Kilogramm Gewicht.

Nicht verpassen!

- ★ **Església de Santa Bàrbara.** Die erste Kirche wurde 1631 gesegnet. Doch da sie schnell zu klein wurde, wuchs sie immer weiter bis ins Jahr 1942. Seitdem krönt sie eine große Christusfigur.
- ★ **Plaça Major.** Das Zentrum des Dorfes wird auch Rathausplatz genannt. Neben dem Ajuntament wird der Platz von Häusern in der typisch ländlichen Bauweise begrenzt.
- ★ **Sant Martí d'Alzell.** Das herrschaftliche Anwesen geht auf das 13. Jh. zurück und war eines der größten der Insel. An der Ma-5101 zwischen Vilafranca und Porreres.
- ★ **Fira del Meló.** Melonenfest mit Prämierung der schwersten Melone, Laternenumzug, Feuerlauf etc. Ende Aug./Anfang September.

Straßengeschäfte mit üppigem Obst- und Gemüseangebot gibt es nur noch zwei in Vilafranca (oben rechts). Dabei wächst rund um das Dorf einiges. Vor allem der Melonenanbau hat Tradition. Riesig ist die Christusfigur auf der Kuppel der Santa-Barbara-Kirche (oben und unten rechts).

Christus grüßt von der Kuppel

Das Melonenfest ist zweifellos das große Event in der von Steuern befreiten Gemeinde. Genau das heißt nämlich »Vilafranca«. Dieses Privileg gilt seit 1620, als der Ort gegründet wurde.

Wenn man auf der Ma-15 an Vilafranca vorbeifährt, ist die Kuppel der Santa-Barbara-Kirche nicht zu übersehen. Denn die wird von einer meterhohen Christusfigur bekrönt. Seit 1942 schmückt sie das Gotteshaus. Vom 17. bis ins 20. Jh. wurde die Pfarrkirche immer wieder erweitert. Nicht weit davon entfernt ist die Plaça Major, der Hauptplatz und das Zentrum des Ortes. Dort finden sich das obligatorische Café und einige schöne Gebäude aus dem 17. und 18. Jh. Außerhalb lockt der Besuch des Santuari de la Mare de Déu de Bonany, vorgestellt im vorangegangenen Kapitel, sowie das Museumsgut Els Calderers, das folgt.

SCHNECKEN UND MEHR

Wahrscheinlich kennt jeder Mallorquiner das Restaurant Es Cruce an der Ma-15. Jede Woche fallen hier rund 10000 hungrige Insulaner ein und lassen sich vom flinken Service eine Tonschale mit Schnecken, eine Brotsuppe, gebratenen Tintenfisch oder eine andere inseltypische Hausmannskost auftischen. Das riesige Lokal ist nichts für Romantiker, aber für Verfechter der authentischen Inselküche, die für wenig Geld zu haben ist – ein lautes Vergnügen. Es Cruce, Ma-15, km 41, Tel. 971 560063.

Hingehen!

ESSEN UND TRINKEN

★ **Bar Sa Plaça.** Egal wie einfach das Lokal auch ist, ein Hauptplatz braucht eine Bar und das ist sie. Plaça Major, 6, Tel. 97 560315.

★ **Ca Na Miquela de Ses Teuleres.** Hier lebt die Inselseele bei Fleisch vom Grill und köstlicher Paella auf. Ctra. Palma, 2, Tel. 971 560123, www.canamiqueladesesteuleres.com

★ **Es Cruce.** Mehr als ein Lokal, eine Institution des günstigen mallorquinischen Essens. An der Ma-15, km 41, Tel. 971 560063.

★ **S'Estanc Vell.** Auch hier kommt der Liebhaber echter Inselküche auf seine Kosten. Leckere Cuina Mallorquina. C/ Palma, 7, Tel. 971 560523.

ÜBERNACHTEN

★ **Sa Franquesa Vela.** Schöne Finca aus dem 15. Jh. Sie liegt auf einer leichten Anhöhe, von wo aus man einen weiten Blick über das Land genießt. Ctra. Petra-Felanitx, km. 3,8, Tel. 629834452, www.safranquesavellamallorca.com

EINKAUFEN

★ **Alls i Melons.** Nicht nur optisch, sondern auch für die Küche eine Bereicherung sind die Knoblauch- und Tomatenzöpfe oder getrocknete Paprika. Ctra. Palma, 103, Tel. 971 560231.

92 Els Calderers

Zu Besuch beim Landadel

Nicht verpassen!

★ **Sala de Invitados.** Die Empfangshalle ist ein langer, repräsentativer Saal mit historischen Malereien und Mobiliar.

★ **Cocina.** Bis 1994 wurde die Küche noch genutzt. Die Kupferkessel, das Steingutzeug und die Keramiken sind heute begehrte Finca-Accessoires.

★ **Granero.** Der Kornspeicher ist ein auch architektonisch interessanter Raum. Die historischen Gerätschaften lassen erahnen, wie beschwerlich die Landarbeit früher war.

★ **Bodega.** Der Weinbau war einer der wichtigsten Produktionszweige des Gutes. Die alte Traubenpresse und die Fässer wurden bis ins 19. Jh. genutzt.

★ **Sant Joan.** Ruhiges und hübsches Bauerndorf in der Umgebung. Inselweit bekannt ist die Festa des Butifarró, das Blutwurstfest an jedem ersten Sonntag im Oktober.

In den *possessió*, den herrschaftlichen Landgütern, wurde Recht gesprochen und geheiratet (oben). Hochzeiten werden teilweise heute noch in den alten Gemäuern gefeiert. Prachtvoll sind die Wohnräume des Landadels (beide rechts).

Der Landadel mit seinen teilweise riesigen Ländereien bestimmte bis ins frühe 20. Jh. die Gesellschaftsstruktur der Insel. Wie auf den Herrensitzen gelebt und gearbeitet wurde, sieht man auf Els Calderers. Die kostbare Ausstattung der Salons sowie die historischen Gerätschaften in den Wirtschaftsräumen, in denen Feldfrüchte, Mandeln, Oliven und Wein verarbeitet wurden, fügen sich zu einem anregenden Rundgang.

Els Calderes liegt zwischen Sant Joan und Vilafranca in einer wahrhaft bukolischen Landschaft. 1285 wurde der Landsitz erstmals erwähnt, allerdings sah er zu jener Zeit noch anders aus. Das mächtige Herrenhaus, in dem der Besucher das originale Ambiente des 18. und 19. Jahrhunderts vorfindet, wurde um 1750 errichtet. Zum dreistöckigen Haupthaus gehören auch verschiedene Stallungen, Scheune, Backhaus und Schmiede.

Bis zum Ausbruch der Reblausplage Ende des 19. Jh. wurde auf den Ländereien von Els Calderers hauptsächlich Wein angebaut. Davon zeugen alte Weinpressen und Fässer im Keller. Nach dem Niedergang des Weinbaus verlegte man sich auf den Anbau von Feldfrüchten, Mandeln, Johannisbrot und Melonen. Interessant ist die Küche mit ihren originalen Gerätschaften, die bis zur Eröffnung des Hauses als Museum 1994 noch in Gebrauch waren. Über den Speisesaal, wo eine große Tafel eingedeckt wurde, führt

der Rundgang in den Wohnbereich. Mobiliar und Gemälde aus dem 18. Jh. geben dem Salon einen feudalen Charakter. Nach dem Essen zogen sich die Herren ins Jagdzimmer zurück, die Damen ins klassizistische Musikzimmer. Wie die Mode im frühen 19. Jahrhundert ausgesehen hat, zeigt eine Puppe im blauen Seidenkleid am ebenfalls historischen Tafelklavier. An das Schlafgemach mit Himmelbett und Mahagonimobiliar schließen sich je ein Ankleidezimmer für die Dame und für den Herrn an. Die Großgrundbesitzer lebten gut von den Erträgen ihrer Ländereien. Damit das so blieb, wurde in der Hauskapelle regelmäßig die Messe gelesen.

Mandeln und schwarze Schweine

Die ehemalige Kornscheune ist eine auf Säulen gestützte Halle, in der Kichererbsen, Bohnen, Mandeln und Mais gelagert wurden. Die alten Gerätschaften für die Landwirtschaft sind noch funktionstüchtig und wurden zum Teil bis weit ins 20. Jahrhundert benutzt. In den Stallungen und auf den Ländereien wurden Gänse, Schafe, Ziegen und schwarze Schweine gehalten. Die mallorquinische Rasse der *porc negre*, der schwarzen Schweine, genießt auf der Insel höchste Wertschätzung.

Nach der Besichtigung lohnt ein Abstecher ins bäuerliche Sant Joan, wo es nicht nur die Wallfahrtskirche Santuari de la Mare de Déu de la Consolació zu besichtigen, sondern auch urige Dorffeste zu erleben gibt. Die wichtigsten sind die Festa des Butifarró, das Blutwurstfest (im Oktober) oder die Festa des Pa i des Peix, das Fest des Brotes und des Fisches (4. Fastensonntag).

Hingehen!

ESSEN UND TRINKEN

★ **Bar Els Calderers.** Das Angebot der Cafeteria beim Museumsgut ist nicht allzu groß, dafür kann man sich in den schönen Garten des Anwesens setzen und bei einem Snack die Landschaft genießen. Tel. 971 526 069, www.elscalderers.com

ÜBERNACHTEN

★ **Sa Rota d'en Palerm.** Von dem Finca-Hotel aus dem 18. Jh. überblickt man die ländliche Szenerie von Es Pla. Gäste können zwischen drei Doppelzimmern oder sechs Apartments für zwei bis vier Personen wählen. Lloret de Vistalegre, Tel. 971 521 100, www.sa-rota.com

★ **Son Santandreu.** Der große Gutshof aus dem 17. Jh. liegt zwischen Petra und Felanitx. Das Interieur und die großen Räumlichkeiten erinnern fast an das Museumsgut Els Calderers. Ctra. Petra-Felanitx, km 2, Tel. 971 561 128, www.sonsantandreu.com

★ **Son Torrat.** In der Nähe der Ermita de Bonany liegt das kleine Fincahotel mit seinen sechs Apartments inmitten ländlicher Natur. Camí de Bonany, km 2, Tel. 630 017 858, www.agroturplaya.com

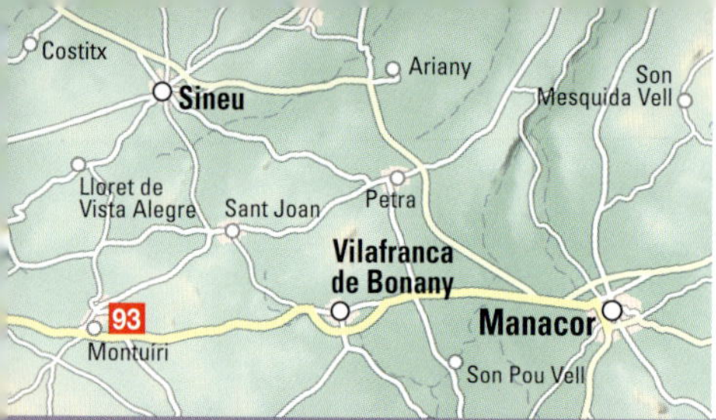

93 *Montuïri*

Für Forscher und Entdecker

Nicht verpassen!

★ **Església de Sant Bartomeu.** Die Pfarrei von Montuïri wird bereits in einer Bulle aus dem Jahr 1248 erwähnt. Der Kirchenbau geht aber auf das 14. Jh. zurück und wurde im 18. Jh. erweitert.

★ **Es Molinar.** Der älteste und am höchsten gelegene Teil des Dorfes wird von acht Windmühlen bekrönt. Die ältesten stammen aus dem 16. Jh.

★ **Museu Arqueològic de Son Fornès.** In der Mühe Fraret am Ortsausgang in Richtung Sant Joan ist das archäologische Museum untergebracht. C/ Emili Pou, www.sonfornes.mallorca.museum

★ **Son Fornès.** Etwa drei Kilometer ortsauswärts in Richtung Pina liegt die Grabungsstätte aus dem 2. Jtsd. v. Chr.

★ **Tanz der Cossiers.** Archaischer Tanz, bei dem sechs als Frauen verkleidete Männer um eine Frau tanzen. Das Brauchtum wird auch in Alaró, Algaida und Manacor gepflegt. Zu sehen an den Festtagen des 15. und 23. August.

Vor den Toren der Kleinstadt ist die bedeutende Talayot-Siedlung Son Fornés zu besichtigen. Die dort gemachten Funde werden im archäologischen Museum gezeigt (oben). Das Brauchtum ist aus dem Alltagsleben von Montuïri nicht wegzudenken (rechts oben).

Ein kantiger Kirchturm und ein knappes Dutzend Mühlen prägen das Erscheinungsbild einer der ältesten Inselgemeinden. Malerisch liegt Montuïri auf einem Hügel in der fruchtbaren Ebene Es Pla. Ganz in der Nähe kann ein gut erhaltenes Talaiotdorf besichtigt werden.

In prähistorischer Zeit, etwa vor 2500 Jahren, war die Region um Montuïri sozusagen das Ballungszentrum von Mallorca. Für die Verhältnisse der Talayotzeit war sie dicht besiedelt. Das bezeugen die alten Gemäuer von Son Fornès und andere Ruinen. Wenn man zu dieser Ausgrabungsstätte unterwegs ist, fühlt man sich an die Nachbarinsel Menorca erinnert, wo man auch das Gefühl hat, hinter jeder zweiten Trockensteinmauer türme sich ein frühgeschichtlicher Talayot-Bau.

Neben Ses Païsses, der Nekropole Son Real und Capocorb Vell gehört Son Fornès sicher zu den spannendsten Relikten der Urmallorquiner. Etwa drei Kilometer nördlich von Montuïri liegt die Siedlung am Hang eines niedrigen Hügels. Vermutlich war sie vom 8. bis ins 1. Jh. v. Chr. bewohnt. Sie besteht aus drei Talaiots, das sind turmähnliche Bauwerke, sechs Wohnhäusern sowie Resten der Siedlungsmauer. Einer dieser Talaiots hat einen Durchmesser von 17 Metern und ist noch 3,5 Meter hoch. Es ist der am besten erhaltene seiner Art auf Mallorca. Wie die Urbewohner die

Steintürme errichtet haben – der größte Felsbock, der darin vermauert ist, wiegt rund 9 Tonnen – ist bis heute unklar. Leider wurde noch keine Zeitmaschine erfunden, mit der man in die Vergangenheit reisen und den Urmallorquinern über die Schulter schauen könnte. Vermutlich hatten die Türme eine Aussichtsplattform, dienten also zur Überwachung des Territoriums. Im Inneren – auch das sieht man gut in Son Fornès, gab es einen runden Raum. Die Archäologen gehen davon aus, dass er nicht bewohnt war, sondern für Riten benutzt wurde und dass dort Lebensmittel an die Siedlungsgemeinschaft verteilt wurden.

Mühlen und mehr

In Montuïri, das malerisch auf einem schmalen Hügel liegt, kann man weiter durch die Vergangenheit reisen. Am nördlichen Ortsausgang findet sich in den Räumlichkeiten einer alten Windmühle das Museu Son Fornès. Es zeigt neben Funden auch interessante Schautafeln zur Talayotzeit. Die Molí des Fraret bildet ebenso wie die anderen zehn Windmühlen und die Kirche Sant Bartomeu die »Skyline« des Dorfes. Montuïri ist eine der ältesten Gemeinden der Insel, ohne dass es dort nennenswerten Tourismus gäbe. Das ist erstaunlich, denn die ruhige, ländliche Atmosphäre rund um die Plaça Major, dem mittelalterlichen Stadtkern der *pobla reial* – ein Titel der dem »königlichen Dorf« von Jaume II. verliehen wurde – hat großen Charme. Das werden bald immer mehr Mallorca-Besucher erkennen. Mittlerweile gibt es zwei Mal pro Woche eine Stadtführung – auch auf Deutsch.

Hingehen!

ESSEN UND TRINKEN

- ★ **Es Molí.** Im Zweifelsfall Pizza. Wenn man dabei noch so schön unter freiem Himmel sitzen kann und die Landschaft im Blick hat, gibt es daran nichts auszusetzen. C/ Es Molinar, 51, Tel. 971 646 508, www.pizzeriaesmoli.com
- ★ **Puig de Sant Miquel.** Der Ausblick von der Terrasse ist schon mal Spitze. Auch die Küche ist recht ordentlich. Bei der gleichnamigen Wallfahrtskirche. Puig de Sant Miquel, Ctra. Palma-Manacor, km 31, Tel. 971 161 502.
- ★ **Son Bascos.** In Montuïri wird das Fest der Wachteln gefeiert. Im Lokal an der der Landstraße nach Palma dreht sich alles um das kleine Federvieh. Meist kommen sie gegrillt auf den Teller. Ctra Palma-Manacor, km 29, Tel. 971 646 170.

ÜBERNACHTEN

- ★ **Es Rafal.** Malerische und herrschaftliche Finca mit Apartments und Zimmern. Ctra. Lloret, km 1,5, 07230 Montuïri, Tel. 971 644 192, www.fincaesrafal.com.
- ★ **Puig Moltó.** Die Gäste des historischen Anwesens bewohnen Suiten oder Casitas. Schöner Blick über die Ebene. Ctra. Pina-Montuïri, km 3, 07230 Montuïri, Tel. 971 181 758, www.espuigmolto.com

94 *Porreres*

Kunst, Steine, Ruhe und Wein

Nicht verpassen!

★ **Església Parroquial.** Die Pfarrkirche geht auf das 13. Jh. zurück. Das aktuelle Gebäude wurde allerdings erst ab 1667 erbaut.

★ **Museu i Fons Artístic de Porreres.** Rund 260 Arbeiten vor allem mallorquinischer Künstler umfasst die Sammlung. Sie ist auf zwei Etagen plus einer für Wechselausstellungen zu sehen. C/ Prevere Agusti Font, 23, Tel. 971 166 617.

★ **Wegkreuze.** Elf Wegkreuze aus dem 15. und 16. Jh. sind auf dem Gemeindegebiet erhalten geblieben.

★ **Santuari de la Mare de Déu de Mont-sion.** Auf dem 245 Meter hohen Hügel liegt das im späten 15. Jh. gegründete und im 18. Jh umgebaute Kloster. Ab 1530 zog dort eine Grammatikschule ein.

★ **Fira de Tardor.** Große Herbstmesse mit Ständen von Handwerksbetrieben, Streichelzoo und anderem mehr. Mitte bis Ende Oktober.

Aprikosen gelten als eine der Spezialitäten des Landstädtchens (oben). Aber auch Wein wächst auf den Feldern (unten rechts). Etwas außerhalb, auf einem Hügel liegt das Heiligtum der Mutter Gottes des Berges von Sion (oben rechts).

Eigentlich ist Es Pla eine Ebene, doch bei Porreres wellt und hebt sich das Land. Mandeln, Wein und Aprikosen wachsen um das hübsche Städtchen, das mit einem Kunstmuseum überrascht. Schön ist der Blick über die ländliche Idylle vom Heiligtum Monti-sion aus.

Auf dem Weg hinauf zum Heiligtum Santuari de Monti-sion, blickt man nicht nur über das grüne Land der Es Pla, der Ebene, die hier eher hügelig wirkt. Unterhalb des Sträßchens öffnet sich der Krater eines Steinbruchs. Wer sich fragt, woher all die schönen Natursteine kommen, aus denen Fincas und Kirchen gebaut sind, mit denen sie restauriert und so viele Neubauten verkleidet werden, müsste unter die Erde von Porreres schauen können. Dort durchziehen rund 14 Kilometer lange Schächte den Untergrund, in denen der inseltypische Marèsstein abgebaut wird.

Wein, Aprikosen und moderne Kunst

Dass über die Jahrhunderte hinweg auch die Landwirtschaft ein bedeutender Erwerbszweig war, beweisen die 36 ehemaligen Mühlen, die es auf dem Gemeindegebiet gibt. Getreide, Mandeln und Wein wachsen um das Städtchen mit seinen knapp 6000 Einwohnern besonders gut, vor allem aber Aprikosen. Für die süßen Früchte, die auch getrocknet werden, ist Porreres inselweit bekannt. In früheren Zeiten wurde auch Safran angebaut.

Wie Montuïri wurde Porreres im 13. Jh. zur *Pobla Reial*, also zu einem »königlichen Dorf« erklärt. In jener Zeit dürfte es auch eine jüdische Gemeinde gegeben haben. Wie in anderen Orten des Inselinneren, konzentriert sich der Tourismus auf wenige Fincahotels im Umland. Der Ort selbst folgt dem ruhigen Rhythmus des mallorquinischen Landlebens, für den man gerne auf die Hektik der Küste verzichtet. Es gibt eine schöne Pfarrkirche, einige mittelalterliche Bauwerke und lauschige Plätze. Und es lockt ein Kunstmuseum, das einen recht guten Überblick bietet über das Kunstschaffen auf der Insel in der 2. Hälfte des 20. Jahrhunderts.

Im Kloster Monti-sion auf dem gleichnamigen Hügel etwas außerhalb wurde wie auf dem Puig de Randa 1530 eine Grammatikschule eingerichtet. Das ehemalige Klassenzimmer ist ebenso sehenswert wie der weite, von Arkaden umschlossene Klosterhof.

MARÈS – STEIN DER INSEL

Der goldgelbe Farbton dieses Steines prägt die Insel. Nicht nur die Kathedrale von Palma, auch Adelshäuser, Fincas, Mauern und Neubaufassaden wurden daraus gebaut. Doch der Kalksandstein ist als Baustoff nicht unproblematisch. Wie ein Schwamm saugt er Feuchtigkeit auf – und gibt sie bei guter Lüftung auch wieder ab. Nicht immer ist das Material stabil genug für die großen Kirchenbauten, was den Restauratoren zu schaffen macht. Auf Menorca wurde das Gestein bereits in der Talayotzeit abgebaut.

Hingehen!

ESSEN UND TRINKEN

★ **L'Escrivania.** Angenehmes Restaurant im Ortskern mit guter spanischer Küche. Plaça de la Vila 1, Tel. 971 647 094.

ÜBERNACHTEN

★ **Can Feliu.** Weingut und Agroturismo-Betrieb in einem. Nördlich von Porreres. Tel. 971 168 078, www.agroturismocanfeliu.com

★ **Sa Casa Rotja.** Ruhig gelegenes Fincahotel mit schöner Außenanlage und Spa. Cami de Sa Pedrera S/N, Finca Son Orell, – 07260 Porreres, Tel. 971 168 225, www.sabassarotja.com.

★ **Son Mercadal.** Etwas außerhalb von Porreres liegt das rustikale Gut aus dem 19. Jh. Cami Son Pau, Tel. 971 181 307, www.son-mercadal.com

EINKAUFEN

★ **Calçats Salleras.** Tomeu Salleras fertigt Schuhe nach Maß: schöne mallorquinische Sandalen, Halbschuhe oder Stiefel. C/ Rector Llompart, 3, Tel. 971 647 167.

★ **Jaume Mesquida.** Viel Handarbeit und keine Maschine. Die Weine von Jaume Mesquida werden biodynamisch an- und ausgebaut. Camí de Sa Serra, Tel. 971 647 106, www.jaumemesquida.com

95 *Algaida*

Stilles Dorf und laute Lokale

Früher war Algaida die erste Kutschenstation nach Palma in Richtung Manacor. Dort wurden die Pferde gewechselt, und die Reisenden konnten sich erfrischen. Noch immer halten die Insulaner hier gerne an, um bei einem ausgiebigen Mahl wieder zu Kräften zu kommen. Noch früher, nämlich in arabischer Zeit, standen hier nur zwei große Gehöfte. Aus ihnen wuchs ein verwinkelter und malerischer Ortskern.

An der Autobahn von Palma in Richtung Manacor steht ein 14 Meter großer schwarzer Stier aus Blech – die schon fast mythische Werbetafel der Brandy-Marke Osborne. Auf Mallorca ist er der letzte seiner Art. Der Toro ist schon seit Jahren eine beliebte Projektionsfläche für allerlei Botschaften und »Attentate«. Mal wurde er in den Farben des Regenbogens angestrichen, dann wieder mit einer katalanischen Flagge geschmückt, mit Blumen dekoriert oder mit dem hintergründigen Hinweis »zu verkaufen« beschrieben. Ende 2013 haben sich Unbekannte eine neue Maskerade einfallen lassen. Über Nacht wurde der schwarze Stier grün angestrichen und an Stelle des Kopfes der von Angela Merkel gesetzt – eine witzige Form der Kritik an der Dominanz der deutschen Kanzlerin in der Eurozone und an den harten Sparauflagen.

Nicht verpassen!

- ★ **Església de Sant Pere i Sant Pau.** Wie auch bei anderen mallorquinischen Kirchen prägen breite Strebepfeiler die Außenfassade. Erbaut wurde das Gotteshaus im 16. und 17. Jh.
- ★ **Windmühlen.** Typisch für Algaida sind seine Windmühlen. Die sehenswerteste unter den 16 Getreidemühlen ist die Molí d'en Xima im Carrer Colomer (18. Jh.). Dort sind ab und an auch Ausstellungen zu sehen.
- ★ **Tanz der Cossiers.** Beim rituellen Tanz treten sechs Männer in Frauenkleidern, eine Frau und ein Teufel auf. Vor rund 50 Jahren wurde das Brauchtum wiederbelebt. Der Tanz wird während des Patronatsfestes Festa de Sant Honorat Mitte Januar und der Festa de Sant Jaume im Juli abgehalten.

In Algaida (oben rechts) tafeln die Mallorquiner gerne und ausgiebig mit Freunden oder der Familie. Vor den Toren des Ortes, in einem Gebäude, das wie eine alte Festung aussieht, werden bei Gordiola Glaswaren von Hand gefertigt (oben und unten rechts).

Während die Inselbewohner, die bei Algaida auf der Ma-15 unterwegs sind, mehr oder weniger gespannt einen Blick auf die aktuelle Maskerade des Toro werfen, kann es sein, dass ihnen darauf einfällt, dass sie unbedingt mit der Familie eines der Restaurants aufsuchen sollten. Vor allem am Sonntag zieht es viele Mallorquiner nach Algaida – besser gesagt in eines der riesigen Lokale an der alten Landstraße.

Tanz der Cossiers

Die Restaurant-Tradition, wie sie etwa das S'Hostal de Algaida verkörpert, das, wie der Name sagt, früher auch eine Herberge war, kommt noch aus vorautomobilen Zeiten. Algaida war auf dem Weg nach Manacor die erste Poststation. Mensch und Tier mussten versorgt werden. Diese, wenn man so will, genetische Spur vererbt sich immer weiter. Neben den Großfamilien sieht man im Frühling auch viele Radsportler, die sich nach oder vor der Bezwingung des Puig de Randa in Algaida stärken.

Der Ort selbst wird von vielen nur durchquert, um zum Klosterberg Randa zu kommen. Selbst schuld, kann man da nur sagen. Im hübschen und verwinkelten Ortskern sind alte Windmühlen zu sehen und natürlich die mächtige Pfarrkirche Sant Pere i Sant Pau, die im 16. und 17. Jahrhundert erbaut wurde. Auf dem Kirchplatz herrscht im Januar und Juli viel Trubel. Dann wird wie in Montuïri, Manacor und Alaró der Tanz der Cossiers aufgeführt. Dieser Brauch kommt aus Katalonien und wird auf Mallorca erstmals im 14. Jh. erwähnt.

Hingehen!

ESSEN UND TRINKEN

- ★ **Ca'n Mateu.** An Sonntagen stürmen mallorquinische Familien das Lokal und genießen gegrilltes Spanferkel und andere Köstlichkeiten. Ctra. Vieja de Manacor, km 21,7, Tel. 971 665 036.
- ★ **Hostal S'Algaida.** Am Ortsrand von Algaida genießt man köstliche mallorquinische Küche oder am Nachmittag auch Kaffee und Kuchen. Ctra Vieja Manacor, km 21, Tel. 971 665 109.

ÜBERNACHTEN

- ★ **Algaida Petit Hotel.** Hübsches kleines Hotel im Ortskern. Mit Minipool und Orangengarten. C/ de la Ribera, 1, Algaida, Tel. 971 549 510, www.cancalcohotels.com
- ★ **Finca Reims.** In der gleichen Straße wie das Algaida-Hotel liegt das romantische Landhotel. Schon das Entree wirkt einladend. Carrer de la Ribera, 24, 07210 Algaida, Tel. 971 665 157, www.finca-raims.com

EINKAUFEN

- ★ **Gordiola.** Die Glasbläserei gleicht einer mittelalterlichen Burg. Den Glasbläsern kann man bei ihrer Arbeit zusehen und natürlich Gläser aller Art kaufen. Im Obergeschoss lohnt ein Blick ins Glas-Museum. Ctra. Palma-Manacor, km 16, Tel. 971 665 046, www.gordiola.com

96 *Puig de Randa*

Erhebende Natur

Nicht verpassen!

★ **Santuari Nostra Senyora de Gràcia.** Das 1440 gegründete Kloster wurde im 18. Jh. vergrößert und um 1980 erneuert.

★ **Ermita Sant Honorat.** 1394 zog sich der Einsiedler Arnau Desbrull hierher zurück. Die Kapelle stammt aus dem Jahr 1661. 1890 wurde in der Ermita die Kongregation der Missionare der Heiligen Herzen gegründet, deren Noviziat im kleinen Kloster untergebracht ist.

★ **Santuari Nostra Senyora de Cura.** 1449 wurde die von Ramon Llull gestiftete Kapelle erneuert. In der ehemaligen Grammatikschule (1502–1826) ist ein kleines Ramon-Llull-Museum untergebracht.

★ **Höhle des Ramon Llull.** In die Höhle etwas unterhalb des Heiligtums soll sich Ramon Llull 1275 zurückgezogen haben. Dort habe er eine Vision Jesu Christi gehabt bzw. auf einem Busch Schriftzeichen in unterschiedlichen Sprachen wahrgenommen, anhand derer er sein philosophisches System »Ars Magna« entwickelte.

★ **Randa.** Malerisches kleines Dorf am Fuß des Berges. Die Pfarrkirche wurde 1770 fertiggestellt.

Der Tafelberg Puig de Randa wird von mehreren Klöstern beansprucht. Das Santuari de Gràcia klebt wie ein Schwalbennest unter der Felswand (unten rechts). Das Santuari Nostra Senyora de Cura lockt ebenso Pilger und Ausflügler an wie Radsportler (oben). Ab Mitte Januar beginnt die Mandelblüte (oben rechts).

Der Puig de Randa ist Mallorcas heiliger Berg. Gewissermaßen auf drei Etagen finden sich dort die Klöster Gràcia, Sant Honorat und Cura. Auf dem Tafelberg, beim Santuari Nostra Senyora de Cura, hatte der Legende nach der Philosoph und Theologe Ramon Llull seine mystischen Visionen.

Ganz oben auf dem gut 540 Meter hohen Puig de Randa führt in der Nähe der Parkplätze ein Weg den Hang hinab. Er verläuft etwas unterhalb des Klosters und wird, nachdem man eine eiserne Pforte geöffnet und wieder geschlossen hat, recht schmal. Der Blick schweift weit über die Inselebene in Richtung Palma. Man kann sich auf ein Mäuerchen setzen, und vielleicht spürt man plötzlich, dass man nicht nur die Topografie dieser gesegneten Insel betrachtet, sondern auch einen Blick aufs eigene Leben wirft.

Der Ort ist prädestiniert für derlei Betrachtungen. Heute, wie vor mehr als 700 Jahren, als sich Ramon Llull (1232-1325) für mehrere Monate hierher zurückzog. Vor der Höhle, in der er Schutz fand, als er Ruhe und Richtung in sein Leben bringen wollte, steht eine Skulptur des späteren Philosophen, Missionars und Mystikers. Hier soll ihm eine göttliche Vision erschienen sein.

Aus den Schriften Llulls spricht ein für das Mittelalter fast aufgeklärtes Weltbild. Die Auseinandersetzungen unter den Religionen verstand er nicht als kriegerischen Kampf, sondern als intellektuellen Disput. Allein mit der Logik wollte er die Überlegenheit des christlichen Glaubens beweisen. Dafür lernte und lehrte er auch Arabisch, setzte sich mit den Ideen des Judentums und des Islams auseinander. Viele Jahrhunderte lang stand sein Werk auf dem Index, bis er im 19. Jahrhundert rehabilitiert und selig gesprochen wurde.

Santuari Nostra Senyora de Gràcia

Das schöne Randa-Massiv war seit dem 13. Jahrhundert das bevorzugte Ziel christlich motivierter Aussteiger. An seinen Hängen richteten sich die Einsiedler ein. Später entstanden Klöster und Eremitagen. Auf der schmalen Straße zum Tafelberg sollten Autofahrer langsam fahren und nicht überholen, und zwar nicht nur wegen der schönen Pflanzenwelt, der Aussicht und der Berglandschaft, sondern auch wegen der Radsportler, die auf der Bergstrecke sehr gerne trainieren und in halsbrecherischer Geschwindigkeit zu Tal rasen.

In einer Linkskurve zweigt der Weg zum Santuari de Gràcia ab. Das Heiligtum klebt am südlichen Abhang des Berges. Man schaut über die Küste rund um das Kap Ses Salines und kann auf dem Meer die dunklen Umrisse des Cabrera-Archipels ausmachen. 1440 beschloss ein Franziskanermönch aus Llucmayor gemeinsam mit einem Glaubensbruder, eine Einsiedelei einzurichten. 1497

Hingehen!

ESSEN UND TRINKEN

★ **Cafeteria Santuari de Cura.** Einfaches Lokal mit schöner Außenterrasse und nostalgischem Speisesaal. Tel. 971 120 260, www.santuaridecura.org

★ **Celler Bar Randa.** Hübsches rustikales Restaurant in Randa, in dem man gut mallorquinisch essen kann. C/ de la Iglesia, 24, Tel. 971 660 989, www.cellerderanda.es

★ **Es Reco de Randa.** Das gediegene Lokal gehört schon seit vielen Jahren zu den ersten Adressen der gehobenen mallorquinischen Küche. Schöne Terrasse. C/ Font, 21, Tel. 971 660 997.

★ **Ca'l Dimoni.** Beliebtes Lokal in Algaida. Das Fleisch kommt vom großen Holzkohlengrill. Antigua Ctra. Manacor, km 21, Tel. 971 665 035, www.restaurantecaldimoni.com

★ **Es 4 Vents.** Gleich nebenan befindet sich auch das »4-Winde«, das bei Mallorquinern sehr beliebt ist. Solide spanische Küche. Ctra. Manacor, km. 21, Tel. 971 665 173.

Hingehen!

ÜBERNACHTEN

- ★ **Hospederia Santuari de Cura.** Bad, Internet und Telefon – die Gäste der Klosterherberge brauchen auf nichts zu verzichten. Tel. 971 120 260, www.santuaridecura.org
- ★ **Es Recó de Randa.** Als so etwas wie Landtourismus oder Fincahotels auf der Insel noch Fremdwörter waren, gab es schon das Hotel in Randa. Klassisch gediegener Komfort. C/ Font 21, Randa, Tel 971 660 997, www.esrecoderanda.com
- ★ **Binicomprat.** Der Agroturismo-Betrieb nutzt ein wunderbar rustikales Gutshaus des 18. Jhs. Viele originale Elemente und eine eigene Bodega. Cami de ses Vinyes s/n 07210, Algaida, Tel. 971 125 028, www.fincabinicomprat.com

EINKAUFEN

- ★ **Tenda Santuari de Cura.** Heiligenbildchen und Llull-Devotionalien sind hier ebenso zu erwerben, wie Küchengeräte aus Olivenholz, Keramik und anderes.

Ein weiter Blick und ein wenig dem Irdischen entrückt – kein Wunder, dass der Tafelberg bei Einsiedlern beliebt war. In den Felswänden finden sich einige Höhlen für den minimalen Komfort.

bekamen sie das Land unter der Auflage geschenkt, regelmäßig die Heilige Messe zu feiern und eine Marienstatue in Ehren zu halten. In den 1980er-Jahren wurde die Anlage erneuert.

Ermita Sant Honorat

Einige Kehren weiter liegt die Einsiedelei Sant Honorat. Von außen macht die kleine Anlage, deren Fassade 1888 errichtet wurde, einen verschlossenen und stillen Eindruck. Sie wird von einigen Mönchen bewohnt, weshalb der Besucher den Ort und die meditative Ruhe, die ihn umgibt, respektieren sollte. Die Kapelle wurde 1661 fertiggestellt und birgt in ihrem Inneren ein Kruzifix aus dem 14. Jahrhundert.

Santuari Nostra Senyora de Cura

Da der Puig de Randa zunehmend lichter und baumfrei wird, glaubt man, weit höher zu sein als nur auf 500 Metern. Auf der Nordseite des flachen Hochplateaus stören riesige Radaranlagen die kontemplative Atmosphäre des Klosterbergs. Am anderen Ende liegt das Santuari de Nostra Senyora de Cura.

Möglicherweise stand an seinem Ort einst ein maurisches Kastell. Heute findet der Pilger, Besucher oder Radsportler eine festungsartige Anlage mit Kirche, Museum, Klosterherberge, Restaurant, Souvenirshop und Picknickplätzen vor. Links vom Hauptportal schließt sich der Gebäudetrakt mit der 1947 erbauten Klosterherberge an.

Über dem Eingang zum Klostertrakt, in dem sich eine von Lull gegründete Grammatikschule befand, hängt in einer Nische ein Bildnis von Ramón Llull. Im ehemaligen Saal der Grammatikschule haben die Mönche des Klosters ein sehenswertes Museum eingerichtet. Gezeigt werden seltene Ausgaben von Llulls Büchern sowie Manuskripte und Gemälde. Ab 1510 wurde an der Stelle der einstigen Schule Llulls die Grammatikschule wiederaufgebaut, in der eine allgemeine Bildung sowie Grammatik, Rhetorik und Latein gelehrt wurden. Während Mitte des 16. Jahrhunderts noch 100 Schüler in Cura unterrichtet wurden, stellte man den Schulbetrieb 1826 ein.

An der Stelle der kleinen Klosterkirche, die ab dem 17. Jahrhundert erbaut wurde, standen bereits andere Klosterkapellen. Rechts vom Eingang ist eine Weihnachtskrippe zu sehen, die nach französischer Tradition das ganze Jahr über aufgebaut bleibt. Über einen Seitengang kommt man zum Gnadenbild Mare de Déu de Cura aus dem 16. Jh.

Der geschützte Naturhafen von Ciutadella wurde im Lauf der Geschichte immer wieder angegriffen. Heute wirkt der Wachturm Sant Nicolas aber ausgesprochen friedlich, besonders im goldenen Abendlicht (oben). Befestigt ist auch die Altstadt von Maó. Die dunkelgrün lackierten Fensterläden sind ein Erbe der Briten (links und rechts).

Auch auf Menorca entdeckt man den Finca-Urlaub (links). Anders als auf der Nachbarinsel Mallorca spielt die Pferdezucht hier eine große Rolle (rechts). Bei Volksfesten wie den Festes de Sant Joan stehen die Vierbeiner gar im Zentrum des Geschehens.

Menorca, die zweitgrößte Baleareninsel, ist im Vergleich zu Mallorca deutlich ruhiger. Schöne Finca- und Landhotels wie das »Tres Sants« (ganz oben und unten) finden sich auch hier (oben), wenn auch lange nicht in der Fülle wie auf der südlichen Nachbarinsel. Perfekte Voraussetzungen bietet die Insel für Reiter (rechts unten).

Von aus Natur aus entspannt

Die Mallorca am nächsten liegende Baleareninsel gefällt mit viel Ruhe, abwechslungsreichen Landschaften und schönen Stränden. Nicht einmal 100 000 Einwohner leben im Biosphärenreservat. Sowohl wegen seiner Lage als auch dank der etwas anders verlaufenen Geschichte, ist Menorca eine Entdeckung für sich.

Menorca ist die zweitgrößte und nördlichste unter den Baleareninseln. Wenn man auf Mallorca der nördlichen Schwesterinsel möglichst nahe kommen will, muss man von Cala Ratjada aus zum Cap des Freu wandern. Von dort aus sind es dann noch rund 30 Kilometer bis zum Cap d'Artrutx, der Südwestspitze von Menorca. Aber es gibt keinen Fährverkehr von Kap zu Kap. Von Port d'Alcúdia geht es am schnellsten, und zwar zur schönen Stadt Ciutadella. Zwei Stunden dauert die Überfahrt. In die Hauptstadt Maó fahren die Fähren von Palma aus in sechs Stunden. Fliegen kann man natürlich auch, und das geht sehr schnell. In 35 Minuten ist man ein- und wieder ausgestiegen.

Isla verde y azul

Menorca ist bei aller Ähnlichkeit nicht die kleine Ausgabe von Mallorca. Das fängt bei der Geografie an. Der Norden Menorcas ist nach dem vorherrschenden Wind, der Tramuntana, benannt. Es gibt hier aber kein Gebirge, das den Rest der Insel abschirmen könnte. Im Norden versteht man sehr gut, wie man in der Tourismusbehörde auf den Slogan kam: »La Isla verde y azul«, die grünblaue Insel. Das grüne, hügelige Weideland, auf dem Rinder grasen, wird nur von wenigen Straßen, Dörfern oder Siedlungen unterbrochen. Weiter in Richtung Nordküste wird es rauer und dramatisch schön. »Grün« meint natürlich auch, dass Menorca eine Insel ist, auf der Ökologie, biologische Vielfalt und nachhaltiges Wirtschaften wichtige Werte sind. Das sind nicht nur Lippenbekenntnisse: Seit 1993 ist die gesamte Insel ein Biosphärenreservat. Doch zurück zur Geografie. Anders als der Norden zeigt sich die Südhälfte der Insel. Dicht bewachsene Schluchten (*barrancs*) öffnen sich zu idyllischen Buchten, meist mit schönen Sandstränden. Zwischen Nord- und Südküste liegt das milde Hügelland des Zentrums, das sich immerhin zum 357 Meter hohen Monte Toro aufschwingt, dem höchsten Gipfel des Eilands.

Touristisch kann Menorca nicht mit der großen Nachbarinsel mithalten. Alles ist mindestens eine Nummer kleiner. Es gibt kein

Gebirge, weniger Rennradler, keinen Ballermann, keine Großstadt, kaum Finca-Hotels, weniger Hotelbetten, kein Restaurant, das vom Michelin mit einem Stern ausgezeichnet wurde. Und ja, es gibt kaum Prominente, keine deutschsprachige Inselzeitung und überhaupt viel weniger Deutsche, die hier ein Ferienhaus haben oder ihren Lebensabend verbringen.

Briten und Franzosen

Menorca ist nicht nur ruhiger, grüner, natürlicher – und oft windiger – als Mallorca. Die Insel hat eine eigene Geschichte. Zum großen Strom der Völker und Zeiten – Talaioten, Phönizier, Karthager, Römer, Westgoten, Araber, Spanier und Piraten – gibt es noch eine hundertjährige britische Episode und ein französisches Intermezzo. Beide haben Spuren hinterlassen, die Briten in Form von Festungen, der Rinderzucht und einer Gin-Destillerie und die Franzosen u.a. in Form eines 185 Kilometer langen Küstenwegs. Dieser »Cami de Cavalls« ist einer der Gründe, dass Menorca sich zu einem Ziel für Aktivurlauber entwickelt hat. Auf dem Pferdeweg lässt sich wandern, Mountainbike fahren oder reiten.

Über die Inselbevölkerung heißt es, sie sei ernster und freiheitsliebender als die Mallorquiner. Das lässt sich nur schwer nachprüfen, erst recht nicht, wenn die Festes de Sant Joan Ende Juni gefeiert werden. Bei diesem Volksfest, das besonders eindrucksvoll in Ciutadella gefeiert wird, dreht sich alles um Pferde und Reiter – und um ein Getränk, das sich *Pomada* nennt. Es ist eine Mischung aus Gin und Limonade.

Menorca ist, wie gesagt, kein kleines Mallorca. Es gibt viel zu entdecken!

Tipp des Autors

WANDERN AUF DEM PFERDEWEG

Der »Cami de Cavalls« wurde als Versorgungsweg im 18. Jahrhundert von den Franzosen angelegt. Er zieht sich 185 Kilometer lang rund um die Insel. Als Weitwanderweg GR 223 führt er durch die schönsten Insellandschaften und zu traumhaften Stränden. Einzelne Abschnitte eignen sich auch gut für Reit- und Mountainbike-Touren. Je nach Lust und Laune kann man sich einen Abschnitt aussuchen und, wenn man möchte, Wandern und Baden verbinden. Der Weg ist gut markiert. Das Tourismusamt gibt einen detaillierten Führer mit Streckenbeschreibung heraus.

97 *Ciutadella*

Die goldene Stadt

Ciutadella beeindruckt mit schönen Adelspalästen, einer gotischen Kathedrale und einer geschlossen wirkenden Altstadt sowie seinem lebendigen kleinen Hafen. Wegen der kurzen Überfahrt ab Alcúdia bietet sich die schönste Stadt der Insel besonders für einen Tagesausflug aus Mallorca an.

Die Rivalität zwischen der Hauptstadt Maó und Ciutadella kann dem Besucher eigentlich egal sein. Zweifellos werden die meisten zu dem Ergebnis kommen, dass jede Stadt anders, aber Ciutadella einfach schöner ist. Kommt man mit der Fähre von Port d'Alcúdia im Hafen an, ist das Rennen noch offen. In der schmalen Hafenbucht locken zahlreiche Lokale und Souvenirstände, und im Sommer herrscht auch einiger touristischer Trubel. Der Duft von gegrilltem Fisch liegt in der Luft und lässt den hungrigen Besucher zu dem Entschluss kommen, dass es mit dem Besichtigungsprogramm keine Eile hat. Mit knapp 30 000 Einwohnern ist die Stadt nicht allzu groß, und die wichtigsten Sehenswürdigkeiten liegen alle nahe beieinander.

Über die Baixada Capllonch steigt man langsam hinauf zur Plaça des Born. Dass der Platz das repräsentative Entrée Ciutadellas ist, belegen die prachtvollen Paläste, allen voran der Palau del Comte de Torresaura von 1839. Das Bild herrschaftlicher Paläste, die aus dem warmen, fast goldfarbenen Marèsstein erbaut wur-

Nicht verpassen!

- ★ **Catedral.** Baubeginn für das bedeutendste gotische Bauwerk der Insel war 1303. Im Inneren beeindruckt die barocke Kapelle »de les Ànimes«.
- ★ **Plaça d'es Born.** Der Hauptplatz verbindet Altstadt und Hafen und wird von prachtvollen Palästen flankiert.
- ★ **Es Port.** Hafenlokale und Stände prägen das Bild des langen und schmalen Hafenbeckens.
- ★ **Església Claustre dels Socors.** Die Barockkirche gilt als eine der schönsten der Insel (17. Jh.).
- ★ **Església del Roser.** Das prachtvolle Portal (18. Jh.) ist auf Menorca einzigartig.
- ★ **Museu Diocesà de Menorca.** Das Diözesanmuseum nutzt die Räume eines ehemaligen Klosters. Neben dem Bestand an archäologischen Funden, Malerei und liturgischen Geräten begeistert der Kreuzgang der Anlage.
- ★ **Naveta des Tudons.** Die prähistorische Begräbnisstätte ähnelt einem Schiffsrumpf »**naveta**« und ist als das bedeutendste Bauwerk der Talaiotkultur auf Menorca. 4 km außerhalb an der Me-1.

Ciutadella ist die wahrscheinlich schönste Stadt der Insel. Das größte Fest der Insel sind die Festes de Sant Joan. Je länger sich das aufbäumende Pferd in der Luft hält, desto größer der Applaus (oben).

den, wird einen von nun an begleiten. Diese Verbindung aus Material und Architektur macht den geschlossen wirkenden Gesamteindruck der Stadt aus.

Hauptstadt bis 1722

Dass sich die Einwohner von Ciutadella nicht so recht damit anfreunden können, nur die Nummer zwei auf Menorca zu sein, liegt nicht nur an der unbedingt sehenswerten Altstadt, sondern auch an der Geschichte. Die Westgoten, die die Siedlung im Jahr 426 eroberten – möglicherweise war sie von den Phöniziern gegründet worden – wählen das damalige Iamona zum Bischofssitz. Als die Araber die Herrschaft über die Insel übernahmen, bauten sie an der Stelle, an der heute das Rathaus steht, an der Plaça des Born, einen Alcázar. Schade, dass von dem Festungspalast nichts mehr zu sehen ist, denn er soll ähnlich prachtvoll gewesen sein, wie die frühe Alhambra. Und so geht es weiter, bis die Engländer die Insel eroberten. Vielleicht dachten sie dabei an den 9. Juli

TANZENDE PFERDE

Das bedeutendste Fest auf Menorca findet am 23. und 24. Juni in Ciutadella statt. Bei den Festes de Sant Joan bringen Reiter ihre Pferde dazu, dass sie sich aufbäumen, während beim Ringstechen ein Reiter mit einer Lanze versucht, einen Ring zu treffen. Traditionell wird zum Volksfest Pomada, eine Mischung aus Gin und Zitronensaft, getrunken. Auch in anderen Inselgemeinden gehören Reiterspiele zum festen Bestandteil eines Volksfestes.

Hingehen!

ESSEN UND TRINKEN

- ★ **Cafe Balear.** Renommiertes Lokal am Hafen. Klassische Fischküche. Sant Joan 15, Tel. 971 38 00 05.
- ★ **S Moix.** Mediterrane, anspruchsvolle Küche in einem verglasten Pavillon. C/Sant Isidre, 33, Tel. 971 48 05 16, www.smoix.com
- ★ **S Amarador.** Schönes Lokal am Hafen, rustikal-modern eingerichtet mit umfangreicher Fischkarte. Baixada Pere Capllonch, 42, Tel. 971 38 35 24, www.samarador.com
- ★ **Casa Manolo.** Einfaches und uriges Hafenlokal mit solider Küche. C/Marina, 117–121, Tel. 971 38 00 03.
- ★ **971.** Helles, urbanes Bistrot-Restaurant mit italienischer Küche. Plaça des Born, 4, Tel. 971 38 15 73, www.971menorca.com
- ★ **La Margarete.** Zur angenehmen Café-Bar gehört ein schöner, großer Garten. Auch am Abend sehr nett. C/Sant Joan 6, Tel. 971 48 20 97.

Am Hafen reiht sich Lokal an Lokal (oben rechts). Auch das Nachtleben spielt sich in der schmalen Bucht unterhalb der Altstadt ab. Das massiv befestigte Rathaus steht an der Stelle eines maurischen Alcázars.

Hingehen!

ÜBERNACHTEN

★ **Tres Sants.** Romantisches Altstadthotel im modern-mediterranen Stil. Im Kellergewölbe gibt es ein türkisches Bad. C/Sant Cristofol, 2, Tel. 971 48 22 08, www.grupelcarme.com

★ **Port Ciutadella.** Modernes, größeres Hotel oberhalb des Hafens. Mit Pool und Spa. Passeig Maritim, 36, Tel. 971 48 25 20, www.sethotels.com

★ **971 Hotel.** Das kleine Altstadthotel liegt nur 50 Meter von der Kathedrale entfernt. C/Sant Sebastià 10, Tel. 971 38 15 73, www.971menorca.com

★ **Oasis.** Die einfache Pension hat saubere und ausreichend ausgestattete Zimmer. Am Rand der Altstadt. C/Sant Isidre, 33, Tel. 971 38 21 97, www.hostaloasismenorca.es

EINKAUFEN

★ **El Paladar.** Menorquinische und spanische Feinkost in großer Auswahl. C/de Maó, 10.

★ **Nadia Rabosio.** Die vielleicht bekannteste Schmuckdesignerinnen der Insel führt eine Atelier-Boutique im C/ del Santíssim 4, Tel. 971 338 40 80, www.nadiarabosio.com

★ **Iñaki Sampedro.** Der menorquinische Designer fertigt ausgesuchte Handtaschen, meist aus Leder. C/Seminari, 36, Tel. 971 38 12 06, www.inakisampedro.es

Innenhof des Hotels Tres Sants (oben). Der Hauptplatz von Ciutadella wird in Richtung Altstadt von herrschaftlichen Palästen gerahmt. Hinter ihnen ragt die Kathedrale auf, deren schönes gotisches Portal rechts unten zu sehen ist.

1558, als plündernde türkische Korsaren die Stadt in Schutt und Asche legten und viele Bürger verschleppten, um sie als Sklaven zu verkaufen. Der größere Hafen von Maó erschien den Briten sicherer. Er ließ sich auch besser kontrollieren. 1722 verlegten sie die Hauptstadt in den Osten.

Immerhin ist Ciutadella weiterhin der einzige Bischofssitz Menorcas. Unabhängig davon, ob man sich ein knappes oder umfangreiches Besichtigungsprogram vorgenommen hat, an der Kathedrale kommt man mit Sicherheit nicht vorbei. Sie wurde schon oft mit einem gestrandeten Schiff verglichen. Der ab 1303 erbaute Tempel hat etwas von einer steinernen Arche Noah. Man könnte auch sagen, das Bauwerk wirkt erratisch, wie ein fremdartiger, sakraler Block.

Dann ist man auch schon mittendrin, im Ciutadella-Altstadt-Gefühl. Vorbei an den Arkadengängen, den Ses Voltes, erreicht man die kleine Plaça Vella, einen stimmungsvollen Platz mit Bars und Lokalen. Wenn nicht gerade Juli oder August ist, treffen sich hier die Stadtbewohner auf ein Bier oder einen Café. In der kurzen Hauptsaison Menorcas überlässt man das Feld den Urlaubern, auf die der Platz nicht weniger einladend wirkt.

Es gibt enge und verwinkelte Gassen, vor allem im Rücken der Kathedrale und von Ses Voltes, und es gibt prachtvolle Straßen wie den Carrer del Roser und den Carrer del Seminari. Beide sind bestückt mit bewundernswerten Kirchenportalen. Die Església de Roser mit ihrem barocken Portal ist von außen schöner als von innen. Anders verhält es sich im Fall der Kirche del Socors und dem angeschlossenen Claustre del Seminari in der Parallelstraße. Das ehemalige Kloster mit einem besinnlichen Kreuzgang beherbergt die Schätze des Diözesan-Museums.

Ein steinernes Totenschiff

Während sich die meisten Tagesbesucher auf das einnehmende Einkaufs- und Gastronomieangebot stürzen, hat der Kulturreisende noch einen Pflichttermin vor den Toren der Stadt: die Naveta des Tudons. Die Grabkammer aus behauenen Steinen wurde zwischen 1400 und 1000 v. Chr. errichtet und ist das am besten erhaltene Zeugnis der Talaiotkultur auf Menorca. Die Naveta, daher auch der Name, gleicht dem Rumpf eines Schiffes, das mit dem Kiel nach oben auf die Erde gedreht wurde. Zusammen mit den rund 100 Gebeinen wurden darin Bronzeschmuck und andere Grabbeigaben gefunden. Sie sind auf der anderen Seite der Insel, im Museu de Menorca in Maó zu sehen.

98 *Maó*

Ein Hafen und seine Stadt

Nicht verpassen!

★ **Església de Santa Maria.** Maós Hauptkirche wurde im Wesentlichen im 18. Jh. erbaut. Berühmt ist die Orgel von 1809, die bei Konzerten zu hören ist.

★ **Museu de Menorca.** Das wohl wichtigste Museum Menorcas beginnt mit Funden aus der Talaiotkultur und reicht bis zu Malereien des 20. Jhts.

★ **Claustre del Carme.** Das ehemalige Kloster ist Maós Markthalle und Supermarkt. Im ersten Obergeschoss ist eine Privatsammlung mit Gemälden, Trachten etc. zu sehen.

★ **Carrer Isabel II.** Die wahrscheinlich schönste Straße der Stadt.

★ **Port.** Etliche Lokale, Kreuzfahrt-, Marineschiffe und Frachter – der Hafen ist das eigentliche Herz der Stadt.

★ **Gin Xoriguer.** Im 18. Und 19. Jh. wurde dank der Briten Gin auf Menorca populär. In der alten Fabrik am Hafen sieht man wie er hergestellt wird. Andén de Poniente, 91.

★ **Hafenrundfahrt.** Die Dimensionen des Naturhafens, das Stadtpanorama und die umliegenden Festungen sieht man bei einer Hafenrundfahrt.

Menorcas Hauptstadt Maó (span. Mahón) liegt an einer 6 Kilometer langen Bucht. Sie zählt zu den größten natürlichen Häfen der Welt. Die rund 100 Jahre der englischen Herrschaft haben Spuren hinterlassen, nicht nur in Form einer alten Ginfabrik. Lange vor ihnen siedelten schon die Phönizier im Osten der Insel.

Wenn man aus Ciutadella im Westen der Insel kommt, dann wirkt die Inselhauptstadt nüchtern und nicht allzu spanisch. Nicht, dass die 29 000-Einwohner-Stadt kein historisches Zentrum besäße, es sieht aber trotz seiner Geschlossenheit weniger herrschaftlich, ja, auch weniger reich aus. Anstelle von Adelspalästen aus Marèsstein schaut man auf Stadthäuser mit neoklassizistischen Fassaden. Fensterläden und Haustüren sind in dunklem Grün lackiert. Letztere erinnern mit ihren blank polierten Messingklopfern an die typischen britischen Portale im georgianischen Stil. Verglaste Erkerfenster, die sogenannten *boinders* verraten noch mehr britischen Einfluss. In ihrem Namen verbirgt sich das *bow window.*

Das britische Intermezzo ist einer der historischen Unterschiede zwischen Menorca und Mallorca, und die Gründe für die hundertjährige Herrschaft liegen im Spanischen Erbfolgekrieg. 1708 eroberten die Briten die Insel. Ihr Hauptinteresse galt dem natürlichen Hafen von Maó. Als Handels- und Marinestützpunkt war die 6 Kilometer lange Bucht bestens geeignet. Richard Kane, der britische Gouverneur, ließ den Hafen ausbauen und verlegte folgerichtig das politische Zentrum von Westen nach Osten, sprich von Ciutadella nach Maó, das 1722 Hauptstadt wurde.

Inseln und Geschichten – die Hafenrundfahrt

Die wahrscheinlich ersten Inselbesucher waren die Phönizier. Sie gaben der prähistorischen Siedlung den Namen Maghen, woraus sich Mahón entwickelt haben mag. In der Geschichtsschreibung wird die These bevorzugt, der Name leite sich ab von Mago, einem Bruder Hannibals, der im 3. Jahrhundert v. Chr. auf Menorca geweilt und die Stadt gegründet haben soll. Jedenfalls lassen sich die Spuren der Taliotzeit, der Phönizier und Karthager im Gebiet des heutigen Maó ebenso nachweisen wie jene der Römer und der Mauren, die das Eiland von 903 bis 1287 beherrschten.

Nachdem Maó, wie einige Jahre später Ciutadella, von türkischen Korsaren heimgesucht worden war, ließ der spanische Könige Philipp II. Mitte des 16. Jhs. eine Festung an der Hafeneinfahrt bauen, das Castell de Sant Felip. Es ist nicht die einzige geblieben. Die Hafeneinfahrt wird von den Bastionen Sant Felip, Marlborough und de la Mola bewacht.

Die schönste und lebendigste Art, die Geschichte und die Eigenart des Naturhafens kennenzulernen, ist eine Fahrt mit einem der Katamarane, die in der Hauptsaison mehrmals am Tag vom Port de Maó auslaufen. Gleich auf der anderen Seite des Hafenbeckens passieren die Boote die Illa Pinto, einen britischen Stützpunkt aus dem 18. Jh. Vom Wasser aus gut zu sehen ist das schöne Panorama der Stadt, zunächst der kompakten Altstadt und dann auf der nördlichen Landseite mehrere Villen. Eine von ihnen ist die Golden Farm, auf der sich Lord Nelson mit seiner Geliebten Lady Hamilton getroffen haben soll. Auf der Illa del Rei,

Hingehen!

ESSEN UND TRINKEN

★ **Ses Forquilles.** Im kleinen, dezent modernen Interieur genießt man kreative Tapas-Küche. Rovellada de Dalt 20, Tel. 971 35 27 11, www.sesforquilles.com

★ **Sa Taverna d'es Port.** Im gemütlichen Hafenlokal gibt es leckere Tapas und typisch spanische Gerichte. Moll de Llevant, 115, Tel. 971 36 79 09, www.satavernadesport.com

★ **Cristianal i Gradinata.** Tagsüber ist es ein nettes Café, und am Abend wird das Lokal zur Jazz-Bar. Bei den Gästen beliebt sind die belegten Brötchen, die »manolitos«. C/ Isabel II.

★ **Café Baixamar.** Nostalgische Jugendstil-Bar am Hafen, bis spät in den Abend gut besucht. Moll de Ponent, 17, Tel. 971 36 58 96.

Der große natürliche Hafen von Maó ist schon seit Jahrtausenden von strategischer Bedeutung. Kein Wunder, dass, wer auch immer gerade die Zügel der Macht in der Hand hatte, Stadt und Hafen verteidigen musste. Der Zugang zur Altstadt wird durch das Portal de Sant Roc bewacht (unten links). Etwas außerhalb der Hauptstadt findet sich die frühgeschichtliche Stätte Talati de Dalt (Mitte links). Tor zur Ewigkeit: Eingang zum städtischen Friedhof (oben).

wo 1287 König Alfons III. landete, ehe er Menorca den Arabern entriss, wurde ein Mosaik gefunden, das zu einer frühchristlichen Kirche gehörte. Ebenfalls innerhalb der Hafenbucht liegt die relativ große Illa del Llatzaret. Das Lazarett, das sich darauf befindet, wurde bereits im 18. Jahrhundert gebaut und bis ins frühe 20. Jahrhundert genutzt.

Zum Einkaufen ins Kloster

Der Hafen mit seinen Anlegern, dem Terminal, den Geschäften, Bars und Restaurants einerseits und die Altstadt andererseits sind wie zwei Etagen eines großen Hauses. Die wichtigste Verbindung, also wenn man so will: das Treppenhaus, ist die Costa de Ses Voltes. Die geschwungene Straße führt durch eine Grünanlage zum Doppelplatz d'Espanya und del Carme. Oben angekommen, grüßt die historische Markthalle den Besucher mit ihrem nostalgischen Charme. Der Fischmarkt, der dort ab dem frühen Morgen stattfindet, gehört ebenso zum Leben der Hauptstädter wie das Claustre del Carme ein Stück hangaufwärts. Das Kloster wurde nicht nur zu einer Markthalle umfunktioniert, im Untergeschoss findet sich auch ein ganz profaner Supermarkt.

Beim Spaziergang zum wichtigsten Inselmuseum, dem Museu de Menorca im Kloster Sant Francesc, kommt man an den anderen schönen Seiten Maós vorbei. Da ist die Kirche Santa Maria, deren großartig klingende Orgel im Sommer täglich vorgeführt wird, das alte Rathaus und der Carrer Isabel II mit seinen prachtvollen Häuserfassaden. Immer wieder gelangt man zu Aussichtsbalkonen, von wo aus sich eine andere Ansicht des Port de Maó bietet. Die Hauptattraktion bleibt eben doch der Hafen.

Hingehen!

ÜBERNACHTEN

- ★ **Port Mahón.** Das klassische Vier-Sterne-Hotel mit britisch-kolonialem Touch liegt oberhalb des Hafens. Avgda. Fort de l'Eau, 13, Tel. 971 36 26 00, www.sethotels.com
- ★ **Casa Alberti.** Die romantische Pension im Herzen der Altstadt wurde in einem Stadthaus aus dem Jahr 1740 eingerichtet. C/Isabel II, 9, Tel. 971 35 42 10, www.casaalberti.com
- ★ **Jume.** Das günstige Hostal liegt zentral bei der Markthalle und dem Claustre del Carme. Einfache und saubere Zimmer. C/Concepció, 6, Tel. 971 36 32 66, www.hostaljume.com

EINKAUFEN

- ★ **La Cereria.** Handgefertigte Kerzen und Leuchter, geschmackvolle Accessoires und Mode. C/Isabel II, 6, Tel. 971 35 25 40, www.lacereriamenorca.com

Der Port de Maó gehört zu den größten Naturhäfen weltweit (rechte Seite). Zahlreiche Restaurants und Bars reihen sich entlang der Mole. Die Altstadt glänzt mit hübschen Ecken und Plätzen (oben). In der Kirche Santa Maria (unten rechts) finden häufig Orgelkonzerte statt.

99 Der Norden

Wild und wunderbar

Die nördliche Hälfte Menorcas ist ruhig und ländlich. Auf grünen Weiden grasen die Rinder, die ursprünglich von den Engländern eingeführt wurden. Und an der Küste warten wilde Landschaften und Traumstrände auf Naturfreunde.

Zwischen Osten und Westen verläuft eine Linie. Man kann sie auf jeder Karte sehen. Es ist die Hauptverkehrsader, die Inselmagistrale Me-1. Sie verbindet die beiden Städte Maó und Ciutadella. Die Straße ist auch eine Art Hilfslinie, ein Trennstrich zwischen dem Norden und dem Süden. Auch wenn man nicht genau sagen kann, wo und an welcher Stelle sich das eine vom anderen unterscheidet, ist es doch zweifellos so, dass der Norden und der Süden Menorcas sehr verschieden sind. Im Norden liegt das Weideland der Rinder aus deren Milch der *Queso de Mahón*, auch *Formatge Mahón-Menorca* genannt, hergestellt wird. Der Käse ist eine der Spezialitäten der Insel und hat eine eigene Ursprungsbezeichnung. Oft kann man ihn direkt bei den Herstellern kaufen. Der Norden ist ein vor allem ein Landschaftserlebnis, und das beginnt in diesem Fall mit einem Mietwagen ab Maó.

Die Festungen auf der Nordseite der Bucht von Maó hat man vielleicht schon im Rahmen einer Hafentour gesehen. Sie müssen also nicht extra angefahren werden. Das erste Ziel im Nordosten hat man mit den Hauptstädtern gemein, zumindest wenn es sonnig warm ist und womöglich Wochenende. Cala Mesquida ist der Hausstrand der Hauptstädter, und er ist richtig schön! Das erste Highlight liegt nur wenige Kilometer weiter nördlich an der Küste. Mit dem Auto muss man aber erst wieder zurück in Richtung Maó und dann hinauf nach Norden. Der Naturpark S'Albufera des Grau ist das Kern- und Ursprungsgebiet des Biosphärenreservats, das Menorca seit 1993 als Ganzes ist. Wie man schon aus Mallorca weiß, ist eine Albufera ein Feuchtgebiet, was wiederum bedeutet, dass Ornithologen hier ihre Ferngläser und Kameras zücken. Man kann aber auch einfach so durch das Feuchtgebiet wandern, in dem mehrere Routen ausgeschildert sind, oder am Strand von Es Grau entlang in Richtung Norden. Der Wanderweg gehört zum Cami de Cavalls, dem Pferdeweg, der 185 Kilometer weit rund um die Insel führt.

Erlebnisse für Wanderer

Ob man nun auf dem Pferdeweg wandert oder mit dem Auto fährt – der Weg zum Cap de Favaritx ist großartiges Landschafts-

Nicht verpassen!

- ★ **S'Albufera des Grau.** Im Feuchtgebiet und Naturpark im Nordosten der Insel sind viele Wasservögel heimisch. Es Grau ist eine ruhige Küstensiedlung in schöner Landschaft.
- ★ **Cap de Favàritx.** Die letzten Kilometer zum Leuchtturm führen durch eine dramatische, schöne Felslandschaft aus dunklem Schiefer.
- ★ **Fornells.** Der vielleicht schönste Küstenort der Insel. An der ruhigen, breiten Bucht lässt sich ausgezeichnet speisen.
- ★ **Es Mercadal.** Im lebendigen Städtchen lernt man die ländliche Seite der Insel kennen. Eine gute Aussicht genießt man vom Hausberg Monte Toro.
- ★ **Cap de Cavallería.** Schon die Anfahrt zum nördlichsten Punkt der Insel ist ein Erlebnis. Das grüne, karge, hügelige Land wird zunehmend felsiger und endet an einer Steilküste mit Leuchtturm.
- ★ **Castell de Santa Àgueda.** Vom ehemals arabischen Kastell ist nicht mehr viel zu sehen. Herrlich ist die Aussicht vom Burgberg über die fast unbebaute Natur der Umgebung.
- ★ **Punta Nati.** Die Nordwestspitze wirkt wie eine Steinwüste. Ein Leuchtturm wacht in dieser ergreifend kargen Landschaft.

Die Häuser auf Menorca sind meist weiß gekalkt. Typisch sind die Torgatter aus dem Holz von Olivenbäumen (oben). Die Küste der Nordflanke ist mitunter ein stürmisches Vergnügen (oben rechts).

kino. Je näher man zum gleichnamigen Kap samt seinem beeindruckenden Leuchtturm kommt, desto karger wird die Szenerie. Die zunächst grünen Weiden und rötlichen Sandsteinformationen werden nach und nach von grau- und blauschwarzem Schiefergestein ersetzt. Die Vegetation hat sich zurückgezogen. Gäbe es auf dem Mond ein Meer, es könnte so aussehen wie hier.

Viele Orte oder Feriensiedlungen gibt es nicht an der Nordküste, und die wenigen sind nicht unbedingt schön. Irgendwo müssen die Urlauber halt wohnen. Doch, eine Ausnahme gibt es: Fornells, das kleine Fischerdorf, das längst auch ein beliebter Urlaubsort ist, muss man gesehen haben. Die breite, 4 Kilometer lange Bucht von Fornells ist ruhig wie ein See. Eingerahmt wird das Idyll von einer baumlosen, felsig-grünen Hügellandschaft. Am Ende der Bucht, kurz vor der schmalen Öffnung zum Meer, strahlen die weiß gekalkten Häuser des Hafenorts. Hier muss man erst einmal bleiben, vielleicht zum Mittagessen. Fornells ist berühmt für seine Langusten, die zu einem schmackhaften, wenn auch ziemlich teueren Eintopf verarbeitet werden.

Ländliche Zentren und ein wüstenhaftes Ende

Ideal, um einen Eindruck vom Norden, von seinen grünen, dünn besiedelten Landschaften zu bekommen, ist ein Abstecher auf den Monte Toro bei Es Mercadal. Auf Menorca gibt es kein Gebirge wie auf der Nachbarinsel. Der 357 Meter hohe Hügel ist das Höchste, was die nördlichste Baleareninsel zu bieten hat. Wahlweise, in Verbindung mit einer schweißtreibenden Wanderung, kann man auch zum Castell de Santa Àgueda hinaufsteigen. Die Burgruine liegt weiter westlich, wo man der Küste und ihren Stränden nur noch per Wanderstiefel, Mountainbike oder, wenn man reiten kann, auf dem Pferdesattel nahe kommt.

Das ländliche Leben spielt sich in den Städtchen Alaior, Es Mercadal und Ferreries ab. Landwirtschaft, Schuhindustrie und Handwerk, das sind die Säulen dieser Orte, die vom Tourismus erst langsam entdeckt werden. Nördlich von Ciutadella spielt die Natur wieder die Hauptrolle. Für Liebhaber karger Landschaften hat die Baleareninsel an der Nordwestspitze noch etwas zu bieten. Entlang der für Menorca so typischen Steinmauern nähert man sich den wüstenhaften Punta Nati. Da sind archaisch anmutende Viehunterstände aus geschichteten Steinen – sie erinnern an die sehr viel älteren Talaiot-Türme. Dann schließlich taucht der Leuchtturm auf einer hohen Steilküste auf. Vor ihm liegt ein Meer aus Steinen, dahinter wird es blau. Diese Inselküste ist auch ein Ende der Welt.

Hingehen!

ESSEN UND TRINKEN

★ **Cap Roig.** Ausgezeichnete Fischküche und eine schöne Aussicht über die Bucht. Cala Mesquida, Tel. 971 18 83 83, www.restaurantecaproig.com

★ **Es Cranc.** Nicht am Hafen, sondern in der Nähe der Kirche liegt das womöglich beste Restaurant von Fornells. C/Escoles, 29, Fornells, Tel. 971 37 64 42.

★ **Es Pla.** Sehr gute Lage direkt am Wasser und die Qualität der Küche. Pasatge des Pla, Fornells, Tel. 971 37 66 55.

ÜBERNACHTEN

★ **Es Mercadal.** Ländlich und doch zentral wohnt man in diesem neuen Landhotel. C/Nou, 49, Es Mercadal, Tel. 971 37 44 39, www.hotelesmercadal.com

★ **Ses Sucreres.** Das alte Stadthaus wurde von einem jungen Paar liebevoll und kreativ eingerichtet. C/Sant Joan, 15; Ferreries, Tel. 971 37 41 92, www.hotelsessucreres.com

★ **Hotel Rural Sant Ignasi.** Schönes Landhotel in einem Anwesen aus dem 18. Jh. zwischen Ciutadella und Cala Morell. Ctra. Cala Morell, km 3, Tel. 971 38 55 75, www.santignasi.com

100 Der Süden

Badebuchten fürs Bilderbuch

Nicht verpassen!

★ **Fort Marlborough.** 1724 bauten die Briten die siebeneckige Festungsanlage bei Es Castell in den Berg. Cala Sant Esteve, Es Castell.

★ **Binibèquer Vell.** Die Feriensiedlung aus weißen Häuschen und schmalen Gassen wurde 1972 im Stil eines Fischerdorfes neu erbaut.

★ **Cales Coves.** Die Doppelbucht ist nicht nur fantastisch schön, sondern auch eine archäologische Stätte mit rund 100 Grabhöhlen aus dem ersten Jahrtausend v. Chr.

★ **Torre d'en Gaumés.** In der größten Talaiotsiedlung (1300 v. Chr.) der Insel sind zahlreiche Gebäuderuinen erhalten geblieben. Zwischen Alaior und Son Bou.

★ **Ferreríes.** Auf Menorca blüht nach wie vor die Schuh- und Lederverarbeitung. In Ferreries findet man gleich mehrere Hersteller und Geschäfte.

★ **Cala Galdana.** Trotz der überdimensionierten Hotels bleibt die Bucht mit Sandstrand und Felseninsel ein Traum.

★ **Cala Macarella.** Es gibt mehrere Bilderbuchstrände im Süden. Zu den schönsten zählt die Bucht westlich von Cala Galdana mit feinem Sandstrand.

Historische Befestigungsanlagen wie das Fort Marlborough bewachen die südliche Hafeneinfahrt zum Port de Maó (oben). An der Südküste spielt sich der Großteil des Tourismus ab. Das liegt an den wärmeren Temperaturen und den schönen Stränden, an denen zumindest zeitweise auch Reiter entlangreiten dürfen (rechts).

Die Südküste Menorcas lockt den Besucher mit wunderbaren Sandstränden. Da es weniger windig und wärmer als im Norden ist, orientiert sich auch der Tourismus mehr in Richtung Migjorn. So hat es auch Menorcas Urbevölkerung gehalten. Die Stätten der Talaiotkultur sind eine spannende Reise in die Vergangenheit.

Wie still ein Ort sein kann! Das Meer, das in die Bucht von Alcaufar schwappt, macht diese Stille nur noch eindringlicher. Dabei sind da Häuser, Boote und einige Badegäste. In dieser Bucht haben im Jahr 1708 die Engländer mit der Invasion Menorcas begonnen. 15 Jahre später, als ihnen die Insel offiziell zuerkannt wurde, bauten sie an der südlichen Zufahrt zur Bucht von Maó das Fort Marlborough. Die Kriegshistorie ist im Südosten präsent. Es Castell wurde als reine Garnisonsstadt geplant und gebaut. Gut zu sehen ist das an der Plaça de S'Esplanada, dem ehemaligen Exerzierplatz. Die Briten gehören auch zur Gegenwart Menorcas. Man trifft sie im Militärmuseum von Es Castells ebenso wie am Strand von Punta Prima. Dort ragt wie der Rücken eines Walfisches eine kleine Insel mit Leuchtturm ins Blau.

Taules, Talaiots und Navetas

Anders als der Norden hat der Süden keine zerklüftete Küste. Sie ist auch nicht bergig, sondern fällt vielmehr von Norden her langsam ab. Dieses Relief hat zur Folge, dass man in 2 oder 3 Kilometern Entfernung von der Küste einen guten Blick auf das Meer hat. Diese Lage kam allen Anschein nach den Menschen der Talaiotzeit entgegen. Der Süden ist übersät mit Steinhügeln, Talaiot-Ruinen, Siedlungsresten oder Taules. Letztere erinnern an

ein großes »T« beziehungsweise an einen Steintisch (»Taula« ist das katalanische Wort für Tisch) und hatten eine religiös-rituelle Funktion. Wie die aussah, weiß man leider nicht. Die primitiven Heiligtümer gibt es erstaunlicherweise nur auf Menorca, während die Talaiot-Türme auch auf Mallorca zu finden sind. Die größte Taula kann man südlich von Alaior in der Ausgrabungsstätte Torralba d'en Salort bestaunen. Unbedingt sehenswert sind auch die Stätten Torre d'en Gaumés – das ist die größte erhaltene Siedlung, die Naveta d'es Tudons bei Ciutadella und die in schöner Abgeschiedenheit versteckten Ruinen von Torretrencada.

Einmal auf der Spur der Urmallorquiner, glaubt man bei jedem Steinhügel, der auf einem Feld zu sehen ist, es handele sich um einen Talaiot-Stumpf. So ganz unmöglich ist das auch nicht. Denn der Großteil der rund 300 Fundstätten wurde noch nicht eingehend erforscht.

Da der Süden weniger windig und wärmer ist als der Norden, hat sich der Tourismus hier auch besser entwickelt. Die Südostspitze ist weitgehend bebaut. Meist sind es Ferienhäuser oder Zweitwohnsitze. Überraschend anders und daher längst selbst zum Ausflugsziel geworden ist die Siedlung Binibèquer Vell. Das strahlend weiße Dörfchen erinnert an ein Fischernest, wie man es vielleicht vor 100 Jahren an der Costa Brava finden konnte. Ob das 1972 erbaute Retrodorf Binibèquer Vell gelungen ist oder nicht, darüber kann man streiten. Relativ unstrittig dürfte sein, dass Es Canutells oder Cala en Porter keinen Schönheitspreis verdient haben. Auch Son Bou, einige Kilometer weiter westlich

Hingehen!

★ **S'Engolidor.** Schönes, uriges Restaurant im Dorf mit guter Landküche. C/ Major, 3 Tel. 971 37 01 93, www.sengolidor.es

ÜBERNACHTEN

★ **Alcaufar Vell.** Das Landhotel verfügt über 21 geschmackvoll eingerichtete Zimmer und Suiten, manche mit eigener Terrasse. Gutes Restaurant. Ctra. Alcalfar, km 8, Tel. 971 15 18 74, www.alcaufarvel.com

★ **Binigaus Vell.** Herrlich gelegenes Fincahotel im Süden. 20 Zimmer und Suiten im mediterranen Stil. Cami de Sa Mala Garba, km 0,9, Tel. 971 05 40 50, www.binigausvell.com

★ **Morvedra Nou.** Das Landgut aus dem 17. Jh. liegt zwischen Ciutadella und den Traumbuchten im Süden. Cami de Sant Joan de Missa, km 7, Tel. 971 35 95 21, www.morvedranou.es

EINKAUFEN

★ **Binifadet.** Auf Menorcas größtem Weingut bekommt man nicht nur gute lokale Weine, sondern auch Olivenöle und andere Feinkost der Region. Cami De Ses Barraques, Sant Lluis, Tel. 971 15 07 15, www.binifadet.com

Der Süden

führt dem Urlauber unmissverständlich vor Augen, dass seine Sehnsucht nach Süden und Meer einen hohen Preis hat. Diesen bezahlt die Insel in Gestalt uniformer Apartmentsiedlungen und klotziger Großhotels. Aber Son Bou hat den größten Strand der Insel – und Reste einer frühchristlichen Kirche aus dem 5. Jahrhundert. Der Urlaubsort mag im Auge eines Erwachsenen nicht besonders schön sein, Kinder sehen das anders. Der flach abfallende Sandstrand ist ein herrlicher Spielplatz, ebenso wie der noch schönere Strand von Cala Santa Galdana. Hier schwappt das Wasser an einen geschützten muschelförmigen Sandstrand. Man kann Tretboote mit Rutsche ausleihen, und bis zum nächsten Eisstand ist es auch nicht weit. Dass man aber einen Hotelklotz mit den Ausmaßen eines Kreuzfahrtschiffes an diesen traumhaften Ort gepflanzt hat, ist barbarisch.

Zu den schönsten Buchten der Insel

Es hilft nichts: Wer ungetrübte Badefreude sucht, muss wieder die Turn- oder Wanderschuhe anziehen und auf dem Cami des Cavalls weiter nach Westen gehen. Nach drei waldreichen Kilometern steigt man in die tiefe von Pinien gesäumte Traumbucht Cala Macarella ab. Man hätte auch mit dem Wagen fahren können. Von Cala Santa Galdana sind das allerdings 35 Kilometer. Die Cala Macarella und die Traumbuchten im Südwesten kann man mit dem Auto nur über Ciutadella aus anfahren. Wenigstens einen Badetag sollte man an der Cala Macarelleta, Cala en Turqueta, Cala des Talaier oder Cala Son Saura verbringen. Es sind fjördähnliche Buchten, die von hohen Kalkfelsen gesäumt werden. Weit und breit sind keine Hotels zu sehen, nur die Boote und Badenden und das türkisblaue Wasser, das auf feinen Sand

Hingehen!

ESSEN UND TRINKEN

- ★ **Sa Pedrera d'es Pujol.** Eines der besten Lokale der Insel. Kreative menorquinisch-mediterrane Küche. Camí des Pujol, 14, Torret, Sant Lluís, Tel. 971 15 07 17, www.sapedreradespujol.com
- ★ **Can Bernat.** Im Familienrestaurant wird das Fleisch auf dem Holzkohlengrill zubereitet. Sant Climent Richtung Cala en Porter, km 8, Tel. 971 37 72 94.
- ★ **Cova d'en Xoroi.** In einer Höhle über der Steilküste nach wie vor die spektakulärste Bar der Insel. Später am Abend Disko. Cala en Porter. Tel. 971 37 72 36, www.covadenxoroi.com
- ★ **The Cobblers.** Englisch geführtes Lokal in der Altstadt von Alaior. Mediterrane Köstlichkeiten. C/San Macario, 6, Alaior, Tel. 971 37 14 00.

Türkisfarbenes, klares Wasser und malerische Buchten sind das touristische Kapital der Südküste. Herrliche Strände wie die Cala Macarella (rechte Seite) locken natürlich auch die Einheimischen ans Meer. Etwas oberhalb der Traumbucht findet sich das mit einer eindrucksvollen Loggia versehene Landhaus (oben). Darunter das Landhotel Binigaus Vell.

REGISTER

IMPRESSUM

Verantwortlich: Stephanie Iber
Lektorat: Gisela Wunderskirchner, Helmut Neuberger
Korrektorat: Birgit Günther, Utting am Ammersee; Anke Höhne, München
Layoutentwurf Innenteil: VerlagsService Gaby Herbrecht, Mindelheim
Satz: Verlagsservice Dr. Helmut Neuberger & Schaumann GmbH, Heimstetten
Umschlagentwurf: coverdesign uhlig, Augsburg; Ausführung: Ulrike Huber, Kolbermoor
Kartografie: Huber Kartografie GmbH, München
Repro: Repro Ludwig, Zell am See
Herstellung: Rudi Stix, Bettina Schippel
Printed in Italy by Printer Trento

★★★★★

Sind Sie mit diesem Titel zufrieden? Dann würden wir uns über Ihre Weiterempfehlung freuen.
Erzählen Sie es im Freundeskreis, berichten Sie Ihrem Buchhändler oder bewerten Sie beim Onlinekauf.
Und wenn Sie Kritik, Korrekturen, Aktualisierungen haben, freuen wir uns über Ihre Nachricht an Bruckmann Verlag, Postfach 40 02 09, D-80702 München oder per E-Mail an lektorat@verlagshaus.de.

Unser komplettes Programm finden Sie unter

www.bruckmann.de

Bildnachweis
Alle Bilder stammen von Bildagentur Look, München

LOOK Die Bildagentur der Fotografen www.look-foto.de

Mit Ausnahme von:
Bodegas José L. Ferrer: S. 133 l., 113 u.l.,
Cas Comte Petit Hotel: S. 134 l., 134 r.,
Fundación Yannik y Ben Jakober, Alcúdia: S. 164, 165
Holger Leue, Haunetal: S. 1, 4, 5 M., 8 M., 8, 9, 10 l.o., 10 r., 11, 12 o., 12 M.,14 u.r., 14 u.l., 15 u.l., 16 l.M., 16 r.,18 r., 20, 22 l., 56 o., 56 u.l., 57, 64 l., 66 l., 70 l.o., 72 l., 74 l., 76 l., 76 r., 78 l., 81, 86 l.u., 91 u., 91 o., 92 o., 93 r.o., 93 r.u., 96 l., 98 o.,98 u., 99, 101, 104 l., 108 l., 108 r., 109, 110 l., 110 r., 112/113, 112 u.l., 114 l.u., 114 r., 115 u.l., 116 r., 116 l., 120 l., 124 l., 131, 132 l.u., 132 l.M., 132 l.o., 133 r., 135, 136 l., 137, 138 l.o., 139 o., 143, 145 u.r., 146 l.o., 146 r., 148 r.o., 150 l., 152 l., 152 r., 153, 158 l., 161, 162 r., 169, 172 r., 172 l.u., 174 o., 184 r., 186 u.l., 186 u.r., 187 u.l., 187 u.r., 188 l.u., 192 r., 194 l., 195, 198 r., 200 r., 201, 208 l.o., 222 l., 228 r., 229, 230 l., 230 r., 231, 238 l., 238 r., 239, 241, 242 u.r., 244 l.u., 244 l.o., 250 l., 256 l., 256 r., 264 l., 265, 266
Hotel Binigau Vell, Menorca: S. 268 r.u., 269 u.r., 269 u.l., 270 l.M., 271, 284 r., 285, 286 l. M.,
Hotel Jameirah Port Sollér (Philippe Degroote): S 15 u.r., 102 r.
Hotel Tre Sants, Menorca: S. 270 l.u., 270 l.o.
Frank Krüger: 182 l., 185
Picture Alliance, Frankfurt a. Main: S. 164 l., (Franz Pritz)
Jose Ignacio Ruiz: S. 274 l.o.

Lothar Schmidt, Düsseldorf: S. 54 r., 58 l., 60 l., 79, 88 r., 111 o., 111 u., 144 r., 115, 136 r., 150 r., 151 l., 176 l., 185 o., 190 r., 191, 192 l.o., 192 l.u., 193, 194 r., 206 r., 210 r., 218 l.o.,218 l.u., 236 l., 237, 240 l.u., 240 l.o., 248 l., 248 r., 254 l., 254 r., 264 l.

Umschlag:
Vorderseite großes Bild: Blick über Lluc Alcari in die Cala de Deia, Mallorca (Bildagentur Huber / C. Dörr)
Oben links: Sonnenuntergang bei Son Morroig auf Mallorca. (Bildagentur Look)
Oben Mitte: Bäckerei Forn des Teatre in der Praca Weyler, Palma de Mallorca (Bildagentur Huber / Massimo Borchi)
Oben rechts: Kathedrale von Palma, Mallorca (Bildagentur Look)
Rückseite:
Antipasti und Oliven. In den Markthallen im Zentrum von Palma (Bildagentur Look)
S.1: Max loves Lemons (Holger Leue)
S. 2/3: Halbinsel Formentor (Bildagentur Look)

Die Deutsche Nationalbibliothek verzeichnet diese Publikation in der Deutschen Nationalbibliografie; detaillierte bibliografische Daten sind im Internet über http://dnb.d-nb.de abrufbar.

ISBN 978-3-7654-8280-9